财政部规划教材
四流融合新质财经系列丛书
丛书主编　谭秋云

业财融合销售管理

何万能　周宇霞　李　辉　主　编
罗　健　陈熙悦　夏　楠　副主编

中国财经出版传媒集团
中国财政经济出版社
·北京·

图书在版编目(CIP)数据

业财融合销售管理 / 何万能，周宇霞，李辉主编. — 北京：中国财政经济出版社，2024.9. —（财政部规划教材）（四流融合新质财经系列丛书 / 谭秋云主编）.
ISBN 978-7-5223-2760-0

Ⅰ.F713.3

中国国家版本馆CIP数据核字第2024YF7644号

责任编辑：高　青　　　　　　责任校对：徐艳丽
封面设计：刘鹏飞　　　　　　责任印制：张　健

业财融合销售管理
YECAI RONGHE XIAOSHOU GUANLI

中国财政经济出版社 出版

URL：http://www.cfeph.cn
E-mail：cfeph@cfemg.cn

（版权所有　翻印必究）

社址：北京市海淀区阜成路甲28号　邮政编码：100142
营销中心电话：010-88191522
天猫网店：中国财政经济出版社旗舰店
网址：https://zgczjjcbs.tmall.com
北京鑫海金澳胶印有限公司印刷　各地新华书店经销
成品尺寸：203mm×260mm　16开　18印张　375 000字
2024年9月第1版　2024年9月北京第1次印刷
定价：49.80元
ISBN 978-7-5223-2760-0
（图书出现印装问题，本社负责调换，电话：010-88190548）
本社图书质量投诉电话：010-88190744
打击盗版举报热线：010-88191661　QQ：2242791300

丛书主编：谭秋云

顾　　问：王仁祥　谢志华

—— 丛书编委会 ——

主　　　任：谭秋云
副 主 任：方　旭　何万能　李昊民
委　　　员：崔德明　王忠孝　杨　萍　王庆国　刘小海　陆春芬　周宇霞　赵金玲
　　　　　　李厚永　朱春浩　沈北平

—— 丛书审定委员会 ——

主　　　任：谢志华
副 主 任：王化成　方红星　张新民　杜兴强　袁　淳　樊建军
委　　　员：方　旭　曹　鑫　何万能　罗先进　谭青云　张大伟　李昊民　李春友
　　　　　　朱纪红　谭　文　高丽萍　刘放兵　李永利　陈东升

本书编写组：（按姓氏笔画排序）

马叶琳	王龙梅	王志伟	王彦杉	王擎阳	冯翠翠	伍方勇	刘丽敏
齐　钰	齐豫红	杨雅琦	李　林	李　辉	李嘉佩	李慕雅	肖　琼
何万能	余晨露	汪潮林	张仁杰	张保霞	张婷婷	陈东升	陈　园
陈晓鸣	陈熙悦	邵　伟	林婵媛	欧群芳	罗桂玉	罗　健	周宇霞
周丽君	赵　进	赵倩蓉	郝美丽	段雪冰	侯乐鹍	秦学斌	袁丹丹
桂玉敏	夏　敏	夏　楠	钱益琴	徐艺嘉	徐莹洁	唐　韵	陶　玲
黄　容	黄清泉	章拓华	梁华东	彭　宇	彭梓棋	程养林	廖石云
廖妍姣	谭雪燕	樊诺宇	戴　鹏	魏仕维

本书参编院校：（按首字笔画排序）

广东女子职业技术学院	广东机电职业技术学院
广东建设职业技术学院	广东南华工商职业学院
广东科学技术职业学院	广西水利电力职业技术学院
广西生态工程职业技术学院	广西自然资源职业技术学院
广西农业工程职业技术学院	广西农业职业技术大学
广西金融职业技术学院	广西经贸职业技术学院
广州民航职业技术学院	广州城市职业学院
广州城建职业学院	中山职业技术学院
长沙工业学院	东莞职业技术学院
永州职业技术学院	台州科技职业学院
江门职业技术学院	安徽国际商务职业学院
佛山职业技术学院	张家界航空工业职业技术学院
柳州城市职业学院	柳州职业技术大学
益阳职业技术学院	常德科技职业技术学院
清远职业技术学院	湖南工业职业技术学院
湖南财经工业职业技术学院	湖南环境生物职业技术学院
湖南商务职业技术学院	湘西民族职业技术学院
滁州职业技术学院	

丛书参编企业：（按首字笔画排序）

广州贤能控股有限公司	天健会计师事务所
五矿有色金属控股有限公司	中联重科股份有限公司
华天实业控股集团有限公司	兴湘商业保理有限公司
泰格林纸集团股份有限公司	特变电工衡阳变压器有限公司
湖南中德安普大数据网络科技有限公司	湖南东云供应链管理有限公司
湖南安信联合会计师事务所（普通合伙）	湖南金州律师事务所
湖南建工集团有限公司	湖南省神州映晟产教融合控股集团有限公司
湖南省煤业集团有限公司	湖南钢铁集团有限公司
湖南高新创业投资集团有限公司	湖南海利化工股份有限公司
湖南唯国资产评估事务所（普通合伙）	湖南路桥建设集团有限责任公司

序言一

湖南物华天宝、人杰地灵，是中国近现代教育的重要发祥地之一，不断续写着"惟楚有材，于斯为盛"的教育辉煌。近年来，湖南高举"楚怡"职教精神旗帜，坚持把职业教育主动融入经济社会发展大局，坚持教育与产业同频共振，初步构建起具有湖湘特色的现代职教体系，为湖南乃至中国加快构建新发展格局，推动高质量发展提供了强有力的技术技能人才支持。目前，湖南全省共有职业院校581所，在校生156万人，11所高职院校入选国家"双高计划"，入选学校数居全国第5位；国家级教学成果奖、示范专业点、教学竞赛成绩等核心指标均居全国前列，两次获国务院职业教育真抓实干督查激励通报，是部省共建的职教改革发展高地之一，是部省协同推进省域现代职业教育体系建设改革试点省份之一，职业教育整体发展水平已进入全国"第一方阵"，为全国积极探索产教融合、科教融汇的新路径积累经验并作出示范。

全国业财税数智化服务行业产教融合共同体（以下简称"共同体"）成立以来，全面落实习近平总书记"要根据科技发展新趋势，优化高等学校学科设置、人才培养模式，为发展新质生产力、推动高质量发展培养急需人才"的重要指示批示精神，联合共同体内行业组织、学校、科研机构、上下游企业，立足教育链、人才链、产业链数智化转型需要，吸收产业一线最新成果，探索破解财经类专业长期存在的"所学非用，所用非学""知行不一""理实脱节"等问题，全面推动专业建设、课程资源、教师队伍、教材教法、实践教学、示范基地、产教研一体等全要素、全方位的改革。特别是共同体牵头，联合省内外200余所职业院校和行业企业，以共建共享"湖南中德安普新质财经学院"为载体，积极应对财经行业新技术、新业态、新标准、新工艺的变化，在人才培养模式改革上进行有益的探索，首创并构建了全新的业务流、数据流、财税流、知识流"四流融合"新质财经人才培养模式，重塑了高质量新质财经技能人才培养目标，重构了业财数据应用与管理标准体系和课程体系，搭建了"四流融合"数字化教学平台，开发了一批业财数据应用与管理创新教材，培养了一批具备业财数据应用与管理技能的双师型教师团队，有力提升了适应湖南"三高四新"战略、"4×4"现代产业体系发展需要的有业务场景视角、有大数据素养、有财税专业知识、有技术应用能力的新财经技能人才培养质量。参与改革的教师、学生对改革效果十分满意，一致认为这次改革不仅是教学手段的改革，更是人才培养目标、教学内容、教学方法和学习方法的改革，开阔了视野，提高了人才培养质量，拓宽了创新创业与就业渠道。这一改革是真正的课堂革命，实现了场景式、数字化教学，适应了智能时代新要求，是一场颠覆性改革和引领式创新，走在了全国高职院校的前列。

在2024年5月召开的"四流融合"新质财经系列教材研讨会上，全国140多所本科、高职院校，20多家企业，300多位专家学者共研共商"四流融合"新质财经人才培养模式改革大计，这将成为"四流融合"新质财经人才培养模式改革的重要里程碑。共同体要发挥首创精神、引领示范作用，联合全省、全国更多职业院校、行业企业参与，聚焦"四流融合"金专业、岗课融通金课程、业财融合金教材、双师双能金教师、产学研创金基地的建设，充分发挥教材、师资的基础性作用，吸引更多学校参与此项改革。

湖南省教育厅将举全省之力全面支持，争取2024年省内70多所开设有财经类专业的高职院校均全面开展此项改革，并积极向全国推广。同时，要及时、认真总结提炼改革经验，推广改革成果，在国家级精品在线开放课程、国家规划教材、国家优秀教材奖、国家教学成果奖等方面取得新突破，引领其他专业创新改革。湖南省教育厅将一如既往关心、支持共同体的建设和发展，希望共同体、全国四流融合新质财经人才培养体系联盟以此为契机，抢抓发展机遇，勇于改革创新，努力把共同体、联盟办得更好，将其打造成"一体两翼"校企合作、产教融合新典范，"五金"建设新标杆，为湖南职业教育高质量发展提供新经验，为全国现代职业教育体系建设提供新范式、新样板。

王仁祥　湖南省教育厅副厅长

2024年7月

序言二

人类社会是人的社会，人始终是第一位的，人是人类社会的出发点和归属；人类社会提高生产力是以人为基础的。新质生产力涉及人和劳动资料、劳动对象，是人运用劳动资料对劳动对象发生作用，人是其中主体的、能动的、积极的、创新的因素。正因如此，一切社会都需要将人的能力发挥到最大。在当今我国社会新质生产力提高的过程中，必然离不开人才培养这一基本前提。如何提高人才培养的质量，一直是人类探索的问题。在新时代、新技术的背景下，通过人才培养模式变革提高人才培养质量，既更为迫切，也迎来了新的机会。

教育或者学习的目的到底是什么，一般认为就是让受教育者获得更多的知识，所以学校是知识的殿堂，老师是知识的传授者，学生是知识的学习者。考试要考知识，到社会工作后要用知识，似乎知识成了教和学的目的。但知识是从哪里来的？知识反映的是什么？人来到这个世界从根本上就是要认知世界，世界以客体的形式存在，包括客体的自然界、客体的人类社会、客体的他人以及客体的自我，都需要认知。只有认知了这个世界，人才能利用这个世界，才能更好地与这个世界融为一体。人类要认知世界这一客体，首先必须要将其反映到大脑之中，没有这一反映，就无法构筑起人与客体世界的联系，也就没有了认知的起点。客体世界反映到人的大脑之中就形成了场景，所谓场景就是人对客体世界的主观反映，通过这一场景，人不仅与客体世界形成了认知联系，更为重要的是通过对这一场景的属性进行归纳和抽象，并用创造的文字进行表达，形成了人类的知识体系。可见，知识生成的过程是人对客体世界进行反映，以此为基础形成场景，再对场景的属性进行抽象和表达的过程。显然，场景是知识之母，而客体世界又是场景之母。由此出发，教和学的目的就是要通过知识的学习，找到和发现知识赖以存在的场景，并进一步将场景和现实的客体世界进行比对，这样既可以判断现有知识的准确性，也可以进行知识的创新。学生通过知识学习是要了解知识背后的场景，老师的讲授是要把自己感知的场景用人类创造的文字语言传导给学生，让学生也能感知并沉浸在同样的场景之中，这就是场景化学习和场景化教学。一旦对客体世界有了真实的、全面的、系统的、完整的场景感，人们就可以将这种场景转化为知识，知识的学习就不再重要，场景的感知将成为知识创造的基础。

至今，财会的教和学主要是以核算场景为基础形成的，核算场景是以标准化、规范化、统一化的会计准则为基础形成的。企业业务活动的结果为开启会计核算之旅的起点。财会的本质是要对企业的业务活动进行全面、系统、完整、连续和实时的反映，从而形成财会信息体系或者财务报告体系。但实际上，以核算场景为基础而形成的财会信息体系只是反映一定时期财务状况和经营成果的价值结果信息，并没有提供形成这一价值结果的业务原因信息，从而导致业财信息的脱钩，业财融合就成为一个尚未解决的重大问题。业财融合起源于企业的底层逻辑，即一切业务都要创造价值，而业务价值的创造要通过人来实现，因此可归结为企业的一切员工要通过开展业务实现企业价值最大化。这本是天经地义的事情，但为什么会成为一个尚未解决的重大问题？原因在于企业必须要将管账、管钱的部门与从事业务的部门分离，以形成内部牵制，其结果是财会部门主要提供一定时期财务状况和经营成果的价值结果信息，业务部门伴随其业务活动的进行只提供部分业务信息，这样就造成了企业价值结果信息与业务原因信息的分离。这种分离一方面使财会难以对业务进行反映，难以提供业务信息；另一方面使企业无法分析和判断哪些业务创造了价值、怎样创造了价值和创造了多少价值，也难以考核和评价每个员工对企业价值贡献的程度，使财会信息的决策有用性大大降低。并且，以此为基础进行的财经教育使人才的培养囿于标准化、规范化的会计准则所构造的原理和方法体系，结果是培养的财经人才往往只懂财会而不懂业务，所学的理论也落后于现实的实践，人才培养出现重大"瓶颈"问题。如何从现在主要着重于核算场景转向业务场景，实现核算场景与业务场景的有效融合，既是企业业财融合的内在要求，也是新质财经人才培养体系根本变革的内在需要。

新质财经人才培养的教和学的基础是教材，知识体系的构造是通过教材形成的。人才培养方案的核心是课程，课程又是以教材为基础的。这些无不说明了教材在人才培养和课程质量提高中的作用。进行财经教育的改革就有必要从教材和教法着手，新质财经人才培养的教材和教法的变革根本上在于怎样实现业财融合。从教材的内容上，如何将会计核算及其核算的对象企业的业务活动转化为教材的内容成为改革的基本方向。通过这一改革，学生不仅能够感知核算场景，更为重要的是能够感知企业的业务场景，也就是能够深入了解企业业务活动的全过程、全要素、全方面，并以此为基础对企业的业务活动进行价值分析和判断。从教学的方式上，如何通过财会知识体系的学习再现核算场景尤其是业务场景，成为教法变革的基本要求，满足这一要求才能真正实现新质财经人才培养内容的业财融合，也才能真正实现教学知识与场景的融合，即实现场景化教学。大数据、人工智能、云计算、物联网、区块链等新技术的使用，不仅能够生动逼真地将企业的业务活动展现在教与学之中，使学生全面了解财会信息或者会计核算赖以存在的业务基础，以及业务活动自身，而且能够将财会知识体系与核算场景、业务场景之间的内在关系予以展示，可以使学生亲身体验知识与场景之间的内在联系，以及场景转化为知识体系的过程。

正是基于以上的思想，我们进行了这次教材及教法的变革，这种变革虽然已经进行了十年，并且已在人才培养和企业培训中产生了积极良好的反响，但仍然需要我们坚持不懈地探索、修正和完善。有许多的教育工作者和实践工作者参与其中，他们已经付出了大量的心血，也仍将继续奉献，期盼有更多致力于教育模式变革的人参与其中。我们相信，通过集体的智慧和群策群力的努力，教育变革的春天就在眼前。

谢志华　教育部高等学校工商管理类专业教学指导委员会副主任委员
谭秋云　湖南中德安普大数据网络科技有限公司董事长
2024年7月

编者按

随着数智化时代的到来,财经教育正面临着前所未有的挑战与机遇,打造一个支持、服务现代产业高质量发展的新质财经教育教学体系,是企业界和教育界共同的社会责任和历史使命。

遵循数据驱动、流程再造、风险管控、价值创造等理念,依托业财税数智化"四流融合"(业务流、数据流、财税流、知识流)应用系统,编写的"四流融合新质财经系列丛书",包括《业财融合会计基础》《业财融合采购管理》《业财融合生产管理》《业财融合销售管理》《业财融合筹资管理》《业财融合投资管理》《业财融合分配管理》《业财税综合分析》《Python在业财融合中的应用》《业财税融合大数据综合应用》,并分别出版高职专科和本科两种类别,这是在新质生产力背景下新质财经教育理论研究与实践探索相结合的成果。

一、编写指导思想

党的二十大报告明确提出:"要办好人民满意的教育,全面贯彻党的教育方针,落实立德树人根本任务,培养德智体美劳全面发展的社会主义建设者和接班人,加快建设高质量教育体系。"2021年财政部《会计改革与发展"十四五"规划纲要》提出:"构建适应经济发展、产业结构调整、新技术革命和国家治理能力现代化等新形势的会计学科专业体系。"国务院国有资产监督管理委员会《关于中央企业加快建设世界一流财务管理体系的指导意见》提出:"推动财务管理从信息化向数字化、智能化转型,实现以核算场景为基础向业务场景为核心转换,成为企业数字化转型的先行者、引领者、推动者,为加快产业数字化、数字产业化注智赋能。""四流融合新质财经系列丛书"适应了会计职能从传统的算账、记账、核账、报账向价值管理、资本运营、战略决策辅助等职能持续转型升级的客观需求;适应了财务管理从信息化向数字化、智能化转型，实现以核算场景为基础向业务场景为核心转换的迫切需要；适应了财务服务对象由单个企业或集团的利益相关者，延伸到整个产业链、供应链、生态链，促进数据、信息、技术、标准、金融等全方位协同融合的现实需要，是对党的二十大精神的贯彻落实，也是新时代财经商贸类专业产教融合、岗课赛证融通、高质量转型发展的必然要求。

二、编写背景与目的

首先，数智化时代涌现的人工智能、大数据等许多颠覆性技术创新改变了生产、管理和服务方式，带来了更高效、更智能的工作模式和商业模式，需要企业转变和拓展职能，加强数据治理和应用，优化内部管理和资源配置，推动商业模式创新，实施企业战略发展和价值创造。这些新业态、新模式需要一大批既懂业务又懂财务和管理，具备数据思维、业财思维，具备风险控制、价值创造能力的高素质复合型业财数据管理人才。

其次，要发展新质生产力。价值最大化已成为企业管理核心目标，企业管理已深入成本管控、风险控制、战略规划、资源配置、绩效评价等各个环节，更加注重数据价值挖掘和智能技术应用。基于财经领域新现象、新业态、新技术和新管理方式，财经专业需要从根本上转型升级，重构、重组、重设一种新的教育理念和体系来应对这一变革，从师资、课程、教材、教学内容、教学方式、实践基地等方面进行探索创新，促进财经职业教育与产业发展紧密对接，推动企业从传统的成本导向型向价值导向型转变，赋能企业可持续高质量发展。

三、编写内容与结构

依据数据融合和价值创造核心理念，编者团队编写了高职专科和本科两个系列，遵循"以业务为基础，以场景为载体，以流程为主线，以节点为管控，以决策为中心，以数据为要素，以价值为导向，以财税为支持，以知识为工具，以能力为目标"的理念，围绕企业经营活动中的筹资、采购、生产、销售、分配、投资等业务流程内容，采用"场景导入—认知识别—分析研判—风险控制—任务实施"的架构体系，全流程、全场景、全数据、全节点呈现产业资源、产教资源，并将其转化为教材资源。

四、丛书特色与亮点

本丛书有别于传统财经商贸类教材，特色明显。

（一）思政内化

本丛书价值引领与知识传授并重，将爱国、诚信、法治、公正等社会主义核心价值观，以及节俭、责任、廉洁、奉献等正义的世界观融入每个教学项目、教学场景，培养德技兼修、德才兼备的新质财经人才。

（二）业财融合

本丛书通过产业资源全场景导入，进行跨专业、跨课程融合，将不同专业领域、不同课程必备的核心知识和技能进行系统化重组重构，实行数据驱动、实战导向，将财务知识与业务知识深度融合，理论与实践相结合，实现了岗课合一、岗课融通，满足一人多岗、一岗多能综合能力培养要求，形成一套真实、完整、连续、全面的业财融合知识体系。

（三）数据驱动

本丛书贯通数据治理思维，通过业务场景、业务节点，深度融合数据分析技术与财经专业知识，打通从业务到财务的价值链条，有利于培养学生数据挖掘、预测分析、风险评估及可视化等技能，以及从海量数据中发现业财规律、创新业财模式、指导业财决策、优化业财策略、促进业财创新的能力。本丛书依托产教融合数字化教学平台，形成了以数据为核心，线上线下融合，全覆盖、全穿透财经业务的特色教材体系。

（四）场景教学

本丛书采用任务驱动的全场景教学模式，业务场景贯穿每一个节点，始终以场景为载体，以场景认知识别，以场景分析研判，以场景管控风险，以场景创造价值，以场景提炼总结。学生在"做中学""学中做"，学做一体，知行合一。

（五）节点控制

本丛书通过对财经商贸类专业的专业基础课程和核心课程知识点与技能点的碎片化、场景化，对接岗位要求，以业务为基础进行流程重构，把经济活动中的"业务项目、业务任务、业务流程、业务场景、业务标准、业务价值"与"教学项目、教学任务、教学流程、教学场景、教学标准、教学效果"进行产教逻辑衔接，精准梳理业务的每个流程、每个节点，将业务节点变为教学难点、重点、要点，围绕节点进行认知识别、分析研判、风险控制，达到课岗对接、教产合一、教随产走。

（六）价值导向

本丛书从价值创造的视角出发，通过业务基础、流程主线、场景载体、数据要素、节点管控等教学设计，深入剖析每个业务节点在价值创造过程中的作用与机制，帮助学生理解管理在核算到财务端、财务到业务端、业务到业务端价值创造过程中的关键作用，培养学生形成价值导向的管理思维，提升财经管理工作的价值创造能力，同时助推核算会计向价值会计转型发展。

　　本丛书由全国业财税数智化服务行业产教融合共同体、湖南中德安普大数据网络科技有限公司及中国财政经济出版社联合策划，来自全国的60位专家担任教材主编。感谢湖南省教育厅、湖南省人民政府国有资产监督管理委员会、湖南省教育科学研究院、中国会计学会、中国商业会计学会等单位的大力支持；感谢全国300多所学校、500多位参编教师及泰格林纸集团股份有限公司等20多家企业、40多位实战专家，感谢他们的辛苦付出及卓越创新；同时还要向本丛书引用的文献等资料的原作者和单位表达感谢。

　　在此向关心、支持新质财经教育事业的所有同仁一并致谢。

丛书编委会
2024年7月

前 言

赋能新质生产力,数字经济引领驱动企业数字化转型,智能制造推动产业技术变革和优化升级,从而推动制造业产业模式和企业形态根本性转变,引领企业管理变革,催生新型商业业态。财务管理要从信息化向数字化、智能化转型,实现以核算场景为基础向以业务场景为核心转换,成为企业数字化转型的先行者、引领者、推动者,为加快产业数字化、数字产业化注智赋能。价值最大化一直是企业管理核心目标,企业管理已深入生产经营、成本管控、风险控制、战略规划、资源配置、绩效评价等各个环节,更加注重业财融合、大数据价值挖掘和人工智能应用,这需要培养大批能运用大数据技术、人工智能服务销售业务管理的既懂业务又懂财务和管理,具备数据思维、业财思维、风险控制、价值创造等高素质复合型业财融合销售管理人才,实现企业持续发展和价值创造,是经济发展所需也是财经类专业职业教育改革的发展方向。

本书对接财经职业岗位新需求,融合了会计、经济、营销、企业管理、内部控制等多课程多学科内容,以企业销售活动为主要内容,以知识够用为原则,以销售业务场景为基础,以价值创造为导向,以风险节点为管控,以流程管理为主线,以财税处理为主体,从而实现业务流、数据流、财税流、知识流全面融合,将极大提升业财融合销售管理人才的培养质量。

本书分为6个部分,分别为项目1销售预测与产品定价、项目2销售计划与销售预算、项目3销售执行、项目4销售收入核算、项目5销售利润核算、项目6销售分析与绩效评价。

本书具有以下主要特点。

一、思政教育与岗位工作深度融合

本书分6个项目,基于岗位工作流程分为30个工作任务,基于每项内容的特点分别设定不同的思政教育目标、融入不同的思政教育内容，使职业素养、职业精神、社会责任、价值观念、创新精神、风险控制意识、价值创造思维等内容在岗位工作中具体化。

二、贯彻了"四流融合"的教学思想

本书以真实的销售业务场景为基础，以数据驱动、财税决策为手段，以销售流程风控、销售价值管理为目标，着力建设业务流、数据流、财税流与知识流深度融合的业财融合销售管理教学资源，对接"以销售业务为主线、以销售场景为核心、以销售数据为证明、以销售决策为要点、以销售管理为手段、以财务为支持、以价值为导向"的新质财经人才培养体系。

三、新技术、财务、销售业务融合应用

基于大数据技术应用探讨业务、财务两个维度在销售管理中的深度融合，解析销售管理的业务流程，揭示销售流程背后的财务逻辑和财务影响，通过销售业务场景、销售业务节点，将大数据技术、销售业务、财务三者有机融合，进行销售业务流程认知、流程节点识别、数据资源配置、节点数据分析、资源场景研判、场景应用风控等，对销售过程的业财数据进行采集、挖掘、分析和应用，帮助学生全面理解企业销售运营的全貌，提升综合管理能力。

四、体现财务工作在销售业务实施中的价值创造能力

本书通过"任务导入""任务实施"两大模块引导业务的开展流程，并作场景化的信息展示销售业务的实施过程。在每一项任务实施中又设置"认知识别""分析研判""风险控制"三个主要栏目，深入剖析每个销售业务节点的操作原理与方法，并应用业财思维、数字思维、管理思维体现财务工作在销售业务实施中的价值创造能力与关键作用，培养学生形成价值创造思维，提升技术应用、业财创新、风险管控的能力。

五、产教深度融合多方共同体参与编写

本书由全国业财税数智化服务行业产教融合共同体组织，35家职业院校一线教学名师、企业专家共同倾力合作编写完成。湖南中德安普大数据网络科技有限公司为本书配套开发了集教、学、做于一体的"四流融合"数字化教学系统，全流程支持教学实施。本书由何万能、周宇霞、李辉担任主编，罗健、陈熙悦、夏楠担任副主编，多个院校和企业人员参加了编写工作。具体分工为：湖南财经工业职业技术学院罗健、

王志伟，益阳职业技术学院肖琼，永州职业技术学院廖石云等编写项目1；湖南财经工业职业技术学院何万能、伍方勇、马叶琳，常德科技职业技术学院梁华东等编写项目2；湖南财经工业职业技术学院陈熙悦、赵倩蓉，清远职业技术学院黄清泉，湖南工业职业技术学院戴鹏等编写项目3；湖南财经工业职业技术学院周宇霞，东莞职业技术学院罗桂玉，湖南环境生物职业技术学院王彦杉，湖南商务职业技术学院廖妍姣等编写项目4；苏州信息职业技术学院李辉，湖南财经工业职业技术学院侯乐鹃，广东科学技术职业学院刘丽敏，湘西民族职业技术学院彭梓棋等编写项目5；湖南财经工业职业技术学院夏楠、余晨露、李嘉佩，张家界航空工业职业技术学院李林等编写项目6。

本教材在编写过程中得到了湖南省教育厅、湖南财经工业职业技术学院、湖南中德安普大数据网络科技有限公司等单位领导的大力支持，得到了王仁祥、谢志华和全国业财税数智化服务行业产教融合共同体谭秋云理事长及众多专家学者的精心指导，湖南中德安普大数据网络科技有限公司魏仕维女士和同仁们付出了艰辛努力，在此表示衷心的感谢！

本书可作为高职院校财经类专业学生教材，也可作为企业管理人员继续教育的培训教材，以及对业财数据应用与管理感兴趣人士的自学参考书。由于编者水平有限，书中难免存在疏漏与不足之处，恳请本书使用院校和读者给予关注并提出改进意见，以便于我们进一步修订和完善。谢谢！

编者
2024年7月

获取更多教学资源
请扫码登录本书场景资源库
登录账号获取请联系：slrhxzcj@163.com
cfeph@cfemg.cn

目 录

销售场景概述	1

项目1　销售预测与产品定价　　3

　　任务1　市场分析　　3
　　任务2　销售预测　　28
　　任务3　预测调整　　37
　　任务4　产品定价　　41

项目2　销售计划与销售预算　　54

　　任务1　制订销售计划　　54
　　　　子任务1　销售目标与销售定额　　55
　　　　子任务2　销售规划　　62
　　任务2　销售计划的执行保障　　68
　　　　子任务1　销售人员培训与激励　　68
　　　　子任务2　构建绩效管理体系　　78
　　任务3　编制销售预算　　87
　　任务4　销售预算的调整　　101

项目3　销售执行　　109

　　任务1　客户信用管理　　109
　　任务2　经销客户销售过程管理　　120
　　　　子任务1　产品报价　　120

　　　　子任务2　合同管理　　　　　　　　　　　　　　　　　124
　　　　子任务3　订单管理　　　　　　　　　　　　　　　　　130
　　　　子任务4　发货管理　　　　　　　　　　　　　　　　　132
　　　　子任务5　销售结算　　　　　　　　　　　　　　　　　137
　　任务3　直销客户销售过程管理　　　　　　　　　　　　　　140
　　任务4　应收账款管理　　　　　　　　　　　　　　　　　　151
　　任务5　客户售后管理　　　　　　　　　　　　　　　　　　158

项目4　销售收入核算　　　　　　　　　　　　　　　　　　　**167**

　　任务1　收入确认与计量的步骤　　　　　　　　　　　　　　167
　　任务2　某一时点履约义务的收入核算　　　　　　　　　　　175
　　任务3　某一时段履约义务的收入核算　　　　　　　　　　　207
　　任务4　坏账计提与核销核算　　　　　　　　　　　　　　　217

项目5　销售利润核算　　　　　　　　　　　　　　　　　　　**224**

　　任务1　销售成本核算　　　　　　　　　　　　　　　　　　224
　　任务2　销售费用核算　　　　　　　　　　　　　　　　　　229
　　任务3　销售税费核算　　　　　　　　　　　　　　　　　　233
　　任务4　销售利润核算　　　　　　　　　　　　　　　　　　239

项目6　销售分析与绩效评价　　　　　　　　　　　　　　　　**243**

　　任务1　销售财务分析　　　　　　　　　　　　　　　　　　243
　　任务2　销售业务分析　　　　　　　　　　　　　　　　　　256
　　任务3　销售绩效评价　　　　　　　　　　　　　　　　　　264

销售场景概述

一、行业及企业基础资料

我国造纸行业是一个与国民经济和社会发展紧密相关的基础原材料生产行业。2022年，我国纸及纸板消费量达12,403万吨，占全球消费量的1/4，纸浆消费量约为11,295万吨，我国纸及纸板的生产与消费水平均处于全球前列。

珠江纸业股份有限公司（简称"公司"）始建于2000年，地处广东省东莞市，紧邻京广铁路大动脉，与京珠高速公路和107国道相连，靠近珠江水系，水陆交通十分便利，不仅物流成本较低，还能快速响应市场需求，周边丰富的水资源也为造纸生产提供了稳定的原料供应。公司位于经济活跃的华南地区，与上下游企业建立了紧密的合作关系，形成产业链协同效应。

公司主要从事文化类印刷用纸的生产、销售，主导产品有胶版纸、颜B纸、轻型纸、颜A纸、轻涂纸、办公用纸、淋膜原纸、热敏原纸、牛皮包装纸9个品种，产品广泛应用于高档书刊、报纸、杂志的印刷，在国内享有较高声誉。

公司以五年规划为导向，以全面预算为抓手，实施从计划、执行、过程控制，到绩效考核的全面和全方位管控。公司在供应链管理方面成效显著。

公司成立了以董事会为核心的组织结构，组织中的各个机构各自承担特定的职责，共同推动公司的发展。公司组织结构如图0-1所示。

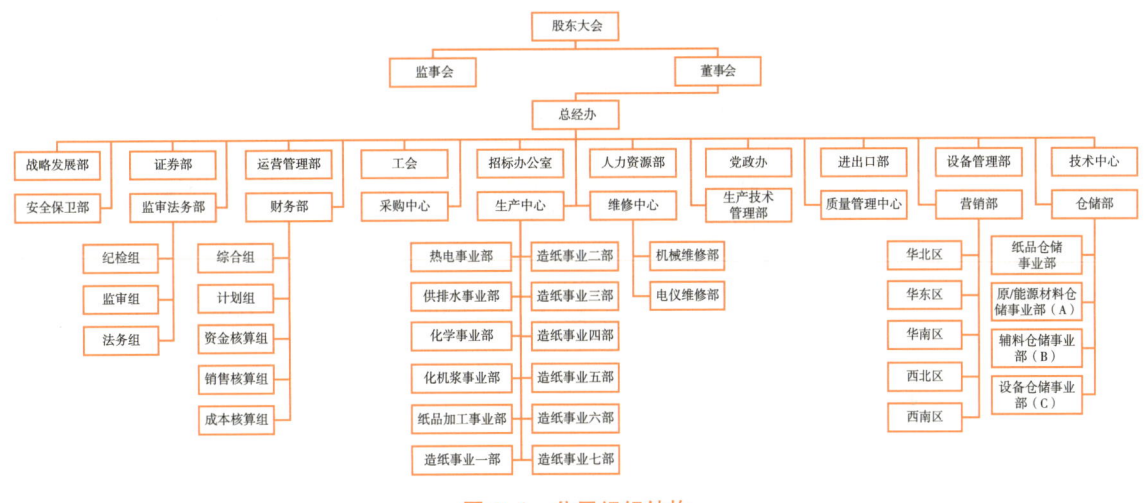

图0-1 公司组织结构

二、销售业务概况

公司主要采用行业通行的直销和经销相结合的销售模式，主要面向的客户包括出版社、杂志社、大型印刷厂、纸制品加工企业、纸品经销商等。公司的经销模式主要为买断式经销，根据区域容量和市场布局不同，在不同销售区域严格挑选相应数量的优质经销商销售公司产品。

公司销售部门组织结构如图0-2所示。

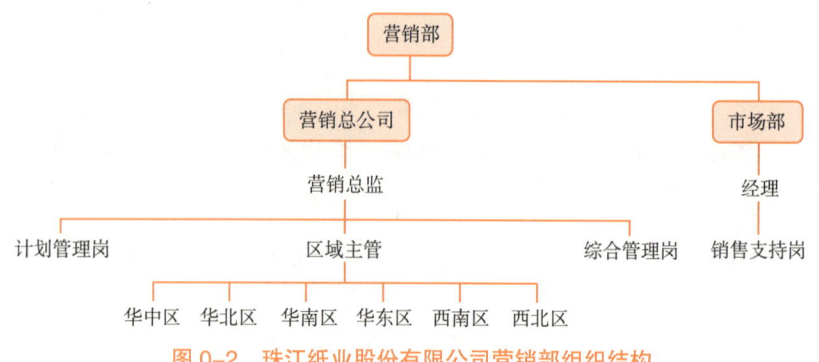

图 0-2　珠江纸业股份有限公司营销部组织结构

三、销售业务流程

本书主要以珠江纸业股份有限公司2023年销售业务为背景，全面展示公司销售模块的业务流、数据流、财税流和知识流（见图0-3）。在每个业务年度结束前，开展对未来市场情况的深入分析，预测下一年度销售量和销售价格，在此基础上制订销售计划和销售预算。销售执行过程一般是从获取订单开始，依次经过报价、订单、合同、发货、结算等流程，销售核算的结果为销售分析与绩效考核提供重要依据。

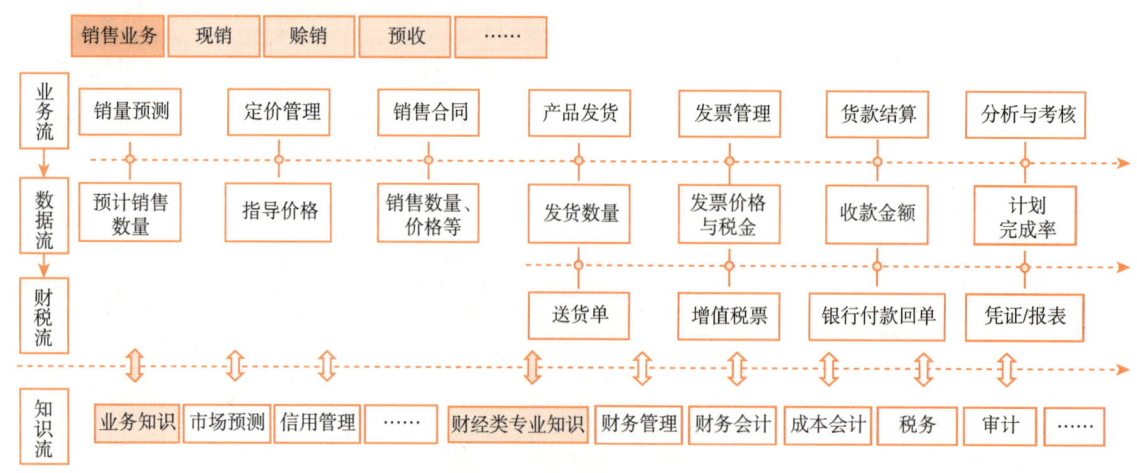

图 0-3　销售业务流程

项目 1　销售预测与产品定价

学习目标

知识目标

1. 了解销售市场分析的方法；
2. 熟悉销售市场分析报告的内容；
3. 掌握销售预测的方法；
4. 理解竞争导向定价法和成本导向定价法的原理和适用情形。

技能目标

1. 能够运用销售市场分析方法从目标市场、宏观经济环境、行业趋势、客户需求以及销售渠道等多个维度进行销售市场分析，并能根据销售市场分析报告进一步完善企业生产经营管理体制机制；
2. 能够运用定性、定量两种方法进行销售预测，并能根据情况变化适时调整销售目标；
3. 能够根据不同的情形灵活运用竞争导向定价法或成本导向定价法进行定价决策，根据需要适时调整价格；
4. 能够识别销售预测和产品定价工作中的潜在风险，并运用适当方法加以控制。

素质目标

1. 具备沟通协调能力，能与客户及公司各部门间加强沟通，以顺利开展销售预测与定价工作；
2. 具备创新思维和创新能力，能够适应市场变化和企业发展需求，不断探索销售预测和定价方法；
3. 具有诚信意识、市场风险意识，并将其贯穿于销售预测与定价工作全过程。

任务 1　市场分析

【教学重点】销售市场分析报告解读与应用。
【教学难点】目标市场与客户需求分析。

任务导入

2022年12月珠江纸业股份有限公司管理层就如何规划2023年的销售业务召开了专题会议，并对相关工作作了重要部署。会后营销部、财务部等部门就如何高质量完成销售市场分析等工作进行了商讨，明确了工作内容与工作方法及部门间的分工协作事宜。

销售市场分析是对市场进行深入研究和分析的过程，旨在了解目标市场情况、经济环境、行业发展趋势、市场需求、竞争对手和潜在机会等多方面信息，从而为销售预测、制定销售策略与销售计划以及编制销售预算等工作提供重要依据。销售市场分析一般包括对目标市场、宏观经济环境、行业趋势、客户需求以及销售渠道等方面的分析。

任务实施

在进行销售市场分析时，分析者将依据市场数据与相关信息从定量与定性两个角度进行分析。珠江纸业股份有限公司财务、销售团队应用大数据工具获取并加工处理了分析所需的数据信息，据此进行了销售市场分析。

一、销售市场分析的基础数据准备

（一）明确市场分析所需要的数据种类与范围

应用大数据工具在互联网上进行数据获取前，需要明确所需数据的种类与范围，并形成数据需求清单。数据需求清单应该包含哪些内容，进行销售市场分析具体需要哪些数据呢？

【场景1-1】营销部根据销售市场分析的内容，制作了数据需求清单，明确了所需要的数据种类和范围，为使用大数据工具获取目标数据作准备。具体需求信息如表1-1所示。

表1-1　　　　　　　　　销售市场分析数据需求清单

数据类别	数据种类	数据范围	数据来源	数据格式	时间范围
行业趋势	产量、销量、增长率	国内外主要造纸市场	政府统计、行业协会报告	CSV/Excel	每月
	新技术、新材料发展	造纸行业新技术、新材料	专业研究机构报告、行业新闻	PDF/网页抓取	每季度
	政策、法规影响	国内外政策、法规变化	政府公告、法律数据库	网页抓取	实时
竞争对手	市场份额、产品种类	主要竞争对手	公开年报、行业报告	CSV/Excel	每季度
	定价策略、营销活动	竞争对手的定价、营销情况	竞争对手网站、社交媒体	网页抓取	每月
	财务状况、盈利能力	竞争对手的财务报表	公开年报、财经网站	PDF/网页抓取	每年
客户需求	销售情况、客户反馈	本公司产品销售数据、客户调研	内部销售数据、客户调研问卷	CSV/Excel	每月
	潜在客户行业分布	目标市场的潜在客户	行业报告、市场调研公司	CSV/Excel	每季度
	采购习惯、消费趋势	客户的采购行为、消费偏好	社交媒体、电商平台	网页抓取	每月

续表

数据类别	数据种类	数据范围	数据来源	数据格式	时间范围
原材料价格	市场价格、供应情况	主要原材料（木浆、废纸等）	原材料价格指数、供应商报价	CSV/Excel	每周
	价格波动影响	原材料价格波动对成本的影响	财务分析模型、成本分析	CSV/Excel	每月
	价格预测	原材料价格预测	专业研究机构报告、行业专家	PDF/Excel	每季度
宏观经济	GDP增长率	全球及目标市场	政府统计、国际经济组织	CSV/Excel	每月
	贸易政策、汇率变动	国内外贸易政策、汇率变化	政府公告、国际财经新闻	网页抓取	实时
	消费者信心指数、就业情况	目标市场的消费者信心、就业数据	政府统计、专业研究机构	CSV/Excel	每月

认知识别

1. 数据需求清单的主要内容

数据需求清单是在应用大数据工具获取数据时，为了明确所需数据的种类、范围以及其他相关要求而制定的一份详细列表。它旨在确保数据获取团队了解需要哪些数据，以及如何获取这些数据。数据需求清单通常应包含以下关键内容。

（1）数据类型：明确所需数据的种类，如结构化数据、非结构化数据、时间序列数据等。

（2）数据范围：指定所需数据的时间范围、地域范围或其他特定范围。

（3）数据字段：列出所有需要的数据字段，包括它们的名称、数据类型、长度、格式等。

（4）数据质量：定义数据的质量要求，如准确性、完整性、一致性等。

（5）数据格式：说明所需数据的存储格式，如CSV、Excel、数据库表等。

（6）数据源：指出数据的来源，可能是内部数据库、外部API、公共数据集等。

（7）数据权限：如果数据受到访问权限的限制，需要明确所需的访问权限和认证方式。

数据需求清单有助于团队成员之间明确所需数据的具体要求和期望。可以减少在数据获取过程中不必要的沟通和误解，提高数据获取的效率，同时也能保障获取数据的质量，更好地满足业务需求和分析要求。

2. 销售市场分析所需的数据种类与范围

进行销售市场分析时，需要数据信息的种类与范围相当广泛，一般会涉及但不限于以下种类的数据。

（1）行业销售数据：包括销售额、销售数量、销售增长率、销售额分布、销售渠道信息等。

（2）客户数据：包括客户购买历史、购买频率、购买渠道信息，客户需求与满意度信息等。

（3）市场数据：包括行业趋势和竞争情报、市场份额等。

（4）供应链数据：包括原材料的供应商、供应量、供应价格等。

（5）宏观经济数据：包括经济增长率、通货膨胀率、利率和货币政策、汇率波动、失业率、政府政策等。

风险控制 进行销售市场分析,需要使用大量的有效数据信息,如果数据种类或范围不全或不相关,则可能导致获取的数据不全面、代表性不够或部分数据无效,影响分析结果的准确性。为规避这一风险,分析人员应当提升自身的数据处理与分析的专业技能,合理科学地确定所需数据的种类与范围。

(二)应用大数据工具获取并清洗目标数据

根据数据需求清单,应用大数据工具进行目标数据获取,并对不符合要求的数据进行清洗。在获取数据时可以用哪些大数据工具,除了应用大数据工具外还可以从哪些渠道或方法获取目标数据?

【场景1–2】珠江纸业股份有限公司应用大数据工具,依据数据需求清单获取了大量目标数据,如表1–2所示。

表 1–2　　　　　　　　　　数据信息表(部分)

搜索词	标题	内容预览	链接	首次发布时间	标签	来源
环保	深圳节能环保产业振兴发展政策	深圳节能环保产业振兴发展政策 为积极培育和发展节能环保产业,促进产业结构转型升级,加快转变经济发展方式,努力创造"深圳质量",根据《深圳节能环保产业振兴发展规划(2014—2020年)》,特制定本政策。……	http://www.gd.gov.cn/zwgk/wjk/zcfgk/content/post_2531207.html	2019年7月5日 08:50:29UTC	政策法规	深圳市人民政府网站
环保	印发关于加快我省环保产业发展意见的通知	关于加快我省环保产业发展的意见 为深入贯彻落实科学发展观,推动我省产业结构转型升级,促进经济社会平稳健康可持续发展,现就加快环保产业发展提出以下意见:……	http://www.gd.gov.cn/gkmlpt/content/0/140/post_140611.html	2012年4月1日 08:25:08UTC	信息公开	本网原创稿
……	……	……	……	……	……	……

注:请扫码获取完整内容。

认知识别

1. 可应用的大数据工具

在进行市场分析时,可以利用大数据工具来获取所需的数据。常见的大数据工具包括网络爬虫、数据库采集工具、API采集工具、Hadoop、Spark、Tableau等。在选择大数据工具时,要根据具体的数据来源、数据类型、采集需求以及后续的数据处理和分析目标来确定。同时,还需要考虑数据采集的效率和稳定性,以及可能遇到的数据安全和隐私问题。

2. 数据清洗

通过大数据工具获取的大量数据中可能包含不相关、重复、缺失或异常的信息，对数据进行筛选与清洗，是确保数据质量和分析准确性的重要步骤。具体包括数据筛选与数据清洗两个环节。进行数据筛选时需要结合数据源与数据需求对数据进行初步筛选，去除与需求无关或重复的数据。同时还需注意数据源的多样性和可靠性，优先选择权威、准确的数据源。数据清洗是指在数据分析或数据挖掘之前，对原始数据进行去除无用数据、纠正错误、填补缺失值、处理重复数据、转换数据类型等操作，从而提高数据质量，为后续的数据分析奠定基础。

3. 获取数据的其他渠道

分析数据与信息的获取，除了利用大数据工具外，也可以通过外部购买数据、互联网上的免费开源数据、政府行业或新闻报道公开的数据资料、委托专业市场调研公司、合作伙伴的信息分享等渠道获取所需数据。

分析研判 珠江纸业股份有限公司运用Python、数据库查询、API接口调用、网络爬虫技术等工具，结合需求清单中的数据需求，共获取了137条数据。通过数据清洗，删除了12条重复数据与异常数据，对6条数据进行了失值补缺与类型转换处理，最终保留了125条符合需求的数据信息。其中包括政府统计、行业协会报告35条；行业报告、专业机构报告22条；竞争对手财务数据48条；行业网站、社交媒体信息20条。

风险控制 使用大数据工具或从其他渠道获取数据信息，可能存在以下风险，需进行重点规避。

（1）安全性：确保在数据获取过程中遵守相关的数据安全和隐私保护法规，不泄露敏感信息。

（2）效率性：根据数据的多少和复杂性，选择合适的数据获取工具和技术，以提高效率。

（3）合规性：确保数据获取和使用符合公司的政策和法律法规的要求，避免潜在的法律风险。

二、进行销售市场分析

营销部利用清洗后的数据，分别从目标市场、宏观经济环境、行业趋势、客户需求以及销售渠道五个维度采用定量、定性两种方法进行销售市场分析，撰写各个维度销售市场分析子报告，并最终形成销售市场分析综合报告。

（一）目标市场分析

【场景1-3】 目标市场分析报告如图1-1所示。

珠江纸业股份有限公司目标市场分析报告

一、目标市场情况分析

珠江纸业股份有限公司主要生产印刷用纸、包装用纸、办公用纸三大类产品，根据产品特点与使用场景的不同，又细分为9种产品。由此从产品维度确定公司的目标市场为印刷用纸、包装用纸、办公用纸三大目标市场，涉及9个细分市场。从地区维度来看，公司的目标市场遍及华北、华东、华中、华南、西北、西南六个区。

用大数据工具对国内各地区纸及纸板2022年的消费量数据进行获取，并对公司不涉及的品类及不符合要求的数据进行清洗后，统计了三大类纸品在各地区的消费量数据。将该数据与本公司的实际销售量进行占比分析，其中印刷用纸销量占比为3.21%，包装用纸销售量占比0.21%，办公用纸销售量占比0.41%。其销售量占比均非常低，在纸及纸板这个巨大的消费市场里，公司的销售业绩依然有很大的提升空间。具体数据如表1所示。

表1　　　　　　　　　　2022年各目标市场销售量占比分析

目标市场	印刷用纸			包装用纸			办公用纸		
	本公司销售量（吨）	市场总消费量（吨）	销量占比（%）	本公司销售量（吨）	市场总消费量（吨）	销量占比（%）	本公司销售量（吨）	市场总消费量（吨）	销量占比（%）
华北	159,542.70	4,626,000.00	3.45	35,414.75	16,227,540.00	0.22	8,965.18	1,829,880.00	0.49
华东	220,176.43	6,245,100.00	3.53	48,595.34	17,773,020.00	0.27	12,296.15	2,033,200.00	0.60
华中	181,110.17	2,544,300.00	7.12	40,356.13	9,272,880.00	0.44	8,653.41	2,033,200.00	0.43
华南	97,840.09	5,088,600.00	1.92	21,871.97	18,545,760.00	0.12	6,354.33	2,541,500.00	0.25
西北	32,735.65	2,081,700.00	1.57	7,302.89	6,181,920.00	0.12	1,816.99	914,940.00	0.20
西南	52,205.25	1,387,800.00	3.76	11,879.49	5,409,180.00	0.22	3,378.47	508,300.00	0.66
其他地区	0.00	1,156,500.00	0.00	0.00	3,863,700.00	0.00	0.00	304,980.00	0.00
合计	743,610.29	23,130,000.00	3.21	165,420.57	77,274,000.00	0.21	41,464.53	10,166,000.00	0.41

二、细分市场情况分析

公司共生产9种产品，根据产品特点与应用场景可细分为9个细分市场，具体情况如表2、表3所示。

表2　　　　　　　　　　产品及细分市场情况分析

产品	需求特点	主要客户群体	应用场景	市场趋势	细分市场
颜A纸	高质量、高亮度、不透明，适用于高档印刷品。属于自研专利技术产品	高端书籍出版商、艺术画册制作公司、高档杂志社	高端书籍、艺术画册、高档杂志	随着文化产业的发展和高端消费品市场的扩大，颜A纸的需求持续增长	高端印刷品市场
颜B纸	较高质量，价格适中，适用于中档印刷品。属于自研专利技术产品	普通书籍出版商、杂志社、广告公司	普通书籍、杂志、广告宣传册	教育行业和广告市场的发展带动了颜B纸的需求增长	中档印刷品市场
轻型纸	重量轻、不透明、价格低廉，适合大批量印刷	报纸出版商、大型广告公司、教育机构	报纸、教材、宣传单	环保和节约成本的需求促进了轻型纸的市场需求	大批量印刷市场
轻涂纸	表面平滑、光泽度高、适合高质量印刷	高质量杂志社、宣传册制作公司、高档广告公司	高质量杂志、宣传册、广告画册	消费升级和广告业的发展带动了轻涂纸的市场需求	高质量印刷市场
胶版纸	通用性强，适用于各种印刷需求	报纸出版商、书籍出版商、广告公司	报纸、书籍、广告	数字印刷技术的发展增加了对胶版纸的需求	通用印刷市场

续表

产品	需求特点	主要客户群体	应用场景	市场趋势	细分市场
热敏原纸	高灵敏度和高质量快速产生清晰图像，适合精细打印。能够长时间保持打印效果	零售行业、银行、快递公司	收银纸、传真纸、快递单	零售业和物流行业的发展增加了热敏原纸的使用需求	零售和物流市场
淋膜原纸	防水、防油，适用于食品和医药包装	食品加工企业、医药公司、快餐连锁店	食品包装、医药包装、快餐包装	随着人们对食品安全和卫生要求的提高，淋膜原纸的需求持续上升	食品和医药包装市场
牛皮包装纸	坚固耐用、环保，适用于工业包装和物流包装	电商企业、物流公司、制造业公司	电商包裹、工业包装、物流包装	电商和物流行业的发展推动了牛皮包装纸的需求增长	工业和物流包装市场
办公用纸	平滑，适合打印和复印，质量稳定	各类企业、政府机关、教育机构	打印纸、复印纸、笔记本	办公自动化和远程办公的普及增加了办公用纸的需求	办公需求市场

表3　　　　　各细分市场销售量增长及销售量占比情况分析

目标市场	细分市场	产品	2021年销售量（吨）	2022年销售量（吨）	增长率（%）	2022年市场消费量（吨）	2022年销售量占比（%）
印刷用纸市场	高端印刷品市场	颜A纸	71,801.85	73,920.00	2.95	2,544,300	2.91
	中档印刷品市场	颜B纸	129,073.01	132,725.78	2.83	3,700,800	3.59
	大批量印刷市场	轻型纸	42,220.40	43,275.91	2.50	4,626,000	0.94
	高质量印刷市场	轻涂纸	126,735.51	130,562.92	3.02	3,469,500	3.76
	通用印刷市场	胶版纸	338,957.42	349,837.95	3.21	8,095,500	4.32
	零售和物流市场	热敏原纸	12,919.52	13,287.73	2.85	693,900	1.91
	小计		721,707.71	743,610.29	3.03	23,130,000	3.21
包装用纸市场	食品和医药包装市场	淋膜原纸	26,539.17	26,828.45	1.09	18,545,760	0.14
	工业和物流包装市场	牛皮包装纸	137,152.02	138,592.12	1.05	58,728,240	0.24
	小计		163,691.19	165,420.57	1.06	77,274,000	0.21
办公用纸市场	办公需求市场	办公用纸	41,005.27	41,464.53	1.12	10,166,000	0.41
合计			926,404.17	950,495.39	2.60	110,570,000	0.86

从细分市场的产品布局来看，公司在9个细分市场均有产品能满足客户不同品质及应用场景的需求。各种产品2022年的销售量较上年度有所增长，平均增长率为2.6%，但目前各产品销售量在市场消费量中的占比非常低，平均占比只有0.86%，由此可见各种产品在市场上有很大的增长空间。

三、竞争分析

（一）印刷用纸市场的竞争分析

1.主要竞争对手

广州绿意源纸业有限公司和上海瑞华纸业有限公司。

2.广州绿意源纸业有限公司分析

（1）市场定位：广州绿意源纸业有限公司专注于高端印刷纸市场，以高质量、高附加值的印刷纸产品赢得客户青睐。

（2）市场销售额：2022年广州绿意源纸业有限公司在高端印刷纸市场的销售额为4,728,952,856.25元。

（3）产品特点：广州绿意源纸业有限公司的印刷纸产品在色彩还原度、纸张平滑度等方面具有明显优势，适用于高端印刷需求。

（4）竞争优势：凭借先进的技术和严格的质量控制体系，广州绿意源纸业有限公司能够为客户提供稳定的高品质产品。

3.上海瑞华纸业有限公司分析

（1）市场定位：上海瑞华纸业有限公司主打中低端印刷纸市场，以价格优势和良好的售后服务赢得市场份额。

（2）市场销售额：2022年上海瑞华纸业有限公司在中低印刷市场的销售额为4,625,896,542.14元。

（3）产品特点：上海瑞华纸业有限公司的印刷纸产品性价比较高，满足一般印刷需求。

（4）竞争优势：上海瑞华纸业有限公司通过优化生产流程、降低生产成本，实现了价格优势，并通过完善的售后服务提升客户满意度。

4.本公司在该目标市场上的竞争地位分析

本公司的印刷用纸共6个单品，分别定位为高中低端市场，能覆盖书籍出版商、艺术画册制作公司、杂志社、广告公司、报纸出版商、教育机构、零售行业、银行、快递公司等行业客户对印刷用纸的品质需求。与竞争对手相比，在市场定位上差异不大。

公司2021年、2022年的印刷用纸年销售额分别为4,532,973,112.51元、4,679,812,342.03元。与竞争对手相比，不相上下。

目前印刷用纸为本公司主要产品品类，颜A纸、颜B纸属于自研专利技术产品，相关技术在印刷用纸这一目标市场占有一定的竞争优势。胶版纸与市场同类产品相比，本公司的胶版纸更具有质量优势，因此其在印刷用纸中属于销售量与销售额占比最高的产品。另外3个单品与竞争者相比，属于同质化产品，竞争力较弱。

（二）包装用纸市场的竞争分析

1.主要竞争对手

江西金辉纸业股份有限公司和湖南博汇纸业有限公司。

2.江西金辉纸业股份有限公司分析

（1）市场定位：江西金辉纸业股份有限公司在食品包装纸市场具有显著优势，产品广泛应用于食品包装行业。

（2）市场销售额：2022年江西金辉纸业股份有限公司在食品包装纸市场的销售额为1,089,254,123.55元。

（3）产品特点：江西金辉纸业股份有限公司的包装纸产品具有良好的防水、防油性能，满足食品包装的特殊需求。

（4）竞争优势：江西金辉纸业股份有限公司注重产品研发和创新，不断推出新型环保、功能性包装纸产品，满足市场需求。

3.湖南博汇纸业有限公司分析

（1）市场定位：湖南博汇纸业有限公司在工业包装领域占据领先地位，产品广泛应用于工业品包装。

（2）市场销售额：2022年湖南博汇纸业有限公司在工业包装纸市场的销售额为985,698,231.69元。

（3）产品特点：湖南博汇纸业有限公司的工业包装纸产品具有高强度、耐磨损等特点，满足工业品包装的特殊需求。

（4）竞争优势：湖南博汇纸业有限公司凭借丰富的行业经验和专业的技术团队，为客户提供定制化的包装纸解决方案，满足不同工业品的包装需求。

4.本公司在该目标市场上的竞争地位分析

本公司的包装用纸只有淋膜原纸、牛皮包装纸两个单品，淋膜原纸主要满足食品加工企业、医药公司、快餐连锁店，牛皮包装纸主要满足电商企业、物流公司、制造业公司的包装需求。

公司2021年、2022年的包装用纸年销售额分别为910,682,549.30元、921,009,529.10元，与主要竞争对手相比，差距较大。

在包装用纸这一目标市场，本公司目前产品单一，仅涉及牛皮包装纸及淋膜原纸两款产品，存在技术含量低，始终处于中低端产品竞争白热化的红海中。应当加大研发投入，丰富产品品种的同时，加大技术含量，提升性能，实行性价比优先的销售战略，稳步拓展包装用纸销售市场。

（三）办公用纸市场的竞争分析

1.主要竞争对手

上海金之源纸业股份有限公司和广州丽霞纸业有限公司。

2.上海金之源纸业股份有限公司分析

（1）市场定位：上海金之源纸业股份有限公司在打印纸市场具有较高占有率，产品广泛应用于办公打印领域。

（2）市场销售额：2022年上海金之源纸业股份有限公司在打印纸市场销售额为325,894,587.50元。

（3）产品特点：上海金之源纸业股份有限公司的打印纸产品具有良好的打印效果和书写性能，满足办公打印需求。

（4）竞争优势：上海金之源纸业股份有限公司通过优化原材料采购、提高生产效率等方式降低成本，实现价格优势，并通过广泛的销售渠道提升市场份额。

3.广州丽霞纸业有限公司分析

（1）市场定位：广州丽霞纸业有限公司在办公用纸市场中也占有一席之地，特别是在环保型办公用纸领域。该公司致力于研发和生产环保、可持续的办公用纸产品。

（2）市场销售额：近年来，随着环保意识的提高，广州丽霞纸业有限公司的环保型办公用纸产品销量逐年增长，市场销售额提升。2022年的办公用纸的市场销售额为338,562,145.89元。

（3）产品特点：广州丽霞纸业有限公司的环保型办公用纸产品采用可再生资源为原料，经过特殊工艺处理，具有较低的碳排放和环境污染。同时，这些产品也具有良好的打印效果和书写性能，能够满足日常办公需求。

（4）竞争优势：广州丽霞纸业有限公司在环保型办公用纸领域拥有领先的技术和研发实力，能够不断推出新型环保产品以满足市场需求。此外，该公司还积极参与各种环保活动和宣传，提升品牌知名度和美誉度。

4.本公司在该目标市场上的竞争地位分析

办公用纸这一目标市场属于竞争最为激烈的市场，客户对高端产品的需求不高，产品同质化严重。公司2021年、2022年的办公用纸年销售额分别为252,358,068.40元、255,764,902.40元，与主要竞争对手相比，相差甚远，竞争力弱。

（四）市场机遇分析

1.印刷用纸的市场机遇

（1）印刷用纸作为商业印刷和文化传播的重要载体，其市场需求持续稳定。随着经济发展和文化交流的增多，印刷品的需求不断增加，推动了印刷用纸市场的增长。

（2）随着环保意识的提升，绿色环保型印刷用纸受到越来越多关注。企业可通过研发和生产环保型印刷用纸，满足市场需求，同时响应国家政策导向。

（3）数字化技术的发展为印刷业带来了转型升级的机遇。企业可通过引进先进的数字印刷技术，提高印刷效率和质量，满足个性化、小批量印刷需求。

2.包装用纸的市场机遇

（1）国家对环保政策的加强，使塑料包装受到限制，为纸制品包装提供了广阔的市场空间。企业可抓住机遇，研发和生产环保型包装用纸，满足市场需求。

（2）随着消费水平的提升，消费者对包装的品质要求也越来越高。企业可通过提升包装用纸的品质和功能性，如增强防水、抗菌等性能，满足消费者需求。

3.办公用纸的市场机遇

（1）办公自动化设备的普及，使办公用纸的需求量逐年增长。企业可针对办公用纸市场的需求，生产高品质、多品种的办公用纸，满足市场需求。

（2）随着数字化技术的发展，办公用纸行业也在逐步实现数字化转型。企业可通过数字化手段，提高生产效率和产品质量，同时降低生产成本。

图1-1　珠江纸业股份有限公司目标市场分析报告

认知识别

1. 目标市场的概念

目标市场是指企业选择服务的具有共同需求或特征的特定顾客群体，它是企业销售和营销活动的重点。因为不是所有的潜在顾客都会对企业提供的产品或服务感兴趣，所以企业需确定目标市场。通过识别和理解目标市场，企业能够更有效地定制产品和营销策略，以满足这一市场的特定需求。

2. 目标市场分析的基本内容与分析要求

（1）市场规模与增长趋势分析：确定目标市场的总体容量，即市场规模；分析目标市场的增长趋势，了解市场的增长速度和潜力。

（2）目标市场细分与定位分析：对整个市场进行细分，按照一定标准划分为若干个子市场，每个子市场都具有一定的特点和需求；在细分市场的基础上，选择一个或几个最具有竞争力的细分市场作为目标市场；确定企业在该目标市场中的差异化竞争策略，即市场定位。

（3）目标市场需求分析：深入了解目标市场消费者需求的性质、规模、变化趋势和满足程度；分析消费者的功能需求、情感需求以及其他辅助需求，以满足其需求。

（4）目标市场竞争分析：了解目标市场竞争格局和竞争对手的全面情况；分析竞争对手的数量、实力、产品特点、市场份额等；研究竞争对手的市场营销策略、品牌形象、广告宣传等。

（5）目标市场环境分析：对目标市场的宏观环境和微观环境进行全面分析，包括宏观经济环境、政策环境、社会文化环境等因素；研究目标市场所在地区的竞争环境、渠道环境、供应链等。

（6）目标市场分布特征分析：了解目标市场的分布特征，如地理位置、人口结构、社会经济状况等；根据这些特征选择适合的渠道和推广方式，提高市场覆盖率和销售效果。

（7）目标市场机会评估：通过市场调研、消费者洞察和趋势分析等手段发现市场中的新机会；评估潜在市场机会，如新兴市场、新需求等，以实现市场增长和业务发展。

（8）目标市场有效性与可行性分析：衡量目标市场的规模和购买力，确保其可衡量和足量；评估企业进入目标市场的可进入性和可实施性，确保企业资源能够支撑进入目标市场；从企业目标和资源的角度评估目标市场的可行性，确保其与企业战略目标相一致。

分析研判 珠江纸业股份有限公司的目标市场分析报告解读。

1. 该分析报告的内容

珠江纸业股份有限公司分别从公司目标市场情况、细分市场情况、各目标市场面临的竞争情况、市场机遇等方面进行了分析。

目标市场情况分析：分别从产品维度、地区维度确定的目标市场进行分析。产品维度的目标市场包括印刷用纸市场、包装用纸市场、办公用纸市场。地区维度的目标市场包括华北、华东、华中、华南、西北、西南六大目标市场。通过分析，报告使用者能够分别从产品大类与地区分类两个维度了解各目标市场的销售量在整个市场销售量中的占比情况。

细分市场情况分析：根据产品应用场景与特点将目标市场共分为9个细分市场，对各细分市场的产品、需求特点、主要客户群体、应用场景、市场趋势等信息等情况进行了分析，同时还对各细分市场2021—2022年的销售量、销售额占比与增长率、销售量在市场消费量中的占比情况进行了计算分析,帮助报告使用者了解各细分市场的销售情况。

竞争情况分析:分别对各目标市场的主要竞争者进行了分析,重点关注竞争对手的市场定位、市场销售额、产品特点、竞争优势等内容,并对本公司在该目标市场的竞争地位进行了分析。该项分析内容在一定程度上帮助报告使用者知晓竞争状况,为应对竞争提供参考。

市场机遇分析:分别对各目标市场可能存在的发展机遇进行了分析。这为公司抓住新的市场机遇,提升产品竞争力提供了参考。

2. 报告使用者如何解读该分析报告

该报告的主要使用者包括销售人员、产品研发人员等。在解读分析报告时,销售人员应当从目标市场、细分市场的销售情况、市场竞争情况等角度来进行解读。一方面重在了解各细分市场的销售量、销售额、销售占比等情况,从数据中挖掘更多的市场信息;另一方面需充分了解各产品在各目标市场的竞争情况,为应对竞争、调整销售策略提供参考。

产品研发人员在解读分析报告时,应当重点关注各产品的竞争情况,考虑如何通过产品研发提升产品性能、开发新产品、优化生产工艺等提升产品竞争力。此外还应当关注各目标市场未来的发展机遇,通过产品研发来抓住新的市场机遇,助力公司寻求新的发展机会。

3. 该分析报告对珠江纸业股份有限公司运营的作用

公司对目标市场与各细分市场的销售情况进行了分析,从分析结果可以看出,公司的产品在目标市场及细分市场中的销售量在市场消费量中的占比均很少,在巨大的消费市场中,依然蕴含着较大的销售增长潜力。公司应当进一步挖掘销售增长途径,提升销售业绩。从细分市场的销售情况来看,满足各细分市场需求的产品中,核心产品过于单一。

从公司对目标市场的竞争情况分析结果来看,公司没有强竞争力的产品与竞争对手抗衡,整体竞争力较弱。销售部门、研发部门应当分别从销售活动、产品或技术研发等方面考虑如何提升产品竞争力。

报告对未来可能存在的市场机遇进行了分析,公司销售部门应当抓住新的市场需求等信息,调整销售策略,从而提升销售业绩。公司研发部门应当从产品、生产技术等方面进行研发,使公司产品能最大程度满足市场的新需求。

(二)宏观经济环境分析

【场景1-4】 营销部进行了宏观经济环境分析,并撰写了宏观经济环境分析报告(见图1-2)。

2022年造纸行业宏观经济环境分析报告

一、2018—2022年宏观环境数据回顾

(一)全球经济增长情况

2018—2021年:全球经济增长不稳定,2018年和2019年增长率分别为3.7%和2.9%。2020年全球经济萎缩,增长率为-3.0%。2021年经济开始复苏,增长率达到5.9%。

2022年:全球经济增长率为3.2%。

注:全球经济增长率数据来源于世界银行发布的相关信息。

（二）中国经济增长情况

2018—2021年：经济增长率分别为6.6%、6.1%、2.2%、8.1%。从趋势上分析，2018—2020年，经济增长率呈下降趋势，2020年受全球经济及疫情的影响出现大幅下降。2021年开始经济处于复苏阶段，增长率开始上升。

2022年：经济增长率为3%，较2021年相比出现了较大幅度的下降。

注：中国经济增长率数据来源于中国国家统计局发布的相关信息。

（三）中国造纸行业供需情况

据中国造纸协会发布的《中国造纸工业2022年度报告》，纸及纸制品全行业2022年完成纸浆、纸及纸板和纸制品产量同比增长1.32%。其中，纸及纸板产量12,425万吨，较上年增长2.64%；纸制品产量较上年下降4.65%。全行业营业收入同比增长0.44%；实现利润总额同比下降29.79%。从纸及纸板的消费情况来看，2022年全国纸及纸板消费量12,403万吨，较上年下降1.94%。从纸及纸板的产量与消费量来看，供需基本保持平衡。

（四）政策环境

中国政府持续推进绿色低碳发展，出台多项环保政策。政策文件涵盖了制浆造纸工业污染防治技术，推进污水资源化利用，加快建立健全绿色低碳循环发展经济体系，加快实施造纸等行业绿色化改造，推行产品绿色设计，建设绿色制造体系，推动提高造纸等行业绿色化水平等方面。特别是在《中华人民共和国国民经济和社会发展第十四个五年规划和2035年远景目标纲要》中提到要"加快化工、造纸等重点行业企业改造升级，完善绿色制造体系。深入实施增强制造业核心竞争力和技术改造专项，鼓励企业应用先进适用技术、加强设备更新和新产品规模化应用"。2021年11月工业和信息化部发布了《"十四五"工业绿色发展规划》，文中提到"推动生产过程清洁化转型，升级改造末端治理设施。在重点行业推广先进适用环保治理装备，推动形成稳定、高效的治理能力。逐步提升印染、造纸、化学原料药、煤化工、有色金属等行业废水治理水平"。这意味着造纸行业面临严格的环保监管和要求，同时需要持续进行绿色转型。

（五）技术创新与发展

2018—2021年：绿色制造技术和数字化转型成为行业发展重点。企业加大对低碳环保技术和数字化管理系统的投入。

2022年：绿色制造技术取得进展，推广无氯漂白和废水零排放技术。数字化转型深入，提升生产效率和管理水平。

（六）国际贸易

2018—2021年：中美贸易摩擦影响造纸行业国际贸易，部分产品面临高关税，企业积极拓展新兴市场。

2022年：据中国造纸协会发布的《中国造纸工业2022年度报告》，中国纸及纸板出口858万吨，较上年增长56.86%，进口836万吨，较上年增长–23.30%。

二、对2023年造纸行业宏观环境的预期

（一）全球经济环境

经济增长预期：具体数据无法获取，但据相关机构预计2023年全球经济增长率会略低于2022年。

原材料价格：预计2023年全球供应链逐渐恢复正常，纸浆的供应会趋于稳定，价格会有所回落。

（二）中国经济环境

经济增长率：腾景宏观预测数据显示，2023年GDP增速预计在5.5%以上，工业增加值增速预计在6%水平，社会消费品零售总额预计在7%水平（数据来源：北京腾景大数据应用科技研究院）。经济继续保持稳健增长。政府将继续实施稳增长政策，推动高质量发展和经济结构优化。

（三）造纸行业供需情况

供给端：预计原材料价格有所回落，纸浆价格下降，废纸价格保持稳定。预计稳定的原材料供应能保障纸及纸板的市场供应。

需求端：预计包装纸和卫生纸需求持续增长，文化纸和新闻纸需求有所回暖。整体市场需求稳中有升。

（四）政策环境

绿色低碳发展：政府将继续实施严格的环保政策，推动造纸行业绿色转型。企业需加大环保投资和绿色技术研发，提升环保标准。

环保投资：预计2023年环保投资继续增长，重点用于废水处理、减少碳排放和提升资源利用效率。

（五）行业竞争格局

市场集中度：根据中国造纸协会调查资料，2022年我国东部地区11个省（区、市），纸及纸板产量占全国纸及纸板产量比例为67.5%，市场集中度进一步提高，前十家造纸企业市场份额有望超过55%。

企业经营状况：大中型企业继续稳定发展，中小型企业需加大环保投入，维持市场竞争力。

（六）技术创新与发展

绿色制造技术：企业将加大对低碳环保技术的研发投入，推广使用先进的生物质能发电技术、无氯漂白技术和废水零排放技术。

数字化转型：继续推进数字化转型，实现生产流程智能化和精细化管理，降低运营成本。

（七）国际贸易

进出口贸易：预计2023年中国纸及纸板出口量呈增长态势，进口量保持稳定。企业需积极拓展东南亚新兴市场，减少对单一市场依赖。

贸易摩擦：中美贸易摩擦有所缓和，但部分纸张产品仍面临较高关税。企业需通过提高产品质量和竞争力来应对国际市场的不确定性。

三、分析结论

预计2023年中国经济增长率为5%左右，较好的增长预期有望进一步提升纸品行业的增长率，整体市场需求稳中有升。预计2023年全球供应链的逐渐恢复，原材料价格的下降，国内造纸企业的产量能满足增长的预期。随着经济的复苏预计纸及纸板的消费需求也会持续增长。从国内行业竞争格局来看，本公司依然面临较为严峻的市场竞争，应当积极地进行技术创新、推进数字化转型，降低运营成本，提升产品竞争力。

图1-2　2022年造纸行业宏观经济环境分析报告

认知识别

1. 宏观经济环境分析的概念

宏观经济因素包括经济增长、通货膨胀率、利率、汇率等，它们共同构成了一个复杂的经济环境，对企业的销售活动产生深远的影响。例如，经济增长通常会提高消费者的购买力，从而增加对商品和服务的需求；而高通货膨胀率可能会导致成本上升，压缩企业的利润空间。

宏观经济环境分析是对一个国家或地区整体经济状况的深入研究和全面评估。这个过程涉及多个关键领域的细致分析，旨在为企业决策者、政策制定者以及投资者提供精准的经济信息和战略建议。

2. 宏观经济环境分析的主要内容

（1）国内生产总值（GDP）：GDP是衡量一个国家或地区经济总量的重要指标，反映了一定时期内所有常住单位的生产活动成果。通过分析GDP，可以了解一个国家的经济规模、增长速度和结构。

（2）通货膨胀率（CPI）：通货膨胀率是反映物价总水平变动的经济指标，通常用于衡量货币购买力的下降程度。高通货膨胀率可能导致货币贬值、物价上涨，进而影响消费者购买力和企业盈利。

（3）失业率：失业率反映了劳动力市场的状况，是衡量一个国家或地区经济健康程度的重要指标。高失业率可能导致社会不稳定、消费下降等问题。

（4）利率和汇率：利率是借贷资金的价格，影响投资和消费；汇率是两种货币之间的兑换比率，影响国际贸易和资本流动。

（5）产业结构：产业结构是指一个国家或地区各产业的构成比例和发展水平。通过分析产业结构，可以了解一个国家或地区的经济特色和优势，以及未来发展的潜力。

（6）政策环境：政策环境包括财政政策、货币政策、产业政策等，这些政策会对宏观经济环境产生重要影响。了解政策环境有助于预测未来经济走势和制定投资策略。

（7）经济发展阶段和发展水平：涉及一个国家或地区的总体经济状况和发展水平，对于了解整个宏观经济环境至关重要。

（8）经济制度及市场体系：涵盖国家的经济制度，如市场经济、计划经济等，以及市场体系的完善程度，如市场竞争的激烈程度、市场规则的完善程度等。

（9）收入水平：包括人均国民收入、可支配收入等，这些指标反映了社会的消费能力和潜在市场。

（10）财政预算规模和财政收支平衡状况：财政状况是宏观经济环境的重要组成部分，反映了政府的财政实力和调控能力。

（11）贸易与国际收支状况：涉及国家的进出口情况、外汇储备等，对于理解国际经济环境和对国内经济的影响至关重要。

在进行宏观经济环境分析时，还需要关注国际经济环境、地缘政治风险等因素，并运用定性和定量分析方法，综合评估各种因素对经济的影响，从而为企业和投资者提供决策依据。

分析研判　珠江纸业股份有限公司的宏观经济环境分析报告解读。

1. 该分析报告的内容

珠江纸业股份有限公司在进行宏观经济环境分析时，主要回顾了2018—2022年的宏观经济环境，并对2023年造纸行业可能面临的宏观经济环境进行了分析。

（1）往期经济增长情况的分析。

该报告在对2018—2022年的宏观经济环境进行回顾时，主要从全球经济环境、中国经济环境、造纸行业供需情况、政策环境、技术创新与发展、国际贸易状况等方面进行了分析。在对全球经济环境与中国经济环境进行分析时，其主要对经济增长率这一指标进行了分析，从分析结果来看，无论是全球经济还是中国经济都经历了严重的下行阶段与缓慢的复苏阶段。

（2）往期造纸行业供需情况的分析。

该报告在对往年造纸行业供需情况进行分析时，主要从纸品的生产供应量与消费需求量两方面进行分析。从分析结果来看，纸及纸板产量与消费量均在12,400万吨左右，供需基本保持平衡。

在供需相对平衡的状态下，2022年的行业营业收入完成1.52万亿元，同比增长0.44%；实现利润总额621亿元，同比下降29.79%。这说明原材料价格上涨等因素导致成本上升，在销售价格上调空间不足或降价的情况下导致了整个行业的利润率下降。

（3）往期其他宏观经济指标的分析。

该报告对政府政策、技术创新与发展、国际贸易状况等影响宏观经济环境的重要因素进行了分析。从分析结果来看，在政府政策层面，国家对造纸行业提出了严格的环保监管和要求；在技术创新与发展方面，绿色制造技术和数字化转型已成为行业发展的重点，无氯漂白和废水零排放技术得到推广，企业应当深入数字化转型，提升生产效率和管理水平；在国际贸易方面，主要分析了中美贸易摩擦对造纸业国际贸易的影响，企业需要应对全球经济不确定性和贸易摩擦带来的商品出口与原材料进口的双重影响。

（4）对2023年宏观经济环境的预期。

该报告主要从经济增长率、行业供需情况、政府政策、行业竞争、技术创新与发展、国际贸易等方面对2023年的宏观经济环境进行预测分析。

分析认为中国经济增长率预计在5%左右，原材料供应趋于稳定且价格会有所回落，纸及纸板的供需会保持平衡并持续增长，环保政策会持续推动造纸行业绿色转型，大型造纸企业的市场份额可能进一步提高，中小企业面临的市场竞争会更加激烈，造纸企业依然需要在绿色制造技术与数字化转型两方面进行创新，预计纸及纸板出口量将会继续增长，在复杂的国际环境中，中国企业应当积极拓展东南亚新兴市场，减少对单一市场的依赖。

2. 报告使用者如何解读该分析报告

该报告的使用者一般包括企业的经营决策者、销售部门、采购部门等。

经营决策者在解读分析报告时，应该关注国内外的经济增长形势、行业的供需关系、政府的监管政策、行业竞争格局、国际贸易环境等内容的分析结论，为调整产能、开拓市场、应对政策变化等重大经营决策提供参考。

在解读分析报告时，销售部门应当思考如果调整销售策略，应对可能出现的市场增长与行业竞争格局的变化；采购部门应当思考在原材料价格预计会发生变化时，如何锁定较低的原材料价格，实现最大程度地降低生产成本。

3. 该分析报告对珠江纸业股份有限公司运营的作用

该分析报告的结论认为预计2023年国内经济、行业需求、材料供应与价格等均可能向好发展，对于公司而言均属于利好信息。在此经济环境中，公司应该可以在2023年进一步提升销售业绩，提升盈利能力。同时也应当重视对竞争格局变化的预计，努力提升公司的行业竞争力。

（三）行业趋势分析

【场景1-5】营销部对中国造纸行业的发展趋势进行了分析，并撰写了中国造纸行业趋势分析报告（见图1-3）。

中国造纸行业趋势分析报告

2022年中国造纸行业呈现出多元化发展的趋势，主要包括环保需求的增加、技术创新的推动、市场结构的变化和全球供应链的挑战。以下是对这些趋势的详细分析。

一、环保和可持续发展

（一）环保需求增加

市场需求：随着环保意识的增强，消费者和企业对环保认证纸品的需求显著增加。根据《中国造纸工业2022年度报告》，2022年环保纸品的市场份额增长了15%，达到总市场的25%。

政府政策：中国政府实施了更严格的环保法规，要求企业减少污染排放和提高资源利用效率。2022年全国环保部门对造纸企业的检查次数增加了20%，罚款总额超过10亿元。

（二）可持续发展

企业投资：大型造纸企业加大了对环保技术和可再生能源的投资。太阳纸业和晨鸣纸业分别投入5亿元和3亿元用于环保技术升级，减少了20%的碳排放。

绿色认证：越来越多的企业获得了FSC、PEFC等国际环保认证。2022年理文造纸的环保认证产品销量同比增长了25%，占其总销量的30%。

二、技术创新和数字化转型

（一）技术升级

生产效率：造纸企业通过技术升级，提高生产效率和产品质量。晨鸣纸业在其主要工厂引入了最新的纸浆制造设备，使生产效率提高了15%，能耗降低了10%。

产品创新：企业推出了多种新型纸品，如防水纸、抗菌纸等，以满足市场多样化需求。2022年金光集团App推出的高端抗菌纸销量达到了1万吨，市场反响良好。

（二）数字化转型

智能制造：数字化转型成为造纸行业的重要趋势。企业通过智能制造和数字化管理，提高生产效率和资源利用率。例如，山鹰国际在其生产基地实施了智能化管理系统，实现了生产流程的自动化和可视化。

数字化营销：通过电商平台和自建官网，造纸企业加强了数字化营销。2022年，通过京东和天猫等平台销售的纸品总额超过200亿元，同比增长30%。

三、市场结构和竞争格局

（一）市场集中度提高

大型企业通过并购和扩张不断扩大市场份额，市场集中度不断提高。2022年，晨鸣纸业收购了两家中型造纸厂，增加了200万吨的年产能，使其市场份额提升至15%。

（二）小型企业面临挑战

小型造纸企业将会面临更大的生存压力，需要在环保投资和技术升级上投入更多资源。2022年约10%的小型企业因环保不达标而被迫停产。

四、全球供应链和物流挑战

（一）供应链压力

原材料成本：全球供应链紧张和物流成本上升对造纸行业提出了新的挑战。2022年纸浆价格上涨了20%，导致生产成本显著增加，但这种状况预计在2023年会有所改善，全球供应链将会得到恢复，原材料价格会有所下降。

应对措施：企业通过优化供应链和本地化生产，减少供应链风险。例如，理文造纸在东南亚建立了新的生产基地，降低了对进口原材料的依赖。

（二）物流管理

物流成本：物流成本的上升对企业利润率产生了压力。2022年物流费用占造纸企业总成本的比重增加了5%。

改善措施：企业通过与物流公司合作和使用智能物流系统，优化运输路径和提高配送效率。山鹰国际的智能物流系统使其物流成本降低了10%。

五、新兴市场和出口增长

（一）国际市场拓展

出口增长：造纸企业积极拓展国际市场，通过出口和海外投资，扩大市场份额。2022年纸及纸板出口858万吨，较上年增长56.86%。主要出口市场包括东南亚、欧美等地区。

市场策略：企业通过参加国际展会和建立海外分支机构，提高品牌知名度和市场竞争力。金光集团App在欧洲市场的销售额增长了20%，成为其重要的收入来源。

> （二）新兴市场潜力
>
> 市场需求：新兴市场如印度、非洲等地的纸品需求增长迅速，为中国造纸企业提供了新的市场机会。企业通过市场调研和定制化产品，满足新兴市场的需求，提升了国际竞争力。
>
> 六、分析结论
>
> 2022年中国造纸行业在环保和可持续发展、技术创新和数字化转型、市场结构变化、全球供应链和物流管理以及国际市场拓展等方面呈现出显著的变化趋势。面对这些变化，2023年造纸企业需要不断创新和优化管理，提高产品质量和市场竞争力，积极开拓市场，紧跟行业发展趋势。

图 1-3　中国造纸行业趋势分析报告

认知识别　行业趋势分析，简单来说，就是针对某个特定行业，通过收集、整理和分析相关的数据、信息和资料，来揭示该行业未来的发展方向、变化规律和潜在机会的过程。它涉及对行业内外部环境、技术发展、市场需求、行业集中度、竞争格局等多方面的深入研究，旨在帮助企业、投资者和政策制定者作出更明智的决策。

分析研判　珠江纸业股份有限公司的行业趋势分析报告解读。

1. 该分析报告的内容

该报告主要从环保政策的要求、环保产品的需求、技术创新的推动、市场结构的变化、全球供应链的挑战、新兴市场和出口的增长、纸浆等主要原材料的价格变化趋势等方面分析造纸行业未来发展趋势。

2. 报告使用者如何解读该分析报告

该报告的使用者一般包括企业的经营决策者、研发部门、销售部门等。

经营决策者应当关注整个行业在各方面的发展趋势，重点考虑如何调整经营策略，紧跟行业发展趋势，而不沦为行业发展中的淘汰者；研发部门应当重点关注本行业中，政府部门对环保和可持续发展的要求，通过研发环保产品与环保技术，满足行业发展对环保的需求；销售部门应当重点关注市场结构、竞争格局、新兴市场与出口增长的发展趋势，调整销售策略与市场扩张策略。

3. 该分析报告对珠江纸业股份有限公司运营的作用

该报告认为2022年中国造纸行业在环保和可持续发展、技术创新和数字化转型、市场结构变化、全球供应链和物流管理以及国际市场拓展等方面呈现出显著的变化趋势。珠江纸业股份有限公司应当理解和紧跟行业变化趋势，调整经营策略，一方面加大研发力度，开发符合环保需求且具有竞争力的产品与技术，实现在该领域的销售增长，在能力可及的范围内开拓新兴市场，提升产品出口量；另一方面采取积极的措施应对不利因素，寻求更好的发展。

（四）客户需求分析

【场景1-6】营销部对公司客户的需求进行了分析（见图1-4），同时对公司在档客户进行调研并获得了其2023年产品预计需求量数据，为公司的销量预测、销售计划与销售策略的制定提供了有力的决策支持。

客户需求分析报告

一、客户需求分析

公司对北京兴业华泰纸张销售有限公司、红星文化发展（上海）股份有限公司、合肥出版印刷物资有限公司等大客户的需求进行了全面调研与分析。公司应当对标客户需求进行产品与服务调整以满足客户需求。其具体需求如表1所示。

表1　客户需求汇总

产品种类需求	办公用纸、包装用纸、印刷用纸
产品质量要求	办公用纸：适当厚度和重量，高表面光滑度，适中白度，环保认证（如FSC、PEFC），与办公设备兼容，良好的售后服务； 包装用纸：强度和韧性高，防水性能好，尺寸稳定，颜色均匀，表面平整光滑； 印刷用纸：色调一致，耐折度高，平滑度高，适当吸墨性，良好弹性和塑性变形特性，表面强度高
产品包装与运输	环保材料，防潮包装，清晰的产品信息标识； 确保运输安全无损，包装牢固，满足长途运输需求； 数量准确，快速响应退换货问题
价格与竞争力分析	价格敏感，客户注重性价比； 质量和服务对价格决策影响大； 原材料和市场价格波动影响采购决策
售后服务与培训需求	快速响应客户问题和需求，提供专业知识和技能的服务； 多种咨询渠道，确保随时提供帮助； 产品知识培训和定制化培训课程

二、客户产品预计需求量

在产品需求量方面，公司调研统计了六大区所有在档客户预计2023年在本公司的进货需求量，并进行了需求分析。具体数据如表2~表5所示。

表2　客户申报的2023年产品预计进货量　　　　　　　　　　　　　单位：吨

公司名称	地区	颜B纸	轻型纸	颜A纸	轻涂纸	胶版纸	热敏原纸	牛皮包装纸	淋膜原纸	办公用纸	合计
中国青少年出版总社有限公司	华北	3,630	1,350	2,160	3,800	10,161	392	3,941	742	1,166	27,342
河北海盛集团有限公司	华北	4,230	1,377	2,144	3,706	10,612	429	4,351	721	1,199	28,769
浙江富名达股份有限公司	华东	1,374	538	794	1,390	3,916	112	1,697	411	342	10,574
合肥出版印刷物资有限公司	华东	1,004	333	729	980	2,748	219	895	155	254	7,317
福建出版物资有限责任公司	华东	584	171	356	937	1,619	46	532	122	255	4,622
广西方乐贸易有限公司	华南	5,193	1,698	2,939	4,988	260	448	5,794	1,280	1,584	37,655
……	……	……	……	……	……	……	……	……	……	……	……
合计		137,563	45,163	57,327	104,730	343,285	13,510	140,567	27,141	41,664	910,950

表 3　　　　客户 2022 年实际对外销售量（大数据统计）　　　　单位：吨

公司名称	地区	颜B纸	轻型纸	颜A纸	轻涂纸	胶版纸	热敏原纸	牛皮包装纸	淋膜原纸	办公用纸	合计
中国青少年出版总社有限公司	华北	5,855	2,015	2,734	4,810	17,519	537	5,630	1,159	1,911	42,171
河北海盛集团有限公司	华北	5,354	2,152	2,749	5,008	16,079	703	7,252	1,222	1,966	42,484
浙江富名达股份有限公司	华东	1,739	769	1,222	1,805	6,637	175	2,926	697	552	16,521
合肥出版印刷物资有限公司	华东	1,394	432	1,041	1,690	4,658	308	1,193	231	368	11,317
福建出版物资有限责任公司	华东	823	271	524	1,487	2,218	64	844	185	340	6,756
广西方乐贸易有限公司	华南	6,833	2,326	4,322	8,045	10,735	689	8,779	1,620	2,031	45,380
……	……	……	……	……	……	……	……	……	……	……	……
合计		193,751	69,482	93,979	174,550	504,831	20,785	230,438	43,081	65,100	1,395,995

表 4　　　　客户 2022 年在本公司的实际进货量　　　　单位：吨

公司名称	地区	颜B纸	轻型纸	颜A纸	轻涂纸	胶版纸	热敏原纸	牛皮包装纸	淋膜原纸	办公用纸	合计
中国青少年出版总社有限公司	华北	3,557.4	1,282.5	2,008.8	3,724	9,652.95	384.16	3,743.95	690.06	1,072.72	26,116.54
河北海盛集团有限公司	华北	4,060.8	1,266.84	2,036.8	3,594.82	10,399.76	416.13	4,089.94	670.53	1,139.05	27,674.67
浙江富名达股份有限公司	华东	1,346.52	527.24	770.18	1,320.5	3,641.88	103.04	1,629.12	386.34	335.16	10,059.98
合肥出版印刷物资有限公司	华东	923.68	313.02	714.42	960.4	2,555.64	214.62	841.3	145.7	238.76	6,907.54
福建出版物资有限责任公司	华东	537.28	160.74	348.88	880.78	1,521.86	43.7	500.08	118.34	242.25	4,353.91
广西方乐贸易有限公司	华南	5,024.59	1,622.42	2,843.73	4,855.74	246.91	474.14	5,712.52	1,099.99	1,553.59	23,433.63
……	……	……	……	……	……	……	……	……	……	……	……
合计		132,725.78	43,275.91	73,920	130,562.92	349,837.95	13,287.73	138,592.12	26,828.45	41,464.53	950,495.39

表 5　　　　客户 2022 年在本公司实际进货量与其实际对外销售量占比分析　　　　单位：%

公司名称	地区	颜B纸	轻型纸	颜A纸	轻涂纸	胶版纸	热敏原纸	牛皮包装纸	淋膜原纸	办公用纸
中国青少年出版总社有限公司	华北	60.76	63.65	73.47	77.42	55.10	71.54	66.50	59.52	56.12
河北海盛集团有限公司	华北	75.84	58.88	74.10	71.78	64.68	59.17	56.40	54.87	57.95

续表									
公司名称	地区	颜B纸	轻型纸	颜A纸	轻涂纸	胶版纸	热敏原纸	牛皮包装纸	淋膜原纸	办公用纸
浙江富名达股份有限公司	华东	77.42	68.60	63.05	73.15	54.87	58.88	55.68	55.46	60.76
合肥出版印刷物资有限公司	华东	66.24	72.38	68.60	56.84	54.87	69.58	70.50	62.98	64.86
福建出版物资有限责任公司	华东	65.32	59.22	66.64	59.22	68.62	68.40	59.22	64.02	71.25
广西方乐贸易有限公司	华南	73.54	69.75	65.80	60.36	2.30	68.79	65.07	67.89	76.50
……	……	……	……	……	……	……	……	……	……	……

将2023年客户申报的产品预计进货量、2022年实际在本公司的进货量与大数据工具获取的该客户2022年实际对外销售量对比分析发现，华南区广西壮族自治区（桂）办事处的经销客户广西方乐贸易有限公司2022年在本公司胶版纸的实际进货量为246.91吨，其实际对外销售量为10,735吨，其在本公司的进货量只占其对外销售量的2.30%。进一步调查分析发现该地区胶版纸的竞争非常激烈，该产品的大部分市场被其他厂商占领。根据该数据分析，认为该产品在该地区存在较大的市场潜力，应当重点关注。

除此之外，还有部分客户申报的产品预计进货量较2022年实际在本公司的进货量出现了小幅度的下滑，各地区销售人员应当及时跟进，分析原因，采取措施。

图1-4 客户需求分析报告

认知识别

1. 客户需求分析的概念

客户需求是企业在市场中获得成功的关键，它包括产品需求、服务需求、体验需求、关系需求等多个层次。

客户需求分析是企业了解消费者对产品或服务期望的系统性过程，它涉及收集、理解和整理客户对市场上提供的产品和服务的各种需求和期望，目的是确保公司的产品或服务与市场需求一致。

2. 客户需求分析的内容

在进行客户需求分析时，应当深入分析和理解客户的多个层面的需求，以确保提供的解决方案或服务能够满足客户的期望。通常应当分析客户对产品的功能、技术、价格、使用体验、服务与培训、执行时间或期限等方面的基本需求，此外还包括客户情感与心理需求、定制化和个性化需求、对产品或服务功能的期望和规划等。

分析研判 珠江纸业股份有限公司的客户需求分析报告解读。

1. 该分析报告的内容

该报告分别从产品需求、价格敏感度与竞争力、购买行为与偏好、服务与培训需求、市场趋势与竞争等维度，对北京兴业华泰纸张销售有限公司、红星文化发展（上海）股份有限公司、合肥出版印刷物资有限公司等大客户的需求进行了全面调研与分析。分析内容包括客户对产品种类、质量、包装运输、价格、售后服务与培训、未来产品需求量等内容。分析人员通过市场调研、问卷调查、用户访谈等方式完成了数据收集与分析工作。

分析认为公司目前投放市场的产品均能在各细分市场内满足客户对质量、包装、运输、价格、售后服务与培训的需求。该报告还将2023年客户申报的产品预计进货量、2022年实际在本公司的进货量与大数据工具获取的客户2022年实际对外销售量进行了对比分析，发现了部分产品在现有客户中存在新的销售增长空间。该分析为公司进行2023年的销售预测、销售计划与策略的制定提供了非常重要的信息。

2. 报告使用者如何解读该分析报告

该报告的使用者一般包括研发人员、销售人员、财务部门、采购部门、生产部门等。

研发人员应当关注客户对产品的质量、功能、使用体验等方面的需求，能够研发新产品或改进现有产品以满足客户需求；销售人员应关注客户需求，精准地向客户推销所需产品、提供解决方案或提升服务质量等，以满足客户需求；销售人员还应当关注现有在档客户对产品预计需求量的变化，对于需求量减少或流失的客户，应当积极与客户沟通并采取应对措施。

客户对产品的预计需求量数据为财务部、采购部门、生产部门提供了重要的信息。采购部门应当根据预计需求合理规划采购业务，确保材料供应能满足生产需求；生产部门应当根据该信息合理规划生产，确保产品供应能满足客户需求；同时财务部门应当合理规划资金以应对采购与生产的资金需求。

3. 该分析报告对珠江纸业股份有限公司运营的作用

该报告对客户产品的需求、对产品供应量的需求进行了调研分析，珠江纸业股份有限公司可以利用该信息，研发或调整产品、调整销售策略、改进服务、合理规划采购、生产与财务计划，以满足客户需求，从而实现销售增长。

（五）销售渠道分析

【**场景1-7**】营销部对公司的销售渠道进行了分析，并形成了销售渠道分析报告（见图1-5）。

2022年销售渠道分析报告

一、销售渠道结构分析

珠江纸业股份有限公司的销售渠道分为直销与经销两大渠道，分别在完成销售目标、客户维护与发展中各有优势，在公司的销售业务中均发挥着重要的作用。

经销渠道主要有市场覆盖面广、销售灵活、为生产商分担了部分市场风险的优势。但缺点也较明显，如渠道管理困难、渠道控制力弱、利润被分散等。

直销渠道主要有能控制成本、渠道控制力强、客户服务质量有保障等优势。其缺点主要体现在销售规模受限、市场扩张困难、风险控制难度大等方面。

基于各销售渠道的特点，公司在发展销售渠道时，主要应从产品特点与市场竞争情况等方面考虑各渠道的结构。既要能满足公司对于成本控制、渠道管理、客服质量的管理要求，又能凭借经销渠道的销售网络与营销能力提升产品在市场上的覆盖率，同时还能保障公司销售量的稳定增长。同时在经济增长情况、市场竞争格局、行业趋势等因素发生较大变化时，销售部门应当及时作出调整，在积极应对竞争的情况下，优先保障销售量与销售收入的稳定性与可持续增长性。

根据公司产品的客户群体特点分析，办公用纸涉及的客户群体非常广泛，大部分单位客户的单次供货量不大，可以通过经销渠道实现对更多客户的销售覆盖。印刷用纸的消费群体主要集中在印刷出版企业这一领域，客户群体较为集中，大部分客户的单次供货量较大，适合通过直销渠道进行销售。包装用纸的消费群体主要包括制造加工业企业、电商企业、零售商、超市、快递物流行业等，对于需求量大的客户，如制造加工业企业等，适合通过直销的渠道进行销售，其他零散或单个客户、产品需求量不大的客户适合通过经销渠道进行销售。

2022年各销售渠道销售量占比分析如表1所示。

表1　　　　　　　　2022年各销售渠道销售量统计与占比分析　　　　　　　　单位：吨

	项目	印刷用纸	包装用纸	办公用纸	合计	销售占比
经销渠道	经销大客户	259,900.92	57,050.85	14,474.48	331,426.25	—
	经销新客户	40,531.95	9,376.14	2,348.72	52,256.81	—
	经销一般客户	187,519.42	42,065.05	10,327.16	239,911.63	—
	小计	487,952.29	108,492.04	27,150.36	623,594.69	65.61%
	品类销售占比	65.62%	65.59%	65.48%	—	—
直销渠道	直销大客户	109,815.15	25,754.29	6,395.87	141,965.31	—
	直销新客户	8,932.04	2,027.58	565.40	11,525.02	—
	直销一般客户	136,910.81	29,146.66	7,352.90	173,410.37	—
	小计	255,658.00	56,928.53	14,314.17	326,900.70	34.39%
	品类销售占比	34.38%	34.41%	34.52%	—	—
合计		743,610.29	165,420.57	41,464.53	950,495.39	—

2022年公司各品类产品在直销渠道与经销渠道的销售量均处于34%：65%左右。印刷用纸直销比例过低，办公用纸经销比例过低。销售部门应当考虑逐步调整渠道结构，尽可能发挥各渠道的优势，提升销售效率。

二、销售渠道效率分析

销售渠道效率分析如表2所示。

表2　　　　　　　　2022年各渠道销售情况统计分析

	销售渠道	销售额（元）	占比（%）	销售成本（元）	销售成本率（%）	客户维护成本（元）	维护成本率（%）	渠道利润额（元）	销售利润率（%）
按客户类型分类	直销大客户	926,699,074.60	15.82	709,954,065.70	76.61	1,845,000.20	0.20	214,900,008.70	23.19
	经销大客户	1,977,075,624.00	33.76	1,592,399,842.00	80.54	4,135,620.30	0.21	380,540,161.70	19.25
	直销一般客户	1,108,721,131.00	18.93	849,183,371.80	76.59	1,082,325.40	0.10	258,455,433.80	23.31
	经销一般客户	1,432,546,173.00	24.46	1,161,584,338.00	81.09	2,125,628.50	0.15	268,836,206.50	18.77
	直销新客户	79,420,717.52	1.36	55,951,544.70	70.45	105,600.90	0.13	23,363,572.49	29.42
	经销新客户	332,124,053.90	5.67	253,961,277.90	76.47	628,220.80	0.19	77,534,555.20	23.35
	合计	5,856,586,774.02	—	4,623,034,439.53	78.94	9,922,396.10	0.17	1,223,629,938.39	20.89
按销售方式分类	直销渠道	2,114,840,923.00	36.11	1,615,088,982.00	76.37	3,032,926.50	0.14	496,719,014.50	23.49
	经销渠道	3,741,745,851.00	63.89	3,007,945,458.00	80.39	6,889,469.60	0.18	726,910,923.40	19.43
	合计	5,856,586,774.00	—	4,623,034,440.00	78.94	9,922,396.10	0.17	1,223,629,938.00	20.89

（一）利润分析

直销渠道的利润率23.49%>经销渠道的利润率19.43%；

直销渠道的利润率高于经销渠道，这表明直销模式在利润实现方面更有效率。

（二）销售成本分析

直销渠道的销售成本率76.37%<经销渠道的销售成本率80.39%；

直销渠道的销售成本率低于经销渠道，表明直销渠道在成本更容易得到控制，经销渠道的销售成本应当进行控制优化。

（三）客户维护成本分析

直销渠道的客户维护成本率0.14%，稍低于经销渠道的客户维护成本率0.18%。

三、渠道优化建议

（1）直销渠道的利润率较高，且较为适合对印刷用纸的销售，根据目前渠道结构情况分析，应当提升印刷用纸在直销渠道的销售占比。

（2）经销渠道比直销渠道的销售成本高，需要优化成本结构或调整渠道结构，合理控制成本。

（3）经销渠道的客户维护成本高于直销渠道，需要控制和优化维护成本。

图1-5　2022年销售渠道分析报告

认知识别

1. 销售渠道分析的概念

销售渠道是商品或服务从生产者到消费者的转移过程中所经过的路径，包括直销渠道与非直销渠道，其中直销渠道是企业或品牌直接向消费者提供商品或服务，而非直销渠道则通过各级中间商实现销售转化。销售渠道可以根据其数字化属性进一步细分为线上直销渠道、线上非直销渠道、线下直销渠道和线下非直销渠道。这些渠道对于企业来说在覆盖市场、提升销售效率和建立客户关系方面都至关重要。

销售渠道分析是评估和改进销售渠道的一个重要过程，旨在理解销售渠道的结构、效率以及潜在改进点。这一过程涉及对销售渠道的全面考察，包括识别渠道的组成部分，分析各部分的运作情况，以及评估它们对整体销售效果的影响。评估现有销售渠道的有效性，探索新的销售渠道和合作伙伴，以提高销售效率和市场份额。

2. 销售渠道分析的主要内容

销售渠道分析通常包括渠道类型分析、渠道效率评估、渠道覆盖分析、渠道成本分析、渠道冲突管理、客户渠道偏好分析、合作伙伴关系评估等内容。

（1）渠道类型分析：包括线上和线下渠道、直销和非直销渠道等。分析每种渠道的优势和劣势，以及它们在不同市场条件下的适用性。

（2）渠道效率评估：包括量化评价与定性评价。量化评价包括销售增长率、渠道占有率、渠道费用率等衡量渠道表现的评价。定性评价包括渠道氛围、合作伙伴的销售贡献率等不直接表现为数字，但对渠道的整体效率有重要影响的指标评价。

（3）渠道覆盖分析：企业需要考虑市场环境、客户需求、渠道特性和内部资源等多个因素，分析销售渠道的地理覆盖范围和市场渗透率，确定哪些渠道覆盖了目标市场的关键区域，哪些渠道可能遗漏了潜在客户，以确保渠道策略的有效性和效率。通过不断地监测、评估和优化，企业可以更好地利用渠道覆盖来提高市场竞争力。

（4）渠道成本分析：企业应该综合考虑各项因素，不仅要关注短期的成本和收益，还要考虑长期的渠道健康和可持续发展。通过这种全面的分析，企业可以更好地管理和优化其渠道策略，从而实现更高的市场效率和盈利能力。

（5）渠道冲突管理：渠道冲突是指组成营销渠道的各组织间出现敌对或不和谐的状态。渠道冲突产生的根源可能包括价格差异、市场划分不清、产品定位不明确等，导致渠道成员之间出现利益差异、对现实的不同理解以及各自的领域冲突等。企业可以通过沟通与协商、制定明确的政策和规则、建立有效的激励机制、加强监控和管理、灵活调整策略、提供支持和培训等方法解决渠道冲突问题。

（6）客户渠道偏好分析：要分析了解客户在不同购买阶段和不同情境下会选择哪些渠道。进行客户渠道偏好分析时，企业需要综合考虑多种因素，包括客户行为、情境因素、渠道特性等。

（7）合作伙伴关系评估：评估与销售渠道相关的合作伙伴（如经销商、分销商、电商平台等）的合作关系和绩效。通过定期评估和沟通，确保合作伙伴与企业的战略目标保持一致，并实现双赢。

通过销售渠道分析，企业可以全面了解其销售渠道的现状和潜力，从而制定针对性改进策略，提高销售效率和市场份额。同时，企业还可以根据市场变化和客户需求的变化，灵活调整和优化销售渠道组合，以适应不断变化的市场环境。

分析研判 珠江纸业股份有限公司的客户需求分析报告解读。

1. 该分析报告的内容

该报告对珠江纸业股份有限公司的销售渠道结构、渠道销量、渠道效率进行了分析。

2. 报告使用者如何解读该分析报告

该报告的使用者一般为销售部门或运营管理部门。在解读分析报告时，应当重点关注报告中对于销售渠道优化的建议，结合实际情况对销售渠道进行调整优化，以提升销售渠道的运行效率。

3. 该分析报告对珠江纸业股份有限公司运营的作用

该报告重点对"渠道销量""渠道效率"等内容进行了分析。分析直销渠道与经销渠道在销售过程中的作用与优缺点，并计算其各自的年销售量占比情况，分析认为应当根据产品及客户特点适当对销售渠道结构进行调整。

该报告在"销售渠道效率"分析中，分别对各渠道2022年实现的利润、产生的销售成本、客户维护成本等数据进行了分析，认为直销渠道的利润率更高，合理增加直销渠道的销售比例可以提升整体利润；经销渠道的销售成本、客户维护成本均高于直销渠道，应当对成本结构进行优化。

(六)销售市场分析结论

【场景1-8】 在各项分析报告形成后,营销部综合各分析报告的内容与结论撰写了《2023年销售市场分析综合报告》(见图1-6),并组织了多部门对各项报告内容进行联合会审。

2023年销售市场分析综合报告

一、分析内容

根据公司年度销售会议安排与部署,公司营销部等多部门联系开展了销售市场分析工作,本次分析工作的核心内容包括目标市场分析、宏观经济环境分析、行业趋势分析、客户需求分析以及销售渠道分析。

二、分析方法

在本次销售市场分析工作中,各部门分工协作,各司其职,不仅应用了大数据工具获取了大量的互联网基础数据,还通过市场调研等方法获取了大量客户需求信息。分析人员综合性地应用了定性与定量相结合的方法对这些信息进行全面分析,并形成各项分析报告。

三、分析结论

(一)目标市场分析

公司的产品涉及三大品类,分别涉及印刷用纸市场、包装用纸市场、办公用纸市场等三大目标市场,三大目标市场又进一步细分为9个细分市场,分别生产9种产品满足各细分市场的客户需求。在三大目标市场中,公司紧贴客户需求,在激烈的竞争环境下,各种产品在2022年均实现了较为可观的销售量增长率与销售额增长率,但其销售量在市场消费量中的占比非常低,增长潜力较大。与此同时,公司的三大类产品预计在新的经济环境中还将面临更大的增长机遇。

(二)宏观经济环境分析

在过去5年里,全球经济增长不稳定,供应链系统部分中断,原材料价格上涨;国际贸易环境复杂,全球经济不确定性和贸易摩擦都给经济增长带来了较大的阻力。

预计2023年国内经济增长率为5%左右。原材料价格也会因供应恢复与稳定而价格回落。随着经济增长的逐步恢复,预计纸及纸板需求持续增长。公司应当抓住经济复苏带来的重大机遇进行合理布局,提升产品竞争力的同时获得更大的销售增长率。

(三)行业趋势分析

2022年中国造纸行业在环保和可持续发展、技术创新和数字化转型、市场结构变化、全球供应链和物流管理以及国际市场拓展等方面呈现出显著的趋势。面对这些变化,2023年造纸企业需要不断创新和优化管理,提高产品质量和市场竞争力,以适应市场需求和环境变化。

(四)客户需求分析

在产品需求方面,公司目前所生产的产品种类、质量、包装运输、售后服务与培训等均能满足客户的需求;在产品需求量方面,调研统计了六大区所有在档客户2023年在本公司的预计进货需求量,与其2022年实际对外销售量相比,部分客户还有进一步挖掘的潜力,个别客户的预计进货量较上年实际进货量有所下降,应当采取积极措施,维护好现有客户,并积极发展新客户。

(五)销售渠道分析

2022年公司销售渠道中,直销渠道的销售量占比34.39%,经销渠道销售量占比65.61%。根据其各自在销售业务中发挥的作用与优缺点,结合各类产品的客户群体特征分析,认为应当对印刷用纸、办公用纸的销售渠道结构进行合理调整,充分发挥各销售渠道的优势。从渠道效率进行分析,认为应当对渠道运行成本进行优化调整,控制和优化客户维护成本。

(六)综合结论

2023年在宏观经济整体向好发展的大环境下,公司会面临更加激烈的行业竞争,同时也会面临较好的市场发展机会,客户需求量预计有所提升,个别产品在个别地区的增长潜力较大。综合各种因素,分析认为公司预计在2023年至少能实现整体2%~4%的销售增长预期。

图1-6 2023年销售市场分析综合报告

分析研判　目标市场分析报告、宏观经济环境分析报告、行业趋势分析报告、客户需求分析报告以及销售渠道分析报告分别从不同维度对销售市场进行了全面分析，以各分析报告为基础，总结分析结论并形成一份综合分析报告。该综合分析报告的内容有机集合了各分项分析报告的分析结果。基于该分析报告，经各部门分析研究认为2023年的预计销售增长率是合理的，该结论将为下一步进行销售量预测、销售计划制订等工作起到指导性作用。

任务小结

销售市场分析是进行销量预测、制订销售计划、确定销售策略的重要依据，并且是一项复杂的工作，需要大量分析数据的支持。企业一般可以借助大数据工具获取所需的数据，并对数据进行筛选与清洗，从而获得可以使用的分析数据。

销售市场分析的核心环节包括目标市场分析、宏观经济环境分析、行业趋势分析、客户需求分析以及销售渠道分析。报告的使用者应当对分析报告的内容进行合理解读并为各项经营决策提供参考。

任务2　销售预测

【教学重点】销售量综合预测。
【教学难点】销售量预测方法的确定。

任务导入

在完成销售市场分析工作后，营销部将基于销售市场分析结果进一步开展销售预测工作，预测2023年公司各产品的预计销售量。

一、销售预测的概念与作用

销售预测是指企业在销售市场分析的基础上，对未来一段时间内产品或服务的销售数量或销售额等进行的预估和推断。它是企业生产经营决策制定的重要依据，能够帮助企业制定更合理的生产计划、库存管理、市场营销策略等。

销售预测需要结合市场环境和竞争对手的情况进行不断调整和优化。市场环境的变化、竞争对手的策略调整等都可能对销售预测产生影响，因此企业需要保持敏锐的市场洞察力，及时调整预测策略，以应对市场变化。

二、销售预测的方法

销售预测通常包括定性预测和定量预测两种方法。

(一)定性预测

定性预测主要依赖经验和直觉,结合市场环境和竞争对手的情况,对销售趋势进行主观判断。定性分析方法包括专家访谈法、德尔菲法、销售人员意见法等。

1. 专家访谈法

专家访谈法是一种通过与专家进行面对面或远程访谈的研究方法,利用专家的知识和经验获取关于特定领域或问题的深入见解和信息。

2. 德尔菲法

德尔菲法是一种基于专家群体的共识形成过程,通过多轮匿名问卷调查来预测未来事件或作出决策的方法。

3. 销售人员意见法

销售人员意见法是一种基于销售团队的知识和经验来进行销售预测的方法。这种方法的核心在于,销售人员由于其与客户的直接互动,对市场的需求和消费者的购买行为有着深刻的理解。因此,他们能够提供关于产品是否畅销、哪些商品特性受欢迎等方面的宝贵信息。利用这些信息,企业可以更准确地预测未来的销售趋势。

(二)定量预测

定量预测则运用数学和统计方法,通过对历史数据的分析,建立预测模型,从而得出较为准确的预测结果。定量分析方法包括时间序列分析法、因果分析法、回归分析法、市场研究法等。在进行销售预测时,通常采用多种方法相结合的方法进行预测,能更加有效地确保预测结果的准确性。

1. 时间序列分析法

时间序列分析法是一种通过历史数据来预测未来数据的统计方法。时间序列分析法是一种强大的数据分析工具,专门用于分析按时间顺序排列的数据点,目的是识别出数据内在的趋势、季节性模式、周期性变化以及随机波动等成分。

2. 因果分析法

因果分析法是一种基于事物发展变化的因果关系进行预测的方法。因果分析法在销售预测中是一种重要的分析工具,它通过研究影响产品销售量的相关因素(自变量)与产品销售量(因变量)之间的函数关系,来预测未来的销售情况。

3. 市场研究法

市场研究法是一种通过系统地收集、记录和分析与市场相关的数据来预测销售的方法。市场研究法是一种重要的销售预测工具,它涉及对市场趋势、消费者行为、竞争对手动态等多方面信息的综合研究。市场研究可以帮助企业了解目标市场的当前状况和未来潜力,从而制定有效的市场策略和销售预测。

三、任务实施

在销售预测工作中,企业应当选择多种预测方法进行综合预测,以确保预测值的准确性。珠江纸业股份有限公司选择综合应用销售人员意见法、时间序列分析法、市场研究法进行2023年销售量预测。

一、应用销售人员意见法预测销售量

【场景1-9】珠江纸业股份有限公司营销部应用销售人员意见法对公司2023年的销售量进行了预测,详见表1-3。

表1-3　　　　　　　　　　　　2023年销量预测

公司名称:珠江纸业股份有限公司　　　　　　　　　　　　　　　　　　　　　　　　　单位:吨

项目	印刷用纸							包装用纸			办公用纸	合计
	颜B纸	轻型纸	颜A纸	轻涂纸	胶版纸	热敏原纸	大类小计	牛皮包装纸	淋膜原纸	大类小计		
预计销售量合计	137,731.10	44,907.93	76,708.96	135,496.67	363,020.66	13,415.47	771,280.79	140,317.37	27,167.99	167,485.36	41,986.27	980,752.42
1月	8,076.42	2,940.86	4,740.50	8,403.08	21,499.82	864.46	46,525.14	8,400.09	1,725.61	10,125.70	2,609.78	59,260.62
2月	6,851.05	2,485.77	3,477.09	6,762.51	18,529.00	714.07	38,819.49	7,155.22	1,450.72	8,605.94	2,090.85	49,516.28
3月	9,073.73	3,031.91	5,173.61	9,083.41	23,593.42	925.73	50,881.81	9,159.56	1,841.57	11,001.13	2,918.40	64,801.34
第一季度	24,001.20	8,458.54	13,391.20	24,249.00	63,622.24	2,504.26	136,226.44	24,714.87	5,017.90	29,732.77	7,619.03	173,578.24
……	……	……	……	……	……	……	……	……	……	……	……	……

注:请扫码获取完整内容。

分析研判　销售人员意见法在应用中,主要从六个区抽取销售业绩优良的代表参与对2023年的销售量进行预测。在预测前设定了销售人员应当综合考虑的各项因素,其中包括对全球经济与国内经济的预计增长情况、行业发展趋势、竞争状况、自身优势等因素。同时也要求销售人员应当综合考虑销售市场分析报告的相关内容与结论,作出最合理的销售量预测。

营销部结合客户需求分析报告及其他方面的分析结论,对销售人员预计的销售量数据进行分析审核,重点关注了在客户需求分析报告中认为数据异常的地区或客户,通过沟通调整,一定程度上修正了销售人员有意低估或个人偏见导致的偏差。

风险控制　销售人员意见法可能存在的风险:销售人员意见法的优点在于其简单明了,容易操作,并且由于销售人员对客户的直接了解,所得到的预测可靠性较大,风险性较小。然而,这种方法也有其局限性,比如预测可能会受到个人偏见的影响,或销售人员担心预测值过高可能无法完成目标而有意低估等。为了确保预测的准确性,企业通常会对销售人员意见进行严格审核,消除偏差因素,还会将该方法与其他预测方法结合起来使用,以提高销售预测的整体准确性。

二、应用时间序列分析法预测销售量

【场景1-10】 珠江纸业股份有限公司应用时间序列分析法进行了2023年销售量预测,在预测时主要利用了市场历史销售量数据测算平均增长率,并以该增长率乘以本公司2022年实际销售量计算2023年销售量预测值。详见表1-4至表1-8。

(一)珠江纸业股份有限公司2022年实际销量数据

表1-4　　　　　　　　　　　　2022年实际销量

公司名称：珠江纸业股份有限公司　　　　　　　　　　　　　　　　　　　　单位：吨

项目	印刷用纸							包装用纸			办公用纸	合计
	颜B纸	轻型纸	颜A纸	轻涂纸	胶版纸	热敏原纸	大类小计	牛皮包装纸	淋膜原纸	大类小计		
实际销售量	132,725.78	43,275.91	73,920	130,562.92	349,837.95	13,287.73	743,610.29	138,592.12	26,828.45	165,420.57	41,464.53	950,495.39
1月	7,782.91	2,833.99	4,568.15	8,097.11	20,719.08	857.28	44,858.52	8,297.3	1,704.65	10,001.95	2,577.74	57,438.21
2月	6,602.07	2,395.43	3,350.67	6,516.27	17,856.14	708.15	37,428.73	7,067.66	1,433.11	8,500.77	2,065.19	47,994.69
3月	8,743.98	2,921.73	4,985.51	8,752.66	22,736.65	888.91	49,029.44	8,789.17	1,767.26	10,556.43	2,800.28	62,386.15
第一季度	23,128.96	8,151.15	12,904.33	23,366.04	61,311.87	2,454.34	131,316.69	24,154.13	4,905.02	29,059.15	7,443.21	167,819.05
……	……	……	……	……	……	……	……	……	……	……	……	……

注：请扫码获取完整内容。

(二)根据市场历史销售数据测算预计增长率

1. 包装用纸、办公用纸预计增长率

表1-5　　　　包装用纸、办公用纸的历史增长率与2023年预测增长率计算

月份	2020年		2021年			2022年			2023年
	当期值(万吨)	累计值(万吨)	当期值(万吨)	累计值(万吨)	增长率(%)	当期值(万吨)	累计值(万吨)	增长率(%)	预测增长率(%)
1月	718.55	718.55	1,034.9	1,034.9	44.03	1,047.8	1,047.8	1.25	1.25
2月	718.55	1,437.1	1,034.9	2,069.8	44.03	1,047.8	2,095.6	1.25	1.25
3月	1,045.6	2,459.7	1,196.9	3,253.2	14.47	1,245.5	3,340	4.06	4.06
4月	1,046.6	3,522.9	1,135.5	4,392.3	8.49	1,105.1	4,430.9	-2.68	2.91
5月	1,076.7	4,636.2	1,161.4	5,557.3	7.87	1,189.2	5,601	2.39	5.13
……	……	……	……	……	……	……	……	……	……

注：请扫码获取完整内容。

分析研判

(1)预计增长率的确定。包装用纸、办公用纸的市场客户涉及各行各业,体量巨大,且销售量在各月分布不具有趋势性和规律性,因此在使用其市场历史销售量数据测算预计增长率时,公司选取了2021年、2022年相应月份增长率的平均值作为预测期2023年各月份的预计增长率。其

计算过程为：

2023年4—12月预计增长率=（2021年该月增长率+2022年该月增长率）÷2

（2）市场历史数据异常数据的处理。珠江纸业股份有限公司利用大数据工具获取了包装用纸、办公用纸的历史数据，在进行数据分析与清洗发现2021年1—3月增长率可能存在异常，数据可能不实，不被使用。直接使用2022年1—3月增长率作为2023年1—3月预计增长率。

2. 印刷用纸历史销售数据

表1-6　　　　　　　　　　　印刷用纸的市场历史用量及预测期增长率测算

时间	出版印刷企业数（个）	出版印刷企业用纸量（万令）	参考样本平均值（万令）	出版印刷企业用纸量（万吨）	参考样本平均值（万吨）	参考样本平均值较上年增长率（%）	参考样本选择
2023年（预测期）	—	—	37,937.57	—	1,130.60	3.74	—
2022年	9,409	29,400.02	—	1,089.8	—	—	√
2021年	9,518	28,284.97	—	983.22	—	—	√
2020年	9,271	35,237.5	—	1,113.85	—	—	√
2019年	9,014	43,814.36	—	1,198.26	—	—	√
2018年	8,923	52,951	—	1,267.85	—	—	√
2017年	8,753	60,255.52	—	1,595.61	—	—	×
2016年	8,936	64,299.06	—	1,616.11	—	—	×
2015年	8,910	60,698.24	—	1,508.81	—	—	×
2014年	9,079	65,406.06	—	1,649.1	—	—	×
2013年	8,963	85,621.3	—	2,051.51	—	—	×
2012年	8,714	63,821.2	—	1,601.87	—	—	×
2011年	8,289	33,366.23	—	1,102.97	—	—	×
2010年	8,484	37,860.18	—	1,137.94	—	—	×

注："令"是印刷行业计算纸张用量的单位，在进行销售量预测时，一般以"吨"为单位计算。

分析研判

（1）历史数据的获取与选择。市场上对印刷用纸需求量最大的是出版印刷企业，其使用量对印刷用纸的销售量具有较强的代表性。所以预测期的预计增长率以出版印刷企业的使用量为基础进行测算。

珠江纸业股份有限公司应用大数据工具获取了市场上出版印刷企业2010—2023年的印刷用纸的使用量，经分析认为根据目前的经济形势与行业发展情况，2017年及之前的历史数据与现阶段的情况相差过大，不能被选择为参考样本。2018—2022年属于经济增长率发生转折的前后两年，其历史数据更具有代表性。因此其被选取为参考样本。

（2）预计增长率的确定。在计算预测期预计增长率时，先用参考样本的年度使用量计算平均值作为预测期预计使用量，再将该使用量与上一年实际用量比较计算增长率。以该增长率作为预测期的预计增长率。其计算过程为：

参考样本平均值＝选定的样本即2018—2022年的实际用量值之和÷样本个数

预测期预计增长率＝（参考样本平均值－上期即2022年的实际用量值）÷上期即2022年的实际用量值×100%

3. 珠江纸业股份有限公司2023年销售量增长率预测

表1-7　　　　　　　　　　2023年基于历史销量数据的增长率预测

公司名称：珠江纸业股份有限公司　　　　　　　　　　　　　　　　　　　　单位：%

项目	印刷用纸							包装用纸			办公用纸	合计
	颜B纸	轻型纸	颜A纸	轻涂纸	胶版纸	热敏原纸	大类小计	牛皮包装纸	淋膜原纸	大类小计		
预计销售量	3.74	3.74	3.74	3.74	3.74	3.74	3.74	1.26	1.28	1.26	1.26	3.17
1月	3.74	3.74	3.74	3.74	3.74	3.74	3.74	1.25	1.25	1.25	1.25	3.16
2月	3.74	3.74	3.74	3.74	3.74	3.74	3.74	1.25	1.25	1.25	1.25	3.16
3月	3.74	3.74	3.74	3.74	3.74	3.74	3.74	4.06	4.06	4.06	4.06	3.81
第一季度	3.74	3.74	3.74	3.74	3.74	3.74	3.74	2.27	2.26	2.27	2.31	3.40
……	……	……	……	……	……	……	……	……	……	……	……	……

注：请扫码获取完整内容。

分析研判

（1）印刷用纸以表1-6"印刷用纸的市场历史用量及预测期增长率测算"中的预测增长率3.74%作为2023年销售量预测增长率。

（2）包装用纸和办公用纸以表1-5"包装用纸、办公用纸的历史增长率与2023年预测增长率计算"中对应月份的预测增长率作为2023年销售量预测增长率。

（三）珠江纸业股份有限公司2023年销售量预测

表1-8　　　　　　　　　　2023年销量预测

公司名称：珠江纸业股份有限公司　　　　　　　　　　　　　　　　　　　　单位：吨

项目	印刷用纸							包装用纸			办公用纸	合计
	颜B纸	轻型纸	颜A纸	轻涂纸	胶版纸	热敏原纸	大类小计	牛皮包装纸	淋膜原纸	大类小计		
预计销售量	137,689.72	44,894.43	76,684.62	135,445.97	362,921.89	13,784.69	771,421.32	140,332.39	27,172.98	167,505.37	41,988.83	980,915.52
1月	8,073.99	2,939.98	4,739.00	8,399.94	21,493.97	889.34	46,536.22	8,401.02	1,725.96	10,126.98	2,609.96	59,273.16
2月	6,848.99	2,485.02	3,475.99	6,759.98	18,523.96	734.63	38,828.57	7,156.01	1,451.02	8,607.03	2,091.00	49,526.60
3月	9,071.00	3,031.00	5,171.97	9,080.01	23,587.00	922.16	50,863.14	9,146.01	1,839.01	10,985.02	2,913.97	64,762.13
第一季度	23,993.98	8,456.00	13,386.96	24,239.93	63,604.93	2,546.13	136,227.93	24,703.04	5,015.99	29,719.03	7,614.93	173,561.89
……	……	……	……	……	……	……	……	……	……	……	……	……

注：请扫码获取完整内容。

分析研判　表1-8中，珠江纸业股份有限公司2023年销售量预测数=表1-4中珠江纸业股份有限公司2022年实际销售量×（1+表1-7中2023年预计销售增长率）。

风险控制　时间序列分析法应用历史数据对未来数据进行预测，缺乏对未来市场变化情况对销售量影响的考虑，当未来市场可能发生较大变化时，该预测方法的预测值可靠性会下降，为确保预测值的准确性，公司还应当结合其他方法进行综合预测。

三、应用市场研究法预测销售量

【场景1-11】 珠江纸业股份有限公司在应用市场研究法进行销售量预测时，选择了上海碧波造纸集团、广东绿意纸业有限公司两家公司的历年销售量数据作为参考对象，并进行了销售量预测，详见表1-9至表1-12。

（一）竞争对手2020—2022年同类产品历史销量数据

表1-9　上海碧波造纸集团历史销量数据

分类	印刷用纸						包装用纸		办公用纸	合计
	颜B纸	轻型纸	颜A纸	轻涂纸	胶版纸	热敏原纸	牛皮包装纸	淋膜原纸		
2021年销量（吨）	119,770.96	36,037.61	65,537.11	115,216.56	315,568.11	10,339.79	122,963.82	20,952.41	34,868.53	841,254.89
2022年销量（吨）	123,962.94	36,902.51	67,601.52	118,903.49	325,824.07	10,662.39	124,882.06	21,214.32	35,328.79	865,282.09
增长率（%）	3.50	2.40	3.15	3.20	3.25	3.12	1.56	1.25	1.32	—

表1-10　广东绿意纸业有限公司历史销量数据

分类	印刷用纸						包装用纸		办公用纸	合计
	颜B纸	轻型纸	颜A纸	轻涂纸	胶版纸	热敏原纸	牛皮包装纸	淋膜原纸		
2021年销量（吨）	146,070.37	43,972.52	80,599.31	141,961.83	387,097.85	12,644.96	150,672.61	25,600.97	42,658.84	1,031,279.26
2022年销量（吨）	150,423.27	45,669.86	83,186.55	146,192.39	399,717.24	13,081.21	152,691.62	26,082.27	43,260.33	1,060,304.64
增长率（%）	2.98	3.86	3.21	2.98	3.26	3.45	1.34	1.88	1.41	—

（二）竞争对手加权增长率

表1-11　竞争对手加权增长率计算　　　　　　　　　　　　　　　　　　单位：%

分类	颜B纸占比	2022年增长率	轻型纸占比	2022年增长率	颜A纸占比	2022年增长率	轻涂纸占比	2022年增长率	胶版纸占比	2022年增长率	热敏原纸占比	2022年增长率	牛皮包装纸占比	2022年增长率	淋膜原纸占比	2022年增长率	办公用纸占比	2022年增长率
上海碧波造纸集团	45.18	3.50	44.69	2.40	44.83	3.15	44.85	3.20	44.91	3.25	44.91	3.12	44.99	1.56	44.85	1.25	44.95	1.32
广东绿意纸业有限公司	54.82	2.98	55.31	3.86	55.17	3.21	55.15	2.98	55.09	3.26	55.09	3.45	55.01	1.34	55.15	1.88	55.05	1.41
预计增长率		3.21		3.21		3.18		3.08		3.26		3.30		1.44		1.60		1.37

分析研判

1. 历史数据的选择

应用市场研究法进行预售量预测，选择参考样本时应当选择公司规模与本公司处于同等量级的公司，其历史数据才更具有参考价值。基于这一原则，珠江纸业股份有限公司选取的两家竞争者其年总销售量与本公司处于同量级，其历史数据作为参考对象具有一定的参考价值。

2. 预计增长率的计算

应用市场研究法进行销售量预测时，珠江纸业股份有限公司先分别根据竞争对手公司2021年、2022年的销售量计算各产品的增长率，再分别计算两家公司2022年的销售量在其销售量合计数中的占比，最后以占比为权重对两家公司的增长率进行加权计算预测期的预计增长率。其计算过程为：

样本公司2022年销售量增长率＝（2022年销售量－2021年销售量）÷2021年销售量

样本公司的权重值＝该样本公司2022年销售量÷所有样本公司2022年销售量之和

预测期预计增长率＝∑样本公司2022年销售量增长率×该样本公司的权重值

（三）计算2023年预计销售量

表 1-12　　　　　　　　　　　2023 年销售量预测

公司名称：珠江纸业股份有限公司　　　　　　　　　　　　　　　　　　　　　　　单位：吨

项目	印刷用纸							包装用纸			办公用纸	合计
	颜B纸	轻型纸	颜A纸	轻涂纸	胶版纸	热敏原纸	大类小计	牛皮包装纸	淋膜原纸	大类小计		
预计销售量	136,986.28	44,665.06	76,270.66	134,584.26	361,242.66	13,726.21	767,475.13	140,587.83	27,257.71	167,845.54	42,032.60	977,353.27
1月	8,032.74	2,924.96	4,713.42	8,346.50	21,394.52	885.57	46,297.71	8,416.78	1,731.92	10,148.7	2,613.06	59,059.47
2月	6,814.00	2,472.32	3,457.22	6,716.97	18,438.25	731.52	38,630.28	7,169.43	1,456.04	8,625.47	2,093.48	49,349.23
3月	9,024.66	3,015.52	5,144.05	9,022.24	23,477.86	918.24	50,602.57	8,915.73	1,795.54	10,711.27	2,838.64	64,152.48
第一季度	23,871.40	8,412.80	13,314.69	24,085.71	63,310.63	2,535.33	135,530.56	24,501.94	4,983.50	29,485.44	7,545.18	172,561.18
……	……	……	……	……	……	……	……	……	……	……	……	……

注：请扫码获取完整内容。

分析研判　以公司选定的两家同量级竞争对手的加权平均增长率为2023年预计增长率，乘以本公司2022年实际销售量计算2023年预计销售量。计算公式为：

表 1-12 中珠江纸业股份有限公司2023年的销量预测数＝表1-4中珠江纸业股份有限公司2022年的实际销量×（1+表1-11中竞争对手公司加权平均增长率）

风险控制　在该方法中，预测期预计销售量增长率的测算以选取的竞争者历史数据为基础计算得出。一方面该方法只考虑了历史销售量数据，没有考虑未来市场变化对预测值的影响，当未来市场可能存在较大变化因素时，其结果可能不具有可靠性。另一方面该方法在选取参考样本时，样本量的多少对预计结果也有较大的影响，本公司只选取了两家公司作为参考样本，其计算的预测值可能不具有较强的代表性。为提升预测值的可靠性，一方面可以增加可参考的样本数，另一方面应当结合其他方法进行综合预测。

四、2023年销售量综合预测

【场景1-12】为确保年销售量预测值的可靠性，珠江纸业股份有限公司根据前述三种方法的可靠性程度分别设计权重，综合计算销售量预测值，详见表1-13。

表1-13　　　　　　　　　　　　2023年销量综合预测

公司名称：珠江纸业股份有限公司　　　　　　　　　　　　　　　　　　　　单位：吨

项目	印刷用纸							包装用纸			办公用纸	合计
	颜B纸	轻型纸	颜A纸	轻涂纸	胶版纸	热敏原纸	大类小计	牛皮包装纸	淋膜原纸	大类小计		
预计销售量	137,689.72	44,894.43	76,684.62	135,445.97	362,921.89	13,467.93	771,104.56	140,332.39	27,172.98	167,505.37	41,988.83	980,598.76
1月	8,073.99	2,939.98	4,739	8,399.94	21,493.97	868	46,514.88	8,401.02	1,725.96	10,126.98	2,609.96	59,251.82
2月	6,848.99	2,485.02	3,475.99	6,759.98	18,523.96	717	38,810.94	7,156.01	1,451.02	8,607.03	2,091	49,508.97
3月	9,071	3,031	5,171.97	9,080.01	23,587	925	50,865.98	9,146.01	1,839.01	10,985.02	2,913.97	64,764.97
第一季度	23,993.98	8,456	13,386.96	24,239.93	63,604.93	2,510	136,191.8	24,703.04	5,015.99	29,719.03	7,614.93	173,525.76
……	……	……	……	……	……	……	……	……	……	……	……	……

注：请扫码获取完整内容。

分析研判　珠江纸业股份有限公司分别应用了销售人员意见法、时间序列分析法、市场研究法进行了2023年销售量预测。因三种方法在进行销售量预测时考虑的因素与使用的基础数据不同，其预测值的可靠程度也不同。所以应当根据三种方法的预测值的可靠程度，设计权重计算综合预测值。

应用销售人员意见法进行销售量预测时，既有销售人员丰富的销售认识与经验以及对客户和市场需求的深刻理解，也有对当下与未来市场变化情况的考量，同时参考了销售市场分析报告的重要结论，因此其预测结果的可信任程度非常高。因而将销售人员的销售量预测值的权重设置为85%。

时间序列分析法、市场研究法在预测过程中主要应用了市场、竞争对手和本公司的历史销售量数据进行预测。这两种方法在应用过程中过多地考虑了历史销售情况，没有考虑当下及未来市场变化带来的影响，因此预测结果的可信任程度相对较低。因而将时间序列分析法的预测值权重设定为10%，将市场研究法的预测值权重设定为5%。

综合预测值的计算公式为：

表1-13中2023年销量综合预测值=表1-3中销量预测值×85%+表1-8中销量预测值×10%+表1-12中销量预测值×5%

风险控制　综合预测值的测算结果受权重值影响较大，如果权重值的设定不合理，也可能导致综合预测值的结果不具有可靠性，应当在设计权重值时合理考虑各预测方法的可靠性，对于可靠性程度高的方法应当设计更高的权重值，对于可靠性较低的方法应当设计较低的权重值，对于没有可靠性的预测值应当不予采用。

销售预测的准确性对于企业的运营和决策至关重要。如果预测结果偏高，可能导致企业库存积压、资金占用过多；如果预测结果偏低，则可能无法满足市场需求，错失销售机会。因此，企业需要不断提高销售预测的准确性和可靠性，以支持企业的长期发展。

任务小结

销售预测是对未来一段时间内产品或服务销售量的估计。销售预测工作是在销售市场分析的基础上进行的，应当综合考虑销售市场分析的结论，选择合理的预测方法对未来期间的销售量进行预测。在选择预测方法时，可以从定性与定量两方面同时选择多种方法进行综合预测，以提高预测结果的准确性与合理性。

任务3　预测调整

【教学重点】调整预测销售量。
【教学难点】确定调整范围与调整系数。

任务导入

珠江纸业股份有限公司在完成第一季度的销售任务后，对第一季度的销售情况进行了分析总结，同时考虑销售市场发生了之前没有预计到的变化，可能至少对未来一个季度的销售量产生较大影响。基于这些因素，营销部认为应当至少对未来第二季度的销售量预测值进行调整。

任务实施

销量预测的调整主要是基于预计未来期间的市场需求发生较大的变化情况，而对销量预测值进行的调整。这种调整能够帮助企业更准确地预测未来期间的销售量，以便制定更优的价格策略和营销策略。

一、第二季度销售市场分析

【场景1–13】2023年第一季度销售工作完成时，营销部结合第一季度实际销售情况与可预见的未来市场变化情况，对第一季度的销售情况进行了总结性分析，对第二季度市场情况进行了分析预测（见图1-7）。

第一季度销售情况分析与第二季度市场情况分析预测报告

一、第一季度销售情况分析

（一）行业销售情况分析

在2023年第一季度，造纸行业的销量虽然受到全球经济形势以及部分市场需求疲软的影响，但总体仍呈现稳定态势。根据统计局的相关数据，2023年1—2月规模以上工业企业的营业收入同比下降1.3%，而造纸和纸制品业营业收入同比下降5.6%，预计第二季度销量将实现正增长，但增速可能较为温和。

（二）公司销售情况分析

在整个第一季度，公司的销售表现呈现出积极的态势。实际完成销售量（不含出口）合计为173,642.75吨，原年初预测销售量为173,525.76吨，完成率为100.07%。实际完成销售额（不含出口）合计为973,660,860.85元，原预算销售额为967,276,482.03元，完成率为100.66%。

在1月份，销售量虽然略低于预期目标，但差距非常小，保持了稳健的销售态势。进入2月后，销售量表现强势反弹，实际销售额明显高于预算数，显示出销售部门对市场变化的敏锐洞察力和快速响应能力。到了3月，销售部门继续保持了良好的销售势头，实际销售额略高于预算数，为整个季度的销售增长贡献了重要力量。

（三）销售增长原因分析

（1）市场需求：第一季度受季节性因素和节日消费影响，部分纸品如包装纸、文化纸等需求有所增加。然而，受全球经济不确定性及多因素的影响，整体需求增长并不显著。

（2）产能调整：面对产能过剩和环保压力，部分造纸企业进行了产能调整和优化，提升了产品质量和生产效率，为市场提供了更优质的产品。

（3）疫情防控政策的调整：2022年12月26日，国家卫生健康委员会发布公告（2022年第7号），将新型冠状病毒肺炎更名为新型冠状病毒感染，并自2023年1月8日起，解除对新型冠状病毒感染采取的《中华人民共和国传染病防治法》规定的甲类传染病预防、控制措施。这一政策文件的发布标志着我国对新冠疫情管控将全面放开。在此背景下，中国经济将逐步走出疫情的不利影响，经济的完全复苏这可能需要一个较长的过程。从第一季度公司的销售情况来看，销售的增长情况符合预期结果。

二、第二季度销售市场情况分析

（一）市场变化对销售量的影响

1.市场需求恢复提速

在疫情管控政策全面放开一个季度后，社会经济活动恢复有进一步提速的迹象，市场对造纸产品的需求可能会有较大幅度的增长。预计在第二季度尤其是在印刷纸领域，随着广告、出版等行业的复苏，印刷纸的需求量显著增加。

2.旺季预期与客户需求

鉴于6—7月为印刷用纸的旺季，根据以往的数据分析，客户的需求将出现较大的增长。印刷纸作为印刷出版行业的重要原材料之一，在旺季时往往面临较大的市场需求。无论是出版行业和印刷行业，都对印刷纸有着较高的需求。

3.对第二季度预测销量的影响

旺季效应叠加疫情管控政策调整的影响，预计在第二季度，造纸行业的销量将迎来明显的增长。经分析认为公司在年初进行销售量预测时，对于第二季度印刷用纸的销售量预测可能有所保守。通过结合当下市场情况及未来市场预期进行分析评估，认为第二季度印刷用纸的销售量预计在年初销量预测值的基础上，可以进行2%~3%的增幅调整。

（二）市场变化对价格的影响

1.第一季度价格变化情况

在2023年第一季度，造纸行业的价格呈现下降趋势但整体保持稳定。纸浆这一主要原材料价格的下跌是主要原因之一，但由于造纸行业龙头企业的提价趋势以及部分纸品需求的增加，纸品价格并未出现大幅波动。

> 2. 价格波动原因分析
>
> 主要原材料价格下降：纸浆价格从年初以来开始逐步缓慢下跌，此外由于造纸企业通过优化产能和提升产品质量等措施也降低了生产成本，提升了产品的盈利空间。
>
> 龙头企业提价：玖龙纸业、太阳纸业等龙头企业通过提高产品质量和附加值等方式提高了部分产品的售价。这些企业通常具有较强的市场影响力和议价能力，能够引领整个行业的价格走势。
>
> 3. 公司价格策略与市场反应
>
> 鉴于当前的市场环境和价格趋势，除办公用纸价格跟随竞争对手价格进行调整外，其他产品暂时保持预算价格不变，继续观察市场变化。这一策略旨在稳定市场份额和客户基础，同时避免由于价格波动带来的不确定性。然而，随着旺季的到来和客户需求的增加，我们将根据市场情况灵活调整价格策略，以满足客户的需求并保障公司的利润。
>
> 三、总结
>
> 综上所述，2023年第一季度造纸行业在销量和价格方面均呈现稳定态势。经济复苏的提速，为造纸行业的生产和销售带来了积极的影响。面对即将到来的旺季和客户需求的增加，公司将密切关注市场动态，灵活调整生产和销售策略，以抓住市场机遇并实现公司的稳定发展。同时，公司也将继续致力于提高产品质量和降低生产成本，以增强竞争力。

图1-7　第一季度销售情况分析与第二季度市场情况分析预测报告

分析研判　在完成某一阶段的销售任务后，销售部门应当及时对过去一段时间内的销售情况进行分析。分析内容应当包括实际完成的销售量、销售额情况，以及与预计销售情况进行对比分析。既要分析实际与预计的差额及差异率，即任务完成率，也要分析产生差异的原因，以及这些原因对未来销售情况的影响，从而对未来销售任务的执行进行合理调整。

1. 第一季度的销售情况分析

珠江纸业股份有限公司在对第一季度的销售情况进行分析时，分析结果显示2023年第一季度实际完成的销售额与销售量均高出原销售预测值，实际销售额完成率为100.66%、实际销售量完成率为100.07%。一方面说明公司的销售策略得当，另一方面也说明公司前期对第一季度的市场预期及销售量的预测是合理的。

2. 市场变化情况分析

营销部根据当下市场情况结合对未来市场变化情况的预期，对销售市场进行了再次分析。重点分析了市场宏观环境、行业趋势、客户需求、政府政策的变化情况。通过分析认为在第二季度及之后中国经济的复苏将可能提速，宏观经济环境的变化将为造纸行业提供稳定的支持；同时原材料价格也有所下跌，造纸企业的成本控制将得到较大改善；此外每年6—7月为印刷用纸的需求旺季，通过对客户需求进行调研分析后认为，今年旺季的销售量在一定程度上会超过年初预测数。

经多部门分析研究，认为分析报告的结论是科学合理的，并认为第二季度印刷用纸的销售量将会在原年初预测值的基础上达到2%~3%的增长。据此，营销部将对第二季度的预测销售量进行调整，并将印刷用纸预测销售量的调整系数设定为预期增长率2%~3%的中间值，即2.5%，其他种类保持原预测值不变。

二、第二季度销售量预测的调整

【场景1-14】 营销部根据第二季度销售市场分析报告的结论,在第二季度原销售量预测值的基础上对第二季度的销售量预测值进行了调整,调整后的预测值如表1-14所示。

表1-14　　　　　　　　　　　2023年第二季度销售量预测值调整

公司名称:珠江纸业股份有限公司　　　　　　　　　　　　　　　　　　　　　　单位:吨

项目		印刷用纸预测销售量						
		颜B纸	轻型纸	颜A纸	轻涂纸	胶版纸	热敏原纸	大类小计
调整前的预测值	4月	10,590.02	3,384.99	5,631.98	10,735.00	28,050.03	1,198.02	59,590.04
	5月	12,249.99	3,734.03	6,283.02	12,015.99	32,101.96	1,219.00	67,603.99
	6月	11,960.00	3,615.02	7,081.99	11,660.02	31,023.02	1,291.99	66,632.04
第二季度原销量预测合计		34,800.01	10,734.04	18,996.99	34,411.01	91,175.01	3,709.01	193,826.07
调整系数		2.50%	2.50%	2.50%	2.50%	2.50%	2.50%	2.50%
调整后的预测值	4月	10,854.77	3,469.61	5,772.78	11,003.38	28,751.28	1,227.97	61,079.79
	5月	12,556.24	3,827.38	6,440.10	12,316.39	32,904.51	1,249.48	69,294.10
	6月	12,259.00	3,705.40	7,259.04	11,951.52	31,798.60	1,324.29	68,297.85
第二季度调整后销量预测合计		35,670.01	11,002.39	19,471.92	35,271.29	93,454.39	3,801.74	198,671.74

分析研判

(1)各月份调整后的销售量预测值=该月份调整前的销售量预测值×(1+调整系数)。

(2)销售量预测的调整期一般不宜过长,也不应当设定为一成不变的调整周期。销售量预测的调整应当保持弹性机制,即当市场发生较大变化时,销售部门应当及时作出反应,随时应对市场的瞬息万变,才能在市场变化中抓住更多的机遇。

风险控制　销售量预测调整对于销售计划、销售策略、资源安排等的调整起到非常重要的指导作用,错误的调整可能导致各项销售决策失误,造成损失。因此在进行弹性调整时,应当确保赖以调整的市场分析结论可靠,从而保障调整结果的准确性与合理性。

任务小结

销量预测的调整主要是基于预计未来期间的市场需求发生变化时,对销量预测值进行的调整。该调整必须是建立在对未来期间市场需求分析的基础上进行的。分析认为现阶段的分析结果相对原分析结果发生变化时,应当根据变化情况对原销售预测值进行调整。在调整时,应当设定合理的调整期间,调整期间设置过长,离分析期越远的期间其调整结果的可靠性越低。

任务4　产品定价

【教学重点】产品的定价与调整。
【教学难点】定价方法的应用。

任务导入

珠江纸业股份有限公司营销部与生产中心、财务部等相关负责人召开2023年度产品定价会议，根据办公用纸、包装用纸和印刷用纸的产品特性和市场情况，采用不同的方法进行定价。

定价方法是公司在特定的定价目标指导下，依据对成本、需求及竞争等状况的研究，运用价格决策理论对产品价格进行计算的具体方法。定价方法主要包括竞争导向定价法、成本导向定价法和需求导向定价法三种类型。

一、竞争导向定价法

竞争导向定价法是指以市场上竞争对手的同类产品价格为主要依据的定价方法，适用于竞争激烈、产品同质化、市场透明度高的市场。它主要包括以下2种方法。

（1）随行就市定价法是根据本行业的平均价格水平作为定价依据。

（2）密封投标定价法是买方引导卖方通过竞争成交的一种方法。

二、成本导向定价法

成本导向定价法是指以产品成本为中心的定价方法，适用于成本稳定、需求弹性小、竞争不激烈的市场。成本导向定价法有以下几种具体方法。

（1）成本加成定价法指产品单位成本加上一定比例的利润得出产品价格的定价方法。

（2）目标利润定价法是通过计算实现目标利润的销售收入来确定产品售价的定价方法。

（3）盈亏平衡定价法也称收支平衡定价法或损益平衡定价法，以总成本和总销售收入保持平衡为定价原则。

（4）边际贡献定价法又称变动成本定价法。公司在采用此方法定价时暂时不考虑固定成本，只根据变动成本制定价格，从而以预期的边际贡献适当补偿固定成本，获得收益。

三、需求导向定价法

需求导向定价法，又称市场导向定价法、顾客导向定价法。它是指按照顾客对商品的认知和需求程度制定价格的方法，适用于需求弹性大、竞争激烈、产品差异化的市场。需求导向定价法有以下几种具体方法。

（1）理解价值定价法以消费者对产品价值的认识和理解程度作为定价的依据。

（2）需求差异定价法以不同时间、地点、商品及不同消费者的消费需求强度差异为定价的基本依据，并针对每种差异决定在基础价格上是加价还是减价的定价方法。

（3）习惯性定价法指消费者在日常生活中形成了对某种产品价格的一种稳定性的价值评估。

任务实施

一、竞争导向定价

在竞争十分激烈的市场上，公司通过研究竞争对手的市场定位、服务水平、价格水平等因素，依据自身的竞争实力，参考成本和供求状况来确定商品价格。珠江纸业股份有限公司营销部认为，对于市场竞争激烈、产品同质化程度较高的办公用纸这一产品，适合采用竞争导向定价方法来争夺市场份额，以实现公司可持续的竞争优势。

（一）确定竞争对手

【场景1-15】珠江纸业股份有限公司在每月销售前，通过Python、数据库查询等大数据工具抓取市场情况并确定三家竞争对手作为办公用纸销售定价的主要参考对象。图1-8是三家竞争对手的目标市场、产品特点、市场策略信息。

竞争对手情况

1. 浙江翠林纸业股份有限公司
   目标市场：高端市场，注重品质和服务的消费者；
   产品特点：高品质、高附加值，提供定制化服务；
   市场策略：通过稳定的报价和优质的服务，巩固高端市场的地位。

2. 上海碧波造纸集团
   目标市场：中低端市场，对价格敏感的消费者；
   产品特点：价格实惠，满足基本需求；
   市场策略：通过价格竞争，抢占市场份额。

3. 广东绿意纸业有限公司
   目标市场：中端市场，追求品质与价格平衡的消费者；
   产品特点：品质稳定，价格适中；
   市场策略：在中等价格区间内，通过产品升级和差异化策略，提升品牌形象和市场份额。

对众多竞争者的基本情况进行对比分析后，认为上述三家公司办公用纸的市场占有率相对较高，在市场上占据一定的主导地位，有一定的价格影响力，且其经营的产品、目标市场与本公司有较多相似之处，可将其作为本公司办公用纸销售定价的主要参考对象。

图1-8 竞争对手情况分析

认知识别 竞争对手及竞争导向定价策略。

（1）竞争对手，也称为竞争者，指在同一市场或行业中，与公司有直接或间接的竞争关系，影响或被影响公司利润和市场份额的其他公司或组织。

（2）竞争导向定价策略是指公司在制定定价策略时，以竞争对手的价格为参考，根据市场需求和供求关系来调整自身产品的价格。其目的是通过灵活调整价格，争夺更多的市场份额。

分析研判 珠江纸业股份有限公司前期在进行销售市场分析时，运用Python、数据库查询等大数据工具获取了竞争对手的财务数据48条。通过分析可以发现，浙江翠林纸业股份有限公司目标市场是高端市场，其报价相对稳定，产品品质高；上海碧波造纸集团目标市场是中低端市场，产品价格低；而广东绿意纸业有限公司目标市场是中端市场，其价格适中，产品品质稳定。在这三家公司中，广东绿意纸业有限公司与本公司市场定位同为中端市场，且坐落在同一省份，竞争最为激烈。珠江纸业股份有限公司需实时监测其价格动态，为制定竞争策略提供参考。

（二）分析竞争对手价格

【场景1-16】 珠江纸业股份有限公司2023年1月对三家竞争对手的市场价格进行分析后，详细情况如表1-15所示。

表1-15　　　　　　　　　　竞争对手1月市场报价分析

竞争对手	产品名称	产品规格	1月含税市场报价（元/吨）	变动情况
浙江翠林纸业股份有限公司	办公用纸	A4	6,650.20	与上月持平
上海碧波造纸集团	办公用纸	A4	6,602.55	与上月相比价格下调20元/吨
广东绿意纸业有限公司	办公用纸	A4	6,630.82	与上月相比价格上调15元/吨

分析研判 通过收集和分析竞争对手的价格信息，包括定价策略、定价模式、定价水平、定价变化等，公司能够了解市场上的价格水平和价格趋势，以及自己的商品与竞争对手的商品的价格差异和价格优势。

珠江纸业股份有限公司收集三家竞争对手的定价水平和定价变化信息，分析发现竞争对手分别采取价格不变、价格上调和价格下调这三种定价策略。浙江翠林纸业股份有限公司办公用纸2023年1月报价为6,650.20元/吨，价格较为稳定，原因在于其目标市场定位为高端市场，希望通过稳定的价格和优质服务来巩固其地位。上海碧波造纸集团办公用纸2023年1月报价为6,602.55元/吨，价格较上月下调了20元/吨，原因在于其目标市场定位为中低端市场，可能希望通过价格战方式来争取市场份额，也可能因为成本控制或销售策略调整。而广东绿意纸业有限公司的2023年1月报价为6,630.82元/吨，价格较上月上调15元/吨，原因在于其产品升级、成本上升或市场策略有关导致成本增加。珠江纸业股份有限公司在定价办公用纸的时候，需要考虑这三家竞争对手的价格，结合自身市场定位和产品特点，对价格进行调整。公司可以采取适当低于竞争对手的价格，来争取市场份额，但应当要确保该价格能覆盖公司成本并有一定的利润。

风险控制　在同质化产品市场中,把竞争对手的价格当成市场接受的标准,而不是以客户为导向,容易引发价格战。价格战可能导致公司利润下降,甚至出现亏损。此外,价格战也会破坏市场秩序,降低整个行业的利润水平。如果公司长期以低价格进行竞争,客户可能会对产品的价值产生怀疑,从而对产品的品牌形象和市场地位造成负面影响。它还会导致公司的利润下降,限制公司在研发和创新方面的投入,会削弱其长期发展能力。

为了防范这些风险,公司可以采取以下措施。

(1) 全面市场分析:不仅关注竞争对手的价格,还应综合考虑市场需求、消费者行为、产品差异化等因素。

(2) 合理定价策略:结合成本加成、价值定价等方法制定合理的定价策略,避免仅仅基于竞争对手的价格进行反应性的调价。

(3) 提升品牌价值:通过提高产品质量、改善客户服务等方式提升品牌价值,而不是单纯依赖价格竞争。

(三) 确定产品售价

公司根据竞争对手的价格信息,以及公司自身产品的成本、市场定位、策略等,同时要考虑公司的盈利目标和风险承受能力,来制定价格策略和价格水平。一般来说,有三种基本的价格策略,分别是与竞争对手的价格相同、高于竞争对手的价格或低于竞争对手的价格。

【场景1-17】 珠江纸业股份有限公司结合竞争对手的市场报价和市场定位后,基于自身成本和产品定位,对2023年1月办公用纸进行定价。具体产品定价决策情况如图1-9所示。

珠江纸业股份有限公司办公用纸定价决策分析

一、自身企业情况分析

产品质量:与广东绿意纸业有限公司相当,但略逊一筹,能够满足大部分中高端市场需求。

生产成本:通过优化生产流程和提高生产效率,成本控制在行业平均水平以下。

市场定位:希望在中高端市场占据一席之地,与广东绿意纸业有限公司形成差异化竞争。

二、报价策略

目标:在保持一定利润的同时,提升市场份额。

报价:结合竞争对手报价、自身成本和市场定位,决定含税报价为6,626.49元/吨,不含税报价为5,864.15元/吨。这一价格略高于上海碧波造纸集团,但低于浙江翠林纸业股份有限公司和广东绿意纸业有限公司,旨在吸引对品质有一定要求但又不愿支付过高价格的消费者。

三、实施与监控

价格执行:确保销售人员在与客户沟通时明确报价和优惠政策,避免出现价格混乱或误导客户的情况。

市场反馈:密切关注市场反馈和竞争对手的动态,及时调整报价策略和促销方案。

销售数据分析:定期分析销售数据、市场份额和客户反馈,为下一步的市场策略提供依据。

图1-9　珠江纸业股份有限公司办公用纸定价决策分析

认知识别 竞争导向定价法的实施步骤，如图1-10所示。

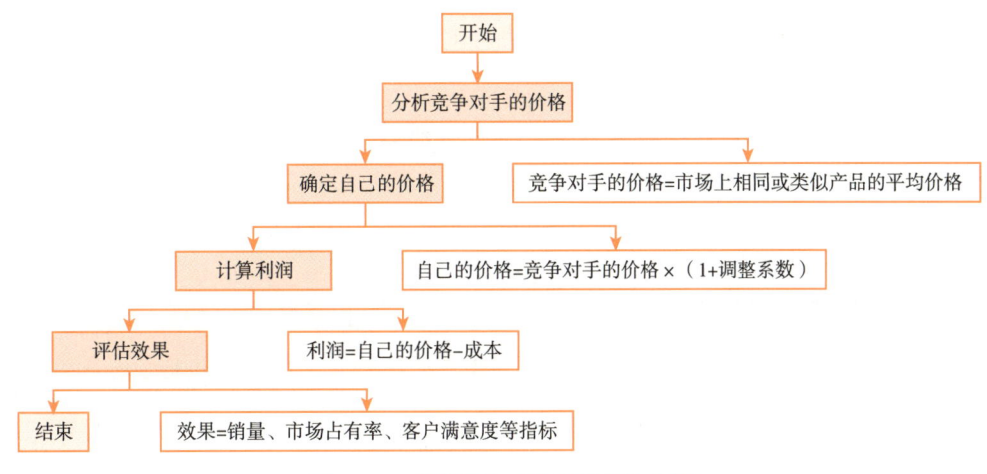

图1-10 竞争导向定价法的实施步骤

其公式如下：

售价=竞争对手的价格×（1+调整系数）

其中，调整系数是指根据自己的产品的优劣势，相对于竞争对手的价格进行调整的百分比。价格调增时，调整系数为正数，调减时为负数。

分析研判 珠江纸业股份有限公司通过竞争市场分析，寻求与三家竞争对手的差异点。浙江翠林纸业股份有限公司、广东绿意纸业有限公司和上海碧波造纸集团这三家公司市场定位分别为高端市场、中端市场和低端市场。而珠江纸业股份有限公司为缩小竞争对手范围，对标市场为中高端市场。并且通过降价策略，使售价低于浙江翠林纸业股份有限公司和广东绿意纸业有限公司，形成价格优势，来抢夺市场份额。

风险控制 销售定价环节常见的主要风险是价格过高或过低、销售受损；或是价格未经恰当审批，可能存在舞弊，损害公司经济利益和公司形象。针对这些常见风险，公司要设置好控制目标和采取有效的控制措施。根据公司价格政策和市场供需情况及盈利分析，合理定价或者进行价格调整。

思维拓展 公司应如何避免恶性竞争导致的价格战？

二、成本导向定价

珠江纸业股份有限公司对盈利能力较强的包装用纸，利用目标利润进行全年定价。因印刷用纸的成本中，原材料针叶浆占比高达85%，印刷用纸的销售价格对针叶浆的价格变化较为敏感，可利用线性回归来构建原材料价格和产品销售价格之间的关系模型，进行价格预测。

（一）采用目标利润定价

目标利润定价以总成本为基础，加上一定的目标利润，计算出实现目标利润的总销售收入，再用总销售收入除以预计销售量,来确定产品售价。

1. 获取成本数据

珠江纸业股份有限公司采用目标利润定价法对包装用纸定价时,需要获取包装用纸的总成本数据。

【**场景1-18**】珠江纸业股份有限公司对牛皮包装纸进行定价时,首先需要从生产中心获取2023年度牛皮包装纸成本预算表,如表1-16所示。

表1-16　　　　　　　　　　　　2023年牛皮包装纸产品成本预算

时间	预计销量（吨）	预计单位生产成本（元）	预计生产成本总计（元）	预计非生产成本总计（元）	预计总成本（元）
2023年1月	8,401.02	4,366.49	36,682,969.82	4,410,496.84	41,093,466.66
2023年2月	7,156.01	4,366.49	31,246,646.10	3,756,872.32	35,003,518.42
2023年3月	9,146.01	4,366.49	39,935,961.20	4,801,613.17	44,737,574.37
……	……	……	……	……	……

注:请扫码获取完整内容。

认知识别　目标利润定价以预计总成本为起点,预计总成本包括生产成本和非生产成本。其中,生产成本包括直接成本和间接成本。直接成本是指直接投入生产中的原材料、人工和能源等费用;间接成本是指与生产相关但不直接涉及生产过程的各种支出,如管理费用、销售费用、研发费用等。而非生产成本则是指与生产无关的各种费用,如办公室租金、水电费、办公用品采购等。

分析研判　生产成本加非生产成本等于总成本。例如,预计2023年1月牛皮包装纸的总成本=36,682,969.82+4,410,496.84=41,093,466.66(元)。其中,预计生产成本总计=8,401.02×4,366.49=36,682,969.82(元)。

2. 确定目标利润

公司根据其自身的财务目标、市场竞争和行业标准等因素,确定预计目标利润。

【**场景1-19**】珠江纸业股份有限公司对2023年牛皮包装纸产品预计目标利润进行预测,如表1-17所示。

表1-17　　　　　　　　　　　　2023年牛皮包装纸产品预计目标利润

时间	上年同期实际利润(元)	预计利润增长率(%)	预计目标利润(元)
2023年1月	3,082,597.35	2.50	3,159,662.28
2023年2月	2,613,895.68	2.50	2,679,243.07
2023年3月	3,528,170.19	2.50	3,616,374.44
……	……	……	……

注:请扫码获取完整内容。

认知识别　目标利润是公司在一定时期内，经过努力要达到的利润。确定目标利润，有助于动员公司和职工为进一步提高经济效益而努力。确定目标利润必须从现实条件出发，充分挖掘各方面的潜力，并适当留有余地，做到既不保守，又不盲目冒进。

分析研判　珠江纸业股份有限公司采用预计利润增长率预测目标利润，在定价时，需要考虑影响目标利润的主要因素包括销售量、成本。根据场景1-3对牛皮包装用纸的销售市场分析，2022年牛皮包装纸的销售量增长率仅为1%左右，预计未来的增长空间也较为有限，销售量对利润的影响可暂不予考虑。在成本方面，牛皮包装纸的主要原材料是公司自制的化机浆，自制化机浆相对于进口浆的成本要低很多，另因自制化机浆生产工艺的改进也可使牛皮包装纸的成本进一步得到降低。假设预计销售量不变的情况下，生产成本的降低可使目标利润预计增长2.5%。

目标利润的计算公式为：

目标利润=基期实际利润×（1+预计利润增长率）

例如：2022年1月牛皮包装纸实际利润为3,082,597.35元，预计利润增长率为2.5%，通过计算可知：2023年1月牛皮包装纸预计目标利润=3,082,597.35×（1+2.5%）=3,159,662.28（元）。

风险控制　目标利润制订得过低，难以激发公司潜力，公司不能创造出最佳的经济效益；而目标利润制订得过高，又会使执行者觉得高不可攀，望而却步，失去实现目标利润的信心。因此，确定合理的目标利润是实施以目标利润为导向的公司预算管理的一个关键环节。公司确定目标利润时，应对公司所处的市场环境、自身的战略能力进行分析，明确公司在市场中的定位，合理地预测出预算期内的销售额以及与确定目标利润相关项目的目标利润率，如销售利润率、资本净利率、成本利润率等。

3. 确定产品售价

公司根据获得产品的总成本数据加上目标利润后，除以预计销量，即可确定产品售价。

【场景1-20】 珠江纸业股份有限公司通过目标利润定价法预测2023年牛皮包装纸的销售价格，如表1-18所示。

表1-18　　2023年牛皮包装纸产品预计价格

时间	预计总成本（元）	本期预计目标利润（元）	本期预计销售收入（元）	预计销量（吨）	本期预计单价（元）
2023年1月	41,093,466.66	3,159,662.28	44,253,128.94	8,401.02	5,267.59
2023年2月	35,003,518.42	2,679,243.07	37,682,761.49	7,156.01	5,265.89
2023年3月	44,737,574.37	3,616,374.44	48,353,948.81	9,146.01	5,286.89
……	……	……	……	……	……

注：请扫码获取完整内容。

认知识别　目标利润定价法的计算公式：

单位产品价格=（产品总成本+目标利润）÷预计销售量

单位产品的目标售价等于总成本加上目标利润后，除以预计销售量。

分析研判 根据表1-18可知,2023年1月牛皮包装纸总成本为41,093,466.66元,预计1月目标利润为3,159,662.28元,预计销售量为8,401.02吨。最终,预计2023年1月牛皮包装纸的销售价格=(41,093,466.66+3,159,662.28)÷8,401.02=5,267.59(元/吨)。

风险控制 珠江纸业股份有限公司针对包装用纸采用目标利润定价法时,仅考虑了自身的利润目标,而忽视了市场需求的变化、竞争对手的定价策略等因素。如果包装纸市场需求发生变化,公司仍然采用目标利润定价法,可能会导致产品售价过高或过低,从而影响销售和市场份额。如果竞争对手采取了更有利的定价策略,公司可能会失去市场份额或者利润空间。因此,公司需定期分析竞争对手的定价和市场表现,以确保自己的定价具有竞争力。根据市场变化、竞争对手情况和消费者反馈,灵活调整定价策略。

说明:珠江纸业股份有限公司的包装用纸分为牛皮包装纸和淋膜原纸两个品种。同样可通过目标利润定价法预测2023年淋膜原纸的销售价格,相关原始数据及定价结果请扫表1-18二维码查看。

(二)采用线性回归定价

针叶浆作为印刷用纸的主要原材料,占到纸品成本的85%,其价格波动对印刷用纸的售价较为敏感,并呈现一元线性回归关系。公司采用一元线性回归模型进行定价。

【场景1-21】 珠江纸业股份有限公司根据2022年印刷用纸中颜B纸的市场平均售价与针叶浆市场平均价格的变动关系构建了线性回归模型,如表1-19所示。

表1-19　　　　2022年针叶浆和颜B纸价格　　　　单位:元/吨

时间	针叶浆市场平均价格(含税)	颜B纸市场平均售价(含税)
2022年1月	5,750	6,406.54
2022年2月	5,800	6,430.79
2022年3月	5,850	6,455.03
2022年4月	6,150	6,600.51
2022年5月	6,250	6,649.00
2022年6月	6,200	6,624.75
2022年7月	6,250	6,649.00
2022年8月	6,550	6,794.48
2022年9月	6,550	6,794.48
2022年10月	6,500	6,770.23
2022年11月	6,300	6,673.25
2022年12月	6,300	6,673.25

认知识别 线性回归是利用数理统计中的回归分析,来确定两种或两种以上变量间相互依赖的定量关系的一种统计分析方法。例如分析成本与售价、受教育水平与收入之间的关系。

线性回归模型其表达形式为 $Y=a+bX$,X 为自变量,Y 为因变量。其中,a 是截距,b 是斜率。

为了找到最佳的 a 和 b 值，最常用的方法是最小二乘法。

最小二乘法的核心思想是：找到 a 和 b 的值，使所有数据点与直线的垂直距离的平方和最小。可用以下公式来求解 a 和 b：

$$a=\frac{\sum x^2 \sum y - \sum x \sum xy}{n\sum x^2 - (\sum x)^2}$$

$$b=\frac{n\sum xy - \sum x \sum y}{n\sum x^2 - (\sum x)^2}$$

分析研判 珠江纸业股份有限公司根据2022年针叶浆和颜B纸的市场平均价格，构建一元回归模型。利用EXCEL中函数工具，设置斜率SLOPE和截距INTERCEPT函数。计算得出截距 a 为3,618.232783，斜率 b 为0.484922989919。模型为：

$Y=3,618.232783+0.484922989919X$

【**场景1-22**】珠江纸业股份有限公司通过线性回归模型计算2023年颜B纸的预计售价，如表1-20所示。

表1-20　2023年预测颜B纸价格　　　　　　　　　　　　　单位：元/吨

时间	针叶浆预测价格	颜B纸含税定价	颜B纸不含税定价
2023年1月	5,690.00	6,377.44	5,643.75
2023年2月	5,690.00	6,377.44	5,643.75
2023年3月	5,910.00	6,484.13	5,738.17
2023年4月	6,100.00	6,576.26	5,819.70
2023年5月	5,950.00	6,503.52	5,755.33
2023年6月	6,025.00	6,539.89	5,787.51
2023年7月	6,025.00	6,539.89	5,787.51
2023年8月	5,640.00	6,353.20	5,622.30
2023年9月	5,880.00	6,469.58	5,725.29
2023年10月	5,810.00	6,435.64	5,695.26
2023年11月	5,810.00	6,435.64	5,695.26
2023年12月	5,920.00	6,488.98	5,742.46

注：其他产品价格请扫码获取。

分析研判 珠江纸业股份有限公司依据2022年纸浆成本和纸制品价格关系构建线性回归模型：$Y=3,618.232783+0.484922989919X$，以预测2023年各月颜B纸的价格。

例如，2023年1月针叶浆预测价格5,690元，利用其线性回归模型计算可知：2023年1月颜B纸的预测售价$=3,618.232783+0.484922989919\times5,690=6,377.44$（元）。

其他月份销售价格预测以此类推。

说明：珠江纸业股份有限公司的印刷用纸分为颜B纸、轻型纸、颜A纸、轻涂纸、胶版纸和热敏原纸共六个品种。同样可通过线性回归法预测其他五种印刷用纸2023年各月份的销售价格，相关原始数据、回归模型及定价结果请扫表1-20二维码查看。

风险控制 原材料价格和纸制品价格之间的关系可能受到外部多因素的影响，如政策变化、市场需求波动等，这些因素未被包含在一元线性回归模型中，从而影响定价的准确性。为防范这一风险，公司需定期更新模型以纳入新的信息和数据，通过引入虚拟变量或交互项来考虑特定时间的外部事件影响。

三、产品定价调整

公司在完成一个季度的销售后，应结合实际销售情况和市场行情，及时对各种产品的销售价格进行分析，考虑在下一季度销售时是否需要对产品进行定价调整。

【场景1-23】2023年3月20日，珠江纸业股份有限公司针对办公用纸市场的日益激烈竞争，决定对4月份的办公用纸产品定价进行调整。通过调价函（见图1-11）通知给公司各办事处，确保信息准确传达且统一执行。

珠江纸业股份有限公司调价函

致各办事处：

珠江纸业股份有限公司深知市场竞争激烈，特别是在办公用纸领域。基于对市场的细致分析和公司的竞争应对策略，公司决定对4月的办公用纸产品价格进行调整，以更好地适应市场需求并保持竞争力。

一、调价详情

产品范围：涵盖公司提供的所有办公用纸产品。

调价幅度：在上月基础上下调3元/吨，即含税报价6,676.48元/吨，不含税报价5,908.39元/吨。

生效日期：自2023年4月1日起生效。

二、执行细则

通知落实：各办事处应立即按照新价格调整贵办事处的产品售价，并确保所有销售人员和客户服务代表了解此变更。

市场营销：各办事处应加强与客户的沟通，确保客户充分理解此次价格调整的背景和必要性，同时强调珠江纸业产品的质量保证和服务承诺。

竞争对手监测：关注市场上类似调整的竞争动态，及时向公司反馈信息。

价格监控：各办事处需密切监控调价后的市场反应和销售情况，定期向总部报告实施效果。

三、结语

我们理解价格调整可能会带来一定的市场波动，但相信通过我们共同的努力，能够有效地应对这一变化，进一步巩固珠江纸业在办公用纸市场的稳定地位。请各办事处严格按照此通知执行，如有任何问题，请及时与总部联系。

感谢各位的配合与支持！

珠江纸业股份有限公司
2023年3月30日

图1-11 珠江纸业股份有限公司调价函

认知识别 产品价格调整是公司在经营过程中根据市场状况和公司条件等因素的变化，适时修订和调整产品原销售价格的手段。它包括三种调整形式：调增价格、调减价格或不调整价格。其主要目的在于促使产品价格适应供求变化，并与营销组合的其他因素更加协调，发挥最佳促销作用，提高营销效益。在竞争激烈的情况下，价格调整也是应对竞争的一种方式。

分析研判1 结合场景1-13中《第一季度销售情况分析与第二季度市场情况分析预测报告》，可知纸浆价格在第二季度及以后可能呈现下跌趋势，使造纸成本降低。但考虑到整个市场上其他公司并未调整产品售价，珠江纸业股份有限公司为了稳定市场，不主动打破市场平衡，决定除办公用纸以外的产品定价暂时维持不变。针对当前办公用纸市场的竞争环境，珠江纸业股份有限公司在经过深入的竞争对手市场分析和内部评估后，决定对4月办公用纸的价格进行调整，如表1-21所示。

表 1-21　　办公用品市场竞争对手价格对比　　单位：元/吨

竞争对手	产品规格	2023年3月市场平均报价	2023年4月市场报价
浙江翠林纸业股份有限公司	A4	6,696.00	6,690.90
上海碧波造纸集团	A4	6,640.20	6,637.86
广东绿意纸业有限公司	A4	6,682.50	6,680.24
平均值	A4	6,672.90	6,669.67
自身企业	产品规格	2023年3月调整报价	2023年4月调整报价
珠江纸业股份有限公司	A4	6,679.48	6,676.48

2023年4月初，办公用纸市场整体出现价格下调信号，广东绿意纸业有限公司作为本公司最强劲的竞争对手将办公用品价格下调了2.24元/吨。珠江纸业股份有限公司为了稳定住4月的市场份额，及时作出了下调3元/吨的决定。

分析研判2 珠江纸业股份有限公司此次办公用纸的调价主要是基于竞争对手的降价，若发生以下情况发生也需要对产品定价进行调整。

1. 成本变化

（1）原材料成本增加：若原材料或生产成本显著上升，公司可能需要提高产品价格以保持利润率。例如，如果原材料价格上涨导致生产成本增加，为了不压缩利润空间，提价成为必要措施。

（2）成本结构优化：相反地，如果公司通过技术革新或流程优化降低了生产成本，可能通过降低产品价格来吸引更多客户，扩大市场份额。

2. 市场需求和消费者行为的变化

（1）需求下降：在产品需求减少时，公司可能采取降价策略以刺激销售和避免库存积压。

（2）消费者偏好变化：若客户更倾向于选择价格更高但质量更优的产品，公司可以通过提高价格来重新定位产品，满足市场需求。

3. 竞争环境的改变

（1）竞争者降价：当竞争对手为了获取市场份额进行调低价格时，公司则可能需要调整价格以应对竞争压力。

（2）竞争格局稳定：在市场竞争减轻，或公司已经取得显著市场主导地位时，公司可能提高价格以提高盈利能力。

4. 法律与政策环境的变化

（1）政府干预：如果政府对某些商品实施价格控制或提供补贴，公司需根据这些外部条件调整价格。

（2）税收政策变动：税率的变化直接影响公司的总成本，公司可能需要通过价格调整来平衡这种影响。

5. 经济环境的影响

（1）通货膨胀：在通货膨胀的经济环境中，公司成本普遍上升，提价成为维持运营的必要手段。

（2）经济衰退：经济衰退时期，消费者的购买力下降，公司可能需要通过降价来刺激消费。

6. 产品生命周期的变化

（1）产品成熟或衰退：当产品进入生命周期的后期，公司可能会通过降价策略来延长产品的市场寿命或清除库存。

（2）新产品推出：为提高新产品的市场接受度，公司可能会采用渗透定价策略，设置较低的价格以快速建立市场份额。

7. 品牌和定位策略的变化

（1）品牌重塑：当公司进行品牌升级或重塑时，可能会通过提高产品价格来强化其高端品牌形象。

（2）市场定位调整：根据目标市场的调整，公司可能需要通过价格调整来更好地适应新的目标消费群体。

8. 渠道和分销策略的调整

（1）渠道成本变化：如果分销渠道的成本发生变化，比如电商平台提成增加，公司可能需要调整产品价格以保持渠道合作的吸引力。

（2）多渠道战略：实施多渠道营销策略时，公司可能需要针对不同渠道的特点和成本结构进行差异化定价。

风险控制 产品价格调整可能引发竞争对手的剧烈反应，如匹配价格变动、增加市场营销力度或实施更具侵略性的定价策略，从而加剧市场竞争，侵蚀公司微薄利润。为防范价格调整带来的风险，公司可以通过优化运营流程、采购管理和生产技术来降低产品成本，同时应与供应商建立稳固的合作关系，确保供应链的稳定性和成本可控性，减少风险。

任务小结

珠江纸业股份有限公司根据不同产品的市场特性，采取了不同的定价策略。进行产品定价时，先收集相关历史数据、市场报告、竞争对手分析等信息，结合多种定价方法来制定和调整产品价格。这样的定价策略，既能确保产品价格覆盖所有成本，又能保持适当的利润，有利于公司持续发展和稳健增长的目标实现。

任务发布

请扫码查看数据，采用目标利润定价法对2023年1月淋膜原纸进行定价。

项目总结

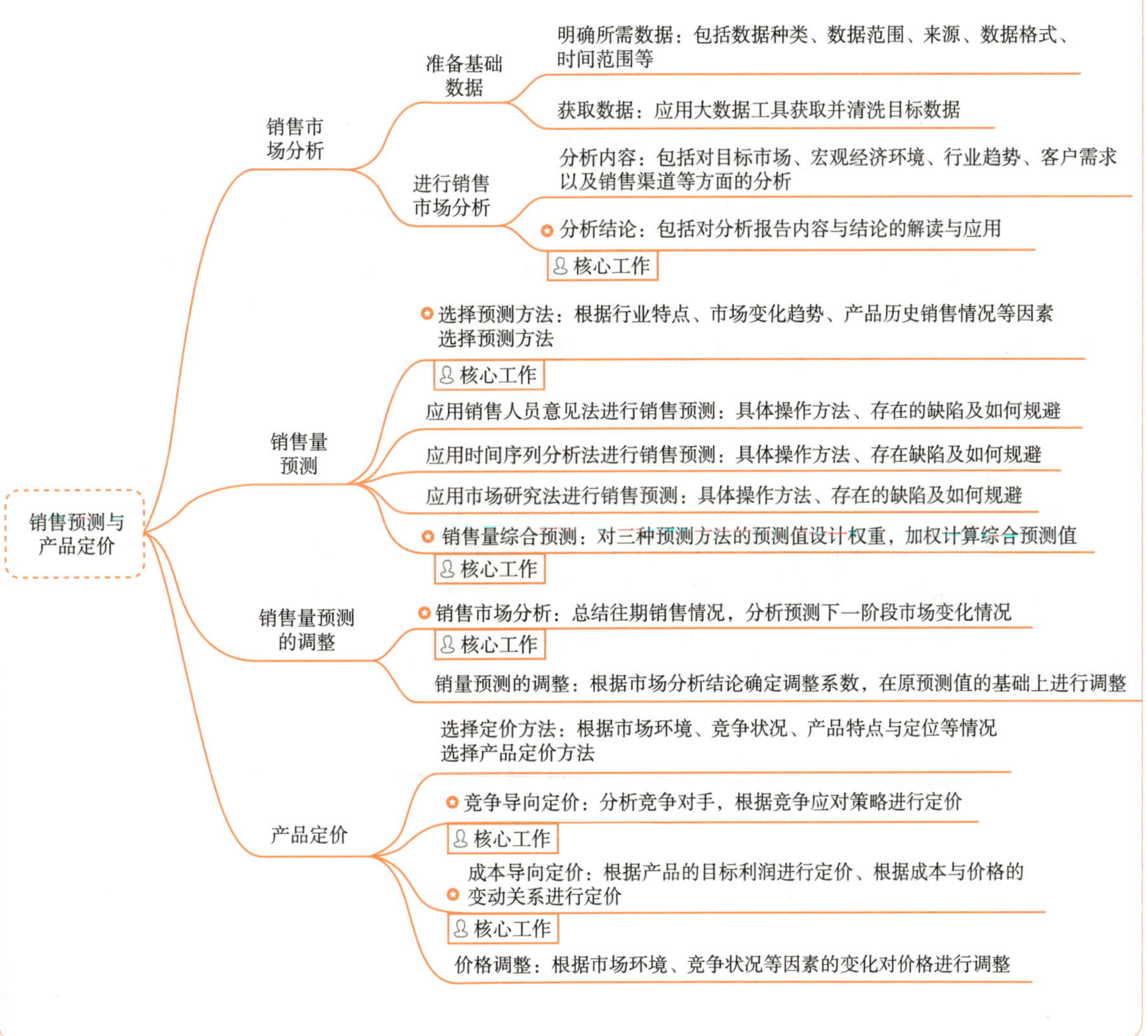

销售预测与产品定价

- **销售市场分析**
  - 准备基础数据
    - 明确所需数据：包括数据种类、数据范围、来源、数据格式、时间范围等
    - 获取数据：应用大数据工具获取并清洗目标数据
  - 进行销售市场分析
    - 分析内容：包括对目标市场、宏观经济环境、行业趋势、客户需求以及销售渠道等方面的分析
    - 分析结论：包括对分析报告内容与结论的解读与应用 【核心工作】

- **销售量预测**
  - 选择预测方法：根据行业特点、市场变化趋势、产品历史销售情况等因素选择预测方法 【核心工作】
  - 应用销售人员意见法进行销售预测：具体操作方法、存在的缺陷及如何规避
  - 应用时间序列分析法进行销售预测：具体操作方法、存在缺陷及如何规避
  - 应用市场研究法进行销售预测：具体操作方法、存在的缺陷及如何规避
  - 销售量综合预测：对三种预测方法的预测值设计权重，加权计算综合预测值 【核心工作】

- **销售量预测的调整**
  - 销售市场分析：总结往期销售情况，分析预测下一阶段市场变化情况 【核心工作】
  - 销量预测的调整：根据市场分析结论确定调整系数，在原预测值的基础上进行调整

- **产品定价**
  - 选择定价方法：根据市场环境、竞争状况、产品特点与定位等情况选择产品定价方法
  - 竞争导向定价：分析竞争对手，根据竞争应对策略进行定价 【核心工作】
  - 成本导向定价：根据产品的目标利润进行定价、根据成本与价格的变动关系进行定价 【核心工作】
  - 价格调整：根据市场环境、竞争状况等因素的变化对价格进行调整

项目 2　销售计划与销售预算

学习目标

知识目标

1. 熟悉销售计划制订相关流程，领会各流程节点的关键知识；
2. 了解完成销售计划所需要的必要保障措施；
3. 了解销售预算的内容和作用；
4. 掌握销售预算编制的流程和方法。

技能目标

1. 能够运用销售计划各流程节点的关键知识合理制订销售计划；
2. 能够根据完成销售计划的需要实施组织人员配备、绩效目标管理等必要的保障措施；
3. 能够根据销售预算的内容编制包括销售收入预算、销售成本预算、销售费用预算、销售税金预算及销售利润预算在内的完整销售预算体系；
4. 能够灵活运用固定预算、弹性预算、增量预算、零基预算、定期预算和滚动预算等不同的方法编制各项销售预算，并能根据情况的变化适时调整销售预算。

素质目标

1. 具备系统性思维和全局观，理解销售计划和销售预算在公司经营中的作用；
2. 增强团队合作和沟通能力，确保计划和预算过程中的信息畅通；
3. 培养对财务数据的敏感性，增强大数据分析意识。

任务 1　制订销售计划

【教学重点】销售定额的分配。
【教学难点】销售策略和销售活动。

珠江纸业股份有限公司在市场分析的基础上，对 2023 年销售量进行了预测，以此为依据，制订公司销售计划，旨在为公司未来的销售活动提供明确的方向和目标，确保公司销售战略的有效实施。

子任务 1　销售目标与销售定额

任务导入

珠江纸业股份有限公司为了实现公司战略目标，需要制订2023年度销售目标，并且将销售定额合理分配，从而促进公司的持续稳健发展。

销售定额是分配给销售人员在一定时期内完成的销售任务，是销售人员需努力实现的销售目标。设置销售定额是管理销售工作最有力的措施之一，有助于销售部门规划每个计划期的销售量及利润，安排销售人员的工作。销售定额可以作为衡量销售人员、销售小组或整个销售区域任务完成状况的标准，如果运用得当，可以激励每个销售人员更好地完成任务。

公司使用的销售定额通常有四大类：销售量定额、财务定额、销售活动定额、综合定额。任何一项具体的销售工作都可以选择与其密切相关的定额。

一、销售量定额

销售量定额是最常用、最重要的定额，一般用销售额来表示，也可以用销售单位数表示。

二、财务定额

财务定额强调公司应更重视利润而不是销售量。财务定额有助于改变销售人员不顾利润而尽可能多推销的倾向。财务定额主要包括以下三种。

（一）费用定额

提高利润率的关键在于对销售费用的控制。费用定额通常与销售量定额一起使用，其目的是控制销售人员的费用水平。费用定额通常用销售量的百分比表示。

（二）毛利定额

如果公司的产品种类多，各类产品的利润不同，则可以采用毛利定额。有时，公司用毛利定额来替代销售定额，强调利润、毛利额的重要性。

（三）利润定额

很多公司管理人员认为利润定额是体现目标的最好形式。利润等于毛利减去费用，利润定额与管理的基本目标直接相关。

三、销售活动定额

有些销售工作不能完全以销售业绩来衡量，利用销售活动定额可以避免对销售额的过分依赖。销售活动包括日常性拜访客户，吸引新客户，获得新客户的订单产品展示，宣传公司及产品，为消费者提供服务、帮助和建议，培养新的销售人员。

四、综合定额

综合定额是对销售量定额、财务定额、销售活动定额进行综合而得出的定额。综合定额以多项指标为基础，因此更加合理。

 任务实施

一、确定销售目标

【场景2-1】珠江纸业股份有限公司为制订2023年公司销售总目标，专门召开销售工作会议，明确公司2023年销售目标，形成会议纪要（见图2-1）。

珠江纸业股份有限公司2023年销售工作会议纪要

会议时间：2022年12月15日
会议地点：珠江纸业股份有限公司会议室
主持人：柳林川
参会人员：营销总公司、市场部、区域销售主管、人力资源部负责人
记录人：姜梨涵

一、开场致辞
主持人介绍了本次会议的核心目的，即明确本公司2023年的销售目标。

二、会议内容
与会人员分析了行业趋势、客户需求和竞争对手的动态，对公司2023年的销售目标进行了深入讨论。经过充分沟通和讨论，结合销售市场分析结论与销售预测数据，最终确定2023年整体销售量目标为980,598.76吨，销售额目标为5,500,268,642.87元。

会议要求各部门根据本次会议确定的整体销售目标，分解为各区域、各产品线、各时间段的具体目标，进行销售规划。加强销售团队的培训和管理，提高销售人员的业务能力和服务水平。定期召开销售会议，及时跟踪销售计划的实施情况，并根据实际情况进行调整和优化。

与会人员一致认为销售目标的制订对于指导公司的经营活动、优化资源配置、提高市场竞争力具有重要意义，表示将全力支持并配合销售计划的实施，确保公司2023年销售目标的顺利达成。

记录人：姜梨涵
日期：2022年12月15日

图2-1 会议纪要

认知识别 销售目标是公司或销售团队为了实现其商业战略和增长目标，在一定时间内设定的一系列具体的销售指标。这些指标通常包括销售额、销售量、市场份额、客户满意度或其他与销售相关的绩效指标。销售额是指在一定时期内，通过销售商品或提供服务所获得的总收入。销售额目标设定是公司在未来一年内通过销售活动所期望达到的营业收入总目标。它是衡量公司销售业绩的重要指标，通常用于分析公司的市场表现和财务状况。

分析研判 珠江纸业股份有限公司2023年销售目标的制订是基于对市场形势的分析与预测、

公司历史销售数据表现、市场份额占比以及公司整体战略布局决定的。经分析预测，认为2023年各纸业细分市场预计会实现稳步增长。依据销售预测数据，确定2023年公司纸品总体销售量目标为980,598.76吨，其中印刷用纸771,104.56吨、包装用纸167,505.37吨、办公用纸41,988.83吨，全年销售额目标为5,500,268,642.87元。

风险控制 在确定销售目标时，可能出现的风险有市场需求的不确定性，特别是在经济波动或政策变化时，可能导致实际销售量与预期目标不符。纸浆等原材料价格的波动会直接影响生产成本和定价策略，从而影响销售额。行业内竞争对手的市场策略调整或新进入者的加入可能导致市场份额下降，导致销售额目标难以完成。

为了防范风险需要注意几点：①建立市场调研机制，实时了解市场需求和变化趋势。②建立原材料价格预警系统，及时发现价格异常波动，制定应对策略。与主要供应商签订长期供应合同，锁定原材料价格，减少波动风险。根据市场变化和成本波动，灵活调整产品定价，保持盈利能力。③加强市场监测，分析竞争对手动态，优化产品和服务，提高客户忠诚度。

二、分配销售定额

销售定额确定后应按照具体情况进行分配，以便执行落实，确保销售定额完成。

（一）按区域分配销售定额

场景2-2 基于2023年公司整体销售目标，根据2022年各区域的实际销售量与预计增长情况，结合各区域范围的大小和客户购买能力等因素，珠江纸业股份有限公司分配了各区域及各区域内各办事处各纸品2023年的销售定额，如表2-1、表2-2所示。

表 2-1　　　　　　　　　　区域销售定额分配

销售区域	2023年销售量定额（吨）	2023年销售定额（元）
华北地区	205,380.69	1,152,512,457.63
华东地区	281,079.53	1,577,439,033.24
华中地区	230,433.09	1,293,018,191.64
华南地区	153,042.44	856,419,002.17
西北地区	43,180.80	242,266,353.32
西南地区	67,482.21	378,613,604.87
合计	980,598.76	5,500,268,642.87

表 2-2　　　　　　　　　　区域销售定额分配明细

公司名称：珠江纸业股份有限公司　　　　　　　　　　　　　　　　　　　　单位：吨

项目		印刷用纸							包装用纸			办公用纸	合计
		颜B纸	轻型纸	颜A纸	轻涂纸	胶版纸	热敏纸	大类小计	牛皮包装纸	淋膜原纸	大类小计		
华北	北京市（京）办事处	10,412.96	3,699.18	6,006.88	10,606.21	26,448.55	1,095.01	58,268.79	10,981.8	2,105.47	13,087.27	3,253.16	74,609.22
	天津市（津）办事处	5,262.54	1,824.01	3,015.96	5,233.55	13,181.52	556.21	29,073.79	5,453.84	1,084.93	6,538.77	1,727.4	37,339.96

续表

项目		印刷用纸						包装用纸			办公用纸	合计
		颜B纸	轻型纸	颜A纸	轻涂纸	胶版纸	热敏原纸	大类小计	牛皮包装纸	淋膜原纸	大类小计	
华北	河北省（冀）办事处	8,000.62	2,574.44	4,517.85	7,878.51	20,217.05	810.1	43,998.57	8,204.24	1,541.17	9,745.41	2,575.42	56,319.4
	山西省（晋）办事处	5,506.44	1,732.63	3,013.72	5,268.42	13,093.53	484.54	29,099.28	5,472.69	1,017.98	6,490.67	1,522.16	37,112.11
…	……	……	……	……	……	……	……	……	……	……	……	……	……

注：请扫码获取完整内容。

认知识别 区域销售定额通常是指一个公司或组织为了实现其商业目标，在特定区域设定的销售目标。区域销售定额根据销售人员所在地区范围的大小和客户的购买能力来分配销售定额。这种方法的优点在于可以对区域市场进行充分的挖掘，使产品逐渐提高在当地市场的占有率。

分析研判 分配地区销售定额时，首先分析过去在每个地区的销售情况；其次，评估每个地区的市场容量和增长潜力；再次，考虑竞争对手的市场占有率和销售策略；最后，要考虑地区的经济环境，如消费者购买力、产品在该地区的适用性和受欢迎程度，再确定区域销售定额。

风险控制 由于很难判断某地区所需商品的实际数量，以及该地区潜在的消费能力，从而导致销售定额分配不合理。销售定额过高，导致销售人员压力较大，影响积极性。销售定额过低，公司可能会投入过多的资源而未能充分利用，导致资源浪费。过低的销售目标可能意味着公司没有充分挖掘市场潜力，从而错失扩大市场份额的机会。销售团队如果发现目标容易达成，可能会缺乏挑战性，导致工作动力和积极性下降。

因此，在分配销售定额时，必须考虑各个地区的经济发展水平、人口数量、生活水平、消费习惯等因素。定期进行市场研究，以更好地理解市场趋势和消费者需求。根据市场变化和销售表现，定期调整销售定额。在分配销售定额时，综合考虑各种因素，如市场潜力、竞争状况、经济环境等。

（二）按产品分配销售定额

【场景2-3】 珠江纸业股份有限公司基于2023年销售目标，结合销售市场分析结论与各类纸品2023年销售量预测值，分配印刷用纸、包装用纸、办公用纸三大类纸品及9种产品的销售定额，具体如表2-3、表2-4、表2-5、表2-6所示。

表2-3 三大类产品销售定额

产品类别	销售数量（吨）	销售额（元）
印刷用纸	771,104.56	4,388,218,957.68
包装用纸	167,505.37	878,297,870.93
办公用纸	41,988.83	233,751,814.26
合计	980,598.76	5,500,268,642.87

表 2-4　　印刷纸销售定额分配

印刷纸分类	2023年销售定额（吨）
颜B纸	137,689.72
轻型纸	44,894.43
颜A纸	76,684.62
轻涂纸	135,445.97
胶版纸	362,921.89
热敏原纸	13,467.93
合计	771,104.56

表 2-5　　包装纸销售定额

包装纸分类	2023年销售定额（吨）
牛皮包装纸	140,332.39
淋膜原纸	27,172.98
合计	167,505.37

表 2-6　　办公用纸销售定额

办公用纸分类	2023年销售定额（吨）
办公用纸	41,988.83

认知识别　产品销售定额是指公司为特定产品设定的在一定时间内的销售目标。这个目标通常是基于市场分析、历史销售数据、生产能力、市场需求预测、竞争状况等多种因素综合考虑后确定的。

分析研判　确定各产品销售定额可以按照以下步骤进行：首先，将产品主要分为印刷用纸、包装用纸、办公用纸三大类产品，确定各大类产品销售定额；其次，根据印刷用纸市场销售预测及目标销售额，分别确定颜B纸、轻型纸、颜A纸、轻涂纸、胶版纸、热敏原纸销售定额；再次，确定包装用纸总销售定额，分配牛皮包装纸、淋膜原纸的销售定额；最后，结合不同类型产品的产品特性、客户需求，对各产品的销售目标进行细化分解。

风险控制　分配产品销售定额要避免目标不能实现的风险。为防范风险，首先要评估市场需求变化、经济环境、政策变化等带来的影响。其次，考虑竞争对手的市场策略变化和新进入者的威胁。再次，分析内部管理、生产能力、资源配置等方面的风险。最后制定应对市场变化和风险的预案，在遇到不可控因素时，灵活调整市场策略和目标，确保实现预期目标。

（三）按客户渠道分配销售定额

【场景2-4】珠江纸业股份有限公司在制订2023年销售额目标后，为保证销售计划更具有可操作性，保障销售目标的达成，需要根据客户渠道类型不同，分配客户渠道销售定额（见表2-7）。

表 2-7　按客户渠道分配销售定额

公司名称：珠江纸业股份有限公司　　　　　　　　　　　　　　　　　　　　　　　　　　　　单位：吨

项目		印刷用纸							包装用纸			办公用纸	合计
		颜B纸	轻型纸	颜A纸	轻涂纸	胶版纸	热敏原纸	大类小计	牛皮包装纸	淋膜原纸	大类小计		
按客户分类	直销大客户	20,269.22	6,880.76	11,265.33	19,870.21	53,444.33	2,142.08	113,871.93	21,713.89	4,365.77	26,079.66	6,476.46	146,428.05
	经销大客户	47,756.81	15,974.89	26,506.97	47,080.49	127,413.59	4,776.31	269,509.06	48,645.94	9,125.55	57,771.49	14,656.86	341,937.41
	直销一般客户	25,788.33	8,323.39	14,492.46	24,743.28	66,153.12	2,472.64	141,973.22	24,745.4	4,769.45	29,514.85	7,445.55	178,933.62
	经销一般客户	34,334.46	11,314.33	19,704.69	33,723.34	92,135.44	3,244.21	194,456.47	35,525.34	7,071.13	42,596.47	10,457.28	247,510.22
	直销新客户	2,072.13	436.79	386.03	1,627.08	4,627.88	113.52	9,263.43	1,824.42	228.75	2,053.17	572.52	11,889.12
	经销新客户	7,468.77	1,964.27	4,329.14	8,401.57	19,147.53	719.17	42,030.45	7,877.4	1,612.33	9,489.73	2,380.16	53,900.34
合计		137,689.72	44,894.43	76,684.62	135,445.97	362,921.89	13,467.93	771,104.56	140,332.39	27,172.98	167,505.37	41,988.83	980,598.76

认知识别　按客户渠道分配销售定额是将销售目标根据客户的特点、购买历史、市场潜力等因素分配给不同的客户群体或个别客户。这种方法有助于销售团队更精准地定位目标市场，制订个性化的销售计划，并有效地管理销售资源。客户渠道销售定额是将整体的销售目标按照不同的销售渠道进行分解，从而为每个客户渠道设定具体的销售目标。直销客户指的是公司直接向最终消费者或用户销售产品或服务的客户。经销客户则是通过经销商或分销商购买公司产品的客户。

分析研判　根据客户购买公司产品或服务的渠道，分配客户渠道销售定额的具体步骤为：首先将渠道客户分为直销客户和经销客户；其次根据购买量大小将客户按大客户、一般客户、新客户进行分类；最后根据这两个因素将客户分为六类客户，分别设定销售定额。

直销大客户从公司直接采购的产品数量大，订单金额高，因此分配销售定额为146,428.05吨。直销一般客户从公司直接采购的产品数量相对较小，订单金额中等或较低，分配销售定额为178,933.62吨。经销大客户购买量大，通过经销商购买产品，数量大，销售定额341,937.41吨。经销一般客户购买量中等或小，销售定额247,510.22吨。直销新客户销售定额为11,889.12吨，经销新客户定额为53,900.34吨。这种方法分配客户渠道销售定额，充分体现了以客户为导向的思想，可以使销售人员把重点放在客户身上，有利于客户的深度开发和忠诚客户的培育。

风险控制　如果客户渠道销售定额不合理，可能会带来销售团队士气受损、资源浪费、客户关系破坏、市场机会错失等风险。为了降低风险，可以采取以下措施。

（1）合理设定销售定额。基于市场研究和历史销售数据来合理设定销售目标，确保目标既有挑战性又能实现。

（2）灵活调整策略。定期审视销售目标和市场情况，根据市场变化灵活调整销售策略和目标。

（3）加强培训和支持。为销售团队提供持续的培训和资源支持，帮助他们更有效地达成销售目标。

（4）关注客户满意度。维护良好的客户关系，避免因过于激进的销售策略而损害客户满意度和忠诚度。

（四）按时间分配销售定额

【场景2-5】 珠江纸业股份有限公司制订2023年整体销售目标后，为保证销售计划更具有可操作性，保障销售目标的达成，需要根据不同产品按时间分配销售定额（见表2-8）。

表2-8　　　　　　　　　　　　按时间分配销售定额表

公司名称：珠江纸业股份有限公司　　　　　　　　　　　　　　　　　　　　　　单位：吨

项目	印刷用纸							包装用纸			办公用纸	合计
	颜B纸	轻型纸	颜A纸	轻涂纸	胶版纸	热敏原纸	大类小计	牛皮包装纸	淋膜原纸	大类小计		
1月	8,073.99	2,939.98	4,739	8,399.94	21,493.97	868	46,514.88	8,401.02	1,725.96	10,126.98	2,609.96	59,251.82
2月	6,848.99	2,485.02	3,475.99	6,759.98	18,523.96	717	38,810.94	7,156.01	1,451.02	8,607.03	2,091	49,508.97
3月	9,071	3,031	5,171.97	9,080.01	23,587	925	50,865.98	9,146.01	1,839.01	10,985.02	2,913.97	64,764.97
第一季度	23,993.98	8,456	13,386.96	24,239.93	63,604.93	2,510	136,191.8	24,703.04	5,015.99	29,719.03	7,614.93	173,525.76
……	……	……	……	……	……	……	……	……	……	……	……	……

注：请扫码获取完整内容。

认知识别　按时间分配销售定额是将销售目标按照时间周期进行分解，以确保销售活动在整个销售周期内均匀分布和执行。按时间分配销售定额的优点是可以均衡销售压力，避免销售活动集中在某一时段，导致资源紧张和市场饱和。根据每个周期的销售情况，公司可以及时调整销售策略和资源分配，提高销售效率。通过定期的监控和评估，公司可以更有效地管理销售过程，为销售人员提供清晰的短期目标，有助于激励销售人员提高工作动力和积极性。

分析研判　公司首先根据市场分析、历史数据、公司战略等因素设定一个年度销售目标为980,598.76吨。其次根据市场季节性、产品发布计划、促销活动等因素将各产品年度销售目标进一步细化为季目标和月目标，设定相应的销售定额。

通过科学合理的季度目标设定和管理，公司能够更有效地实现年度销售目标，提升市场竞争力和运营效率。按时间分配的销售定额可以作为绩效评估的基础，激励销售人员和团队达成或超越目标。按时间分配销售定额与产品类分配法、地区类分配法和客户类分配法结合起来，效果会更好。

风险控制　按时间分配销售定额的风险在于忽略销售人员所在地区范围的大小以及客户的多寡，只注重销售定额的完成，因而无法调动销售人员的积极性。比如可能忽视市场的长期趋势，或者在某些情况下过于僵化，不适应市场快速变化的需求。因此，公司在使用按时间分配销售定额时，需要灵活调整并结合其他销售管理工具和策略。

任务小结

在制订销售计划时，首先需要设定清晰的销售目标，其次将销售目标分解，进行销售定额的分配，可以按区域、产品、客户渠道、时间等分配销售定额，从而有利于销售管理人员有效地计划、控制、激励销售活动，以达成整个公司的销售目标。

子任务 2　销售规划

任务导入

为完成 2023 年度销售目标，需要结合公司实际情况和市场环境，制定切实可行的销售策略，规划一系列销售活动，优化销售组织人员配置，以确保年度销售任务的顺利完成。

任务实施

一、制定销售策略

【场景 2-6】珠江纸业股份有限公司在制订 2023 年销售目标后，为了保障销售目标的顺利完成，制定了销售策略（见图 2-2）。

珠江纸业股份有限公司 2023 年销售策略

本年度的销售策略将紧扣市场趋势，注重品牌建设、强化客户关系，并通过技术创新和产业升级，不断提升我们产品的核心竞争力，以实现销售业绩的稳步增长和公司的可持续发展。

一、价格策略

（一）稳定产品价格

（1）基于造纸行业相对稳定的市场特征，以及前后政策对比一致性，选择维持相对稳定的产品价格策略。

（2）印刷用纸采取浆纸联动的线性回归法、包装用纸采取目标利润法、办公用纸采取市场竞争法进行销售定价，确保在保持盈利的同时，为客户提供稳定的价格预期。

（3）预计全球地缘冲突和经济形势对纸浆价格的影响，通过长期供货合同锁定价格，减少市场波动对销售的影响。

（二）灵活应对市场变化

（1）在保持价格稳定性的基础上，结合动态定价策略，灵活应对市场变化。

（2）监控原材料价格（尤其是纸浆）、能源费用、运输成本等关键成本因素，根据成本波动情况适时调整销售策略。

（3）在原材料成本稳定时提供促销优惠，或对忠实客户提供特殊折扣，以吸引和保留客户。

二、产品策略

（一）产品差异化

（1）逐步提升高质量高环保的产品技术与功能，以新型纸张作为突破口，通过技术创新和产品设计创新，满足客户的个性化需求。

> （2）开发和推广高附加值的纸品，如环保纸张等，提升产品的利润空间，增强市场竞争力。
> （3）通过市场调研和竞争对手分析，了解市场需求的变化和趋势，及时调整产品定位和发展方向。
> **（二）优化生产流程**
> （1）定期审查和优化生产流程，通过技术升级和设备更新，提高生产效率和产品质量。
> （2）加强成本管理，从原材料采购、生产工艺到物流配送等各个环节进行细致管理，最大程度地降低成本，提高盈利能力。
>
> **三、客户服务策略**
> **（一）建立强大的客户服务体系**
> （1）加大不同细分市场的客户需求分析，提供个性化的客户服务，如售前咨询、售后服务、技术支持等。
> （2）通过优质的客户服务，及时解决客户的问题和反馈，提高客户满意度和忠诚度。
> **（二）维护客户关系**
> 稳定的价格策略有助于客户进行预算规划和成本控制，维护良好的客户关系。建立客户档案，记录客户的购买历史、需求偏好等信息，为客户提供更加精准的营销服务。
>
> **四、品牌策略**
> **（一）提升品牌知名度**
> 通过数字营销、社会责任项目和行业展会等方式，加大品牌产品宣传力度，提高品牌曝光度。利用互联网平台，建立自己的官方网站和社交媒体账号，分享公司最新动态和产品信息，增强品牌知名度。
> **（二）建立强大的品牌形象**
> 强调公司的环保理念、创新能力和产品质量，塑造独特的品牌形象。通过品牌标志、品牌口号、品牌故事等手段，提升品牌的市场认知度和美誉度，逐步建立强大的品牌形象，使客户愿意为品牌价值支付溢价。

图2-2　销售策略

认知识别　销售策略是指公司以顾客需要为出发点，根据经验获得顾客需求量以及购买力的信息、商业界的期望值，有计划地组织各项经营活动。价格策略是公司用于设定产品或服务价格的方法，旨在最大化市场份额、收益或利润。产品策略是公司用来规划和管理其产品组合的方法，旨在满足市场需求并实现业务目标。客户服务策略是公司为提高客户满意度、增强客户忠诚度而设计的一系列计划和方法。品牌策略是公司为塑造其品牌形象、定义品牌定位，并确定其在目标市场中的竞争策略所采用的一系列计划和行动。

分析研判　珠江纸业股份有限公司主要围绕以下几个方面制定了销售策略。

（1）在产品价格策略方面：基于造纸行业相对稳定的市场特征，根据产品特点、竞争情况等因素灵活应用多种定价方法进行销售定价，确保在保持盈利的同时，为客户提供稳定的价格预期；通过长期供货合同锁定价格，减少市场波动对销售的影响。

（2）在产品策略方面：基于满足客户的个性化需求，通过技术创新和产品设计创新，开发和推广高附加值的纸品，增强市场竞争力。

（3）在服务策略方面：通过建立强大的客户服务体系，提供个性化的客户服务，及时解决客户的问题和反馈，提高客户满意度和忠诚度。

（4）在品牌策略方面：通过加大品牌产品宣传力度，增强品牌知名度，强化品牌形象塑造。

风险控制　公司要注意防范销售策略失效的风险，可以采取以下措施进行防范：定期市场调研与需求分析、灵活应变与策略调整、产品与服务优化、渠道管理与优化、客户关系管理、风险管理与应对以及培训与团队建设等。公司通过这些措施可以有效防范销售策略失效，确保销售策略的持续有效实施，从而实现销售目标和市场份额的提升。

二、规划销售活动

【场景2-7】珠江纸业股份有限公司根据销售目标，结合自身情况和市场需求，制订2023年珠江纸业股份有限公司销售活动计划（见图2-3）。

珠江纸业股份有限公司2023年销售活动计划

随着国内外市场环境的不断变化，造纸企业面临着激烈的竞争和日益增长的市场需求。为了提升品牌影响力，扩大市场份额，提高销售额，公司特制订2023年销售活动计划方案。

一、新年促销活动

（一）活动时间

2023年1月1日至1月31日。

（二）活动内容

在活动期内的新客户首笔订单，将享受按最终发货数据每吨优惠5元的特别优惠。优惠金额将根据最终发货的吨数（扣除退货的吨数）乘以5元/吨计算得出。此优惠金额将在3月底统一发放至客户的账户。同时本优惠不与其他促销活动叠加使用。

在活动期间购买产品时，货款达到1,000万的客户，即可获得精美礼品一份，礼品需与品牌形象相符，且具有一定的实用性和吸引力。

（三）活动宣传

（1）利用企业官网、社交媒体等线上渠道进行广泛宣传，发布活动信息、优惠政策和参与方式。

（2）制作精美的新年活动海报和宣传视频，提高活动的视觉冲击力。

（3）通过销售人员向客户推荐活动信息，提高客户参与度。

二、行业展会活动

（一）活动时间

根据行业展会安排，参加国内外知名展会。

（二）展会目标

（1）提升品牌形象：通过展会展示公司的产品和技术，提升公司在行业内的知名度和美誉度。

（2）拓展客户群体：吸引潜在客户和合作伙伴，建立业务联系，拓展市场份额。

（3）收集市场信息：了解行业动态、竞争对手情况，为企业的战略决策提供数据支持。

（三）展会内容

（1）产品展示与推介：在展位内展示企业产品和技术，吸引观众关注。通过现场演示、讲解等方式向观众推介产品特点和应用场景。与潜在客户和合作伙伴进行深入交流，了解他们的需求和期望。

（2）商务洽谈与签约：与潜在客户和合作伙伴进行商务洽谈，探讨合作机会和方式。展会期间签订意向书或合同，实现业务拓展和订单增长。

（四）后期跟进

（1）展会结束后，对参展期间收集的潜在客户信息进行整理和分析。通过电话、邮件等方式回访客户，了解客户需求和反馈，提供定制化服务。

（2）对展会期间的活动效果进行评估和总结，分析成功经验和不足之处。

（3）对已签订意向书或合同的客户进行后续跟进，确保合作的顺利进行。

三、行业会议活动

（一）活动时间

根据行业会议组织方安排。

（二）参会目标

（1）获取行业内最新的市场趋势、技术发展和政策变化信息。

（2）与行业内的专家、同行、潜在客户和合作伙伴建立联系。

（3）学习行业内的先进经验和最佳实践，提升企业竞争力。

（三）会议内容

（1）参与专题研讨：针对企业关心的议题，积极参与讨论，与专家、学者和同行企业深入交流。

（2）进行产品展示：如有展示计划，按照计划进行产品展示，吸引参会人员的关注。

（3）建立合作关系：与供应商、技术提供商等建立联系，探讨可能的合作机会，如技术合作、产品开发等。

（4）收集市场信息：与参会人员交流，了解市场需求、竞争态势等信息，为企业制定市场策略提供参考。

（四）后期跟进

（1）整理会议资料：整理会议期间收集的资料，包括会议记录、发言稿、照片等，归档保存。

（2）总结会议成果：对参会情况进行总结，评估会议效果，明确下一步工作计划。

（3）跟进合作关系：对会议期间建立的合作关系进行跟进，确保合作顺利进行。

四、客户关系维护活动

（一）活动时间

全年持续进行。

（二）活动目标

（1）建立良好的客户沟通渠道，增强客户信任。

（2）增强客户忠诚度，促进重复购买和口碑传播。

（三）活动内容

（1）定期组织客户见面会、座谈会或研讨会，就行业动态、产品更新等内容进行交流和分享。各办事处可以根据客户统一意愿调整活动时间。

（2）公司总部于12月底组织客户答谢会，具体时间根据实际待定。

（3）发送节日问候、生日祝福等，增加与客户的情感联系，由营销部统一安排。

（4）定期进行电话、客户拜访或邮件沟通，了解客户的需求和反馈，及时解决问题和提供帮助，由各区域办事处人员统一安排。

（四）后期跟进

（1）评估活动是否达到了预期的目标，如客户满意度是否提升、客户忠诚度是否增强等。收集客户反馈，分析活动的优点和不足，为今后的活动提供参考。

（2）对收集到的客户反馈进行整理和分析，找出需要改进的地方。主动联系那些提供了负面反馈的客户，了解具体原因，并寻求解决方案。

（3）根据活动的效果和客户反馈，制订后续的客户服务计划，确保客户能够持续获得优质的服务。

五、活动执行要求

（1）营销部应作为整个公司的战略引擎和协调中心，负责制订活动计划和流程、设定销售目标，并引导其他部门紧密围绕这些目标进行工作。其他部门明确各自职责，统一调度，相互合作，实现高效协同。

（2）在活动过程中，根据各部门的资金需求，财务部门要进行资金的统一调配，确保资金的有效利用。监督和控制各项费用的支出，确保费用在预算范围内，防止超支现象的发生。

（3）技术部门要提供技术支持和解决方案，确保销售活动中使用的技术设备和系统正常运行。

图 2-3 销售活动计划

认知识别 销售活动是指公司为实现其销售目标而采取的具体行动和操作，是将销售策略转化为实际行动的过程。它包括一系列直接或间接促进产品或服务销售的活动，通过具体的活动将策略落实到销售实践中。

分析研判 规划销售活动时，首先明确销售活动的主要目标是提升品牌影响力、扩大市场份额和提高销售额。在此基础上，确定进行哪些销售活动：如新年促销活动、行业展会活动、行业会议活动、客户关系维护活动等，各个活动的目的不同。新年促销活动的目的是促进产品销售，明确活动时间和具体活动内容。行业会议活动的目的是获取行业内最新的市场趋势、技术发展和政策变化信息，与行业内的专家、同行、潜在客户和合作伙伴建立联系。客户关系维护活动的目的是增强客户信任，培养客户忠诚度。其次明确活动执行要求，确保销售活动能得到有效实施。

风险控制 不合理的销售活动会影响销售目标的实现。要重点注意以下方面：①不当的市场推广活动等可能损害品牌声誉，应建立完善的品牌管理制度。②销售活动要避免违反法律规定的行为，如虚假宣传、侵犯消费者权益等。应当严格遵守相关法律法规，确保广告内容真实可靠，确保产品符合质量标准，合法合规地处理消费者投诉。

三、销售组织人员配备

【场景2-8】 珠江纸业股份有限公司在确定当年销售目标并制定了对应的销售策略和销售活动后，需要为销售活动配备合理的销售组织及销售人员，人员配置情况如表2-9所示。

表 2-9　　　　　　　　　　　销售组织人员配置分析

区域	2023年销售定额（元）	原配置人数（人）	调整人数（人）	优化调整后配置人数（人）	优化调整后人均销售额（元）
华北区域	1,152,512,457.63	28	-2	26	44,327,402.22
华东区域	1,577,439,033.24	55	-3	52	30,335,366.02
华中区域	1,293,018,191.64	18	+3	21	61,572,294.84
华南区域	856,419,002.17	15	+2	17	50,377,588.36
西北区域	242,266,353.32	10	0	10	24,226,635.33
西南区域	378,613,604.87	14	0	14	27,043,828.92
合计	5,500,268,642.87	140	0	140	39,287,633.16

认知识别 销售组织人员配备是指公司根据其业务需求和战略目标，合理配置和安排销售组织各个岗位的人员，以确保组织的高效运作和目标的实现。销售组织是指公司销售部门的组织，它能够使构成公司销售能力的人、商品、资金、信息等各种要素得到充分的利用和发挥。确定销售组织人员规模的方法主要有销售百分比法、销售能力法和销售工作量法。

1. 销售百分比法

销售百分比法是指公司根据历史资料计算出销售队伍的各种耗费占销售额的百分比以及销售

人员的平均成本，然后对未来销售额进行预测，从而确定销售队伍的规模。

2. 销售能力法

销售能力法是指公司通过测量每个销售人员在范围不同、销售潜力不同的区域的销售能力，计算在各种可能的销售队伍规模下公司的销售额和投资回报率，以确定销售队伍的规模。

3. 销售工作量法

销售工作量法是指公司根据不同客户的需要确定总的工作量从而确定销售队伍的规模。

分析研判 公司设置了营销总公司、市场部以及六个销售区域。其销售组织类型是属于区域性销售组织。

公司为各区域配置了相应的销售人员，根据统计对各区域人员配备进行分析（见表2-9），华东市场目标销售额任务最大，是重点区域市场，配置了52名销售人员，销售人员最多，西北区人员配置最少。对各区域人均销售额进行分析，根据销售能力法计算，华中地区人均销售额任务达61,572,294.84元，在各区域中销售负荷较大。西北地区人均销售额任务为24,226,635.33元。整个市场人均销售额为39,287,633.16元。

分析可以看出每个区域人均销售额不一样，为了合理配置销售人员，考虑工作任务均衡，需在各销售区域内进行人员调整优化。华中地区销售任务较大，华东地区销售任务压力相对较轻，配置人员较多，没有充分发挥资源潜力，因此可以调配销售人员去华中地区，减轻华中地区销售人员工作负荷。西北区域市场、西南区域市场虽然人均销售额目标小，但销售区域大，客户密度小，为了更好地覆盖市场，维持客户关系，人员数量保持不变不予调整。

由于不同区域客户组成、客户的地理分散程度及销售潜量相当的地区的面积不同，分配到客户密度小的地区的销售人员需要付出更多的努力才能获得同样大的销售量，因此可以配置更多的人力资源，以减轻销售人员工作负荷，同时采取销售地区津贴等激励措施激发销售人员积极性。

风险控制 销售组织人员配置不合理会带来如市场覆盖不足、客户服务质量下降、销售人员过载、成本控制失效等问题。为了防范上述风险主要注意以下5个方面。

（1）科学的市场分析。了解市场规模、客户分布和竞争态势，确定合理的销售队伍规模。确保销售队伍规模与市场需求匹配。

（2）定期评估客户需求和反馈，了解客户对服务质量和响应速度的期望。调整销售队伍规模和配置，提升客户满意度和忠诚度。

（3）合理分配销售任务和区域，确保销售人员的工作负荷在可承受范围内。确保工作效率和绩效，减少员工倦怠和离职率。

（4）进行成本效益分析，评估销售队伍规模与运营成本的关系，优化人力资源配置。

（5）灵活的团队调整。建立灵活的销售队伍调整机制，根据市场变化及时调整队伍规模和配置。

任务小结

为确保珠江纸业股份有限公司销售计划的实施，公司进行了销售组织人员配置，确保各区域市场和业务部门的销售人员数量和质量满足市场需求。在分析各区域市场的销售人员需求基础上，优化人员配置，确保销售策略的有效实施，支持公司销售目标的实现。

任务发布

请根据所学内容，制订珠江纸业股份有限公司2023年度销售计划书。

任务2　销售计划的执行保障

【教学重点】销售人员培训与激励。
【教学难点】绩效考核指标体系的建立。

子任务1　销售人员培训与激励

任务导入

珠江纸业股份有限公司需要对销售人员进行培训并实行合理的激励，以确保销售团队能够充分理解并贯彻销售计划，最终实现销售目标。

销售人员培训是指公司为提升销售人员的知识、技能和综合素质，所开展的一系列系统性的教育和培训活动。销售人员激励则是指通过一系列激励措施和策略，激发销售人员的工作积极性和创造力，提升其工作绩效。

任务实施

一、确定培训需求

【场景2-9】珠江纸业股份公司为了解销售人员培训需求，设计培训需求调研表掌握销售人员培训需求情况（见图2-4）。

珠江纸业股份有限公司销售人员培训需求调研表

一、基本信息
姓名：_____　　部门：_____　　职位：_____　　工作年限：_____
二、培训需求调查
（一）产品知识
1.您对当前产品的了解程度如何？
（　）非常了解　（　）较了解　（　）一般　（　）不太了解　（　）完全不了解

2.您认为在产品知识方面,您需要哪些培训内容?(可多选)

(　)产品特性　(　)竞争优势　(　)应用场景　(　)新产品介绍

(　)其他(请注明):_____

(二)销售技巧

3.您对现有的销售技巧和方法满意吗?

(　)非常满意　(　)满意　(　)一般　(　)不满意　(　)非常不满意

4.您认为在哪些方面需要提升您的销售技巧?(可多选)

(　)销售流程　(　)客户需求分析　(　)沟通技巧

(　)谈判策略　(　)解决问题的能力　其他(请注明):_____

(三)市场分析

5.您对个人市场分析的能力如何评价?

(　)非常强　(　)较强　(　)一般　(　)较弱　(　)非常弱

6.您希望通过培训提升哪些方面的市场分析能力?(可多选)

(　)市场趋势分析　(　)竞争对手分析　(　)目标客户群体分析

(　)市场调研方法　(　)数据分析技巧　其他(请注明):_____

(四)客户关系管理

7.您对客户关系管理的理解和掌握情况如何?

(　)非常熟悉　(　)较熟悉　(　)一般　(　)不太熟悉　(　)完全不熟悉

8.您认为在哪些方面需要提升您的客户关系管理能力?(可多选)

(　)客户关系建立　(　)客户维护　(　)客户拓展　(　)客户服务技巧

(　)客户满意度提升　其他(请注明):_____

(五)法律法规与职业道德

9.您对与销售工作相关的法律法规和职业道德的了解程度如何?

(　)非常了解　(　)较了解　(　)一般　(　)不太了解　(　)完全不了解

10.您希望在法律法规与职业道德方面获得哪些培训?(可多选)

(　)合同法　(　)消费者权益保护法　(　)知识产权法　(　)会计法

(　)职业道德规范　(　)其他(请注明):_____

(六)培训方式

11.您倾向于哪种培训方式?(可多选)

(　)理论讲授　(　)案例分析　(　)小组讨论　(　)角色扮演

(　)实地考察　(　)在线培训　(　)其他(请注明):_____

12.您对公司销售人员培训还有哪些建议或意见?请详细说明:

请您在填写完本表后,将其交回人力资源部培训专员。感谢您的配合!

珠江纸业股份有限公司
人力资源部
2023年1月18日

图2-4　销售人员培训需求调研表

认知识别　培训需求分析就是采用科学的方法弄清谁最需要培训、为什么要培训、培训什么等问题,并进行深入探索研究的过程。

分析研判 通过调查问卷的方式来确定培训的需求，首先需要确定问卷调查的主要目的是了解销售人员的培训需求。其次，需要设计多种类型的问题，以获得定量和定性数据。提问简明扼要，确保问题直接且易于理解，避免双重否定或模糊不清的表述。最后，问题应按逻辑顺序排列，使受访者易于回答。

风险控制 问卷设计中注意避免诱导性提问，问卷可能未能涵盖所有必要的问题，从而影响数据的全面性。问卷问题太复杂或使用了专业术语，可能导致受访者难以理解，从而影响答题质量。如果未能正确处理受访者的个人信息，可能违反数据保护法规。设计不吸引人或过于冗长的问卷可能导致低响应率。

为防范这些风险，应在设计阶段进行严格的审核和测试，确保问卷的中立性、易理解性，并保护好数据隐私。同时，应设计简洁且具吸引力的问卷以提高响应率。

二、制订培训计划

【场景2-10】对培训需求进行分析后，珠江纸业股份有限公司需要制订培训计划（见图2-5），明确培训目的、培训时间、培训地点、培训方式、培训师资、培训内容等。

珠江纸业股份有限公司销售人员培训计划

一、培训目的

本次销售人员培训旨在提升珠江纸业股份有限公司销售团队的综合素质，包括产品知识、销售技巧、市场分析能力、客户关系管理等方面的能力，以更好地满足客户需求，提高销售业绩，并为公司长远发展奠定坚实基础。

二、培训时间

本次培训共计五天，具体时间为：2023年2月6日至2023年2月10日，每天上午9:00至下午5:00，共计40小时。

三、培训地点

珠江纸业股份有限公司内部培训室或者酒店会议室

四、培训方式

本次培训采用多种方式相结合，包括理论讲授、案例分析、小组讨论等，以增强培训的互动性和实效性。

五、培训师资

本次培训将邀请公司内部经验丰富的销售经理、市场分析师作为主讲教师，同时邀请外部专业讲师进行授课，确保培训内容的权威性和实用性。

六、培训内容

（一）产品知识培训

详细介绍珠江纸业的产品线、产品特性、竞争优势以及应用场景；通过案例分析，销售人员能够了解产品在实际应用中的效果和客户反馈。

（二）销售技巧培训

讲解销售流程、客户需求分析、沟通技巧以及谈判策略；通过角色扮演和模拟演练，销售人员能够掌握销售技巧并提升应对能力。

（三）市场分析培训

分析当前造纸行业的市场趋势、竞争对手情况以及目标客户群体；教授销售人员如何进行市场调研和数据分析，以制定更有效的销售策略。

（四）客户关系管理培训

强调客户关系的重要性，介绍客户关系的建立、维护以及拓展方法；分享成功案例和经验教训，提高销售人员对客户关系管理的认识和实践能力。

（五）法律法规与职业道德培训

讲解与销售工作相关的法律法规，如《中华人民共和国民法典》《中华人民共和国消费者权益保护法》等；强调销售人员的职业道德和行为规范，提高销售团队的整体形象和信誉度。

七、培训经费预算

培训经费预算表

类别	项目	预算（元）	备注
教材费	书籍、电子材料等	10,000	包括培训讲义和资料
培训师费用	讲师课酬	50,000	基于市场行情和讲师经验估算
场地费	租赁培训场地	10,000	包括租金和相关设施使用费
餐饮费	培训期间的餐饮安排	90,000	提供中晚餐和茶歇
设备租赁费	音响、投影等设备	4,000	必要的技术设备租赁
杂费	文具、复印、证书打印等	5,000	包括所有小额杂项支出
合计	—	169,000	—

八、培训效果评估

为确保培训效果，我们将采用以下方式对培训效果进行评估。

（1）课后测试：通过课后测试了解销售人员对培训内容的掌握情况；

（2）案例分析报告：要求销售人员撰写案例分析报告，以检验其在实际操作中对所学知识的应用；

（3）反馈调查：通过反馈调查了解销售人员对培训的整体满意度和建议；

（4）销售业绩跟踪：在培训后的一段时间内跟踪销售人员的销售业绩变化，以评估培训对销售业绩的实际影响。

珠江纸业股份有限公司人力资源部

图 2-5 销售人员培训计划

认知识别 培训计划是按照一定的逻辑顺序排列的记录，它是从组织的战略出发，在全面、客观的培训需求分析基础上作出的对培训目的、培训时间、培训地点、培训方式、培训师资、培训内容等的预先系统设定。

分析研判 在制订销售人员培训计划时，一是明确培训目的是提高销售人员的市场推广能力、客户关系维护能力等。二是确定培训时间、地点与培训师资。主要以内部经验丰富的销售经理、市场分析师作为授课教师。三是确定培训方式与内容。培训采用理论讲授、案例分析等多种方式相结合，设定销售技能、产品知识、客户管理、法律法规等培训内容。

风险控制 公司销售人员培训计划要切实可行，避免流于形式，需要注意以下几个关键问题。

（1）明确培训的具体目标，比如提升销售技能、增强产品知识、改善客户关系等。

（2）通过调查和评估，了解销售人员的现有技能水平、知识储备和职业发展需求。识别销售人员在工作中的挑战和痛点，以便在培训中重点解决。

（3）设计实用的培训内容。培训内容应紧密结合销售人员的实际工作需求，避免过于理论化或与实际脱节。针对不同层级的销售人员，设计具有层次性和针对性的培训内容。

（4）选择合适的培训方式。根据销售人员的特点和培训内容，选择合适的培训方式等。

（5）确保培训师资的专业性和经验。选择具有丰富经验和专业知识的内部或外部讲师作为培训师资。对培训师进行必要的培训和准备，确保他们能够有效地传达培训内容和目标。

（6）制订明确的培训计划和时间表，确保培训活动能够按照计划顺利进行。

（7）提供有效的培训评估和反馈机制。设计合理的培训评估方式，以检验培训效果。

三、培训实施

【场景2-11】 珠江纸业股份有限公司为了实现2023年公司销售目标，提升销售团队的综合素质和业务能力，按培训计划进行培训实施，制定培训课程安排及要求（见图2-6）。

珠江纸业股份有限公司销售人员培训课程安排

各位销售同事：

为了提升我公司销售人员的业务能力、专业素养和服务水平，根据公司年度培训计划和当前市场形势，销售人员培训活动安排如下。

一、培训时间与地点

时间：2023年2月6日至2月10日，共计5天；

地点：珠江股份纸业有限公司培训中心。

二、培训对象

珠江纸业公司营销总公司及各区域全体销售人员。

三、培训内容与课程安排

课程安排表

日期	时间	课程内容	主讲人
2023年2月6日	9：00—12：00	开班仪式及培训介绍	公司培训主管
	13：00—17：00	产品知识培训	内部销售经理
2023年2月7日	9：00—12：00	产品知识培训案例分析	内部销售经理
	13：00—17：00	销售技巧培训	外部专业讲师
2023年2月8日	9：00—12：00	销售技巧模拟演练	外部专业讲师
	13：00—17：00	市场分析培训	内部市场分析师
2023年2月9日	9：00—12：00	市场调研与数据分析	内部市场分析师
	13：00—17：00	客户关系管理培训	内部客户关系专家
2023年2月10日	9：00—12：00	客户关系管理成功案例分享	内部客户关系专家
	13：00—15：00	法律法规与职业道德培训	外部法律顾问
	15：00—17：00	培训效果评估及总结	公司培训主管

> **四、培训要求**
> （1）请各位销售人员务必准时参加培训，如有特殊情况需请假，请提前向人事部门报备。
> （2）培训期间，请保持手机静音或关闭状态，以免影响培训效果。
> （3）培训期间，请积极参与讨论，勇于发言，提出建设性意见。
> （4）请认真听讲，做好笔记，确保培训内容能够得到有效传达和应用。
> **五、其他事项**
> （1）培训期间，公司将为参训人员提供培训资料、餐饮，请提前向人力资源部报备相关需求。
> （2）培训期间，如有任何疑问或建议，请及时向培训师或人力资源部反馈。
> （3）请各位销售人员珍惜此次培训机会，认真学习，积极应用所学知识于实际工作中，为公司的发展贡献自己的力量。
> 感谢大家的配合与支持，顺祝大家新春愉快！
>
> 珠江纸业股份有限公司人力资源部
> 2023年1月31日

图 2-6　销售人员培训课程安排

认知识别　培训实施是指将培训计划付诸实际行动的过程，包括组织、管理和执行培训活动，以确保培训目标的实现。具体包括以下几个方面。

（1）组织准备。根据培训计划，确定培训的时间、地点、人员、教材和设备等，确保所有准备工作到位。

（2）课程执行。按照培训计划安排，进行课程讲授、案例分析、小组讨论、角色扮演等各种培训活动。

（3）学员管理。包括学员的出勤、纪律、参与度等管理，确保学员能够全程参与并积极投入培训。

（4）资源调配。包括培训师资、培训设备、培训场地的协调和使用，确保培训过程顺利进行。

分析研判　珠江纸业股份有限公司培训实施首先要确定培训的时间、地点、参训人员等，确保所有准备工作到位，将培训通知下发到参训人员。其次，确定培训内容和课程安排。再次，明确参训人员管理要求，包括学员的出勤、纪律、参与度等管理，确保学员能够全程参与并积极投入培训。最后，要对培训效果进行考核。

风险控制　在培训实施过程中，可能会遇到培训需求不准确、培训计划不完善、培训师资不足、学员参与度低、资源不足、培训管理不到位、评估机制不健全等风险。

可以通过准确分析培训需求、完善培训计划、提供高水平的培训师资、激发学员参与热情、保障培训资源、加强培训管理、健全评估机制和强化后续跟踪等措施，有效防范和应对这些风险，确保培训的高效实施和预期效果的实现。

四、评估培训效果

【场景2-12】珠江纸业股份有限公司销售人员在培训完成后，为了掌握销售人员培训效果，需要进行培训效果评估（见图2-7）。

销售人员培训效果评估表

一、基本信息

培训名称/课程：_____ 参训人员姓名：_____ 参训日期：_____

二、培训内容评估

1. 培训课程内容的实用性如何？
（ ）非常好 （ ）较好 （ ）一般 （ ）较差 （ ）非常差

2. 培训课程内容的覆盖范围和深度是否满足您的需求？
（ ）完全满足 （ ）基本满足 （ ）部分满足 （ ）不满足

3. 您认为培训课程中的案例分析和实际操作是否有助于理解和应用所学知识？
（ ）非常有助于 （ ）较为有助于 （ ）一般
（ ）不太有助于 （ ）没有帮助

三、培训师资评估

4. 培训师资的专业能力和经验如何？
（ ）非常高 （ ）较高 （ ）一般 （ ）较低 （ ）非常低

5. 培训师资的授课方式（如讲解、互动、讨论等）是否满足您的学习需求？
（ ）完全满足 （ ）基本满足 （ ）部分满足 （ ）不满足

6. 您对培训师资的满意度如何？
（ ）非常满意 （ ）较为满意 （ ）一般 （ ）不太满意 （ ）非常不满意

四、培训组织和实施评估

7. 您对培训的时间安排和场地设施是否满意？
（ ）非常满意 （ ）较为满意 （ ）一般 （ ）不太满意 （ ）非常不满意

8. 培训过程中的互动和讨论是否充分？
（ ）非常充分 （ ）较为充分 （ ）一般 （ ）不太充分 （ ）完全不充分

五、培训效果评估

9. 通过本次培训，您是否掌握了所需的知识和技能？
（ ）完全掌握 （ ）基本掌握 （ ）部分掌握 （ ）未掌握

10. 您认为本次培训对您的实际工作有何帮助？
（ ）非常大 （ ）较大 （ ）一般 （ ）较小 （ ）没有帮助

11. 您是否愿意将所学知识和技能应用到实际工作中？
（ ）非常愿意 （ ）较为愿意 （ ）一般 （ ）不太愿意 （ ）非常不愿意

六、开放性问题与建议

12. 您对本次培训有何建议或意见？

13. 您希望公司未来提供哪些方面的培训？

感谢您参与本次培训效果评估！

图 2-7　销售人员培训效果评估

认知识别　培训效果评估是在受训者完成培训任务后，对培训计划是否完成或达到效果进行的评价、衡量，包括对培训设计、培训内容以及培训效果的评价。

分析研判　在培训结束后，需要对销售人员进行培训效果的评估和反馈，可以通过培训效果调查表来了解培训效果。

（1）设计培训效果评估表，培训效果评估主要从培训内容、培训师资、培训组织与实施、培训效果等方面进行。

（2）明确评估的目的和要求，例如评估学员对知识的掌握程度、技能的应用能力或态度的改变。

（3）对收集到的数据进行整理和分析，计算得出评估结果，比较学员在培训前后的表现差异。

（4）确定培训效果的优劣，制订改进计划。

风险控制 由于销售人员素质的复杂性以及培训效果的滞后性，客观、科学地衡量培训效果非常困难。因此要确保培训效果，要以严谨的科学态度对待评价工作，培训效果的评价并没有固定模式，需要联系实际，选择恰当的方法，才能得到真实、客观的评价结果。

思维拓展 为提高销售人员培训效果，是否应进行考核？应如何进行考核？

五、激励需求分析

【场景2-13】珠江纸业股份有限公司为了提升销售效率，充分调动销售人员的积极性和创造性，激发销售人员士气，需制定激励措施，以便顺利完成销售目标任务。激励措施制定前需要进行激励需求分析（见图2-8）。

珠江纸业股份有限公司销售人员激励需求分析报告

一、引言

随着市场竞争的日益激烈，销售人员作为珠江纸业股份有限公司（以下简称"公司"）市场开拓和客户关系维护的关键力量，其工作积极性和绩效表现对公司整体业绩具有决定性影响。因此，对销售人员进行科学、合理的激励需求分析，是提升销售团队整体效能、实现公司战略目标的重要前提。

二、销售人员激励现状分析

（一）薪酬体系

目前公司的薪酬体系主要由基本工资、销售提成和年终奖构成，但提成比例和年终奖评定标准较为单一，未能充分体现销售人员的工作差异和贡献大小。

（二）职业发展

销售人员晋升通道不够明确，缺乏长期职业规划的引导和支持，导致部分销售人员缺乏职业归属感和长期动力。

（三）培训与学习

销售人员的培训和学习机会有限，技能提升和知识更新速度滞后于市场变化，影响销售效率和质量。

（四）工作环境

部分销售人员反映工作压力大、任务繁重，缺乏有效的支持和协助，导致工作满意度下降。

三、销售人员激励需求分析

（一）物质激励需求

优化薪酬体系，设置更具吸引力的提成比例和年终奖评定标准，体现销售人员的工作成果和贡献。设立专项奖金，对在重要项目、新客户开发等方面表现突出的销售人员给予额外奖励。提供完善的福利待遇，如五险一金、补充医疗保险、带薪休假等，增强员工的归属感和安全感。

（二）精神激励需求

建立明确的晋升通道和职业发展规划，为销售人员提供清晰的职业发展方向和成长路径。设立荣誉称号和奖项，对优秀销售人员进行表彰和奖励，激发其荣誉感和自豪感。加强团队建设和文化建设，营造积极向上的工作氛围和公司文化，增强员工的凝聚力和向心力。

> **（三）培训与发展需求**
> 　　定期开展销售技能培训和产品知识培训，提升销售人员的专业素养和业务能力。提供市场趋势分析和行业动态分享，帮助销售人员把握市场机遇和客户需求。鼓励销售人员参加外部培训和交流活动，拓宽视野和知识面，提高综合素质。
> **（四）工作环境与支持需求**
> 　　优化工作流程和资源配置，减轻销售人员的工作压力和负担。提供必要的销售工具和支持服务，如客户管理系统、产品宣传资料等，提高销售效率和质量。加强内部沟通和协作，建立有效的信息共享和协作机制，为销售人员提供及时、准确的信息支持。
> **四、结论**
> 　　通过对珠江纸业股份有限公司销售人员激励需求的详细分析，发现销售人员在物质激励、精神激励、培训与发展以及工作环境与支持等方面都有较为明确的需求。因此，公司应针对这些需求制定相应的激励措施和方案，以提高销售人员的工作积极性和绩效表现，进而推动公司整体业绩的提升。

图 2-8　销售人员激励需求分析报告

认知识别　销售激励是指激发销售员积极性，使其聪明才智得以充分发挥的一种管理活动。激励需求分析旨在了解销售人员的个人动机、职业目标、发展需求以及他们对公司期望的认可程度。

分析研判　在进行激励需求分析中要首先明确目标和需求，通过问卷调查、访谈、观察等方式了解员工的需求和动机。其次了解公司销售人员激励的现状，通过沟通、调查了解销售人员激励需求，发现销售人员有物质、精神、培训与发展、工作环境等激励需求。最后在此基础上制定有针对性的、有效的、个性化的激励方案，从而激发销售人员的积极性和创造力，提升销售业绩，促进公司的持续发展。

风险控制　销售人员激励需求中可能会出现需求误判风险。误判销售人员的实际需求和期望，导致激励措施不符合他们的期望，影响激励效果。防范措施主要是通过问卷调查、访谈等方式，与销售人员保持密切沟通，全面了解销售人员的需求和期望。定期进行需求评估，这有助于确保激励方案符合销售人员的实际需求，确保激励措施的适用性，提高激励效果。

六、制订激励计划

【场景2-14】 珠江纸业股份有限公司在进行激励需求分析后，明确了销售人员激励目标，并制订了销售人员激励计划（见图2-9）。

> **珠江纸业股份有限公司销售人员激励计划**
> 　　随着市场竞争的日益激烈，销售人员作为公司市场拓展和客户维护的重要力量，其工作积极性和效率直接影响公司的销售业绩和市场份额。为了激发销售人员的潜能，提高销售业绩，特制订本激励计划。
> **一、激励目标**
> （1）激发销售人员的积极性和创造力，提升销售业绩。
> （2）鼓励销售人员与客户建立良好的合作关系，提升客户满意度。
> （3）建立公平、透明的激励机制，提升团队凝聚力和执行力。
> **二、激励原则**
> （1）公平、公正、公开原则。确保激励制度对每位销售人员一视同仁，公正公平。

(2) 绩效导向原则。以销售业绩为主要考核依据，体现"多劳多得"的分配原则。
(3) 综合激励原则。采取物质激励和精神激励相结合的方式，全面激发销售人员的潜能。

三、激励措施

（一）物质激励

1. 薪酬激励

(1) 设立基本工资，保障销售人员的基本生活需求。
(2) 设立销售提成，根据销售人员完成的销售业绩给予相应的提成奖励。
(3) 设立年终奖，根据全年销售业绩和贡献程度给予一次性奖励。

2. 福利激励

(1) 提供完善的社保和公积金福利，增强员工的归属感和稳定性。
(2) 发放节日慰问品、生日礼物等，提升员工的幸福感和满意度。
(3) 提供带薪休假、年假等福利，保障员工的休息和休假权益。

（二）精神激励

1. 荣誉激励

(1) 设立销售明星、优秀团队等荣誉奖项，对表现突出的销售人员和团队进行表彰。
(2) 将获奖人员的业绩和事迹进行公司内部宣传和媒体报道，提高员工的荣誉感和知名度。

2. 培训激励

(1) 提供专业的销售技能培训、产品知识培训等，提升销售人员的专业素养和业务能力。
(2) 鼓励销售人员参加行业会议、研讨会等，拓宽视野和知识面。

3. 发展机会激励

(1) 提供晋升空间和职业发展规划，为表现优秀的销售人员提供更多的发展机会和挑战。
(2) 设立内部岗位轮换机制，鼓励销售人员跨部门学习和交流，提升综合素质。

四、激励实施

(1) 制定详细的激励方案，明确激励目标、原则、措施和实施细则。
(2) 建立完善的考核和评估体系，对销售人员的销售业绩、客户满意度、团队协作等方面进行全面考核和评估。
(3) 设立专门的激励管理部门或委员会，负责激励方案的制定、实施和监督。
(4) 定期对激励方案进行评估和调整，确保激励方案的有效性和适应性。

珠江纸业股份有限公司人力资源部

2023年1月10日

图 2-9　销售人员激励计划

认知识别　激励计划是一种旨在通过满足或限制员工的各种需求，激发员工的动机、欲望，从而挖掘员工潜力，推动公司实现发展目标的方案。对于公司来说，通过实施激励计划可以有效提高员工的积极性和工作热情，增强公司的竞争力；对于员工来说，通过激励计划可以实现自己的价值追求和人生目标。

分析研判　制订激励计划时，首先需要明确激励目标是激发销售人员的积极性和创造力，提升销售业绩。其次，设计的激励措施应遵循公平、公正、公开，绩效导向，综合激励的原则。设计多元化的激励方式，物质激励、精神激励相结合，以便达到理想的激励效果。最后，激励实施要制定详细的激励方案，建立完善的考评体系，不断完善和调整激励方案，以适应公司发展的需要。

风险控制 为了避免激励达不到理想效果，实施激励措施需要注意以下5点。

（1）明确激励目标。激励措施必须有明确的目标，管理者需要明确措施的实施对象、目的和实现方式，以便评估激励措施的有效性。

（2）选择合适的激励方式。不同的激励方式对不同的员工有不同的作用，管理者需要针对每个员工制定不同的激励措施，以提高激励的效果。

（3）建立公正的评价体系。激励措施必须建立在公正的评价体系之上，管理者需要建立科学的绩效评估体系，确保员工的贡献得到公正的认可。

（4）及时反馈激励结果。激励措施的效果可以通过员工的反馈及时了解到，管理者需要及时反馈激励结果，以便调整激励策略。

（5）维持激励力度。激励措施的实施需要长期坚持，管理者需要保持激励力度，避免激励措施过于单一和机械。

任务小结

销售计划的执行需要对销售人员进行系统的培训，提高销售人员的业务技能和服务水平，通过合理的激励机制激发销售团队的工作热情和创造力，从而实现公司销售业绩的稳步提升。

任务发布

为了激励员工拓展华南区域市场，获得更大的市场份额，请结合公司实际情况制定针对华南区市场提升的销售人员激励方案。

子任务 2 构建绩效管理体系

任务导入

在确定销售计划后，为评估销售目标达成情况，为后续的销售策略调整提供有力支撑，公司应构建配套的绩效管理体系，以确保销售计划的高效实施。

绩效管理是一种通过设定、考核和反馈绩效目标，以促进员工自我管理和提高组织绩效的系统化过程。绩效管理体系包含对部门、对管理层，以及对一般员工的管理，其中最核心的内容是绩效考评指标体系的建立。在建立绩效考评指标体系时，应按照部门、管理层、一般员工的顺序分别确定绩效考核的具体方法，例如关键绩效指标法、平衡记分卡、上级考评法、行为锚定法等。在选定绩效考核方法后，再进一步确定具体的考核指标，各指标的权重、计分规则以及最后的等级标准。

一、制定绩效管理制度

【场景2-15】为规范销售部门绩效管理工作,总经理办公室组织人力资源部、营销部、财务部的管理层及员工,共同制定营销部门绩效考核管理办法(见图2-10)。该制度明确了考核的具体事项。

珠江纸业股份有限公司
营销部门绩效考核管理办法
……

第三条　适用范围
本办法适用于公司营销部门和各级办事处员工,各部门绩效考核办法细则由薪酬绩效考核委员会根据各部门工作量化考核指标制定。
第四条　考核周期
月度、季度、年度。
第五条　制定程序
在每年年初制定销售绩效考核指标时,根据公司战略目标,自上而下层层分解,并保持一致性。
……

图2-10　珠江纸业股份有限公司营销部门绩效考核管理办法(节选)

注:请扫码获取完整内容。

认知识别　部门绩效管理制度中应明确考核目的、考核原则、考核对象、考核周期、考核指标、考核标准、反馈机制等内容,确保公平、透明的管理,以激发员工潜能,提升组织效能,为公司的可持续发展奠定坚实基础。

分析研判　公司的营销部门绩效考核管理办法明确了考核对象为营销部、部门管理人员及一般销售人员,以从整体层面、个人层面、领导层面及执行层面多维度分析年度销售计划的完成情况。考核周期为月度、季度及年度。该制度最核心的部分为绩效考评指标体系,该体系明确了具体的绩效考核办法,对营销部及员工的工作方向作出明确的目标要求,并且确定了绩效完成情况对员工薪酬的影响,在公司形成奖优罚劣、管理公平、人性化的氛围,以激励员工完成销售计划,为公司创造价值。

风险控制　制度的设定不仅需要管理层的深思熟虑,更需要员工的积极参与和反馈。通过员工的视角,公司可以更好地识别潜在的执行难题,从而在设计制度时就规避这些风险。这种共同参与的方式,有助于构建一个既符合公司目标又贴近员工实际的绩效管理制度,有效减少执行中的障碍,提升整体的工作效率与满意度,确保公司战略能够顺利落地。

二、制定绩效考评指标体系

（一）营销部部门绩效考评指标体系

1. 考核方法的确定及指标选取

在制定部门绩效考评指标体系时，应紧密结合部门工作特性，选择恰当的考核方法，再进一步选取具体且有针对性的考核指标。

【场景2-16】总经理办公室、营销部与财务部基于销售计划的详细要求，选择关键绩效指标作为对销售部门进行业绩评价的工具，共同确认销售绩效评价体系所应涵盖的关键维度，并选取具体评价指标以反映销售计划的完成情况（见表2-10）。

表2-10　销售部门考核指标

序号	项目	检查或计算规则
财务类指标		
1	发展能力保持	营业收入增长率=（本期营业收入−同比上期营业收入）÷上期营业收入
预算类指标		
2	销售费用控制	销售费用节约率=（销售费用预算数−销售费用实际支出数）÷销售费用预算数×100%
		……

注：请扫码获取完整内容。

认知识别　关键绩效指标（KPI）是一种目标导向的量化管理工具，它通过对组织内部流程的关键参数进行精心设定、取样、计算与分析，从而准确评估流程的绩效表现。KPI绩效考核法适用于目标明确、可量化的工作场景，如销售、生产等业绩导向的岗位。作为实现公司战略目标转化为具体工作目标的桥梁，KPI不仅是公司绩效管理的基础，还使部门主管能够清晰界定部门的核心职责，并据此为部门人员设定明确的业绩评估标准。

分析研判　该体系通过量化评估为销售活动的持续优化提供有力支持。营业收入增长率体现了销售团队的成长潜力和市场竞争力；销售费用控制用以评估销售团队在业务运营中是否能够有效控制成本；销售额目标达成是衡量销售团队业绩的直接指标；客户量维持与发展情况反映了销售团队在客户关系维护和新客户开发方面的能力；客户满意度体现了销售团队在满足客户需求、提供优质服务方面的表现；销售回款管理反映公司销售团队在收款管理方面的效率和风险控制能力；合同逾期占比则反映公司合同履行情况以及客户信用管理状况。

风险控制　在制定绩效评价体系的指标选取过程中，某些关键指标的数据可能难以获取或获取成本较高，因此，在选取指标时，应充分考虑数据的可获取性，以确保所选取的指标具有实际可操作性。

2. 确定各指标计分规则及标准分值

为确保对营销部的评价公正准确，避免某指标被过度重视或忽视，公司应进一步确定各指标的标准分值,并明确计分规则。

【场景2-17】总经理办公室、营销部与财务部基于已构建的部门绩效考评指标体系,进一步确定各指标在评价过程中的分值分配,并据此制定评分规则(见表2-11)。

表2-11　　部门绩效指标评分规则及标准分值

序号	项目	评分规则	参考标准分值
1	发展能力保持	营业收入增长率=(本期营业收入−同比上期营业收入)÷上期营业收入×100% 基础分值10分,考核周期内每增长1%加0.5分,每负增长1%扣0.5分,扣分不设下限。比率不足1%的部分不计分。项目最高得分20分	10分
2	销售费用控制	销售费用节约率=(销售费用预算数−销售费用实际支出数)÷销售费用预算数×100% 节约率为0%时计15分,每节约1%加1分,每超支1%扣1分,扣分不设上限。比率不足1%的部分不计分。项目最高得分25分	15分
……	……	……	……

注:请扫码获取完整内容。

分析研判　"客户满意度""销售回款管理"及"合同逾期管理"均设定了基础分值,根据被考核对象的实际表现灵活扣分,旨在严格把控运营质量,提升效率与稳定性。"营业收入增长率""客户量维持与发展情况"这两个指标以保持不变的情况作为基础分值,根据实际情况进行加分或扣分,旨在激励团队在保持基础运营质量的同时,积极寻求业务增长和客户量的维持与发展,实现公司的长期发展目标。"销售费用节约率""销售额目标达成率"则以刚好达成目标的情况计基础分值,在此基础上,若超额完成则予以加分,若未达成目标则进行扣分,这样设置是因为它们直接关联公司的利润水平与市场竞争力,通过奖惩分明的机制,既能激励团队追求卓越,又能及时警示并调整策略,确保公司稳健运行。

该指标体系中,"销售额目标达成率"及"销售回款管理"两方面直接关系到公司经济效益与现金流健康,因此标准分值占比最大。这不仅体现了对业绩增长的高度重视,也强调了资金回笼对于公司经营发展的重要性。

风险控制　在设置评分规则与分值时,应保持全面视角,兼顾各方面的均衡性。各指标标准分值的大小直接反映了该指标对于被考核对象的重要性,但过高的标准分值可能导致被考核者过分关注某一指标,而忽视了其他同样重要的方面。例如,当销售额的标准分值占据了考核指标的绝大部分时,各销售单位则可能会为了提升销售额而采取极端手段,如过分放宽信用条件、牺牲公司资金周转效率等,这种不考虑资金回收情况而一味追求销售额的策略不仅增加了潜在坏账风险,还可能导致公司整体的运营效率受损。

为了避免这种一边倒的情况,考核标准分值的设定需要综合考量各项指标的重要性和相关性,确保各项指标之间能够相互制衡,共同构成一个全面、均衡的考核体系。在一个考核周期结束之后,评价部门应当根据实际情况重新审视评分规则与分值的科学性与合理性,并及时作出调整。

3. 确定绩效评价等级

为进一步完善绩效考评指标体系，公司应明确计分之后的评价标准，以确认最终的绩效评价等级。

【场景2-18】 总经理办公室、人力资源部及营销部共同确定营销部门绩效评价等级（见表2-12），进一步完善完整的销售绩效评价体系，并交由部门领导进行审核。

表2-12　　　　　　　　　　　　部门绩效评价标准

分档	绩效评价标准	备注
A	分值>105分	不含105分
B	分值位于90~105分	不含下限值，含上限值
C	分值位于80~90分	
D	分值位于60~80分	
E	分值≤60分	含60分

分析研判　部门考核评级分为5档，分别是：A档（优秀）、B档（良好）、C档（合格）、D档（待改进）、E档（不合格）。按照标准分值，在各指标总分完成的标准向下10%以内，则可以获得"良好"评价，如果超额完成任务，总分值在超出标准分值5%以上，则可以获得"优秀"评价。

设定考评结果从高到低为A~E五个等级，可以体现考评结果的明确性和区分度。通过这五个等级，能够更精确地界定营销部的绩效表现，每个等级都明确反映了不同的绩效水平，使营销部能够清晰地认识到自身在公司中的定位。相较于简单的"合格"与"不合格"评价，五个等级提供了更高的区分度，有助于更准确地衡量部门间的绩效差异，为后续的奖励分配、晋升推荐，以及培训计划的制订提供了更为科学、合理的依据。这种细化的评价方式有助于激发营销部员工的积极性和竞争力，推动整个部门绩效的持续提升。

风险控制　考评分值区间设置不当，会严重影响评价效果。若区间过于宽泛，则可能导致评价结果趋同，缺乏区分度，难以体现实际差异。前期的评分规则如果设置不合理，也可能会导致考评结果都处于同一个区间。因此，为确保评价的公正性和准确性，应合理设置各指标的计分规则和总分值评级区间，确保各部门间的差异得以体现，从而更准确地反映各部门的实际表现。在一个考核周期结束之后，评价部门应当根据实际情况重新审视等级划分的科学性与合理性，并及时作出调整。

（二）管理人员绩效考评指标体系

1. 考核方法的确定及指标选取

对管理人员的评价与对部门的评价侧重点不同，公司应从个人层面出发，选择恰当的考核方法，明确具体的考核指标。

【场景2-19】 总经理办公室、营销部与人力资源部选取上级考评对营销部的管理人员进行绩效考核，并确定具体评价指标以反映管理人员的工作能力（见表2-13）。

表 2-13　　　　　　　　　　管理人员绩效评价指标

个人评分项目	
考核项目	考核指标
工作业绩	部门考核综合得分
工作能力	决策能力
	计划能力
	执行能力
工作态度	主动性
管理能力	员工管理
外部评价	客户投诉
	领导评价

认知识别　　上级考评是一种经典的绩效评估方式,它基于上级对直接下属的深入了解,按照一定的评价标准和维度,对下属在日常工作和重要任务中的业绩进行全面评估。由于上级通常是与下属工作关系最密切、最了解下属工作表现的人,因此他们在绩效考评中拥有重要的发言权。

分析研判　　管理工作涉及决策、协调、领导等各个方面,这些方面的成果和贡献难以完全通过客观数据量化,因此主观评价能够更全面地评估管理人员的综合能力和绩效。而上级领导能直接观察其工作表现,了解其对部门目标的贡献及管理能力,因此公司运用上级考评机制,选取工作能力、工作态度等非量化指标,辅以部门整体绩效,综合评价管理人员的整体表现,确保评价结果的全面性。

风险控制　　多个主观性指标,可能导致主观评分出现偏差,影响考核的公正性。为避免这种因为评分主观性而引起的风险,应尽量确保考核标准明确、具体,避免模糊不清的描述,并引入多维度评价指标,如同级评价、员工评价等,从而减少主观判断的误差。

2. 确定各指标计分规则及标准分值

【场景2-20】总经理办公室、营销部与人力资源部基于已构建的管理人员绩效考评指标体系,进一步确定各指标在评价过程中的分值分配,并据此制定评分规则(见表2-14)。

表 2-14　　　　　　　　部门管理人员指标评分规则及标准分值

个人评分项目			
考核项目	考核指标	标准分值	考核指标
工作业绩	部门考核综合得分	40分	部门考核综合得分=部门考核得分×40%
工作能力	决策能力	10分	善于确定决策时机,得10分
			能够确定决策时机,得5分
			不能确定决策时机,得0分

续表

个人评分项目			
考核项目	考核指标	标准分值	考核指标
工作能力	计划能力	10分	有极强的计划能力，得10分
			能按要求制订相应计划，得5分
			需要在帮助下制订相应计划，得0分
	执行能力	10分	工作效率高，得10分
			能按时完成工作，得5分
			工作效率低，得0分
……	……	……	……

注：请扫码获取完整内容。

分析研判 对于管理人员的主观性评价，公司采用等级制评分，能够清晰界定不同绩效水平，方便比较和区分。与加分或扣分相比，等级制更加简洁明了，易于理解和操作，有助于公平、客观地评价管理人员的工作能力。而部门绩效是部门管理人员工作能力的直接体现，因此管理人员的最终评分应结合所领导的部门成绩，并将部门成绩作为重要考量因素，以便更全面地反映管理人员的工作能力和贡献，确保评价结果的公正性和准确性。

风险控制 主观评价指标评分等级设置需合理，避免分值跨度过大。过大跨度易使微小失误对评分产生显著影响，不利于准确评估，且可能打击管理人员积极性。在确定评分等级时，应充分考虑各等级间的区分度与公平性，确保评价既能反映真实情况，又能激励管理人员持续改进。

管理人员最终评分应充分考虑所领导部门所获评分。由于个人日常管理评分主观性较强，因此管理层所领导的部门考核综合评分应赋予较高的权重。若部门评分权重太小，则可能忽视整体业绩，导致对个人能力的片面评价，增加评价不准确的风险。但权重过大也可能导致过分依赖量化指标，忽视管理人员的个人能力和努力，从而抑制其创新性和积极性。因此，合理设置权重至关重要。

3. 确定绩效评价等级

【场景2-21】总经理办公室、人力资源部及营销部共同确定营销部门管理人员的绩效评价等级（见表2-15），进一步完善销售绩效评价体系，并交由部门领导进行审核。

表2-15　　　　　　　　　　营销部门管理人员绩效评价标准

分档	绩效评价标准	备注
A	分值>95分	不含95分
B	分值位于80~95分	不含下限值，含上限值
C	分值位于70~80分	
D	分值位于60~70分	
E	分值≤60分	含60分

分析研判 部门考核超过标准分值100分的5%才能获优秀评级，体现对部门综合能力和超额完成目标的强调，鼓励团队追求更高标准。而管理人员的评价指标中可以额外加分的项目较少，

因此对管理人员的考核达95分即为优秀,一方面可以体现管理职责的完成度,另一方面强调基本职责的履行和稳定性。这种区别反映了不同考核对象的工作特性和期望,既激励部门追求卓越,也肯定管理人员的基础工作成效。

(三)一般销售人员绩效考评指标体系

1. 考核方法的确定及指标选取

对一般销售人员的评价与对管理人员的评价侧重点不同,公司应结合被评价人员的岗位、职级特点,选择恰当的考核方法,明确具体的考核指标。

【场景2-22】为全面衡量各销售单位销售人员工作成效,公司采用关键绩效指标工具,选取多个关键绩效指标(见表2-16),综合评价销售人员的整体表现,确保评价结果的全面性。

表 2-16 一般销售人员绩效评价指标

序号	项目
1	销售目标完成情况
2	考勤
3	会议
……	……

注:请扫码获取完整内容。

分析研判 在对个人的考核中,管理人员的考核侧重于工作能力,而一般销售人员的考核则需要关注日常工作态度,如考勤情况、活动日志填写情况等。管理人员在公司的销售战略和团队管理中扮演着更为关键的角色,他们的决策能力、领导力和协调能力对于推动销售业务的发展至关重要。一般销售人员则是执行销售战略的主体,他们的工作态度、勤奋程度和对公司的忠诚度将直接影响销售业绩的达成。通过对一般销售人员日常工作态度的考核,可以确保他们保持高度的工作积极性和良好的职业习惯,为公司创造更多的价值。

2. 确定各指标计分规则及指标权重

【场景2-23】根据已构建的一般销售人员绩效评价体系,总经理办公室、人力资源部及营销部进一步确定各指标的计分规则及指标权重(见表2-17)。

表 2-17 一般销售人员指标评分规则及标准分值

序号	项目	标准分值	评分规则
1	销售目标完成情况	20分	完成90%及以上的销售目标,计20分;在90%的基础上,每低于1%,扣2分;每高于1%,加2分。项目最高得分40分,不设扣分上限。 注:比率不足1%的部分不计分
2	考勤	10分	(1)考核期间内员工出勤率达到100%,得满分10分;迟到不超过3次,每次扣1分;请假超2次以上且不超过5次,每次扣1分。 (2)考核期内累计迟到3次以上者,或请假5次以上者,该项得分为0分

续表

序号	项目	标准分值	评分规则
3	会议	10分	（1）考核期间内员工会议参会率达到100%，得满分10分，迟到1次扣1分（3次及以内）；请假超2次以上，每次扣1分（5次及以内）。 （2）考核期累计迟到3次以上者，或请假5次以上者，该项得分为0分
4	培训	10分	（1）考核期间内员工培训参与率达到100%，得满分10分，迟到1次扣1分（3次及以内），请假超2次以上，每次扣1分（5次及以内）。 （2）考核期累计迟到3次以上者，或请假5次以上者，该项得分为0分
……	……	……	……

注：请扫码获取完整内容。

分析研判　对于一般员工的考核，采用扣分制的项目主要聚焦于日常工作态度，以规范员工的行为，确保工作纪律和效率。而对于业绩指标，采用加分制则能更有效地激励员工追求更高的业绩目标，不设上限的加分方式更是鼓励员工不断突破自我，实现更大的价值。这种差异化的考核方式既体现了对员工日常行为的严格要求，又充分激发了员工的积极性和创造力。

风险控制　设定员工考核指标时，若计分规则过于苛刻，易引发员工的负面情绪，影响工作积极性。同时，应平衡业绩和日常工作态度之间的平衡，过分强调业绩而忽视日常工作态度，可能导致团队整体氛围懒散无纪律，从而影响后续工作。因此，在制定考核标准时，应充分考虑员工的全面表现，确保业绩与态度并重，营造和谐、积极的工作环境。

3. 确定绩效评价等级

【场景2-24】总经理办公室、人力资源部及营销部共同确定一般销售人员的绩效评价等级（见表2-18），进一步完善完整的销售绩效评价体系，并交由部门领导进行审核。

表 2-18　　一般销售人员绩效评价等级评定

部门考核等级	员工考核等级	绩效奖励标准	评选人次占比
A	A	绩效工资×120%	20%
	B	绩效工资×115%	70%
	C	绩效工资×100%	10%
	D	绩效工资×80%	0%
	E	绩效工资×50%	0%
……	……	……	……

评级规则说明：以该员工所处部门的评级结果为依据，确定该部门内一般销售人员各等级人数名额。当员工评分最终得分为负分时，直接评定为E级

注：请扫码获取完整内容。

认知识别　强制分布法是一种在绩效考核过程中，预先设定不同绩效水平的员工分布比例，并强制将员工的考核结果按照这些比例分配到各个绩效等级中的评估方法。这种方法确保了绩效结果的差异性，并激励员工通过提升个人绩效来争取更好的评价。

分析研判　按照强制分布法，如果营销部在部门评级中获得A级评级，则营销部绩效考核得分排名前20%的员工可以获得A级评级，而部门评级为B级，则只有排名在前10%的员工可以获得A级评级。强制分布法的优点在于可以确保员工之间的绩效差异得到明确体现，避免"一刀切"的考核方式。同时还可以激励员工努力提升自己的绩效水平，以争取更好的评定结果。

风险控制　任何目标的达成都需要团队成员的相互配合及共同努力，在运用强制分布法进行员工绩效评估时，应注意避免员工间过度竞争导致团队合作和部门氛围受到破坏。因此，公司需确保评估过程公正透明，同时应加强团队沟通，以维护良好的工作氛围。

任务小结

为确保销售计划的顺利执行，公司应构建一套科学完整的绩效管理制度，其中以绩效考评指标体系最为核心。在指标体系中，需合理分配权重，明确计分规则，确定等级划分，使绩效考评更具公正性和可操作性。实施层级化的考核机制，能确保各销售单位能够明确自身的责任和目标，共同推动销售计划的顺利执行。

任务发布

销售部门内勤人员与管理人员及一线销售人员的绩效考核侧重点应有所不同。试为销售内勤人员设置绩效考核评价指标，以全面准确反映其工作成效。

任务3　编制销售预算

【教学重点】销售费用预算的编制。
【教学难点】变动销售费用预算的编制。

任务导入

珠江纸业股份有限公司在制订了2023年的销售计划后，财务部根据销售计划、销售量预测、产品定价、生产成本预算等数据编制销售预算。

销售预算是指为销售活动编制的预算，是将业务层面的销售计划从财务层面进行表达，并通过资源配置的方式促进销售计划的实现。销售预算的内容主要包括销售收入预算、销售成本预算、销售费用预算、销售税费预算和销售利润预算。

销售预算的编制可以按照以下方式进行。

（1）按产品结构或产品系列编制：根据公司销售的不同产品或产品系列，分别预测其销售预算。

（2）按销售区域编制：根据公司销售的不同地区或市场，分别预测各地区的销售预算。

（3）按客户群体编制：根据不同类型的客户群体，分别预测其销售预算。

（4）按时间维度编制：销售预算可以按照季度、月度等时间维度进行分解，以便更精细地管理销售预算。

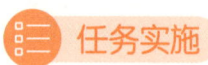 任务实施

一、编制销售收入预算

【场景2-25】珠江纸业股份有限公司财务部预算会计根据营销部2023年销售量预测数据和产品预测定价数据，采用固定预算法，以会计年度为定期，编制2023年销售收入预算，如表2-19所示。

表 2-19　　　　　　　　　　　　　2023年度销售收入预算　　　　　　　　　　　　　单位：元

项目		印刷用纸							包装用纸			办公用纸	合计
		颜B纸	轻型纸	颜A纸	轻涂纸	胶版纸	热敏原纸	大类小计	牛皮包装纸	淋膜原纸	大类小计		
第一季度预计销售量	1月	8,073.99	2,939.98	4,739.00	8,399.94	21,493.97	868.00	46,514.88	8,401.02	1,725.96	10,126.98	2,609.96	59,251.82
	2月	6,848.99	2,485.02	3,475.99	6,759.98	18,523.96	717.00	38,810.94	7,156.01	1,451.02	8,607.03	2,091.00	49,508.97
	3月	9,071.00	3,031.00	5,171.97	9,080.01	23,587.00	925.00	50,865.98	9,146.01	1,839.01	10,985.02	2,913.97	64,764.97
	合计	23,993.98	8,456.00	13,386.96	24,239.93	63,604.93	2,510.00	136,191.80	24,703.04	5,015.99	29,719.03	7,614.93	173,525.76
第一季度预计售价	1月	5,643.75	6,069.17	5,742.16	5,758.43	5,452.43	5,772.06		5,267.59	5,044.65		5,567.00	
	2月	5,643.75	6,069.17	5,742.16	5,758.43	5,452.43	5,772.06		5,265.89	5,044.63		5,567.00	
	3月	5,738.17	6,170.62	5,838.13	5,854.68	5,543.57	5,868.54		5,286.89	5,064.75		5,567.00	
第一季度预计销售收入	1月	45,567,581.06	17,843,238.42	27,212,096.24	48,370,466.49	117,194,366.85	5,010,148.08	261,197,897.14	44,253,128.94	8,706,864.11	52,959,993.05	14,529,647.32	328,687,537.51
	2月	38,653,987.31	15,082,008.83	19,959,690.74	38,926,871.63	101,000,595.22	4,138,567.02	217,761,720.75	37,682,761.50	7,319,859.02	45,002,620.52	11,640,597.00	274,404,938.27
	3月	52,050,940.07	18,703,149.22	30,194,633.22	53,160,552.95	130,756,185.59	5,428,399.50	290,293,860.55	48,353,948.81	9,314,125.90	57,668,074.71	16,222,070.99	364,184,006.25
	合计	136,272,508.44	51,628,396.47	77,366,420.20	140,457,891.07	348,951,147.66	14,577,114.60	769,253,478.44	130,289,839.25	25,340,849.03	155,630,688.28	42,392,315.31	967,276,482.03
第二季度预计销售收入	……	……	……	……	……	……	……	……	……	……	……	……	……
	合计	201,352,093.94	66,792,800.90	111,838,674.19	203,154,748.01	509,652,453.69	21,952,815.97	1,114,743,586.70	185,294,063.28	34,848,474.23	220,142,537.51	56,683,082.66	1,391,569,206.87
第三季度预计销售收入	……	……	……	……	……	……	……	……	……	……	……	……	……
	合计	205,441,170.94	72,018,193.22	116,244,388.11	201,582,070.93	520,002,825.40	19,149,090.71	1,134,437,739.31	192,009,292.34	35,779,948.47	227,789,240.81	62,890,677.35	1,425,117,657.47
第四季度预计销售收入	……	……	……	……	……	……	……	……	……	……	……	……	……
	合计	245,142,545.63	85,828,444.81	141,210,908.56	245,954,401.68	628,467,295.55	23,180,556.98	1,369,784,153.23	233,288,517.26	41,446,887.07	274,735,404.33	71,785,738.94	1,716,305,296.50
合计		788,208,318.97	276,267,835.40	446,660,391.06	791,149,111.69	2,007,073,722.30	78,859,578.26	4,388,218,957.68	740,881,712.13	137,416,158.80	878,297,870.93	233,751,814.26	5,500,268,642.87

注：编制销售收入预算时，一般需要从产品种类、时间、渠道、地区等多维度编制，此处只展示产品种类和时间维度的销售收入预算数据，各维度完整销售收入预算数据请扫码查看。

认知识别 固定预算法又称静态预算法，其核心特点在于基于预算期内正常的、可实现的某一固定业务量（如生产量、销售量）水平来编制预算。

定期预算法，即以固定不变的会计期间（如年度、季度、月份）作为预算期间编制预算。它与会计期间相对应，有助于与财务报告进行对比分析。

滚动预算法是在编制预算时，将预算期与会计期间脱离，随着预算的执行不断地补充预算，逐期向后滚动，使预算期间始终保持在一个固定的长度（一般为12个月）。它能够更好地反映预算期内的实际情况，及时调整预算以适应变化。

分析研判1 珠江纸业股份有限公司根据2023年销售量的年初预测数与产品价格预测值编制年度销售收入预算。销售量的年初预测数是根据销售市场分析并结合公司发展战略所确定的预计在2023年内正常可实现的销售量；产品价格预测值也是根据预计成本、目标利润、竞争情况所分析确定的预计在2023年内正常可达到的销售价格。根据销售量预测数与产品价格预测值编制2023年销售收入预算，符合固定预算法的编制规则。

同时，该公司以会计年度为期间单位，年初一次性预算全年度销售收入的方法也称为"定期预算法"。

分析研判2 销售预算是公司全面预算的起点和基础，其他预算如生产预算、材料采购预算、直接人工预算、制造费用预算、产品成本预算、期间费用预算等的编制，都要以销售预算为基础，基于以销定产、以产定购的基本逻辑展开。该预算是对公司在年度内预计可实现的销售收入总额编制的预算。

销售收入预算的一般公式为：

预计销售收入 = 预计销售量 × 预计单位售价

以1月为例，颜B纸预计销售收入 = 8,073.99 × 5,643.75 = 45,567,581.06（元）。

将1—12月颜B纸的预计销售收入加总，即可得到颜B纸2023年销售收入预算为788,208,318.97元。

风险控制 销售收入预算的计算方法主要依赖于产品的定价策略、预计的销售数量，如果这些基础数据存在不科学、不合理的情况，会直接导致销售收入预算结果存在偏差或错误。公司应当提高销售量预测与产品定价人员的专业能力，确保预测数据的科学性、合理性、准确性。

采用固定预算法，以会计年度为定期，年初一次性预算全年度销售收入，可能无法在预算编制时完全考虑当时不可预见的未来特殊事件等因素对预算收入的影响，使年初销售收入预算数并不那么科学、合理与准确。为解决这一问题，公司可以考虑使用"滚动预算法"来编制销售收入预算，也可以定期根据变化因素对预算的影响对原预算数进行调整。

二、编制销售成本预算

【场景2-26】 珠江纸业股份有限公司财务部预算会计根据营销部编制的销售量预测数据和生产部编制的单位生产成本预测数据，应用固定预算法，以会计年度为定期，编制2023年销售成本预算，如表 2-20 所示。

表 2-20　　　　　　　　　　　　　　　2023 年销售成本预算　　　　　　　　　　　　　　　单位：元

项目		印刷用纸							包装用纸			办公用纸	合计
		颜B纸	轻型纸	颜A纸	轻涂纸	胶版纸	热敏原纸	大类小计	牛皮包装纸	淋膜原纸	大类小计		
出库产品预计单位成本		4,892.039448	5,279.754143	4,996.210704	5,009.622145	4,739.979806	5,023.742639	—	4,366.485398	4,193.755517	—	5,298.397326	—
第一季度预计销售量	1月	8,073.99	2,939.98	4,739.00	8,399.94	21,493.97	868.00	46,514.88	8,401.02	1,725.96	10,126.98	2,609.96	59,251.82
	2月	6,848.99	2,485.02	3,475.99	6,759.98	18,523.96	717.00	38,810.94	7,156.01	1,451.02	8,607.03	2,091.00	49,508.97
	3月	9,071.00	3,031.00	5,171.97	9,080.01	23,587.00	925.00	50,865.98	9,146.01	1,839.01	10,985.02	2,913.97	64,764.97
	合计	23,993.98	8,456.00	13,386.96	24,239.93	63,604.93	2,510.00	136,191.80	24,703.04	5,015.99	29,719.03	7,614.93	173,525.76
第一季度预计销售成本	1月	39,498,277.58	15,522,371.59	23,677,042.53	42,080,525.44	101,880,983.75	4,360,608.61	227,019,809.50	36,682,931.16	7,238,254.31	43,921,185.47	13,828,605.09	284,769,600.06
	2月	33,505,529.26	13,120,294.64	17,366,778.45	33,864,945.51	87,803,196.33	3,602,023.47	189,262,767.66	31,246,613.17	6,085,223.16	37,331,836.33	11,078,948.81	237,673,552.80
	3月	44,375,689.83	16,002,934.81	25,840,251.88	45,487,419.18	111,801,903.69	4,646,961.94	248,155,161.33	39,935,919.12	7,712,358.37	47,648,277.49	15,439,370.86	311,242,809.68
	合计	117,379,496.67	44,645,601.04	66,884,072.86	121,432,890.13	301,486,083.77	12,609,594.02	664,437,738.49	107,865,463.45	21,035,835.84	128,901,299.29	40,346,924.76	833,685,962.54
第二季度预计销售成本	……												
	合计	170,243,021.69	56,673,092.16	94,912,964.79	172,386,157.74	432,167,706.23	18,633,111.69	945,016,054.30	153,233,072.07	28,890,656.09	182,123,728.16	53,948,175.61	1,181,087,958.07
第三季度预计销售成本													
	合计	175,984,612.71	61,933,522.41	99,959,237.52	173,302,968.68	446,733,379.76	16,477,574.43	974,391,295.51	158,367,840.58	29,595,290.89	187,963,131.47	59,856,259.51	1,222,210,686.49
第四季度预计销售成本													
	合计	209,976,410.69	73,779,337.20	121,376,244.14	211,411,114.25	539,855,260.04	19,939,134.06	1,176,337,500.38	193,292,955.71	34,435,052.52	227,728,008.23	68,322,144.73	1,472,387,653.34
合计		673,583,541.76	237,031,552.81	383,132,519.31	678,533,130.80	1,720,242,429.80	67,659,414.20	3,760,182,588.68	612,759,331.81	113,956,835.34	726,716,167.15	222,473,504.61	4,709,372,260.44

注：编制销售成本预算时，一般需要从产品种类、时间、渠道、地区等多维度编制，此处只展示产品种类和时间维度的销售成本预算数据，各维度完整销售成本数据请扫码查看。

分析研判 1　珠江纸业股份有限公司根据 2023 年销售量的年初预测数与单位产品成本预算值编制年度销售成本预算。销售量的年初预测数是根据销售市场分析并结合公司发展战略所确定的预计在 2023 年内正常可实现的销售量；单位产品成本预算值也是根据预计材料价格、人工成本、间接费用等成本项目分析确定的预计在 2023 年内正常可达到的销售成本。根据销售量预测数与单位产品成本预算值编制 2023 年销售成本预算，符合固定预算法的编制规则。

与该公司销售收入预算相同，以会计年度为期间单位，年初一次性预算全年度销售成本的方法也称为"定期预算法"。

分析研判 2　销售成本预算的一般公式为：

预计销售成本 = 预计销售数量 × 预计出库产品单位成本

以 1 月为例，颜 B 纸预计销售成本 =8,073.99 × 4,892.039448=39,498,277.58（元）。

将 1—12 月颜 B 纸的销售成本相加，即可得到 2023 年颜 B 纸销售成本预算为 673,583,541.76 元。

风险控制　单位成本预算是以销售量预测和历史成本为基础，其中由于直接材料受市场波动、供应链问题和技术变化等因素影响，单位成本估计可能出现不准确的情况。因此建立准确的数据分析模型，包括历史数据分析、市场趋势分析和供应链风险评估等，以提高成本估计的准确性。同时，多方面参考内部专业人员和外部专家的意见，以获取更全面和准确的成本预测。

销售成本预算是假设每单位产品的生产成本是固定的，但实际上生产成本可能会随着生产量的变化、原材料价格波动、生产效率提升或下降等因素而发生变化。因此要建立生产成本预算定期调整制度，定期审查和分析实际生产成本，了解与预算的偏差，并调整产品成本预算。

采用固定预算法，以会计年度为定期，一次性编制销售成本预算，存在的风险与解决方法与销售收入预算相同。

三、编制销售费用预算

销售费用可以分为变动性销售费用和固定性销售费用两部分。

变动性销售费用会随着业务量的变化而变化，这些费用通常包括仓储费、运输费等；固定性销售费用在一定业务量规模范围内通常不会随业务量的变化而变化，如折旧、摊销等。在编制销售费用预算时，应采用不同的预算编制方法。

（一）编制仓储部门费用预算

1. 编制仓储费用预算

【场景2-27】珠江纸业股份有限公司财务部根据营销部编制的销售量数据（见表2-21）和仓储部门2022年实际仓储费用数据，应用增量预算法编制了2023年仓储费用预算，如表2-22所示。

表2-21　销售量数据

项目	印刷用纸							包装用纸			办公用纸	合计
	颜B纸	轻型纸	颜A纸	轻涂纸	胶版纸	热敏原纸	大类小计	牛皮包装纸	淋膜原纸	大类小计		
2022年实际销售量（吨）	132,725.78	43,275.91	73,920.00	130,562.92	349,837.95	13,287.73	743,610.29	138,592.12	26,828.45	165,420.57	41,464.53	950,495.39
2023年预计销售量（吨）	137,689.72	44,894.43	76,684.62	135,445.97	362,921.89	13,467.93	771,104.56	140,332.39	27,172.98	167,505.37	41,988.83	980,598.76
增长率（%）	—	—	—	—	—	—	—	—	—	—	—	3.17

表2-22　仓储费用预算

仓库	期间	2022年实际仓储费（元）	增长率（%）	2023年预算费用（含税）（元）	增值税税率（%）	2023年预算费用（不含税）（元）
东莞仓库（外库）	第一季度	450,826.14	3.17	465,117.33	6.00	438,789.93
	第二季度	639,090.89	3.17	659,350.07	6.00	622,028.37
	第三季度	661,085.70	3.17	682,042.12	6.00	643,435.96
	第四季度	796,627.97	3.17	821,881.08	6.00	775,359.51
合计		2,547,630.70	—	2,628,390.60	6.00	2,479,613.77

认知识别　增量预算又称调整预算法，是在基期水平的基础上，分析预算期业务量水平及有关影响因素的变动情况，通过调整有关基期项目及数额来编制预算的方法。

分析研判1　仓储费用受存储的货物数量（即销售量）等因素影响属于变动费用，预计销售量增长，则仓储费用也会随之增长，以上年度实际仓储费用为基数，以预计销售增长率测算预算期的仓储费用，符合增量预算的编制规则。

分析研判2　珠江纸业股份有限公司的货物仓储一般优先存储于公司内部仓库，当内部仓库仓储能力不足时，会考虑灵活租用外部仓库。根据租赁合同约定，外部仓库的租赁费用按日仓储量、日单位租金标准，按日计算。因此能影响租金总额的因素主要包括日仓储量、日单位租金标准与仓储期。公司为节约仓储费用，将仓储期严格控制在交货前4天以内，控制期与2022年相同，根据合同约定日单位租金标准与2022年保持不变。因此导致2023年外部仓库的租赁费用发生变化的只有仓储量这一因素，而仓储量的变化与销售量的变化正相关。因此可以将预计销售量增长率视为仓储费增长率计算2023年仓储费预算值。

例如，2023年第一季度的仓储费用=2022年第一季度实际仓储费用×（1+销售量增长率）
=450,826.14×（1+3.17%）=465,117.33（元）。

风险控制　仓储费用并不只受销售量变动的影响，还会受租金波动、人员费用变化、设备折旧及设备维护等其他因素影响，因此为了降低仓储费用预算的风险，公司应密切关注市场动态和政策变化，及时调整预算。

2. 编制运输费用预算

【场景2-28】珠江纸业股份有限公司根据各办事处2022年实际平均运输单价和各办事处销售量预测数据，应用零基预算法编制了2023年运输费预算。以各办事处维度编制的运输费预算如表2-23所示，以时间维度编制的运输费用预算如表2-24所示。

表2-23　2023年各办事处运输费预算

事业部	汽车运输			铁路运输			出口货物代理费（不含海运费）			水路运输			合计（元）
	吨位（吨）	平均单价（元/吨）	运输费（元）	吨位（吨）	平均单价（元/吨）	运输费（元）	吨位（吨）	平均单价（元/吨）	运输费（元）	吨位（吨）	平均单价（元/吨）	运输费（元）	
北京市（京）办事处	31,871.74	270.00	8,605,369.80	29,157.18	240.00	6,997,723.20	10,275.90	40.00	411,036.00	3,304.40	120.00	396,528.00	16,410,657
……	……	……	……	……	……	……	……	……	……	……	……	……	……
总计	804,092.15	—	177,968,120.44	127,914.67	—	27,839,487.90	18,936.55	—	757,462.00	29,655.39	—	3,960,116.81	210,525,187.15

注：请扫码获取完整内容。

表2-24　2023年运输费预算

时间	销量（吨）	运输费（含税）（元）	增值税税率（%）	运输费（不含税）（元）
1月	59,251.82	12,720,799.78	9.00	11,670,458.51
2月	49,508.97	10,629,102.95	9.00	9,751,470.60
3月	64,764.97	13,904,420.43	9.00	12,756,349.02
第一季度	173,525.76	37,254,323.16	9.00	34,178,278.13

续表

时间	销量（吨）	运输费（含税）（元）	增值税税率（%）	运输费（不含税）（元）
……	……	……	9.00	……
第二季度	245,990.02	52,811,707.62	9.00	48,451,107.91
……	……	……	9.00	……
第三季度	254,455.96	54,629,264.06	9.00	50,118,590.88
……	……	……	9.00	……
第四季度	306,627.02	65,829,892.31	9.00	60,394,396.61
合计	980,598.76	210,525,187.15	9.00	193,142,373.53

注：本场景仅展示部分运输费用预算，且仅以北京办事处为例演示运输费用预算编制原理，完整数据请扫码查看。

认知识别 零基预算也称为"以零为基础编制预算"，是指不考虑历史期预算及实际经济活动的项目及金额，以零为起点，一切从预算期实际需要和可能出发，在综合平衡的基础上编制预算。

分析研判1 珠江纸业股份有限公司在编制运输费用预算时，没有参考上年度各办事处实际发生的运输费用，而是先根据历史经验结合经济效益原则预测各办事处各种运输方式的预计运输量，再根据历史数据结合目前运输业行情，预测从公司总部运至各办事处的每种运输方式的平均单价，从而计算2023年的运输费用预算数。该预算数不受上年度运输费实际发生数的影响，完全从当期的实际需求出发进行编制，符合零基预算法的预算编制规则。

分析研判2 表2-24中所列示的平均运输单价，是取同一期间用同一种运输方式将产品运到同一办事处各客户单位的平均单价。其中各办事处的出口订单均从公司总部直接安排海运出口，根据交易惯例公司承担出口货物代理费，即仅承担从公司运往港口的运输费与手续费等，不承担海上运输费。水路运输是指国内销售业务中安排的水路运输。

在国内销售业务各运输方式中，汽车运输单价最高，但方便灵活，随时可安排发货，可直达办事处，无须转运；铁路运输单价较低，但一般需要排单，无法做到随时随地发货，货运火车站离办事处较远时，还需要再次转运；水路运输单价最低，但运输耗时较长。

珠江纸业股份有限公司营销部在选择运输方式时要综合考虑运输单价、运输时效、运输距离等因素，合理安排运输方式。因此货物发往各办事处选择的运输方式及其占比会有差异。实际计算各办事处的各种运输方式的预计运输吨位时，是参考了其近五年来各运输方式下运输吨位的平均占比计算得出。

以北京市（京）办事处为例，2023年汽车运输方式的运输吨位是根据北京办事处近五年汽车运输方式年平均运输吨位占北京办事处年平均总运输吨位的比重，再乘以2023年北京办事处预计销售量计算得来。计算公式为：

预计运输费=运输单价 × 运输吨位

例如，北京市（京）办事处预计汽车运输费=270.00 × 31,871.74=8,605,369.80（元）。

风险控制 运输单价不会一成不变，会受燃料、人工费、过路费、桥梁费及税费等影响，为了降低运输费用预算偏离的风险，运输费预算还需要密切关注市场动态和政策变化，适时调整平均运输单价。

3. 编制装卸费用预算

【场景2-29】珠江纸业股份有限公司财务部根据营销部编制的2023年销售量预测数据、装卸费单价数据，应用零基预算法编制了装卸费用预算，如表2-25所示。

表 2-25　　　　　　　　　　2023 年装卸费用预算

项目	期间	预计仓储量（吨）	装卸次数（次/吨）	预计装卸量（吨）	单价（元/吨）	装卸费预算（含税）（元）	增值税税率（%）	装卸费预算（不含税）（元）
内库	第一季度	120,666.34	1	120,666.34	15.00	1,809,995.10	6.00	1,707,542.55
	第二季度	171,056.54	1	171,056.54	15.00	2,565,848.10	6.00	2,420,611.42
	第三季度	176,943.58	1	176,943.58	15.00	2,654,153.70	6.00	2,503,918.58
	第四季度	213,222.30	1	213,222.30	15.00	3,198,334.50	6.00	3,017,296.70
	合计	681,888.76	1	681,888.76	15.00	10,228,331.40	6.00	9,649,369.25
东莞仓库（外库）	第一季度	52,859.42	2	105,718.84	15.00	1,585,782.60	6.00	1,496,021.32
	第二季度	74,933.48	2	149,866.96	15.00	2,248,004.40	6.00	2,120,758.87
	第三季度	77,512.38	2	155,024.76	15.00	2,325,371.40	6.00	2,193,746.60
	第四季度	93,404.72	2	186,809.44	15.00	2,802,141.60	6.00	2,643,529.81
	合计	298,710.00	2	597,420.00	15.00	8,961,300.00	6.00	8,454,056.60
合计		980,598.76	—	1,279,308.76	—	19,189,631.40	6.00	18,103,425.85

分析研判1 珠江纸业股份有限公司在编制装卸费用预算时，以2023年各季度预计销售量、内部仓库的仓储能力、安全库存量等数据为基础，首先预测每季度内外部仓库的仓储量；其次根据内外仓每吨货物的装卸次数计算预计装卸量；最后根据2022年度末已招标的2023年装卸费单价计算2023年装卸费预算。该预算编制方式没有考虑历史装卸费，完全根据2023年的实际需求进行预算编制，符合零基预算法的编制规则。

分析研判2 表2-25中的装卸费单价是仓储部门已通过招标确定的，为每吨15元。在计算货物装卸量时，需要区分外部仓库和内部仓库分别计算。

外部仓库是公司根据仓储需要灵活租赁的仓库，也称外库；内部仓库属于公司自有仓库，也称内库。公司一般优先使用内库进行仓储，内库存储能力不足时才会租赁外库。

存储在外库的货物首先要从车间运送到外库，销售时再从外库运送至客户，在这个过程中，货物需要被装卸两次。

存储在内库的货物，生产完工后直接进入仓库，在销售时直接从内库运往客户，只需装卸一次。

例如，表2-25中内库全年装卸费用预算合计数，是以内库预计仓储量乘以装卸费单价直接计算得出，即：

内库全年装卸费预算 =681,888.76×15=10,228,331.40（元）。

而外库全年装卸费用预算合计数，则是以外库预计仓储量乘以2再乘以装卸费单价计算得出，即：

外库全年装卸费预算 =298,710.00×2×15=8,961,300.00（元）。

风险控制　实际情况中，货物预计装卸量会随着销售量的变化而变化，外库和内库的入库、出库数量也会因淡旺季存货量的变化、订单交货时间的不同及意外情况等影响而上下波动。因此公司应保持预算的动态调整机制，并考虑可能出现的变动因素，适时调整装卸费预算，保证预算的准确性与合理性。

（二）编制营销部费用预算

1. 编制营销部变动费用预算

【场景2-30】珠江纸业股份有限公司预算会计根据营销部编制的销售量数据、测算的不同销售规模下各营销费用系数（见表2-26），应用弹性预算法编制2023年营销部变动费用预算，如表2-27所示。

表2-26　　　　各业务规模下营销部费用弹性系数

产品类别	年业务规模	办公消耗品	邮寄印刷费	业务招待费	交通及养路费	差旅费	水电费	供暖物业费	其他	销售提成	合计
业务量情形一：											
印刷用纸	50万~70万吨	0.4	0.4	1.1	0.9	0.95	0.03	0.4	1.35	3	5.53
包装用纸	10万~15万吨	0.3	0.35	1	0.8	0.7	0.02	0.35	1.2	3	4.72
办公用纸	1万~4万吨	0.2	0.3	0.8	0.7	0.5	0.01	0.3	1.05	3	3.86
业务量情形二：											
印刷用纸	70万~80万吨	0.5	0.5	1.2	1	1.1	0.04	0.5	1.5	3	6.34
包装用纸	15万~20万吨	0.4	0.45	1.1	0.9	0.95	0.03	0.4	1.35	3	5.58
办公用纸	4万~6万吨	0.3	0.35	1	0.8	0.7	0.01	0.35	1.2	3	4.71
业务量情形三：											
印刷用纸	80万~90万吨	0.6	0.6	1.3	1.1	1.3	0.05	0.6	1.65	3	7.2
包装用纸	20万~25万吨	0.5	0.55	1.2	1	1.15	0.04	0.5	1.5	3	6.44
办公用纸	6万~8万吨	0.4	0.45	1.1	0.9	0.95	0.02	0.45	1.35	3	5.62

说明：业务规模含上限值不含下限值。

根据销售量预测数，印刷用纸预计销售量为771,104.56吨，包装用纸预计销售量为167,505.37吨，办公用纸预计销售量为41,988.83吨，业务量规模处于"业务量情形二"的规模区间，可按"业务量情形二"中各项变动销售费用的预算系数进行预算编制。

表2-27　　　　　　　　　　2023年营销部变动销售费用预算汇总　　　　　　　　　单位：元

时间	销量（吨）	办公消耗品	邮寄印刷费	业务招待费	交通及养路费	差旅费	水电费	供暖物业费	其他	销售提成	合计
1月	59,251.82	99,819.73	108,138.03	274,504.22	224,594.37	228,753.51	6,654.64	103,978.88	336,891.55	177,755.46	1,561,090.39
2月	49,508.97	88,128.31	95,472.33	242,352.82	198,288.67	201,960.68	5,875.22	91,800.32	297,433.01	148,526.91	1,369,838.27
3月	64,764.97	106,435.51	115,305.13	292,697.62	239,479.87	243,914.68	7,095.7	110,870.32	359,219.81	194,294.91	1,669,313.55
第一季度	173,525.76	294,383.55	318,915.49	809,554.66	662,362.91	674,628.87	19,625.56	306,649.52	993,544.37	520,577.28	4,600,242.21
…	……	……	……	……	……	……	……	……	……	……	……
第二季度	245,990.02	381,340.66	413,119.01	1,048,686.73	858,016.41	873,905.59	25,422.7	397,229.83	1,287,024.63	737,970.06	6,022,715.62
…											
第三季度	254,455.96	391,499.77	424,124.73	1,076,624.33	880,874.44	897,186.93	26,099.98	407,812.25	1,321,311.68	763,367.88	6,188,901.99
…											
第四季度	306,627.02	454,105.06	491,947.12	1,248,788.82	1,021,736.31	1,040,657.32	30,273.66	473,026.09	1,532,604.53	919,880.96	7,213,019.87
合计	980,598.76	1,521,329.04	1,648,106.35	4,183,654.54	3,422,990.07	3,486,378.71	101,421.9	1,584,717.69	5,134,485.21	2,941,796.18	24,024,879.69
其中：总部费用分摊额		344,610.48	373,327.89	947,678.63	775,373.4	789,732.12	22,973.99	358,969.2	1,163,060.19	490,299.38	5,266,025.28

注：营销部的变动销售费用分别根据三类纸品对应的费用系数与总销售量分项计算费用预算数，再将同费用项目预算数汇总得到本表各费用项目的预算汇总数。详细的过程数据请扫码查看。

认知识别　　弹性预算是在按照成本（费用）习惯性分类的基础上，根据量、本、利之间的依存关系，考虑计划期间内业务量可能发生变动，编制出一套适应多种业务量的费用预算。

分析研判1　　珠江纸业股份有限公司将营销部相关销售费分为固定费用与变动费用，其中变动费用包括办公消耗品、邮寄印刷费、业务招待费、交通及养路费、差旅费、水电费、供暖物业费、其他费用。这些变动费用会随着销售量的增长呈弹性增长特征。公司对近五年的变动销售费用与销售量之间的变动关系进行了分析，得出了不同销售量规模与变动销售费用之间的弹性系数关系。根据公司薪酬制度，销售提成以销售量为基础，按3元/吨计发，其中各营销部下属各办事处销售人员按其个人销售量2.5元/吨计算销售提成，营销部的总部人员按公司销售总量0.5元/吨计算销售提成，如表2-26所示。

再根据2023年各产品大类的销售量预测数判断其销售规模处于"业务量情形二"所示的业务量规模区间，按该业务量情形下各变动销售费用系数与预测销售量计算各项变动销售费用的预算值。该种预算编制方式符合弹性预算的编制规则。

应用弹性预算法编制变动销售费用预算，在业务量规模发生变化时，可直接套用弹性系数快速进行预算调整，操作方法简便灵活。

分析研判2　　珠江纸业股份有限公司的产品销售一般由营销部下设的各办事处来完成，各办事处的变动销售费用可根据各办事处的预测销售量来进行计算。营销部设在公司总部，虽不直接销售产品，但也会为销售业务发生各项销售费用，但无法根据销售量来测算变动销售费用，因此，在编制总部月销售费用时，一般根据其上年度实际销售费用除以12个月的平均值进行预算，并分摊计入月销售费用预算中，并且假定不考虑总销售量对总部销售费用的影响。

分析研判3 变动销售费用计算公式：

某月某项变动销售费用预算数=2023年预计销售量 × 对应系数+总部分摊至每月的销售费用

其中，总部分摊至每月的某项销售费用=上年总部某项销售费用÷12

例如，1月办公消耗品费用预算数为：

销售印刷用纸的办公消耗品费用=59,251.82 × 0.5=29,625.91（元）；

销售包装用纸的办公消耗品费用=59,251.82 × 0.4=23,700.73（元）；

销售办公用纸的办公消耗品费用=59,251.82 × 0.3=17,775.55（元）；

营销部总部费用分摊的办公消耗品费用=344,610.48 ÷ 12=28,717.54（元）；

1月办公消耗品费用预算合计数=29,625.91+23,700.73+17,775.55+28,717.54=99,819.73（元）。

风险控制 弹性系数值一般根据多期历史数据计算分析得出，往往受历史数据的影响非常大。当预计市场发生较大变化，如竞争格局发生变化导致应对竞争策略发生重大调整或公司销售战略发生较大调整时，根据历史数据测算的弹性系数会失去科学性与合理性。此时应当重点考虑各变化因素的影响，重新确定系数值，或采用其他方法进行预算编制。

2. 编制营销部固定销售费用预算

【**场景2-31**】珠江纸业股份有限公司财务部预算会计根据2022年营销部基本工资、房租、折旧、摊销等固定销售费用的实际支出数，采用固定预算法编制了营销部2023年固定销售费用预算，如表2-28所示。

表2-28　　　　　　　　　　2023年固定销售费用预算金额　　　　　　　　　　单位：元

项目	2022年月平均	第一季度	第二季度	第三季度	第四季度	2023年预算
房租费	261,493.00	784,479.00	784,479.00	784,479.00	784,479.00	3,137,916.00
通信费	75,000.00	225,000.00	225,000.00	225,000.00	225,000.00	900,000.00
社保及公积金	536,306.02	1,608,918.06	1,608,918.06	1,608,918.06	1,608,918.06	6,435,672.24
福利、教育经费及工会经费	106,466.36	319,399.08	319,399.08	319,399.08	319,399.08	1,277,596.32
基本工资	1,302,106.80	3,906,320.40	3,906,320.40	3,906,320.40	3,906,320.40	15,625,281.60
绩效工资	—	1,623,450.00	1,623,450.00	1,623,450.00	1,623,450.00	6,493,800.00
2022年年终奖	—	2,519,655.52	—	—	—	2,519,655.52
折旧费	88,089.54	264,268.62	264,268.62	264,268.62	264,268.62	1,057,074.48
摊销费	3,441.34	10,324.02	10,324.02	10,324.02	10,324.02	41,296.08
其他费用	12,000.00	36,000.00	36,000.00	36,000.00	36,000.00	144,000.00
新增华南区固定支持费用	—	12,000.00	12,000.00	13,000.00	13,000.00	50,000.00
合计	—	11,309,814.70	8,790,159.18	8,791,159.18	8,791,159.18	37,682,292.24

分析研判 珠江纸业股份有限公司营销部的房租费、通信费在一定范围内不随销售量的变化

而变化，一般属于固定费用。

在现有业务规模内公司暂无招聘计划，因此基本工资、社保及公积金、福利费、教育经费及工会经费等人员经费在预算期内预计固定不变。

珠江纸业股份有限公司营销部无形资产与固定资产均采用年限平均法进行折旧与摊销，2022年内的无形资产与固定资产没有新增及减少，预计在2023年内也不会有增减变动，因此每月折旧、摊销额相等，属于固定费用。其他费用属于不包括上述费用的其他零星支出费用，一般相对稳定，也属于固定费用。

上述费用均按上年度实际支出数的月平均值计算2023年各维度预算数。

根据公司薪酬管理制度，员工按绩效考核结果的对应比例计发绩效工资，年初预算时暂按100%标准，结合绩效工资分档标准与人数计算绩效工资预算数。

根据公司董事会决议，2022年营销部及下属各办事处的年终奖按不超过2022年净利润的0.6%，即2,522,067.04元（42,034,450,613×0.6%）为限额标准，按标准绩效工资分档比例测算。

根据销售预测和计划，华南地区广西壮族自治区（桂）办事处在2023年需要重点提升胶版纸的销售量，在安排销售费用预算时，在常规经费的基础上另外安排50,000元经费用于开拓胶版纸市场。这属于临时性安排的预算经费。

（三）汇总编制销售费用预算

【场景2-32】 珠江纸业股份有限公司根据以上仓储部门、营销部门和其他费用预算结果（见场景2-27至场景2-31），汇总编制销售费用预算（见表2-29）。

表2-29　　　　　　　　　2023年销售费用预算

部门	费用名称	2023年预算（含税）（元）	税率（%）	2023年预算（不含税）（元）
仓储部门	运输费	210,525,187.15	9.00	193,142,373.53
	仓储费	2,628,390.60	6.00	2,479,613.77
	装卸费	19,189,631.40	6.00	18,103,425.85
	合计	232,343,209.15	—	213,725,413.15
……	……	……	……	……
合计	—	294,050,381.08	—	275,432,585.08

注：请扫码获取完整内容。

分析研判　在编制销售费用预算时，因仓储部门费用确定能够取得增值税专用发票，因此分别根据相应税率进行价税分离，计算其不含税金额。营销部门日常运行相关费用不能确定是否能够取得增值税专用发票，因此暂按取得增值税普通发票预算应计入销售费用的金额，不抵扣进项税额。

四、编制税金及附加预算

【场景2-33】 珠江纸业股份有限公司财务部人员根据2022年与销售相关的税费和销售收入实

际发生额数据,在此基础上编制2023年税金及附加预算如表2-30所示。

表2-30　　　　　　　　　　2023年度税金及附加预算

项目	2022年度发生额（元）	税负率、税费占比（%）	2023年预算数（元）				
			合计	第一季度	第二季度	第三季度	第四季度
销售收入	5,856,586,774.85	—	5,500,268,642.87	967,276,482.03	1,391,569,206.87	1,425,117,657.47	1,716,305,296.50
整体税负额	29,199,868.68	0.50	27,501,343.21	4,836,382.41	6,957,846.03	7,125,588.29	8,581,526.48
城市维护建设税	12,571,850.47	43.05	11,839,328.25	2,082,062.63	2,995,352.72	3,067,565.76	3,694,347.14
教育费附加	8,979,893.19	30.75	8,456,663.04	1,487,187.59	2,139,537.65	2,191,118.40	2,638,819.40
印花税	5,953,673.07	20.39	5,607,523.88	986,138.37	1,418,704.81	1,452,907.45	1,749,773.25
其他税费	1,694,451.95	5.81	1,597,828.04	280,993.82	404,250.85	413,996.68	498,586.69

认知识别　税金及附加预算是指公司在一定期间内预计需要缴纳的税金及附加费用的总额。在编制预算时,公司应根据预计的销售收入、适用的税率以及相关的税收政策来计算各项税费。

与销售相关的税费,主要包括以下几个部分。

(1)消费税:针对生产、委托加工及进口应税消费品(如烟、酒、化妆品、高档次及高能耗的消费品)征收的一种税。消费税实行价内征收,公司缴纳的消费税计入销售税金,抵减产品销售收入。

(2)城市维护建设税:按纳税人所在地适用的不同税率,以纳税人实际缴纳的增值税、消费税税额为计税依据计算征收,主要用于城市的维护建设。

(3)教育费附加:与城市维护建设税类似,以纳税人实际缴纳的增值税、消费税税额为计税依据,按一定比例征收,用于支持教育事业的发展。

(4)印花税:对经济活动和经济交往中书立、领受凭证征收的一种税。

城市维护建设税、教育费附加以纳税人实际缴纳的增值税、消费税的税额为计税依据,依法计征。纳税金额会随着业务量的变化而变化。

印花税通常基于交易金额或合同金额来征收,因此也可能随着交易量的变化而变化。

分析研判　城市维护建设税、教育费附加和印花税等属于变动费用,其金额与销售收入存在一定的变动关系。一般情况下可以根据预计销售收入与增值税、消费税税率计算增值税销项税额与消费税预计纳税金额,再根据采购及其他费用支出金额与增值税税率计算增值税进项税额,以此计算出城市维护建设税、教育费附加的计税基础,最后根据其征税率、征收率计算出城市维护建设税、教育费附加的预算金额。印花税则可以根据预计订立合同的交易金额与其征税率计算其预算数。但根据上述方法编制其预算,编制过程较为烦琐,难度较大。除这三项税费外,其他小税种的预算按先预测征税依据,再根据征税率(征收率)计算其预算数也同样较为烦琐,难度较大。

考虑这些税费与销售收入均存在一定的变动关系,可以采用简化方法进行预算,共4个步骤。

（1）计算上年度整体税负率。根据2022年实际缴纳的上述税费总额与实际销售收入计算其整体税负率，即2022年实际缴纳的上述税费总额÷2022年实际销售收入。

（2）计算预算期整体税负额。在公司业务类型没有发生较大改变的情况下，其整体税负相对稳定，所以可以用2022年实际整体税负率计算2023年预计整体税负额，即2023年销售收入预算数×2022年实际整体税负率。

（3）计算上年度各税种在整体税负中的占比。即某税种占比=该税种2022年实际纳税金额÷2022年整体税负额。

（4）计算预算期各税种预计纳税金额。即某税种预计纳税金额=2022年该税种占比×2023年预计整体税负。

根据该步骤即可预算2023年度各项税种的税费预算数。具体计算过程如下：

2022年整体税负率=2022年实际缴纳的税金及附加总额÷2022年销售收入
=29,199,868.68÷5,856,586,773.85×100%=0.5%

2023年预计整体税负额=5,500,268,642.87×0.5%=27,501,343.21（元）

以城市维护建设税为例：

2022年城市维护建设税的税负占比=12,571,850.47÷29,199,868.68×100%=43.05%

2023年城市维护建设税预计纳税金额=27,501,343.21×43.05%=11,839,328.25（元）

五、编制销售利润预算

【场景2-34】 珠江纸业股份有限公司在完成了2023年销售收入预算、销售成本预算、销售费用预算和税金及附加预算后，财务部门根据以上预算数据开展2023年销售利润预算工作，并编制2023年销售利润预算表（见表2-31）。

表2-31　　　　　　　　　　2023年销售利润预算　　　　　　　　　　单位：元

期间	预计销售收入	预计销售成本	预计销售费用	预计税金及附加	预计销售利润
第一季度	967,276,482.03	833,685,962.54	53,730,688.85	4,836,382.41	75,023,448.23
第二季度	1,391,569,206.87	1,181,087,958.07	68,427,381.37	6,957,846.03	135,096,021.40
第三季度	1,425,117,657.47	1,222,210,686.49	70,439,753.20	7,125,588.29	125,341,629.49
第四季度	1,716,305,296.50	1,472,387,653.34	82,834,761.66	8,581,526.48	152,501,355.02
合计	5,500,268,642.87	4,709,372,260.44	275,432,585.08	27,501,343.21	487,962,454.14

认知识别　销售利润预算（也称为销售利润计划或销售利润预测）是一种财务预算工具，用于预测和规划公司在一定时期内（如一个会计年度）通过销售活动所获得的利润。这个预算不仅考虑销售收入，还考虑与销售活动直接相关的成本的运营费用，从而计算出预期净利润。

分析研判　如表2-30所示，珠江纸业股份有限公司2023年预计销售收入为5,500,268,642.87元，扣除预计销售成本、销售费用和税金及附加后，预计可实现销售利润487,962,454.14元，销售利润率为8.87%。

任务小结

销售预算涉及销售收入预算、销售成本预算、销售费用预算和税金及附加预算等多个方面，预算编制部门需要全面收集和分析数据，根据各项预算内容的特点选择合适的预算编制方法，以确保预算的准确性和合理性。

销售预算编制如果不科学、不准确，可能导致资源配置不合理，影响经营活动的执行。

任务 4　销售预算的调整

【教学重点】销售费用预算的调整。

【教学难点】销售预算调整的依据与调整方法。

任务导入

在第一季度末，珠江纸业股份有限公司营销部门对第一季度的销售情况进行了分析，并对第二季度的市场情况进行了分析预测，预计第二季度印刷用纸的销售量在原年初销售量预测值的基础上会有 2.5% 的增幅，销售价格也会有所波动。基于这些因素的变化，公司需要对未来一个季度的销售预算进行调整。

预算调整是一项对预算进行动态调整的预算管理工作。它是根据实际经营情况或环境变化，对原有预算进行适时、合理的修改和优化，以确保预算目标的可行性和实现度。

首先，预算调整能够确保预算的灵活性。在复杂多变的市场环境中，企业和个人面临着诸多不确定因素，如原材料价格波动、市场需求变化、政策调整等。这些因素都可能对预算的执行产生影响。通过预算调整，可以及时应对这些变化，确保预算与实际经营情况相符，避免因僵化执行预算而导致的资源浪费或经营失误。

其次，预算调整有助于优化资源配置。在预算执行过程中，可能会出现某些项目超出预算或预算不足的情况。通过预算调整，可以重新分配资源，确保关键项目和重点领域的资金需求得到满足，同时避免浪费和冗余支出。这有助于提高资源使用效率，促进企业的可持续发展。

最后，预算调整还能够增强预算的激励作用。通过将预算调整与绩效考核相结合，可以激发员工的积极性和创造力，鼓励他们为实现预算目标而努力工作。同时，预算调整还能够为企业和个人提供明确的经营目标和方向，帮助他们更好地规划未来、制定策略。

一、调整销售收入预算

【场景2-35】 珠江纸业股份有限公司财务部预算会计根据第二季度调整后销售量预测数据和调整后产品定价数据，对第二季度销售收入预算进行了调整，如表2-32所示。

表2-32　　　　　　　　　2023年第二季度调整后销售收入预算

项目		印刷用纸（预测销售量调增2.5%）							包装纸（未调整）			办公用纸（价格调整为不含税5,908.39元/吨）	合计
		颜B纸	轻型纸	颜A纸	轻涂纸	胶版纸	热敏原纸	大类小计	牛皮包装纸	淋膜原纸	大类小计		
调整前	4月	61,630,739.29	21,184,045.97	33,347,066.22	63,742,390.35	157,704,842.17	7,130,447.32	344,739,531.42	57,535,289.60	10,780,333.50	68,315,623.10	16,890,278.00	429,945,432.52
	5月	70,502,734.95	23,110,135.71	36,790,726.25	70,560,056.16	178,491,391.87	7,175,131.52	386,630,176.46	64,173,661.71	11,958,091.72	76,131,753.43	19,334,135.33	482,096,065.22
	6月	69,218,619.60	22,498,619.22	41,700,881.72	68,852,301.50	173,456,219.65	7,647,237.13	383,373,878.82	63,585,111.97	12,110,049.01	75,695,160.98	20,458,669.33	479,527,709.13
	第二季度	201,352,093.94	66,792,800.90	111,838,674.19	203,154,748.01	509,652,453.69	21,952,815.97	1,114,743,586.70	185,294,063.28	34,848,474.23	220,142,537.51	56,683,082.66	1,391,569,206.87
调整后	4月	63,171,504.97	21,713,617.39	34,180,745.84	65,335,979.80	161,647,459.00	7,308,705.52	353,358,012.53	57,535,289.60	10,780,333.50	68,315,623.10	17,926,055.26	439,599,690.89
	5月	72,265,304.76	23,687,884.46	37,710,520.76	72,324,059.03	182,953,682.23	7,354,539.24	396,295,990.48	64,173,661.71	11,958,091.72	76,131,753.43	20,519,779.39	492,947,523.30
	6月	70,949,085.09	23,061,112.71	42,743,405.23	70,573,606.08	177,792,650.31	7,838,419.54	392,958,278.96	63,585,111.97	12,110,049.01	75,695,160.98	21,713,274.17	490,366,714.11
	第二季度	206,385,894.82	68,462,614.56	114,634,671.83	208,233,644.91	522,393,791.55	22,501,664.30	1,142,612,281.97	185,294,063.28	34,848,474.23	220,142,537.51	60,159,108.82	1,422,913,928.30

注：调整后的预计销售量数据见场景1-14；办公用纸的价格调整数据见场景1-23；其他产品价格暂保持不变，其中印刷用纸定价见场景1-22处二维码，牛皮包装纸定价见场景1-20，淋膜原纸定价见项目1任务发布二维码（53页）。

认知识别　销售收入预算调整是指企业在制定完销售收入预算后，根据市场环境变化、企业战略调整或实际销售情况等因素，对原有预算进行修订和优化的过程。这种调整旨在使预算更加符合实际情况，确保企业销售目标的实现和资源的有效配置。在调整过程中，企业需要重新评估市场需求、产品竞争力、销售渠道等因素，对预算中的销售数量、价格等进行相应的调整，并同步调整销售收入预算，以确保预算的准确性和可行性。

分析研判　珠江纸业有限公司的财务部门密切关注了市场变化情况，结合营销部的市场分析与销售量预测、产品价格的调整情况，定期进行了预算收入调整。公司营销部在第一季度末对第一季度的销售情况进行了分析，并对第二季度的市场情况进行了分析预测。分析认为在第二季度预计印刷用纸的销售量在原预测值的基础上会有2.5%的增幅，除办公用纸跟随竞争对手价格进行调整外，其他产品售价暂时保持不变。

基于上述情况，财务部门对第二季度的销售收入进行相应的调整，以确保预算的准确性。计算公式为：

调整后销售收入预算＝调整后预计销售量×调整后预计定价

以4月为例，颜B纸调整后预计销售收入=10,854.77×5,819.7=63,171,504.97（元）。

风险控制 销售收入预算的准确性受多方面因素影响。首先，销售收入预测的准确性直接受到相关基础数据的影响。如果历史销售数据、市场调研数据等存在误差或不完整，销售收入预测的调整还需要公司内部多个部门的协作和配合。如果内部控制不完善，可能导致预测调整过程出现疏漏或错误。因此需要加强数据质量管理，以确保所使用的数据准确、完整、可靠。其次，建立多元化的预测模型，综合考虑多种因素的影响，提高预测结果的准确性。最后，加强市场监测和内部管理的力度，及时发现和解决问题，确保公司运营的稳定性和高效性。

二、调整销售成本预算

【场景2-36】 珠江纸业股份有限公司财务部预算会计根据营销部调整后的销售量预测数据和生产部调整后的单位产品成本数据，对第二季度的销售成本预算进行了调整，如表2-33所示。

表 2-33　　2023年第二季度调整后销售成本预算　　　　　　　　　　　　单位：元

项目		印刷用纸						包装用纸			办公用纸	合计
		颜B纸	轻型纸	颜A纸	轻涂纸	胶版纸	热敏原纸	大类小计	牛皮包装纸	淋膜原纸	大类小计		
调整前	4月	51,806,795.59	17,871,914.98	28,138,558.76	53,778,293.73	132,956,575.76	6,018,544.16	290,570,682.98	47,507,361.13	8,924,269.85	56,431,630.98	16,075,337.49	363,077,651.45
	5月	59,927,434.31	19,714,760.36	31,391,291.78	60,195,569.60	152,162,642.14	6,123,942.28	329,515,640.47	53,629,042.66	10,018,881.98	63,647,924.64	18,401,280.93	411,564,846.04
	6月	58,508,791.79	19,086,416.82	35,383,114.25	58,412,294.41	147,048,488.33	6,490,625.25	324,929,730.85	52,096,668.28	9,947,504.26	62,044,172.54	19,471,557.19	406,445,460.58
	第一季度	170,243,021.69	56,673,092.16	94,912,964.79	172,386,157.74	432,167,706.23	18,633,111.69	945,016,054.30	153,233,072.07	28,890,656.09	182,123,728.16	53,948,175.61	1,181,087,958.07
调整后	4月	53,101,963.03	18,318,687.77	28,842,025.23	55,122,776.12	136,280,486.60	6,169,005.25	297,834,944.00	47,507,361.13	8,924,269.85	56,431,630.98	16,075,337.49	370,341,912.47
	5月	61,425,621.39	20,207,625.41	32,176,096.56	61,700,460.10	155,966,712.93	6,277,065.95	337,753,582.34	53,629,042.66	10,018,881.98	63,647,924.64	18,401,280.93	419,802,787.91
	6月	59,971,511.59	19,563,601.00	36,267,693.35	59,872,599.26	150,724,721.86	6,652,892.14	333,053,019.20	52,096,668.28	9,947,504.26	62,044,172.54	19,471,557.19	414,568,748.93
	第二季度	174,499,096.01	58,089,914.18	97,285,815.14	176,695,835.48	442,971,921.39	19,098,963.34	968,641,545.54	153,233,072.07	28,890,656.09	182,123,728.16	53,948,175.61	1,204,713,449.31

注：调整后的预计销售量数据见场景1-14，单位成本数据见表2-20。

认知识别 产品销售成本一般等于销售量乘以产品单位生产成本。当市场或企业自身生产经营发生变化导致未来期间的预计销售量、原材料成本价格、人工成本、制造费用、运输成本等发生较大变化时，则可能导致预计销售量与产品单位生产成本发生变化。此时需要根据实际情况对未来期间的原产品销售成本预算进行调整，以确保预算的合理性和有效性。

分析研判 珠江纸业股份有限公司营销部于第一季度末对第二季度的销售市场进行了分析预测，基于分析结果对第二季度预计销售量及预计单位成本均进行调整，因此财务部门相应地对销售成本预算进行了同步调整。其计算公式为：

调整后销售成本预算＝调整后预计销售量 × 单位成本

例如，颜B纸4月销售成本预算＝10,854.77 × 4,892.04＝53,101,969.03（元）。[1]

风险控制 销售成本预算调整时，将基于上一期的预算完成情况进行滚动调整与更新。这种

---

[1] 由于单位成本保留小数点位数不同，该计算结果与表格中"53,101,963.03"不一致。

持续性的调整策略会伴随一些潜在风险，如预测偏差、数据延迟更新等不利因素。同时这种调整还需要准确预测原材料价格的变化趋势，如果预测不准确，可能导致生产成本预算与实际产生较大偏差，进而影响销售利润预算的准确性。因此，加强市场研究与分析的深度与广度，确保预算数据能够及时、准确地更新，以支持滚动调整过程中的决策制定，同时生产工艺和人工成本的变动也需要密切关注，以确保销售成本预算的合理性，从而作出更为合理的预算规划。

三、调整销售费用预算

在销售量变幅较大的情况下，珠江纸业股份有限公司可能需要增加费用以支持市场推广和销售渠道的拓展。因此，销售费用预算也需要进行调整。

【场景2-37】珠江纸业股份有限公司财务部预算会计根据第二季度预计销售量、预计销售收入等数据，基于其与变动销售费用的变动关系对第二季度的销售费用预算进行了调整，如表2-34至表2-38所示。

表2-34　　　　　　　　　　2023年第二季度营销费用与销售提成预算调整

	月份	预计销量（吨）	营销费用（元）								销售提成（元）	合计（元）
			办公消耗品	邮寄印刷费	业务招待费	交通及养路费	差旅费	水电费	物业费	其他		
弹性系数		—	1.2	1.3	3.3	2.7	2.75	0.08	1.25	4.05	3	—
调整前	4月	75,632.03	119,475.98	129,432.30	328,558.92	268,820.93	273,799.09	7,965.06	124,454.14	403,231.41	226,896.09	1,882,633.92
	5月	85,747.95	131,615.09	142,583.00	361,941.46	296,133.92	301,617.88	8,774.34	137,099.04	444,200.88	257,243.85	2,081,209.46
	6月	84,610.04	130,249.59	141,103.71	358,186.35	293,061.56	298,488.62	8,683.30	135,676.65	439,592.34	253,830.12	2,058,872.24
	第二季度	245,990.02	381,340.66	413,119.01	1,048,686.73	858,016.41	873,905.59	25,422.70	397,229.83	1,287,024.63	737,970.06	6,022,715.62
调整后	4月	77,121.78	121,263.68	131,368.97	333,475.09	272,843.26	277,895.91	8,084.24	126,316.33	409,264.89	231,365.34	1,911,877.71
	5月	87,438.06	133,643.21	144,780.14	367,518.82	300,697.21	306,265.68	8,909.54	139,211.68	451,045.82	262,314.18	2,114,386.28
	6月	86,275.85	132,248.56	143,269.27	363,683.53	297,559.25	303,069.6	8,816.57	137,758.91	446,338.87	258,827.55	2,091,572.11
	第二季度	250,835.69	387,155.45	419,418.38	1,064,677.44	871,099.72	887,231.19	25,810.35	403,286.92	1,306,649.58	752,507.07	6,117,836.10
其中：总部每月分摊费用			28,717.54	31,110.66	78,973.22	64,614.45	65,811.01	1,914.5	29,914.1	96,921.68	—	—

注：弹性系数一行无单位。

表2-35　　　　　　　　　　2023年第二季度仓储费预算调整

仓库	期间	2022年实际仓储费（元）	2022年实际销售量（元）	2023年调整后预计销售量（吨）	调整后预计增长率（%）	原预计增长率（%）	调整前预算（元）		调整后预算（元）	
							2023年预算费用（含税）	2023年预算费用（不含税）	2023年预算费用（含税）	2023年预算费用（不含税）
东莞仓库（外库）	第二季度	639,090.89	237,075.41	250,835.69	5.80	3.17	659,350.07	622,028.37	676,158.16	637,885.06

表 2-36　　2023 年第二季度装卸费预算调整

项目	期间	原预计仓储量（吨）	预计销售量调增额（吨）	调整后预计仓储量（吨）	装卸次数（次/吨）	原预计装卸量（吨）	调整后预计装卸量（吨）	单价（元/吨）	原装卸费预算（含税）（元）	增值税税率（%）	原装卸费预算（不含税）（元）	调整后装卸费预算（含税）（元）	调整后装卸费预算（不含税）（元）
内库	第二季度	171,056.54	—	171,056.54	1.00	171,056.54	171,056.54	15.00	2,565,848.10	6.00	2,420,611.42	2,565,848.10	2,420,611.42
东莞仓库（外库）	第二季度	74,933.48	4,845.67	79,779.15	2.00	149,866.96	159,558.30	15.00	2,248,004.40	6.00	2,120,758.87	2,393,374.50	2,257,900.47
合计		245,990.02	4,845.67	250,835.69	2.00	320,923.50	330,614.84	15.00	4,813,852.50	6.00	4,541,370.29	4,959,222.60	4,678,511.89

表 2-37　　2023 年第二季度运输费用预计调整

期间	原预测销售量（吨）	调整后预测销售量（吨）	预计销售量调增额（吨）	预计汽车运输平均单价（元/吨）	预计运输费调增额（元，含税）	原运输费预算（元，含税）	增值税税率（%）	原运输费预算（元，不含税）	调整后运输费预算（元，含税）	调整后运输费预算（元，不含税）
第二季度	245,990.02	250,835.69	4,845.67	240	1,162,960.80	52,811,707.62	9.00	48,451,107.91	53,974,668.42	49,518,044.42

表 2-38　　2023 年第二季度销售费用调整预算汇总

部门	费用名称	金额（元）	备注
仓储部门	物流费用	49,518,044.42	—
	仓储费用	637,885.06	—
	装卸费用	4,678,511.89	—
	小计	54,834,441.37	—
营销部	办公消耗品	387,155.45	—
	邮寄印刷费	419,418.38	—
	通信费	225,000.00	固定费用不作调整
	房租费	784,479.00	固定费用不作调整
	业务招待费	1,064,677.44	—
	交通及养路费	871,099.72	—
	差旅费	887,231.19	—
	水电费	25,810.35	—
	物业费	403,286.92	—
	其他	1,306,649.58	—
	固定工资	3,906,320.40	固定费用不作调整
	绩效工资	1,623,450.00	固定费用不作调整
	销售提成	752,507.07	—
	社保及公积金	1,608,918.06	固定费用不作调整
	福利、教育经费及工会经费	319,399.08	固定费用不作调整
	华南区新增支持费用	12,000.00	固定费用不作调整
	小计	14,597,402.64	—

续表

部门	费用名称	金额（元）	备注
其他	折旧	264,268.62	固定费用不作调整
	摊销	10,324.02	固定费用不作调整
	其他费用	36,000.00	固定费用不作调整
	小计	310,592.64	—
销售费用合计		69,742,436.65	—

分析研判 办公消耗品、邮寄印刷费、业务招待费、交通及养路费、差旅费、水电费、物业费、其他等营销费用与销售提成属于变动费用，均与销售量之间存在弹性系数关系。可根据调整后的第二季度预计量与弹性系数计算调整后的费用预算值。

仓储费用与销售增长率成正比增长关系，原预测销售量与上年度销售量相比预计平均增长3.17%，在第二季度销售量预测值在被调整的情况下，重新计算第二季度的销售增长率为5.80%。可以用调整后的增长率与上一年第二季度实际仓储费，计算调整后的2023年第二季度仓储费用预算。

装卸费的预算受仓储地点的影响，存于内库比存于外库的货物单位装卸费用少一半，因此公司会优先使用内库进行仓储，只有内库仓储能力不足时才会考虑存至外库。在年初编制预算时内库已按满载状态编制，因此第二季度调整销售量预测值增加的预计销售量将会全部安排在外库仓储。所以在调整装卸费预算时将预测增加的销售量4,845.67吨并入原外库装卸量计算调整后的第二季度装卸费预算。

在进行运输费用预算调整时，假设预测增加的销售量4,845.67吨均安排汽车运输，汽车运输平均单位成本为240元/吨，据此计算调整后第二季度的运输费用预算。

通信费、房租费、固定工资、绩效工资、社保及公积金、福利、教育经费及工会经费、新增支持费用、折旧费、摊销费、其他费用为固定费用，在一定业务规模内不随销售量增长而变化，因此保持原预算值不进行调整。

风险控制 销售费用预算的调整需要谨慎进行，避免过度投入导致资源浪费。同时，公司需要密切关注销售费用的使用效果，确保每一分投入都能带来相应的回报。

四、调整税金及附加预算

当销售收入预算发生变化时，变动性税金及附加也要相应进行调整。

【场景2-38】珠江纸业股份有限公司财务部根据2023年第二季度销售收入调整情况相应调整税金及附加预算表（见表2-39）。

表 2-39　　　　　　　　　2023 年第二季度调整后税金及附加预算

项目		2022年度发生额（元）	税负率及税费项目占比（%）	2023年第二季度预算数（元）
销售收入		5,856,586,773.85	—	1,422,913,928.30
变动	小计	29,199,868.68	0.50	7,114,569.64
	城市维护建设税	12,571,850.47	43.05	3,062,822.23
	教育费附加	8,979,893.19	30.75	2,187,730.16
	印花税	5,953,673.07	20.39	1,450,660.75
	其他税费	1,694,451.95	5.81	413,356.50

说明：假设各税费占变动的税金及附加的比重保持2022年的水平不变。

分析研判　2023年第二季度销售收入调整后的整体税负预算数
=调整后销售收入1,422,913,928.30×0.50%=7,114,569.64（元）。

2023年第三季度某税种预计纳税金额=2023年第二季度预计整体税负×2022年该税种纳税额占比。

例如，城市维护建设税=7,114,569.64×43.05%=3,062,822.23（元）。

风险控制　在进行税金及附加预算调整时，财务部门除了要关注业务量的变化以外，还需要密切关注税收政策的变化和市场环境的变化，以及时调整预算。

五、调整销售利润预算

在销售收入、销售成本、销售费用和税金及附加预算都进行了相应调整后，销售利润预算也需要进行同步的调整。

【场景2-39】 珠江纸业股份有限公司在完成了2023年销售收入预算调整、销售成本预算调整、销售费用预算和税金及附加调整后，财务部门根据以上调整后数据调整了第二季度销售利润预算（见表2-40）。

表 2-40　　　　　　　　　2023 年第二季度销售利润　　　　　　　　　单位：元

项目	销售收入	销售成本	销售费用	税金及附加	销售利润
调整前	1,391,569,206.87	1,181,087,958.07	68,427,381.37	6,957,846.03	135,096,021.40
调整后	1,422,913,928.30	1,204,713,449.31	69,742,436.65	7,114,569.64	141,343,472.70

分析研判　财务部在收集到所有调整后的数据后，将根据这些数据重新计算销售利润。计算公式为：

调整后销售利润=调整后销售收入−调整后销售成本−调整后销售费用−调整后税金及附加

任务小结

在预算执行过程中，根据销售量预测的变化适时调整下一期间的销售预算，有助于保持预算的合理性和有效性。

因销售量预测的变化而影响的销售预算包括销售收入预算、销售成本预算、销售费用预算和销售税金预算。在调整销售费用预算时,要注意区分不同的项目性质,实行不同的调整措施。

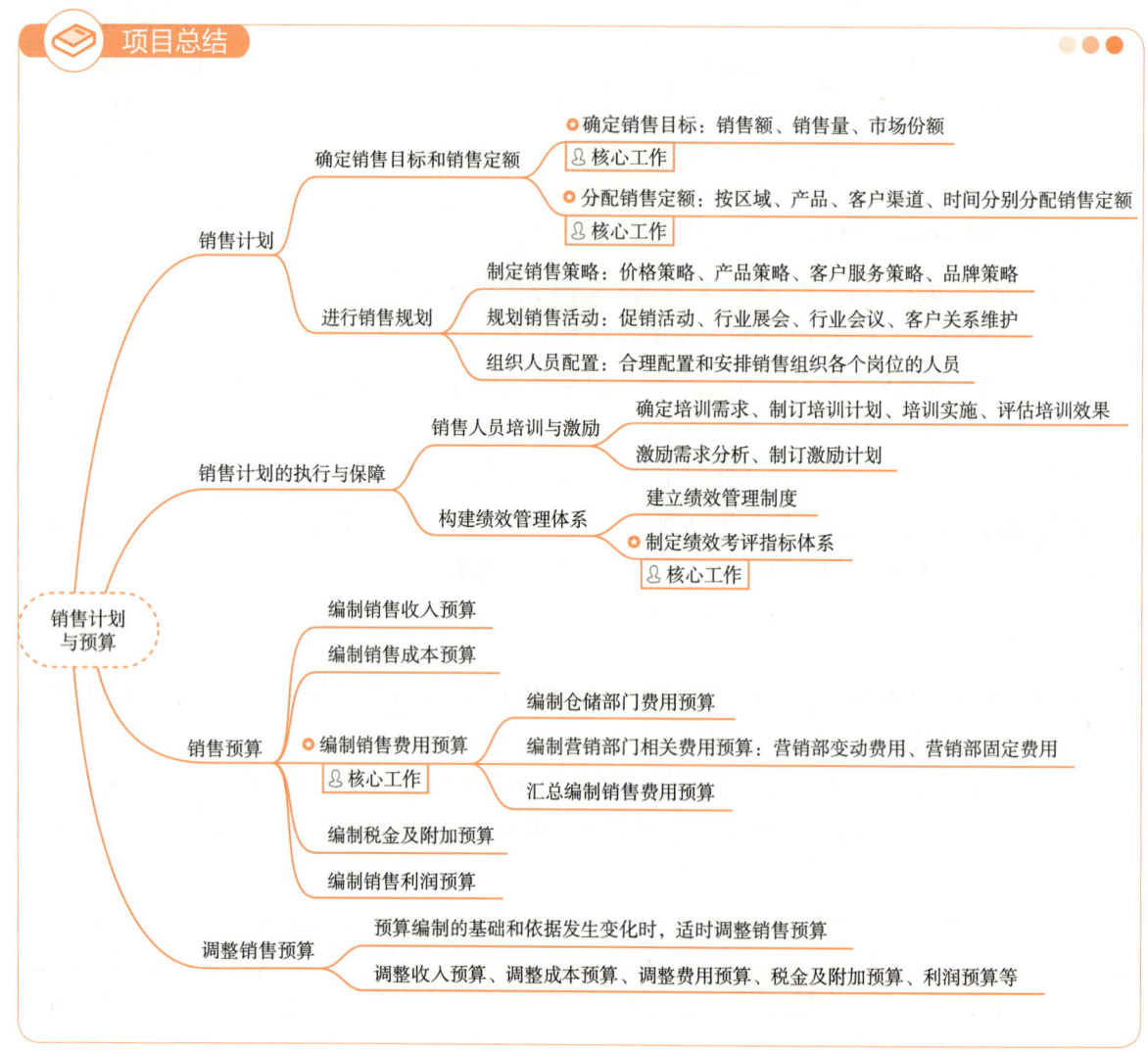

项目 3　销售执行

学习目标

知识目标

1. 熟悉典型销售业务流程，领会各业务流程节点的关键知识；
2. 了解客户信用管理和客户售后服务的概念和内容；
3. 掌握客户信用调查、信用等级评分和信用政策制定的方法；
4. 了解应收账款管理的内容和方法。

技能目标

1. 能够运用典型销售业务流程知识从事报价、合同、订单、发货和结算等各项销售执行活动，并能以价值为导向合理选择销售业务模式；
2. 能够识别销售执行各流程节点的风险因素，并能运用适当的方法加以控制；
3. 能够运用不同的渠道和方法开展客户信用调查，对客户进行信用等级评分，并能在此基础上合理制定客户信用政策；
4. 能够运用应收账款管理的知识开展客户对账、逾期账款催收和坏账核销各环节工作，有效控制坏账风险。

素质目标

1. 理解并尊重商业伦理，能以公正、法治、诚信、友善等优良的商业精神从事销售业务流程各项工作；
2. 具有风险管理意识，能合理应对报价、合同、收款等环节的风险控制工作；
3. 具备爱岗敬业精神，树立客户至上的服务理念，并贯彻到销售执行过程中。

任务1　客户信用管理

【教学重点】客户信用等级评估。
【教学难点】信用政策的动态调整。

任务导入

客户信用情况决定了企业应收账款的回收难度，从而影响企业的资金流。当客户申请赊销时，必须做好客户信息调查，进行客户信用评分和信用政策制定。

任务实施

一、客户信息调查

分析客户信用状况的前提就是掌握客户的相关信息，为此营销部需通过多种途径来收集、整理和分析潜在客户和现有客户的背景资料以及财报数据。

【场景3-1】2023年1月同珠江纸业股份有限公司有两年交易往来的客户江西飞龙贸易有限公司期望同公司进行大额赊销业务。为判断该客户是否值得信任，珠江纸业股份有限公司调取系统中两年来同该客户的交易记录，并通过"国家企业信用信息公示系统"网站收集客户江西飞龙贸易有限公司的背景资料和法律纠纷等信息（见图3-1、图3-2、图3-3）。

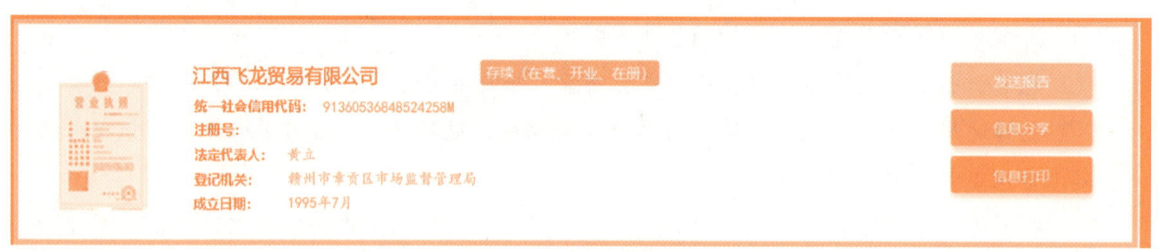

图3-1　客户基本信息

▌行政处罚信息

序号	决定书文号	违法行为类型	行政处罚内容	决定机关名称	处罚决定日期	公示日期	详情
			暂无行政处罚信息				

图3-2　客户经营异常情况

▌列入严重违法失信名单（黑名单）信息

序号	类别	列入严重违法失信名单（黑名单）原因	列入日期	作出决定机关（列入）	移出严重违法失信名单（黑名单）原因	移出日期	作出决定机关（移出）
			暂无列入严重违法失信名单（黑名单）信息				

图3-3　客户严重违法失信信息

依据收集的客户背景资料，生成客户基本情况表（见表3-1）。

表 3-1　　　　　　　　　　　　　　　　客户基本情况

客户信息（客户填写部分）						
客户名称	江西飞龙贸易有限公司	类别	经销商	编号	KHJB-1012390	
办公地址	江西省赣州市章贡区沙河工业园888号	送货地址	江西省赣州市章贡区沙河工业园888号	统一社会信用代码	91360536848524258M	
公司性质	有限责任公司	创立时间	1995年7月15日	注册资金（元）	10,000,000	
营业范围	销售纸张、日用百货、装饰材料、五金交电、服装（企业依法自主选择经营项目，开展经营活动；依法须经批准的项目，经相关部门批准后依批准的内容开展经营活动；不得从事本市产业政策禁止和限制类项目的经营活动）					
员工总数	330人	营业员人数	36人	市场覆盖范围	全国	
存货（元）	3,237,483.64	年销售额（元）	26,844,806.28	融资方式	银行贷款	
总资产（元）	17,986,020.21	净资产（元）	10,611,751.92	流动资产（元）	8,093,709.09	
负债总额（元）	7,374,268.29	流动负债（元）	3,613,391.46	实收资本（元）	10,000,000	
公司法人代表名称	黄立			采购负责人名称	周勇	
公司法人代表联系电话	137×××7891			采购负责人联系电话	153×××0342	
付款负责人名称	黄石念			付款负责人联系电话	131×××6610	
主要采购业务	印刷用纸、包装用纸、办公用纸					
客户开户银行名称	中国工商银行章贡支行			账号	19015678848514234251901567884851423425	
营销人员签名	廖铭杰			日期	2023年1月30日	

认知识别

1. 客户信息调查的内容

客户信息调查应采集以下信息：①基础资料。名称、性质、成立日期、地址、联系方式、所有者、经营范围和组织形式。②财务信息。资产负债表等财务数据。③信用信息。还款信息、历史交易付款信息。④经营信息。采购、销售、业绩、市场份额。⑤合同履行情况。交货时间、产品质量。⑥法律诉讼和违规记录。判断客户风险程度。

2. 客户基本信息收集途径

（1）直接沟通。通过面对面、电话或电子邮件交流，获取客户基本信息、喜好、家庭、经营、财务和信用状况。

（2）社交媒体与在线平台。利用社交媒体、企业官网、在线论坛等，了解客户品牌形象、市场声誉和客户反馈。

（3）公共信息渠道。利用公开信息源，例如"信用中国"和"企查查"等网站，收集客户注册信息、法律诉讼记录和行业地位。

（4）专业信用评估机构。委托专业机构调查客户信用状况。

（5）合作伙伴反馈。客户的金融机构可导出流水账单，其合作伙伴可提供支付记录、融资情况和合作历史等。

（6）大数据挖掘。利用大数据技术收集海量客户数据，通过清洗、预处理和存储管理后，运用统计分析、机器学习等技术手段挖掘数据价值，并通过可视化工具和报告呈现给决策者。

分析研判 依据公司收集的相关信息来看，江西飞龙贸易有限公司自1995年成立到2023年已有28年，公司经营状况稳定，作为经销商具有丰富的市场资源，其主营范围是纸张销售，能为公司提供稳定的销售量。从过去两年的交易记录来看，该客户无货款拖欠记录。"国家企业信用信息公示系统"中查询的结果也显示该公司无经营异常情况和严重违法失信信息。这说明该客户运营状况正常，无异常的风险情形，可以进入下一步信用评估阶段。

风险控制 客户基本情况调查表中的资料基于客户自行提供，其风险包括以下方面。

（1）资料真实性风险。客户可能隐瞒或提供不实信息，如财报数据造假，导致企业信用评价失准。

（2）信息更新滞后风险。客户自填信息可能随时间变化，但企业更新不及时，增加信用风险。

（3）隐私和泄密风险。客户财务状况和经营情况属企业内部隐私，调查过程中易涉及违法和泄密风险。

为了控制风险，企业应建立审核机制和客户信用档案，定期更新客户信息，并利用大数据、人工智能等技术辅助验证。在获取客户隐私数据前，需获得客户同意和授权，并遵守法律手续，同时保障客户信息安全。

二、客户信用等级评估

对潜在客户进行信息调查并判断可以与之交易后，公司应进一步收集客户的信用资料，来帮助进行客户信用评分，从而对客户进行信用分级。

【场景3-2】 考虑到过去两年该客户的支付情况良好，可为其制定信用政策，营销部列出信用评分资料清单（见表3-2），要求客户江西飞龙贸易有限公司提供相关信用资料。公司依据客户提交信用资料，结合信用等级评分表（见表3-3），对客户的信用状况进行评估。

表3-2　　　　　　　　　　　信用评分资料清单

资料名称	资料要求	资料格式
财务报表	近三年的资产负债表、利润表、现金流量表	PDF
审计报告	近三年审计报告	PDF
银行流水账单	客户开户银行开具的银行流水账单	PDF

表 3-3　　客户信用等级评分

客户名称：　　　　　　　　　　　　　　　　　　　　　　　　　　　　　　评定日期：

类别		说明	权数	选择	得分
企业性质 1 分		欧美知名企业在华投资的合资、独资公司	1.0		
		港、澳、台的上市公司在大陆设立的合资、独资公司	0.9		
		国内上市公司	0.8		
		大型国有控股企业	0.7		
		中小型外商独资、中外合资企业	0.6		
		国内合资中小型企业	0.5		
		民营企业	0.3		
		个人独资，合伙企业	0.1		
……		……	……	……	
资产状况 18 分	6 分	资产负债率大于 50% 且小于等于 60%	0.1		
		资产负债率大于 40% 且小于等于 50%	0.5		
		资产负债率大于 30% 且小于等于 40%	1.0		
	6 分	速动比率 >1	1.0		
		速动比率大于 0.75 小于等于 1	0.5		
		速动比率大于 0.5 小于等于 0.75	0.2		
	6 分	流动比率 >2	1.0		
		流动比率大于 1.6 且小于等于 2	0.8		
		流动比率大于 1.2 且小于等于 1.6	0.4		
		流动比率大于 1	0.2		
……		……	……	……	

注：请扫码获取完整内容。

认知识别 1　　客户信用等级评分表是一种用来评估和量化客户信用状况的工具，从客户的经营能力、财务状况、信用状况等方面来进行综合评价和信用等级确定的。

客户信用评分时，可采用可用"5C"评估法来确定评价维度。5C 主要指：性质（character），即客户付款意愿和可能性；能力（capacity），指客户履约付款能力，如偿债和营运能力；资本（capital），指客户资本实力，如净资产和无形资产；抵押（collateral），即客户资产担保；条件（conditions），指经济环境对客户付款的影响。

落实到信用等级评分表上可体现为企业性质、实缴资本情况、提供抵押情况、以往付款情况、资产状况、经营范围、持续经营情况和诉讼纠纷等。企业在确定评分的分值和权重时，应依据自身业务类型和公司的重视程度对不同的维度进行分值设定，制定客户信用等级评分表。

认知识别 2

1. 资产负债率 = 负债总额 ÷ 资产总额 ×100%

资产负债率是指公司负债总额与资产总额的比率，以衡量公司利用债权人提供资金进行经营活动的能力,以及反映债权人发放贷款的安全程度的指标。通过将公司的负债总额与资产总额相比较得出,反映在公司全部资产中来源于负债的比率。对债权人而言,该指标越低越好,说明公司有偿债的保证。

2. 速动比率 = 速动资产 ÷ 流动负债

其中:速动资产=流动资产–存货–预付账款

速动比率是指公司速动资产与流动负债的比率,速动资产是公司的流动资产减去存货和预付费用后的余额,主要包括现金、短期投资、应收票据、应收账款等可在短期内变现的项目。该指标越大,说明短期偿债能力越强。

3. 流动比率 = 流动资产 ÷ 流动负债

流动比率是指流动资产与流动负债的比率,用来衡量公司流动资产在短期债务到期以前,可以变为现金用于偿还负债的能力。一般说来,比率越高,说明公司资产的变现能力越强,短期偿债能力越强。

分析研判 依据江西飞龙贸易有限公司的前期信息资料,该客户相关财务指标得分如下:

资产负债率=7,374,268.29÷17,986,020.21=41%,得分为6×0.5=3(分);

流动比率=8,093,709.09÷3,613,391.46=2.24,得分为6分;

速动比率=(8,093,709.09–3,237,483.64)÷3,613,391.46=1.34,得分为6分。

此外,客户属于中小型外商独资、中外合资企业,企业性质得分为1×0.6=0.6(分);客户的注册资本为1,000万元,资本情况得分为2×0.7=1.4(分);过去两年可按期付款,以往付款记录得25分。客户专营本行业的制品销售得分为2×0.8=1.6(分);公司1995年成立,持续经营超过两年,得分2分;无违法诉讼纠纷,名声良好,得分5分。

综上,该客户总分为3+6+6+0.6+1.4+20+1.6+2+5=45.6(分)。

依据珠江纸业股份有限公司的企业客户信用等级标准(见表3–4),江西飞龙贸易有限公司属于E级信用客户,信用最差,存在极大的信用风险,公司不应与该客户进行任何赊销交易。

表3–4　　　　　　　　　　信用等级判断标准

信用等级	评分标准	级别说明	标准说明
A	90~100分	信用最好	企业资金实力强,资产质量很好。经营管理状况很好。经济效益稳定,有较强的支付能力
B	80~89分	信用良好	企业信用程度好,企业资产和财务状况较好,各项经济指标处于中上水平,有较强的支付能力
C	70~79分	信用一般	企业信用程度一般,偿还能力较弱。可能受到不确定因素影响,有一定风险
D	60~69分	信用差	企业信用程度差,偿还能力较弱。一旦处于较恶劣的经济环境下,可能发生逃债,但目前尚有能力支付
E	60分以下	信用最差	企业信用很差,企业盈利能力和偿还能力很弱,资产安全保障小,存在重大风险和不稳定性,几乎没有偿债能力

风险控制 获取的信息有失真的风险,且评估的分数以及权数存在一定的主观性,可能无法

全面反映客户的实际信用风险。同时在数据录入、分析或评分过程中，人为错误可能导致信用等级评分的准确性受到影响。这就需要公司在评分时引入多维数据来增强评分模型，并且严格审核和检验评分流程，减少人为操作失误。

【场景3-3】 珠江纸业营销部认定该客户属于信用等级最差的E级客户，无赊销合作意愿。营销部将该结果告知江西飞龙贸易有限公司。该客户为促成该笔交易，决定提供承诺担保函（见图3-4），并办理了房产抵押，提供了房产抵押证书（见图3-5）。

承诺担保函

珠江纸业股份有限公司：

　　为保证我公司与贵公司在2023年1月1日至2023年12月31日期间内所有纸品买卖合同的履行及业务过程中产生全部债务的清偿，经公司全体股东协商，一致同意，公司的法定代表人愿以个人房产提供连带责任担保，担保期限至二〇二三年十二月三十一日　止，特此承诺。

　　　　　　　　　　　　　　　　　　　　　　　　　　法定代表人签名：黄立
　　　　　　　　　　　　　　　　　　　　　　　　　　江西飞龙贸易有限公司

图3-4　客户承诺担保函

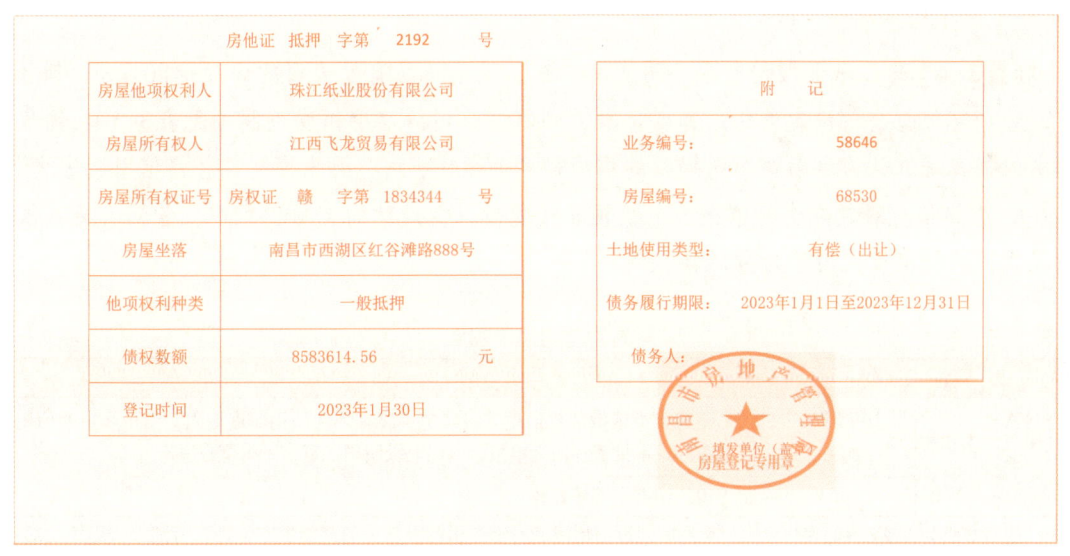

图3-5　房产抵押证书

认知识别　承诺担保函是担保人向债权人出具的一种书面承诺，担保人表示愿意为债务人的债务承担连带保证责任。该函件实际是担保合同的一种形式，具有法律效力。担保承诺函作为合同的一种，法律效力来源于《中华人民共和国民法典》中关于担保合同的规定，担保承诺函中应明确约定担保责任的范围、期限等事项。若未明确约定，将依据法律法规进行补充解释。保证期间是确定保证人承诺保证责任的期间，若未约定或约定不明确，保证期间为主债务履行期间届满之日起六个月。

房产抵押证书是房屋抵押的一种证明，它表示除产权人以外，其他团体或个人对该房产享有抵押权。该证书是债权人实现其债权的一种重要保障，当债务人不履行到期债务或者发生当事人约定的实现抵押权的情形，抵押权人可以与抵押人协议以抵押财产折价或者以拍卖、变卖该财产所得的价款优先受偿。

分析研判 他项权证指在他项权利（房产领域通常指的是房屋抵押权）登记后，由不动产登记中心部门核发、由抵押权人持有的权利证书，证明抵押权人对抵押房产享有优先受偿权。由于客户愿意以抵押评估价值858万元的房产作为抵押并办理了他项权证，公司获得客户的房屋抵押权证，意味着如果对方无力偿还货款时，公司可通过抵押的房屋来行使其债权，弥补损失，符合"能提供相应数量的资产抵押"的条件。因此，公司对江西飞龙贸易有限公司的信用等级评分可顺势上调，在原来45.6分的基础上加上提供抵押状况的得分35分（50×0.7），最终得分为80.6分，属于公司B级信用客户，可以考虑与其进行赊销。

三、客户信用政策的制定

在进行了客户的信息调查和信用等级评分后，营销部决定对客户制定相应的信用政策。客户信用政策主要包括信用额度、信用期限和现金折扣的规定。

（一）确定信用额度

【场景3-4】 珠江纸业股份有限公司对客户江西飞龙贸易有限公司的评分是80.6分，属于B级客户，营销部依据公司设定的信用额度标准，判断该公司的信用额度范围（见表3-5）。销售专员廖铭杰依据标准，认为可为该公司授权的信用额度为600万元。因此填制"客户信用调查表"（见表3-6），上报给上级领导进行审批。上级领导批复后，在后续的交易过程中，营销人员可依据实际情况在按审批额度内给予对方赊销金额。

表3-5　　　　　　　　　　客户信用额度标准

信用等级	信用限额	标准说明
A	上限1,000万元	销售人员依据客户信用等级确定各级客户的信用额度上限；给予客户的信用额度需经过审批流程向上申报，未经上级明确批复，不得擅自决定
B	上限600万元	
C	无	现款结算，不予赊销

注：信用等级为A或者B的客户，实际交易额超过信用限额时需提供超额部分的等额资产抵押，否则超信用额度部分现款结算。

表3-6　　　　　　　　　　客户信用调查

调查日期：2023年1月22日　　　　　　　　　　　　　　　　　　单据编号：KHXY-1012390
部门：上海市（沪）办事处　　　　　　　　　　　　　　　　　　　　提交人：廖铭杰

公司名称	江西飞龙贸易有限公司	企业性质	有限责任公司
公司地址	江西省赣州市章贡区沙河工业园888号	注册资金（元）	10,000,000
法律手续	税务登记	91360536848524258M	
	工商登记	91360536848524258M	

续表

财务状况	银行资料	中国工商银行章贡支行1901567884851423425			
	账目资料	资产总额	17,986,020.21元	年营业额	26,844,806.28元
		负债总额	7,374,268.29元	销售毛利	4,569,441.63元
资本状况	存货	3,237,483.64元			
	流动资金	4,775,288.36元			
经营状况	主营产品	纸制品销售			
	其他产品	无			
	产品年销售额	26,844,806.28元			
结账情况	交易历史				
	货款支付的及时性	及时准确			
	欠款金额	0			
	同行评价	信用状况优秀，无严重信用违约历史			
	潜在危机	未发现潜在危机，管理经验丰富，名声较好。成立两年以上，发展平衡			
	业务员评价	经核查，行业信用状况良好，无明显违约状况，整体符合公司准入要求			
申请信用额度（万元）		600			
销售经理意见		同意	夏晓云		
信用评估小组意见		同意	覃乐凡	同意	柳林川
销售副总意见		同意			
给予信用额度上限（万元）		600	批准人	高陶涛	
评估信用等级		B			

认知识别 在销售活动中，信用额度是企业设定的在一定时期内客户可以赊购商品或服务的最大金额。这种信用额度的设定旨在促进销售，企业应参考客户的信用状况、财务状况和历史销售记录等情况来作为设定额度的依据。

分析研判 依据公司的信用额度标准，江西飞龙贸易有限公司可享受的信用额度上限是600万元，销售专员应在该授权范围内考虑给对方的赊销额度，并且在给予客户信用额度前需向上级领导申请批准，领导核准该公司背景和信用情况后，给予授信批复，该信用政策方可执行。

通常在企业中，对于客户的信用额度授信权限同管理层的职级挂钩。金额较低时，经过销售经理和信用经理批复即可。但申请的授信金额过大时，需要由财务总监或主管副总经理来审批。

风险控制 在制定客户信用额度时，可能出现超额授信的风险，销售人员如出于主观偏好等因素而超额给予对方信用额度，将会损害企业的利益。企业应加强内部控制机制，规范信用额度的制定和管理流程，防范内部人员违规操作的风险。

（二）明确信用期限

【场景3-5】营销部依据客户信用等级继续确定各类客户的信用期限（见表3-7）。

表 3-7　　　　　　　　　　珠江纸业股份有限公司信用期限

客户信用等级	信用期限
A 级	账期 3 个月
B 级	月结 30 天
C 级	现款现货

认知识别　信用期限是企业给予客户从购货到付款之间的时间间隔，即允许客户延期支付货款的期限。其目的主要是吸引客户、扩大销售。企业在确定自身的信用期限时可以参考行业平均信用期限，同时结合客户的信用记录、历史交易情况和风险评估来确定其赊销期限。

分析研判　在选择客户时，由于客户信用等级越低，其风险系数极高，公司很难收回货款，因此珠江纸业股份有限公司不同 D 级以下客户进行赊销。而信用等级越好的客户，其支付款项的能力和意愿越高，可以给予更高的应收账款期限。江西飞龙贸易有限公司在珠江纸业股份有限公司中的信用等级为 B，可提供的信用期限是月结 30 天。

风险控制　客户的信用是不断变化的，随时可能因为经济环境和客户自身内部的因素而无法支付款项，即使认定为 A 级客户，依然可能存在有逾期甚至无法支付的风险，公司应当及时更新客户的信用等级评分。

知识拓展　现金折扣政策是公司为了鼓励客户提前支付货款而提供的一种价格优惠，通常以折扣期限和折扣率的形式表示。例如，公司可设定"0.2/10，n/30"的现金折扣条件，该条件表示客户在发票日期后的 10 天内付款，可以享受 0.2% 的折扣；在发票日期后的 30 天内付款，则付全款。

公司可根据市场环境等因素适时调整其现金折扣政策。

（1）市场环境。如果市场竞争激烈，公司可能会提供更优惠的现金折扣条件以吸引客户并保持市场份额。

（2）财务状况。如果公司的现金流充足，可提供更长的折扣期限或更高的折扣率以刺激销售。相反，如果公司面临现金流压力，它可能会缩短折扣期限或降低折扣率以加速收款。

（3）客户需求。公司可以通过与客户的沟通和谈判来了解他们对现金折扣的需求和期望，并根据这些信息调整其现金折扣政策。

（4）销售策略。公司的销售策略也可能影响其现金折扣政策。例如，公司可能希望针对不同类型的客户（如新客户、老客户、大客户等）提供不同的现金折扣条件。

（5）成本控制。公司需要权衡提供现金折扣所带来的成本和收益。如果现金折扣的成本过高，公司可能会考虑降低折扣率或缩短折扣期限。

四、信用政策的动态调整

客户信用政策制定后，在后续的交易环节中，公司的客户可能会发生影响信用的突发状况。

因此，公司需针对信用状况的变化，动态调整客户的信用信息，重新进行评分，调整信用额度和信用期限。

【场景3-6】 2023年1月，营销部销售专员廖铭杰依据当月所负责客户的信用变动状况，对发生信用变化的客户进行信用政策调整（见表3-8）。

表 3-8　　　　　　　　　　　　　　　客户信用额度调整

填制人：廖铭杰　　　　　　　　　　　　　　　　　　　　　　　　　　时间：2023年1月

序号	客户姓名	调整前信用评级	调整后信用评级	调整前信用额度	调整后信用额度	备注
1	昆明源林商贸有限公司	B	C	600万元	300万元	600万元赊销已还570万元，有30万元逾期一个月
2	山西友远印务有限公司	B	C	600万元	300万元	2022年反映资产状况的财务指标下降，信用分数重评后降到C级
……						

认知识别　信用动态调整制度是一种依据信用主体的信用状况变化而适时调整其信用等级或信用额度的管理机制。其目的在于保持信用评价的准确性和实效性，降低信用风险，促进信用体系的可持续有效运行。

信用动态调整的主要依据包括以下4点。

（1）财务状况、经营能力、还款记录、法律纠纷等信息的实时变化。

（2）政策和法规的调整。相关法律法规和国家政策的变动，对客户的经营存续等可能产生重大影响。

（3）行业趋势。整体经济环境和行业发展趋势的变化对信用主体的信用情况产生了影响。

（4）每年年末的客户信用状况。每年年末时，营销专员需定期对客户的信用状况重新评估，来保护公司的利益。

分析研判　客户昆明源林商贸有限公司和山西友远印务有限公司分别发生了部分货款逾期一个月和资产状况指标下降的情形，说明客户信用状况发生变化，信用等级分数下降。为此销售专员应及时更新客户信用变化，并重新进行信用等级评分和信用政策的调整。

其具体的调整流程步骤如下：①更新客户信用情况；②重新评估客户信用等级；③适时调整客户信用等级及信用额度，并告知上级领导审批；④通知客户并接受客户的反馈或申诉。

风险控制　信用额度降低时，会影响客户忠诚度，导致客户流失。动态调整过程中可能因内部操作流程不规范或员工疏忽，导致数据录入错误，影响信用等级调整的正确性和及时性。财务部和营销部信息不对称，可能导致信用调整决策出现偏差。

对此，公司应加强内部管理和员工培训，同时密切关注市场变化和客户动态，及时更新并调整信用政策。

📋 任务小结

客户信用管理的主要工作内容包括收集客户信用信息、评估客户信用等级以及制定客户信用政策和信用政策的动态调整。为了确保销售给予的信用额度正确,减少应收款无法收回的风险,企业应在保证客户隐私信息安全的同时,制定合理的评估标准、信用政策以及审核机制,防止客户偿债风险过高给公司带来损失。

📋 任务发布

请依据客户背景(见表3-9),计算客户红星文化发展(上海)股份有限公司的信用等级评分。

表3-9　客户基本情况

客户名称	红星文化发展(上海)股份有限公司	实缴注册资本	12,000,000元
营业范围:纸品的销售;国内贸易,货物及技术进出口。纸品的生产。纸制礼品盒、纸制品礼品手袋、纸制品的设计、研发与销售,国内贸易,经营进出口业务			
公司性质	股份有限公司	成立时间	2014年6月30日
流动资产	21,000,000.00元	流动负债	15,000,000.00元
存货	4,231,727.31元	负债总额	32,000,000.00元
净资产	23,000,000.00元		
资产总额	55,000,000.00元		

任务2　经销客户销售过程管理

【教学重点】产品报价、销售结算。

【教学难点】物流方式的选择。

子任务1　产品报价

📋 任务导入

当公司的经销客户有意向同公司进行交易时,会向该公司进行询价。营销部接到意向订单后,一旦发出报价,将决定后续成交价格的高低。公司营销部需加强对产品的报价管理,认真识别客户意向订单后给出合理的价格。

经销客户是指与公司签订了经销协议，负责在一定地区或市场内销售产品的公司和个人。经销客户通常是公司的独家或者区域代理，在其所在地提供本地化服务、市场推广和售后服务等，通常与公司之间建立的是长期合作关系。

任务实施

一、收到意向订单

【场景3-7】 珠江纸业股份有限公司营销部2022年12月20日收到经销大客户北京兴业华泰纸张销售有限公司发出的意向订单（见表3-10），为了将意向订单转化为实际订单，销售人员需要对订单进行甄别和处理。

表3-10　　　　　　　　　　　　　客户意向订单

部门：营销部　　　　　客户名称：北京兴业华泰纸张销售有限公司　　　　编号：YXDD202301019

序号	类别	产品名称	规格型号（mm）	数量（吨）	备注
1	印刷用纸	颜B纸	55×787	392	
2	印刷用纸	轻型纸	60×750	141	
3	印刷用纸	颜A纸	55×850	227	
4	印刷用纸	轻涂纸	70×787	420	
5	印刷用纸	胶版纸	70×845	1,115	
6	印刷用纸	热敏原纸	55×995	44	
7	包装用纸	牛皮包装纸	77×1,096	417	
8	包装用纸	淋膜原纸	55×940	83	
9	办公用纸	办公用纸	A4	134	
		合计		2,973	

审核：唐云茜　　　　　　　　　制表：王烷蜻　　　　　　　　日期：2022年12月20日

认知识别　客户意向订单是体现客户对某种产品或服务购买意愿的初步表达，它表明客户与商家之间初步达成了购买意向，但尚未进入正式的购买合同签订阶段。客户意向订单通常应包含以下要素：①意向购买的产品或服务；②数量；③规格型号；④其他信息，如意向交货日期、技术规格等。

分析研判　在取得了意向订单后，公司应注意按照以下顺序对订单进行识别。

（1）客户交易意图是否真实。如果意向订单查询的是珠江纸业股份有限公司全部产品的报价，营销人员遇到这类异常单据时，需仔细查询该客户的档案，如果是新客户，存在有竞争对手伪装成客户骗取公司产品价格的可能。

由于北京兴业华泰纸张销售有限公司属于珠江纸业股份有限公司的经销大客户，所以可排除

该风险。

（2）客户所需数量是否准确。计划订购各类纸张共计2,973吨，品类涉及公司全部三大类九种产品，其中，印刷用纸订购量最大，尤其是胶版纸，需要1,115吨，占全部订购量的1/3。营销部需排查对方订单填错的可能性。

（3）业务可行性分析。确定客户意图正确后，鉴于该意向订单涉及订购数量大、采购品类多，营销部需要确认的是公司现有库存能否满足订单需要？是否需要组织紧急生产？应该如何对客户进行产品报价、如何协商交货日期等才能争取到该笔订单。

（4）业务是否接取。营销部王婉婧对北京兴业华泰纸张销售有限公司的意向订单进行了甄别后，遂将意向订单信息同步通报到生产部门、采购部门和仓储部门，以上部门均确认，订单可以履行。

风险控制　按照公司以销定产、以产定采的生产组织模式，意向订单是公司组织排产和采购的重要数据源。营销部门需要做好新客户意向订单的甄别和处理工作，尽力将其转化为实际订单。如果意向订单不能最终转化为实际订单，生产部门可能会出现生产过剩的情况。对于采购数量大，采购品类多的大订单要与生产部门、仓储部门密切协作，根据产能情况、存货情况科学排产，合理安排各类产品的交货期，保证企业能如期如数履约，防控违约风险。

二、向客户报价

【场景3-8】 珠江纸业股份有限公司销售员彭星于2022年12月27日针对北京兴业华泰纸张销售有限公司的意向订单拟写了报价单（见表3-11），经销售经理审核后，营销部需将公司报价对客户单位正式报出。

表3-11　　　　　　　　　　珠江纸业股份有限公司报价单

客户名称	北京兴业华泰纸张销售有限公司	供货单位	珠江纸业股份有限公司
地址	北京市大兴区庞各庄镇瓜乡路10号3号楼四层410室	地址	广东省东莞广麻大道258号
电话	010-88×××36	电话	0769-88×××58
联系人	余洋	联系人	彭星
手机	152××××9357	手机	135××××2566

谢谢垂询，我们很高兴给您提供如下报价，价目明细表：

序号	品名	规格（mm）	单位	单价（未含税）	单价（含税）	备注
1	颜B纸	55×787	元/吨	5,646.52	6,380.57	
2	轻型纸	60×750	元/吨	6,082.46	6,873.18	
3	颜A纸	55×850	元/吨	5,765.02	6,514.47	
4	轻涂纸	70×787	元/吨	5,755.72	6,503.96	
5	胶版纸	70×845	元/吨	5,445.2	6,153.08	

续表

序号	品名	规格（mm）	单位	单价（未含税）	单价（含税）	备注
6	热敏原纸	55×995	元/吨	5,590.93	6,317.75	
7	牛皮包装纸	77×1,096	元/吨	5,325.38	6,017.68	
8	淋膜原纸	55×940	元/吨	5,306.2	5,996.01	
9	办公用纸	A4	元/吨	5,864.15	6,626.49	

备注：

（1）本报价30天内有效，超过30天请重新询价；

（2）含税报价，为13%增值税；

（3）此报价仅限客户需求数量报价，如其他数量则需另外提供报价。

如果对上述条款有任何问题，请随时联系我们。

认知识别 对于一家公司而言，进行报价时需考虑影响以下因素。

1. 公司的价格预算

公司在预算环节制定了各类产品的预计售价，销售人员在确定报价时应按照公司的定价政策制定针对各销售区域的产品价目表。销售人员在对客户进行报价时，要保证所报价格不低于公司制定的底价。

2. 客户的议价能力和信用情况

除了预算价格外，报价时还要考虑不同客户的议价能力。客户对商品的需求程度越高，对产品的规格、数量、质量等要求越烦琐，对价格的承受程度越高，销售所给的报价也可以越高。在报价时留出还价空间，确保公司预计的目标利润率能够达成。另外，同公司合作良好、高信用等级的长期客户，公司应当给予更优惠的价格来维护客户的关系。

3. 订单数量

客户一次性期望交易的数量越多，公司给予的价格优惠就应该越高，来体现交易的诚意，促进更大的销量。

分析研判 以公司名义正式报出的报价单属于要约，具有法律效力，公司不得再随意撤回或更改，因此报价单表述要严谨。

一方面，从意向订单到正式签订合同之间可能会存在一定的时间跨度，为防止该期间宏观环境变化造成的不可控因素，如材料、人工价格上涨造成产品生产成本提高，无法按原定价格销售，报价单上应标明报价有效期，并声明超过此有效期的报价无效。另一方面，因不同的订购量下可执行不同的价格政策，报价单上还应标明报价仅针对客户本次意向订购数量，如为其他数量则需另外报价。

报送给客户的报价单须经分级审核并加盖公章，不能由销售业务员自行确定。

风险控制 报价环节的风险在于报价过高造成的订单流失和报价过低造成的利润损失。为防止报价过低造成的利润损失，公司应在准确核算生产成本和物流、营销成本的基础上，为各产品确定最低销售价格，所有销售执行部门在销售报价时不得低于该价格，低于该价格需有营销部负责人签字确认，并计入营销绩效考核。同理，通过营销绩效考核也可防止报价过高造成的订单流失。

任务小结

产品报价环节主要的工作内容包括意向订单的处理和报价单的报送。营销部门需要认真甄别和处理意向订单，将其转化为实际订单，并加强与生产、仓储等部门之间的协作，保证公司能如期如数履约，防控违约风险。在报价时要合理运用报价策略，规范填写报价单，防止报价不当给公司带来损失。

子任务 2　合同管理

任务导入

销售活动需签订销售合同明确双方权责。对客户报价后，双方合意则进入合同管理环节。销售活动需签订销售合同明确双方权责。合同管理需要营销部同客户进行合同的条款磋商、初稿拟定、审批签署、执行监督、变更调整和存档管理。

任务实施

一、合同主要条款的确定

正式签订合同之前，营销部需要同客户就合同的标的物、价格、运输方式、运达时间等具体内容进行洽谈协商，基本达成一致后，体现到合同条款当中。

【场景3-9】2022年12月28日，北京兴业华泰纸张销售有限公司对珠江纸业股份有限公司的胶版纸定价提出异议，为此双方就胶版纸价格进行谈判。我方销售人员通过谈判将客户期望的商业折扣7%压低到5%，由于超过销售人员的折扣权限，营销部通过内部签报请示（见表3-12）。取得批示后，销售人员向客户反馈价格折扣并进一步商谈合同主要条款，形成第三次谈判记录（见表3-13）。

表 3-12　　　　　　　　　　　内部工作签报

关于北京兴业华泰纸张销售有限公司要求商业折扣申请

是否会签　否
会签人　无
申请人　唐云茜

时间：2022 年 12 月 29 日
申请部门：党政办

申请事由
公司领导：
　　我办事处正在与重要客户——北京兴业华泰纸张销售有限公司进行深入的商务洽谈，客户对我司的产品与服务表示了高度认可，并有意扩大采购规模。然而，在价格谈判阶段，客户提出了给其 7% 商业折扣的请求。经过我司内部的评估与讨论，我们考虑到公司的利润及长期合作策略，认为可以给出的最低折扣为 5%。
　　因此，我特向总部申请，给予北京兴业华泰纸张销售有限公司 5% 的商业折扣优惠，以达成长期稳定的合作关系。
　　请批准！

备注　无

审批时间	审核人	审核人所在部门	审核人意见	备注
2022 年 12 月 29 日	柳林川	营销部	同意	—
2022 年 12 月 29 日	钟淮敏	财务部	同意	—
2022 年 12 月 29 日	高陶涛	总经办	同意	—

表 3-13　　　　　　　　　　（第三次）客户谈判记录

客户名称：北京兴业华泰纸张销售有限公司　　客户联系人：余洋
联系方式：010-88×××36　　　　　　　　产品名称和规格：胶版纸 70mm×845mm
产品单价（不含税）：5,172.94 元 / 吨　　　数量：1,090.54 吨　　　总价：5,641,297.99 元

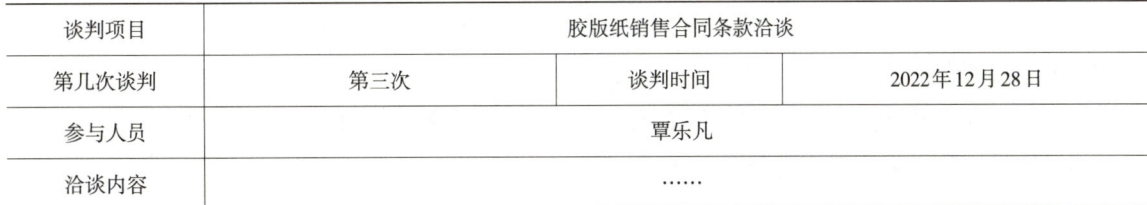

谈判项目	胶版纸销售合同条款洽谈		
第几次谈判	第三次	谈判时间	2022 年 12 月 28 日
参与人员	覃乐凡		
洽谈内容	……		

注：请扫码获取完整内容。

认知识别 1　《中华人民共和国民法典》规定，买卖合同（销售合同）是指出卖人转移标的物的所有权于买受人，买受人支付价款的合同。合同内容一般包括标的物名称、数量、质量、价款、履行期限、履行地点和方式、包装的方式、检验标准和方法、结算方式、合同使用的文字及其效力等条款。

分析研判 1　由于北京兴业华泰纸张销售有限公司属于珠江纸业股份有限公司的经销大客户，同公司已经有过多次的往来交易，因此交易方式、付款期限、交付方式等条款可参照以往的交易记录，公司可采用格式合同的形式，提高双方交易的效率。

认知识别2　格式条款是当事人为了重复使用而预先拟定的,并在订立合同时未与对方协商的条款。比较常见于公用事业等处于垄断和专营地位的单位单方制定格式合同与格式条款,或者为了便捷、快速,服务行业的某些单位也会制订统一的格式合同。

格式条款定入合同后,在签订合同时,制定格式条款的一方必须提请对方注意格式条款,使对方了解格式条款内容,对方与制定方对格式条款协商一致,格式条款才有效。

分析研判2　合同一经签订后就产生了法律效力,无法再修改,而珠江纸业有限公司采用的是格式合同的形式与客户签订合约,因此,公司应当与客户就合同条款中有异议的格式条款达成一致,然后体现在合同当中,以保证合同的效力。

分析研判3　销售决策:是否给予商业折扣?

客户追求最高性价比,期望胶版纸给予7%的商业折扣,即将价格从5,445.2元/吨压到5,064.04元/吨。公司如果接受此报价,预计将减少40余万元的收入,并且可能引发其他客户也提出类似要求,导致市场价格失控,对企业的利润和销售人员的绩效工资造成巨大影响。

北京兴业华泰纸张销售有限公司是珠江纸业股份有限公司的经销大客户,可为公司带来长期稳定而大量的销售订单,如果过分追求利润不肯让利,可能造成大客户的流失。根据市场分析得知,胶版纸产品市场竞争极为激烈,销量有萎缩趋势;根据成本分析数据可知,目前胶版纸的边际贡献较高,且公司传统胶版纸生产技术和生产工艺较为成熟,产品成本还有进一步降低空间。因此,公司高层管理人员权衡利弊后,同意对胶版纸给予客户5%的商业折扣。

按照珠江纸业股份有限公司的价格管理制度,不同的管理层级拥有不同的价格审批权限,需要按相关权限逐级审批。

风险控制　公司在谈判中,若未充分核实客户信息如信用和交易记录,可能处于不利地位,面临欺诈风险。内部信息传递不畅或误导,可能导致对市场形势和原材料价格判断失误。谈判团队若缺乏技巧和经验,可能无法有效应对,导致僵局或失去优势。策略建议如下。

(1)加强前期信息收集与核实。

(2)营销部、财务部、生产部等相关部门要加强协同、交流,确保价格政策贯彻。

(3)加强销售团队培训,提升谈判技巧,组织模拟谈判等活动。

二、合同初稿拟定

合同磋商后,进入起草阶段。为降低风险和误解,初稿需经审批,审核内容包括条款审核、价格核实和风险评估。

【场景3-10】 2023年1月2日由于意向订单中的其他产品已签约,对此珠江纸业股份有限公司营销部的彭星仅就胶版纸的价格磋商记录,拟将公司法务部提供的制式合同就价格、运输方式、付款方式、付款期限和供货期限等内容进行修改,草拟买卖合同初稿(见图3-6)。合同初稿经相关部门沟通和审核后形成评审表(见表3-14)。

纸品买卖合同

买方：北京兴业华泰纸张销售有限公司　　　　合同编号：
卖方：珠江纸业股份有限公司　　　　　　　　签订地点：

经买卖双方共同协商一致，在下列空白处或括号中填入约定的事项，以利双方共同遵守。

一、货物名称、商标、规格、数量、价格、金额

货物名称	规格型号	数量（吨）	不含税单价（元/吨）	不含税金额（元）	税额（元）	含税金额（元）	备注
胶版纸	70mm×845mm	1,090.54	5,445.2	5,938,208.41	771,967.09	6,710,175.50	
商业折扣（5%）			−272.26	−296,910.42	−38,598.35	−335,508.77	
合计				5,641,297.99	73,368.74	6,374,666.73	
价税合计人民币（大写）		陆佰叁拾柒万肆仟陆佰陆拾陆元柒角叁分					

附：1. 产品要求。规格：70mm×845mm，等级：A，白度：87，克重：70g。
　　2. 交货方式为买方在卖方仓库自提的，数量以卖方出库码单进行结算；交货方式在买方指定地点交货的，数量以买方签收单为准进行结算。
　　3. 卖方根据实际结算的货物名称、规格、数量、价格对买方开具增值税发票。
　　……

图 3-6　销售合同初稿（节选）

注：请扫码获取完整内容。

表 3-14　　　　　　　　　　　　　　　　合同评审

合同名称		纸品买卖合同			
合同相对方		北京兴业华泰纸张销售有限公司	合同标的金额（元）		6,374,666.73
内容说明		北京兴业华泰纸张销售有限公司采购胶版纸1,090.54吨，单价5,445.2元/吨，商业折扣5%。详见纸品买卖合同			
承办部门	部门名称	营销部	部门负责人签名		覃乐凡
	承办人	许愿	联系方式		135×××1212
	送审日期	2023年1月2日			
生产中心意见	审核意见	同意			
	部门负责人签名	李亚南	日期		2023年1月2日
财务部门意见	审核意见	同意			
	部门负责人签名	胡洋	日期		2023年1月2日
监审法务部门意见	审核意见	同意			
	部门负责人签名	戴莉琚	日期		2023年1月2日
总经理意见	审核意见	同意			
	签名	王旗	日期		2023年1月3日
备注		（1）审核部门流程应自上而下依次进行； （2）此评审表与合同原件一并归档。			

认知识别 合同的形式。

按《中华人民共和国民法典》的规定，书面形式是合同书、信件、电报、电传、传真等可以有形地表现所载内容的形式。以电子数据交换、电子邮件等方式能够有形地表现所载内容，并可以随时调取查看的数据电文，视为书面形式。

公司可采用口头协议，但纠纷时取证困难，适用于即时简单交易。书面协议明确、稳定、可靠，广泛用于商业和民事合同。当发生重要权益、长期关系或复杂交易时应采用书面形式。

分析研判 珠江纸业股份有限公司与客户进行的是重要长期交易，应采用书面合同。起草时需遵循《中华人民共和国民法典》，根据订单、谈判记录等信息拟定初稿。初稿需与生产、法务、财务等部门沟通和审核，确保条款适当，无遗漏。

风险控制 合同起草时，可能存在条款不明确、存在漏洞或歧义、内容违规的风险。公司可用法务部门提供的标准化合同模板，明确条款，避免纠纷。合同初稿需提交审核，落实审核责任。合同评审表与原件一同归档。

三、合同签署

【**场景3-11**】合同审核通过后，营销部将内部审核后的合同发送给客户北京兴业华泰纸张销售有限公司，对方单位审核无误后，由我方代理人彭星同对方单位代理人余洋签署了销售合同（见图3-7）。

销售合同

……

十五、本合同的一方发给另一方的任何通知文件或申请均应以书面形式通过挂号邮寄、特快专递、电子邮件或亲自送交的形式发出（收件地址为单位地址）；双方确认并同意以上送达方式适用于司法送达。

十六、争议解决方式。因本合同所产生的争议，双方友好协商解决，如协商不成，买卖双方都应向合同签订地法院提起诉讼解决。

十七、本合同一式三份，买方执一份，卖方执两份；本合同自双方签字或盖章之日起生效，传真件与原件均具有同等法律效应。当月报价单、当月订单、发货单是本合同的有效组成部分。

单位地址	北京市大兴区庞各庄镇瓜乡路10号3号楼四层410室	单位地址	广东省东莞广麻大道258号
法定代表人		法定代表人	
委托代理人	余洋	委托代理人	彭星
开户行	中国建设银行股份有限公司大兴支行	开户行	中国工商银行股份有限公司长安支行
账号	11003253621020112204	账号	1901322412455631285
签订日期	2023年1月3日	签订日期	2023年1月3日
买方（印章）	北京兴业华泰纸张销售有限公司	卖方（印章）	珠江纸业股份有限公司

图3-7 销售合同（节选）

注：请扫码获取完整内容。

认知识别1 合同效力。

《中华人民共和国民法典》规定，当事人采用合同书形式订立合同的，自当事人均签名、盖章或者按指印时合同成立。在签名、盖章或者按指印之前，当事人一方已经履行主要义务，对方接受时，该合同成立。法律、行政法规规定或者当事人约定合同应当采用书面形式订立，当事人未采用书面形式但是一方已经履行主要义务，对方接受时，该合同成立。

合同行为属于民事法律行为，按《中华人民共和国民法典》第一百四十三条规定，具备下列条件的民事法律行为有效：（1）行为人具有相应的民事行为能力（即合同签订主体适格）；（2）意思表示真实（即合同签订过程中无欺诈、胁迫等情形）；（3）不违反法律、行政法规的强制性规定，不违背公序良俗（即合同内容合法）。

分析研判1 合同签署必须有双方法人代表或委托代理人的签名，加盖公司公章，并且注明签署的时间、合同编号。在合同中明确签署时间，可以清晰地界定合同何时生效，以及双方开始履行各自义务的时间。特别当合同涉及自合同生效之日起计算的事项时，明确签署时间就非常重要。

认知识别2 企业在制定销售合同时应注意，提供的格式条款有下列情形之一的无效。

（1）提供格式条款的一方不合理地免除或减轻其责任，加重对方责任，限制对方主要权利。

（2）提供格式条款的一方排除对方的主要权利。

（3）格式条款与无民事行为能力人订立合同；行为人与相对人以虚假意思表示订立了合同；恶意串通，损害他人合法权益的合同；违反法律、行政法规的强制性规定或违背公序良俗的合同等。

依据《中华人民共和国民法典》规定，提供格式条款的一方未履行提示或者说明义务，致使对方没有注意或者理解与其有重大利害关系的条款的，对方可以主张该条款不成为合同的内容。

分析研判2 为防履约纠纷，合同签署前销售方应引导客户细读条款，确认商品规格、数量、价格、支付方式、履行期限及违约责任等，解释格式条款。引导客户在正确位置签字并加盖公章，加盖骑缝章确保合同完整性和合法性。

风险控制 合同签署时容易出现超越权限签订合同、合同印章被滥用、签署后的合同被篡改以及手续不全导致合同无效等情形。针对以上问题，企业可以采取以下措施。

（1）严格合同专用章管理，确保签署者具有授权。合同需编号、审批并由法人或授权代理人签署后加盖专用章。保管人需记录使用情况。

（2）审慎签署。双方应仔细阅读合同内容，了解权责。有疑问时咨询专业人士。正式合同需由法人或授权代理人签署或盖章。授权签署的，需签署委托书。

（3）保护个人信息。电子签署中确保信息、签名安全，防止盗用或泄露。

（4）关注合同时间敏感性。注意合同规定的截止日期或时间要求，及时完成签署。

（5）防止合同篡改。纸质合同加盖骑缝章、防伪印记；电子合同采用不可编辑格式。

销售合同履行中，因市场变化、业务调整等原因，合同变更或解除常见。双方应积极沟通，协商一致后以书面形式体现变更或解除内容，减少纠纷，保障权益。

📋 任务小结

合同管理环节主要的工作涵盖合同签署前和合同签署后,合同签署前,需要与客户就交易关键细节问题磋商一致,起草合同草稿,送呈相关人员审核和审批。合同签署后还需要将合同存档备份,进行合同履行的监督,并妥善处理可能发生的合同变更与合同解除事务。企业应采取必要的措施确保合同条款的合法、合规、合理性,还要防止无效合同的风险。

子任务 3　订单管理

任务导入

合同签署即生效,营销部需录入合同关键信息至订单管理系统,实时跟踪管理直至合同义务履行完毕,确保交货和收款。

任务实施

一、订单录入

【场景3-12】2023年1月4日,珠江纸业股份有限公司营销部与客户北京兴业华泰纸张销售有限公司就胶版纸买卖交易签订正式合同后,依据胶版纸的合同内容,将关键信息录入订单管理系统,生成订货单(见表3-15)。

表 3-15　　　　　　　　　　　　　订货单　　　　　　　　　　订单号:DHD202301002

客户名称	北京兴业华泰纸张销售有限公司		销售方	珠江纸业股份有限公司	
客户电话	010-88×××36		销售电话	0769-88×××58	
联系人	余洋		联系人	彭星	
订货日期	2023年1月4日		送货日期	2023年1月6日	
品名	规格	单位	数量	单价(不含税)	金额(不含税)	备注
胶版纸	70mm×845mm	吨	1,090.54	5,445.20元/吨	5,938,208.41元/吨	
商业折扣				−272.26元/吨	−296,910.42元/吨	
合计金额			5,641,297.99元			
预付定金			0元	尚欠余额	0元	
付款方式						
客户地址	北京市大兴区庞各庄镇瓜乡路10号3号楼四层410室					
制单	汪蓝		营销部	孙吉	仓储部	江海驰

认知识别 订货单是记录交易信息的载体。合同签订后,销售人员提取关键信息如合同号、客户名称、货物详情等录入订单系统,形成订货单。经审核确认后,用于各部门协调工作。

分析研判 接到订货单后,仓储人员应清点现有的产品库存和发货计划,清点结存商品。生产人员应依据产能和订单要求,确定产量和排产计划。采购人员依据现有材料库存确定需补订的材料。所有部门共同协作,确保2023年1月6日前,能按时按量按质地发出商品。

风险控制 为避免订单处理不当导致后续工作的延误,公司应当及时录入并审核订单,协调客户与内部各部门,尤其是生产部门和仓储部门间的活动,以确保销售订单能够按时完成。

二、订单状态管理

订单状态管理涉及从订单创建到完成的各个阶段。销售人员应根据审核结果、备货进度和物流状况等在订单管理系统中实时更新订单状态,确保内部团队和客户都能准确掌握订单进展。

【**场景3-13**】珠江纸业股份有限公司将与北京兴业华泰纸张销售有限公司在2023年1月4日签订胶版纸买卖合同的关键信息录入订单管理系统,订单状态(见表3-16)实时可查。

表3-16 订单状态(部分节选) 时间:2023年1月4日

序号	订单号	合同号	客户	合同签订日期	送货日期	合计金额(元)	订单状态
……							
2	DHD202212347	CPCK202212000347	湖南金盛商贸有限公司	2022年12月6日	2022年12月10日	2,598,368.20	已完成
3	DHD202301001	CPCK202301000046	安徽恒远纸业有限公司	2023年1月4日	2023年1月6日	1,583,210.24	待发货
4	DHD202301001	CPCK202301000094	安徽恒远纸业有限公司	2023年1月4日	2023年1月6日	568,411.97	待发货
……							
12	DHD202301013	HTBM2023010014	北京兴业华泰纸张销售有限公司	2023年1月3日	2023年1月5日	5,641,297.99	待处理

认知识别 订单管理中有几个常见的状态,每个状态代表了订单在处理过程中的不同阶段,不同的阶段所需销售人员关注的方面不同。

1. 待处理

待处理状态是订单创建后的初始状态。此时,订单正在等待被处理,包括验证订单信息、检查库存、确定价格等。待处理的订单可能需要人工审核后再进行确认。

2. 待发货

待发货状态是指订单已经开始处理，但尚未完成。在此阶段，相关部门或人员正在处理订单，包括生产、备货、分拣商品、打包、安排发货等。订单处于待发货状态的时间会根据不同的业务流程而有所不同。

3. 已发货

当订单从仓库发出并交付给物流供应商后，订单状态将变为已发货。企业和客户可以跟踪订单的物流信息，确保订单能够准时送达。

4. 已完成

已完成状态表示订单已经顺利交付并完成交易。在这个阶段，客户已确认收到货物，财务部门已确认收到货款。

分析研判 由于同北京兴业华泰纸张销售有限公司刚刚签订合同并录入订单，相关订单尚需等待审核，所以订单状态显示为"待处理"。待处理订单经审核确认后转为待发货状态；对于待发货状态下的订单，由仓储部门根据出库单和物流单确认订单货物已发出后，将订单从待发货状态转换为已发货状态；最后，营销部门根据客户反馈收货情况，以及向财务部门确认客户回款情况后，将订单状态转为已完成状态，至此，订单管理工作全部完成。

风险控制 在订单状态管理系统中，不同的订单状态决定了公司各部门的不同工作内容，状态信息的错误或滞后会影响订单的完成效率。同时，待处理的订单如果在审核环节未发现错误，导致日期、数量、品种出错的话，将导致公司发生违约责任，同时造成公司的成本浪费，影响公司的正常运营。

为控制上述风险，公司应对各订单状态环节的转换建立审核机制，保证订单状态的实时更新和跟进处理，确保产品能够按照约定的时间送达客户手中。

任务小结

订单管理环节的核心工作是及时将合同关键信息录入订单管理系统中，并对订单状态进行实时跟踪管理。有效的订单状态管理有助于提高销售团队的工作效率，加强客户关系，有问题能及时得以发现并采取相应的措施，确保订单按时完成并满足客户需求。

子任务4　发货管理

一、物流方式选择

根据公司的产品特性、客户类别、销售方式等特点，明确公司在物流服务方面的需求，包括货物运输时效、包装要求、配送范围、成本控制要求等。

【场景3-14】2023年1月6日，公司依据同经销客户北京兴业华泰公司的胶版纸销售订单选择各批次的发货方式，并更新物流安排清单（见表3-17）。

表 3-17　　　　　　　　　　物流安排清单

2023年1月6日

收货人	北京兴业华泰纸张销售有限公司			联系电话	010-88×××36	
收货地址	北京市大兴区庞各庄镇瓜乡路10号3号楼四层410室					
批次	品名	数量	发货时间	最迟运抵时间	运送方式	是否结算
1	胶版纸70mm×845mm	300吨	1月6日—1月9日	1月19日前	公路	是
2	胶版纸70mm×845mm	790.54吨	2月1日—2月5日	2月15日前	铁路	是

认知识别　产品发货就是商品交运，是指将公司生产的产品交到客户手中的过程。这一过程往往涉及物流运输方式的选择。公司选择物流方式时，应遵循成本效益原则、时效原则、安全原则和灵活原则来确保市场和客户的需求。

各种物流方式都具有自身的特点和适用范围。

（1）公路运输。特点是灵活性强，可实现门到门服务，适用于短途和中途运输，尤其适合小批量、多品种的货物运输。但成本相对较高，运输速度相对空运较慢，且受交通状况的影响。

（2）水路运输。特点是运输成本低，适合大宗货物的长途运输。但运输速度较慢，受天气和航道条件影响较大，不适合对时间要求较高的货物。

（3）铁路运输。特点是运输量大、速度快、成本低，适合大宗笨重货物的长距离运输。但铁路线路相对固定，灵活性较差；且铁路运输在实际工作中，需等待排单，等待时间较长。

（4）航空运输。特点是速度快、安全性高，适合对时间要求极高的货物运输。但成本高昂，运输量有限。

分析研判　首先，参考公司同客户北京兴业华泰纸业销售有限公司签订的胶版纸合同来看，所需运输的产品数量为1,090.54吨，此次胶版纸运输量非常庞大，如一次性运送，对公司的生产产能要求非常高，对客户而言仓储费和装卸费也是一项负担，因此在合同条款商定时与客户共同约定了分批次运送。

其次，客户北京兴业华泰纸业销售有限公司地处北京，交通便利、物流发达。除水运外，空运、公路运输和铁路运输均可直达。而合同约定纸张的运输费用由珠江纸业股份有限公司承担，如选择航空运输、公路运输则成本过高。选择水路运输的话虽然成本低廉，但运送时间过长，且送至北京还需转运。铁路运输则涉及排队等单的问题，无法马上发货。

综上所述，公司在选择运输方式时，可以在考虑成本效益的原则前提下，依据客户对商品的需求程度来选择混合型的物流方式。客户急需的商品用量，通过公路运输加急运送；剩余的大量商品则可安排铁路运输的形式分批次送达。

风险控制　物流方式的选择可能为公司带来如下风险。

（1）运输风险。货物可能会发生损坏或者运输延误，从而导致货物无法按时按质到达，进而影响销售合同的履行和客户满意度。

（2）成本风险。运输方式选择不当会增加运输成本和库存成本，增加销售费用，降低销售利润。

为了控制风险，公司还需考虑产品特性、交货时间和成本，选择适当的运输方式，重要货物优先选择航空运输或快递。与信誉良好的物流商建立长期合作，共同优化运输流程。建立货物管理制度，加强跟踪管理，并制定应急预案，确保问题得到迅速解决。

二、备货理货

仓储部门根据客户订单品种和数量检查库存情况，确认现有库存是否满足订单需求。如果库存不足，需要及时从其他仓库调配或紧急安排生产。

【场景3-15】 珠江纸业股份有限公司纸品仓储事业部根据订单管理系统中显示的1月份北京兴业华泰纸张销售有限公司胶版纸物流安排清单，向仓储部门提交了发货通知单（见表3-18），仓储部按照仓库分区位置进行库内拣货、包装（见图3-8）。

表3-18　　　　　　　　　　　发货通知单

客户名称	北京兴业华泰纸张销售有限公司		销售方	珠江纸业股份有限公司
客户电话	010-88×××36		销售电话	0769-88×××58
地址	北京市大兴区庞各庄镇瓜乡路10号3号楼四层410室			
交货方式	☐一次交货　☑分批交货		交货日期	2023年1月19日
产品名称	产品规格	数量	单价	金额
胶版纸	70mm×845mm	300吨	5,172.94元/吨	1,551,882.00元
总价：1,551,882.00元				
仓库：汪海驰		主管：李亚南		核准：陆思诺

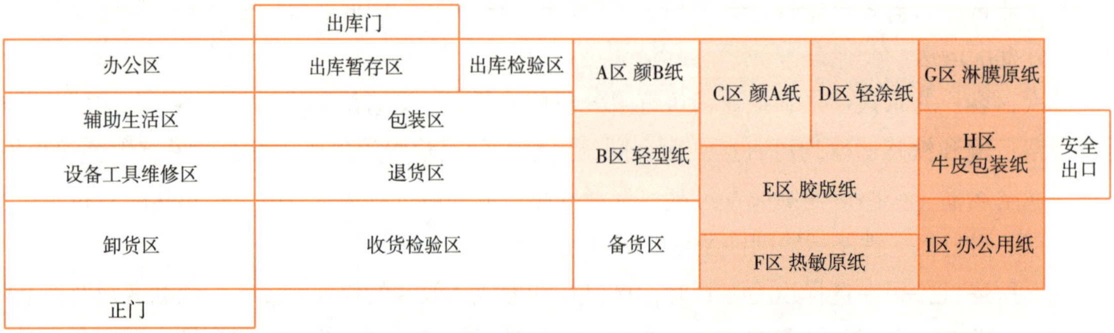

图3-8　珠江纸业股份有限公司东莞仓库分区位置

认知识别　订货单分配与执行的程序如下。

（1）仓库分配。仓储部门在接到新的订货单时，先核查库存，确定是否有足够的库存来满足订单需求。如果库存不足，需及时反馈给生产部门或营销部门。在库存充足的情况下，仓储部门将根据订货单的要求准备货物。

（2）订单执行。这是订单处理的核心环节。仓储部门根据订货单要求到指定的区域进行拣货和打包，然后安排运输车辆出库和配送。仓储部门需要确保订单能够按时交付给客户，并保证产品的质量和完整性。

分析研判 北京兴业华泰纸张销售有限公司此次订货单所需发出的产品为300吨胶版纸，仓储部门已确认东莞仓库中存货数量能够满足订单需求。现需要进行仓库内分拣工作，一般分为以下步骤。

（1）根据订单信息，到货物对应储位内取货；
（2）将取到的货物与订单信息进行核对，确保准确无误；
（3）根据订单要求，将货物进行分类、归类；
（4）合并、打包、出库。

风险控制 仓库分拣、包装过程中可能存在的风险是待发货物存在损坏而未被发现，或者货物品种、规格、数量与订单不符，包装不符合要求容易造成运输途中的损坏等，这可能会带来客户投诉、索要折让或者退货的风险，给公司造成经济损失和信誉损失。安排专人进行发货核对并认真填写发货情况核对表可以大大减少这类风险。

【场景3-16】仓储人员进行了备货后，登记发货情况核对表（见表3-19），核对人员对照表格内容逐一检查待发货物的品种、规格、数量、质量情况和包装情况，确保发货的准确性和完整性。

表3-19　　　　　　　　　　珠江纸业股份有限公司发货情况核对

基本情况					
单据编码	2023010014	客户名称	北京兴业华泰纸张销售有限公司		
开单日期	2023年1月6日	联系人	余洋	联系方式	152×××× 9357
发货地址	北京市大兴区庞各庄镇瓜乡路10号3号楼四层410室	运费承担	珠江纸业股份有限公司	核对人	曹超
商品核对情况					
产品名称	胶版纸	单位	吨	发货数量	300
规格型号	70mm×845mm	等级	A	颜色	白色
不透明度	90%以上	克重		核对人	韩映妮
其他核对情况					
包装是否完整、稳固		是	√	否	
库存是否充足		是	√	否	
核对人		陆恩诺			
备注					

三、安排发货

通过备货理货工作，仓储部门已按订单将货物分拣、打包好，现在需要将货物交付物流公司，由其运送到合同约定的交货地点，完成合同义务。

【场景3-17】 销售给北京兴业华泰纸张销售有限公司的胶版纸核对无误后，珠江纸业股份有限公司纸品仓储事业部岳进将打包好的货物交付给合作的物流服务供应商，填写产品出库单，如图3-9所示。

产品出库单

编号：FHBM2023010014
收货单位：北京兴业华泰纸张销售有限公司　　日期：2023年1月6日

品名	规格型号	单位	数量	等级	备注
胶版纸	70mm×845mm	吨	300	A	

承运人：张文　　　　　　　　　　　　　　　　　　　　发货人：岳进

图3-9　珠江纸业股份有限公司产品出库单

认知识别　出库单是发货方发货时使用的单据，记录货物、发货方、收货方及物流信息。它是交易双方财务结算凭证，用来核对出库数量等信息，确保交易准确、合规。

分析研判　珠江纸业股份有限公司纸品仓储事业部岳进将货物交付广州永达物流服务公司并生成出库单作为发货凭证后，要注意与物流公司保持联系，了解货物的运输状态和位置，及时提供物流信息给收货人，确保货物完全、完整、及时运送到合同约定的交货地点。

在货物出库后，还要及时更新库存信息，确保库存数据的准确性。出库单应及时传递到财务部门进行相应的账务处理，同时仓储部门予以存档保存，以备后续查询或审计使用。

风险控制　出库单是内部控制流程中产生的重要单据，相关签章要齐全、规范，以明确责任。物流公司需在出库单上签字，表明卖方已经将货物交付运输，物流公司将承担货物运输过程中的责任与风险。如果货物在运输过程中出现损坏、灭失等情况，物流公司将按物流合同约定承担相应的责任。这一步骤作为发货管理中的最后一步，也是最不可或缺的一步，有助于明确货物流转过程中的责任和义务，避免不必要的纠纷。另外，货物送达后还应设立货物送达的反馈机制，确保货物的送达和损坏状况及时反馈到公司，以免后续对货物的运送发生纠纷。

任务小结

产品发货管理的主要内容包括物流管理和备货理货，其中核心工作是选择合适的运输方式和物流供应商，目的是降低运输成本，提高物流服务质量，规避运输途中的风险。公司应在做好物流需求分析的基础上对意向供应商进行认真评审和比选，选择优质物流供应商合作。在签订物流服务合同、货物分拣包装、产品出库等环节注意识别和防控风险，确保货物及时、安全、准确到达合同约定的交货地点。

子任务5　销售结算

任务导入

销售发货完成后，随着商品风险与收益的转移，商品的销售得以实现，这时公司需要给客户开具销售发票作为双方入账的凭证，财务部门根据合同、协议、发票等有关凭证收取货款。

任务实施

一、发票开具

【场景3-18】2023年1月15日，珠江纸业股份有限公司财务部销售会计廖峰在确认公司已按合同发货后，对客户单位北京兴业华泰纸张销售有限公司开具了纸制品（胶版纸）的销售发票（见图3-10），发票经销售核算组主管柳淑婷复核。

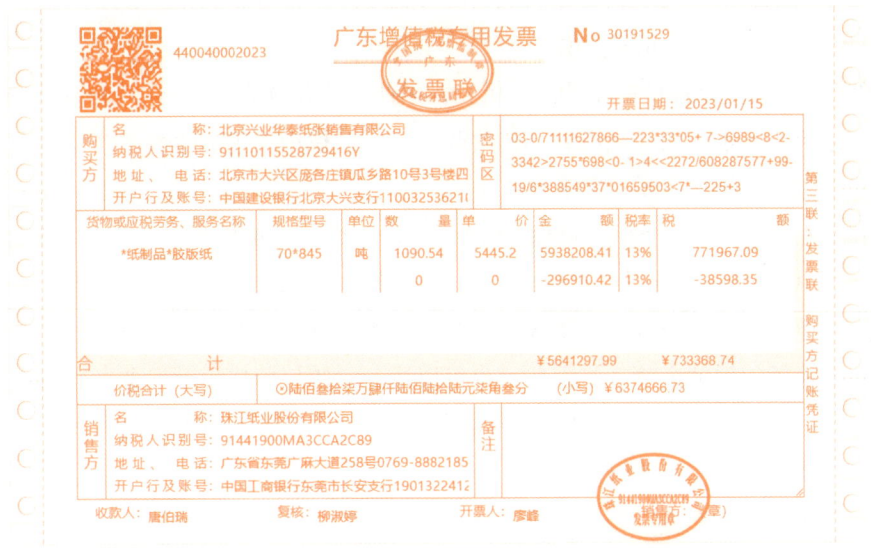

图3-10　珠江纸业股份有限公司开具的销售发票

认知识别

1. 发票的概念与分类

发票是指在购销商品、提供或者接受服务以及从事其他经营活动中,开具、收取的收付款凭证。业务部门在购买商品、接受服务以及从事其他经营活动支付款项时,应当向收款方索取发票。单位销售货物、劳务、服务、无形资产及不动产时应按规定向购买方开具发票。

发票可按不同的标准划分为不同类型。例如,按照发票形式的不同,可分为纸质发票和电子发票;按照发票开具主体或目的不同,可分为增值税专用发票、增值税普通发票;还有特定行业使用的发票,如机动车销售统一发票或二手车销售统一发票,适用开票量及开票金额较小的纳税人的通用定额发票等;此外,普通发票还包括客运行业的各类发票,如过路过桥费使用的通行费发票,出租车行业开具的出租车发票,以及门票、火车票、飞机行程单等。

2. 现销发票的开具时间

依据《中华人民共和国增值税暂行条例》第十九条的规定,增值税纳税义务发生时间为收讫销售款或取得销售款项凭据的当天,先开具发票的,为开具发票的当天。

分析研判1 珠江纸业股份有限公司作为纸品生产销售企业,其销售对象多为直销客户和经销客户,均为增值税一般纳税人,应向其开具增值税专用发票。

增值税专用发票的具体介质形式有纸质专用发票、电子专用发票和全面数字化的电子发票(简称全电发票)。纳税人可以本着经济、便捷、利于内控的原则选择发票介质形式。

全电发票是等同于纸质发票的法律效力新型发票,无需纸质、介质和申请领用,简化了流程,具有便捷、集成、节约等优点。推行全电发票后,企业可实现业务、财务、税务等数据智能连接,简化财税操作,轻松打通上下游数据。

分析研判2 发票开具时间的选择:珠江纸业股份有限公司向兴业华泰纸张销售有限公司销售胶版纸,发票日期为1月16日,即纳税义务发生在1月,但货款收讫在2月10日,因此,公司1月需为客户单位代垫73万余元增值税。

分析研判3 本次交易报价使用了商业折扣,因此发票金额为扣除5%的商业折扣后的实际交易价格,也就是企业应确认的应收账款和销售收入、增值税销项税的金额。当销售业务发生了商业折扣时,应当同价款开具在同一发票上体现。

商业折扣是指企业为促进商品销售而在商品标价上给予的价格扣除,也是一种报价的策略。依据《中华人民共和国企业所得税法实施条例释义及适用指南》规定,销售货物涉及商业折扣的,应当按照商业折扣后的金额确定销售收入金额。商业折扣有两种开票方法,即销售方既可以直接按照扣除商业折扣后的金额开具发票,也可以按正常销售价格填开发票,同时在金额栏内以负数列示折扣金额。例如本次胶版纸的销售发票就属于后一种开票方式。这两种做法均符合现行流转税、所得税处理及会计处理的规定。

本次交易报价含商业折扣,发票金额是扣除5%折扣后的实际交易价格,即企业应确认的应收账款、销售收入及增值税销项税的金额。

风险控制 销售活动中，销售发票是收款、会计核算和税务申报的关键依据。如果金额填开错误会导致核算信息不准确、税务申报不实，甚至造成经济损失。例如本例中的商业折扣销售，若开票人未以负数列示折扣金额和税额，仅在备注栏注明折扣，税务系统将按正常销售价格计算销售额，增加销项税额 38,598.35 元，企业需承担额外税务负担。因此，企业应认真执行开票复核制度，比对发票与订单管理系统的数据，确保信息无误。

二、款项收取

【场景3-19】2023年2月10日，珠江纸业股份有限公司的开户银行转来收款业务回单（见图3-11），显示北京兴业华泰纸张销售有限公司汇来 6,374,666.73 元。

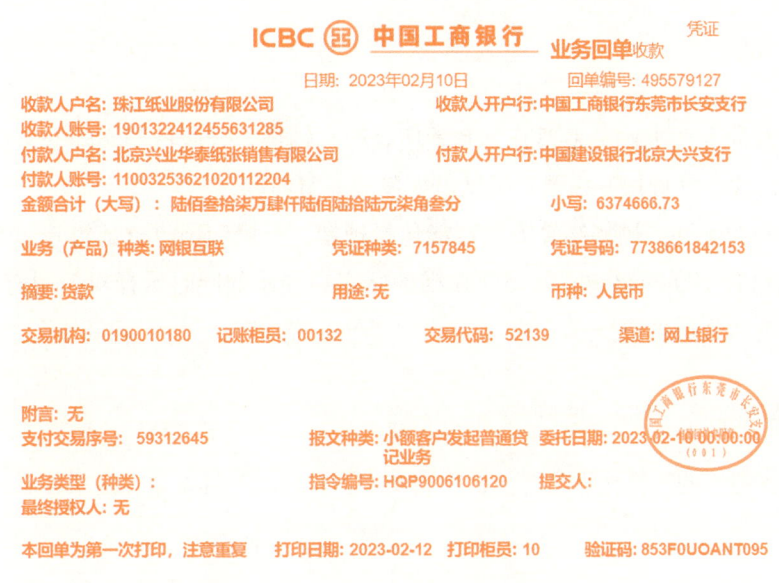

图3-11 中国工商银行收款业务回单

认知识别 收款凭证，即收款单据，记录或证明现金或银行存款、收款业务的原始凭证，是会计核算的基础资料。常见类型有银行收款通知单、发票或收据存根、内部收据。

完整的收款凭证应包含名称、日期、单位名称和填制人、经办人签名、接受单位名称、经济业务内容、数量、单价和金额等。财务人员在核算前需审核凭证的真实性、合法性、完整性、准确性、合理性和合规性。

分析研判

1. 销售会计确认款项到账

销售会计廖峰确认北京兴业华泰纸张销售有限公司上月所购 1,094.54 吨胶版纸的款项已到账。公司于 2023 年 1 月 6 日发货，1 月 15 日开票，客户于 2 月 10 日支付。合同约定的付款期限为月结 30 天的信用销售，俗称赊销。

2. 赊销的利弊

赊销可吸引资金不足的客户，扩大销量，提高市场占有率。同时还能提升客户忠诚度，消化库存。

赊销可能使公司产生坏账损失、增大财务风险，为了降低风险，公司可能额外增加信用管理成本与催收成本。此处，赊销客户占用了资金，会使公司丧失获取资金时间价值或投资价值的机会。所以赊销业务发生时，销售方可考虑约定利息，如采用带息商业汇票方式结算，或者在销售合同中约定利率、合同总价中包含利息等。

风险控制　赊销方式虽然对维持客户忠诚度、扩大产品销量有非常重要的意义，但这种方式天然伴随信用风险问题。公司可在合同条款中约定违约金条款。这样，如果客户逾期不支付货款，销售方可以采取法律手段维护自己的利益。同时，公司还应建立健全客户信用管理系统，加强对应收账款回收的管控，减少坏账损失的发生。

任务小结

销售结算环节的主要工作是发票开具和款项收取。销售会计应按照实际交易信息和客户情况选择适当的发票形式，准确填开发票，灵活掌握发票开具时间。

根据付款时间的不同，销售结算方式可能包括现销、赊销和预收款销售等，不同的结算方式对公司的现金流量有不同的影响，公司应在维护好客户关系的同时选择对公司有利的结算方式，降低资金成本，增加公司价值。

任务发布

赊销和预收款销售的销售流程会有什么不同？应当在何时开具发票？发票开具时应注意什么？

任务3　直销客户销售过程管理

【教学重点】竞争性谈判的流程。
【教学难点】谈判的价格策略。

任务导入

当直销客户需要高效、灵活地获取性价比高的产品时，会选择公开招标、邀请招标或竞争性谈判等方式来选取供应商。珠江纸业股份有限公司现获取一直销客户竞争性谈判采购信息，为争取到这个订单，公司需要依据竞争性谈判的要求与流程，准备响应文件进行投标、参加竞争性谈判。

一、获取采购信息

为了实时掌握客户的采购需求,公司营销部门应当时刻关注各大平台或客户官网发布的采购信息,以获得更多实现产品销售的机会。

【场景3-20】2023年2月营销部通过行业招标平台,查看到广东高元教育出版社有限公司发布的竞争性谈判公告(见图3-12),研究了竞争性谈判文件中(见图3-13)相关产品需求和资质条件要求后,认为本公司的产品与资质符合采购方的需求,于是准备参与竞标。

竞争性谈判公告

广东高元教育出版社有限公司根据经营需要,拟对一批胶版纸采用竞争性谈判采购,现委托广州鑫天招标代理咨询有限公司代理、协助相关竞争性谈判采购事宜,欢迎有资质的生产企业前来参加竞标。现将有关事项公告如下:

一、采购项目概况

1. 采购产品名称: __胶版纸__ ,规格: 70mm×845mm ,数量: 300.46 吨
2. 采购编号: HXXT2023-A049

......

图3-12 竞争性谈判公告(节选)

注:请扫码获取完整内容。

广东高元教育出版社有限公司
竞争性谈判文件

采购编号:HXXT2023-A049
项目名称:胶版纸采购

采购单位:广东高元教育出版社有限公司
代理单位:广州鑫天招标代理咨询有限公司

第一部分 竞争性谈判邀请

广东高元教育出版社有限公司根据经营需要,拟对一批胶版纸采用竞争性谈判的方式进行采购,现委托广州鑫天招标代理咨询有限公司代理相关事宜,邀请贵单位按此《谈判文件》的要求前来洽谈。

1. 采购编号: HXXT2023-A049
2. 项目名称: 胶版纸采购
3. 采购内容:采购产品 __胶版纸__ ,规格型号 __70mm×845mm__ ,数量 __300.46__ 吨

......

图3-13 竞争性谈判文件(节选)

注:请扫码获取完整内容。

认知识别1 企业采购货物、工程和服务的方式包括招标采购与非招标采购。其中招标采购包括公开招标和邀请招标两种方式；非招标采购涉及的方式较多，主要包括竞争性谈判、竞争性磋商、单一来源采购、询价采购等。

公开招标是招标人通过公开发布招标公告，邀请所有有兴趣且符合要求的法人或其他组织参与招标。该方式程序规范、选择范围广但成本高昂。适合用于采购金额大、需求明确的大型项目，如设施建设、大型设备采购等。

邀请招标是招标人向特定法人或其他组织发出投标邀请，邀请参与投标。招标人通常会根据自己的需求和判断，选择一定数量的潜在投标者进行邀请。该方式针对性强、成本较低，但缺乏透明度和竞争性。适用于采购金额较小、需求明确但项目较为特殊的项目，如办公设备采购、货物运输服务等。

竞争性谈判是指采购人或代理机构通过与多家供应商（不少于3家）就价格、质量、服务、详细技术规格、性能标准等进行谈判，最终从中确定中标供应商的一种采购形式。这种方式适用于对采购效率要求较高、采购金额较大、需求不明确或具有技术复杂性的项目。

竞争性磋商是采购人、政府采购代理机构通过组建竞争性磋商小组与符合条件的供应商就采购货物、工程和服务事宜进行磋商，确定成交供应商。其特点是可以通过磋商的方式，采购方与供应商就采购细节进行深入的讨论和协商。这种方式主要适应于技术复杂且专业性强、采购需求不易确定、市场竞争不充分、需要扶持的科研成果转化项目、政府购买服务等项目的采购，此外还适用于对供应商的技术、设备、管理等方面有特殊要求的项目，以及采购金额较小但技术要求较高的项目。

单一来源采购是指采购单位直接与唯一供应商签订采购合同的方式。这种方式通常发生在只有一家供应商能满足采购需求的情况下。该采购方式谈判空间小、渠道单一、程序简单，但由于采购方处在不利地位，会增加采购成本。这种方式适用于紧急采购、独家供应或具有特殊优势的供应项目，如特殊原材料、紧急设备更换等。

询价采购指采购单位向多家供应商询问价格，并根据价格、质量等因素选择供应商并签订采购合同的采购方式。这种方式适用于采购金额较小、需求明确、价格竞争激烈的项目，如办公用品采购、耗材采购等。

分析研判1 广东高元教育出版有限公司所需采购的项目是用于出版物印刷的胶版纸，纸品行业本身具有大量的供应商，且技术水平较为成熟，属于完全竞争性的市场。出于成本效益的考虑，不适合采用招标和单一来源的采购方式。剩余采购方式中，竞争性谈判既可以保证供应商的产品质量，又通过竞争性谈判控制了采购成本。

认知识别2 对于销售方而言，企业获取采购信息的渠道主要包括以下几种。

（1）官方媒体和政府网站。各级政府部门或公共机构通常会在其官网发布采购信息，采购人有时也会在报纸、杂志等传统媒体上发布采购公告，以邀请潜在供应商参与。

（2）全国公共资源交易平台。汇集了各类公共资源交易信息的平台网站，包括工程建设、政府采购、土地使用权出让等多个领域。

（3）专业招投标网站。一些专业招投标网站会汇总各行业的招投标信息，并提供详细的招标文件下载服务。

（4）行业协会或商会。加入相关的行业协会或商会，可通过其内部通信或会议了解到最新的招投标信息。

（5）其他渠道。例如招标代理机构或社交媒体和论坛等。

认知识别3 销售方参与竞争性谈判一般包括三个阶段，即前期准备阶段、谈判过程阶段和后期履约阶段。

1. 前期准备阶段

（1）获取谈判信息。密切关注市场动态，获取竞争性谈判的公告或邀请。研究谈判文件，了解采购要求、条件和评审标准。

（2）内部评估与决策。分析自身产品特性、评估参与谈判的可行性和竞争力。具体包括了解市场行情和竞争对手的价格策略，确定自己的底线和谈判策略；评估自己的产品或服务的特点、优势和竞争力；明确谈判目标，设定有弹性的底线价格；研究客户需求和预算，理解客户的期望和偏好；根据谈判的重要性和复杂度组建专业的谈判团队；制订详细的谈判计划，包括谈判策略、时间安排等。

在设定弹性的底线价格时，企业可以利用大数据工具获取采购人历次招标的成交价格，以此预测采购人的预期价格及潜在竞争对手的底线价格，在此基础上结合本公司的成本与目标利润情况设定一个合理且具有竞争力的底线价格。

（3）准备和提交响应文件。响应文件的内容应当严格按照采购方发布的竞争性谈判文件中关于响应文件目录与格式的要求进行准备，一般包括谈判承诺书、报价一览表、授权委托书、技术条款偏离表、供应商资格证明文件、竞标货物合格的证明文件、无重大违法记录的声明等，具体以采购方的要求为准。密封的响应文件应当在规定的时间内提交采购方或代理方。

竞争性谈判文件中要求必须提交保证金的，还需在规定的时间内按规定的金额、规定的形式提交保证金。

2. 谈判过程阶段

接到谈判通知后，应当在规定时间和地点参与谈判，谈判中应灵活应用谈判策略，积极展示自身产品或服务优势，回应采购方的疑问和关注点。谈判过程中一般涉及多轮报价，在报价时应当综合考虑采购方需求与竞争者情况，在原设定的底价范围内进行报价，如采购方对报价不满意或竞争激烈，再次报价可能需要突破原底价的，应当立即申请授权。

3. 后期履约阶段

收到中标通知书，应与采购方签订正式合同，明确双方的权利和义务，并履行销售合约。

认知识别4 影响谈判底价的因素主要包括以下几个方面。

（1）成本和目标利润。在确定底价时，企业需参考生产成本、运输成本、税费、管理费用等，加上期望的利润得出底价。

（2）市场与竞争分析。定价时需充分了解同类产品的市场价格区间，预估竞争对手的定价策略和底价范围，以便在谈判时作出准确的判断，确保竞争力的同时保障公司利益。

（3）客户购买需求和购买力。评估客户的重要性和潜在价值，对重要客户应适当降低底价来维护长期合作关系，避免因定价过高而丧失合作机会。

（4）预留谈判空间。在确定底价时，考虑到客户的心理价位和谈判中的心理博弈，要在成本和目标利润的基础上预留一定的谈判空间，公司要给予营销人员一定的下调权限，方便在谈判中灵活调整。

分析研判2 依据公司相关背景资料可知，珠江纸业股份有限公司属于国内注册的企业，主营包括胶版纸在内的纸质产品，具备质量保证体系资质和证明，拥有良好的银行资信和商业信誉，均满足竞争性谈判文件的资质要求。且公司的产能和库存也满足客户300.46吨的数量需求，品质与规格型号均符合对方要求，应当力争该笔订单。

风险控制 在获取谈判信息阶段最容易出现的风险之一是信息不对称。销售公司在获得竞争性谈判文件后，应当仔细研究文件内容，深度挖掘采购方的深层次需求，同时还应当分析潜在竞争对手的情况。综合分析这些信息，为制定谈判策略、设定弹性底线价格提供参考，同时也为制作响应文件提供依据。信息获取不全、对文件理解有误等情况都有可能导致竞标失败。

综上所述，企业需拓宽信息获取渠道，建立多渠道信息收集机制，如关注政府采购网站、行业协会、专业论坛等，确保信息的及时性和全面性。同时，组织专业人员对谈判文件仔细研究和解读，对不明确或有疑问的条款，及时通过书面形式向采购方或代理机构提出询问，并要求书面解答。

二、支付保证金

【场景3-21】2023年2月14日，珠江纸业股份有限公司依据竞争性谈判文件的规定支付了保证金（见图3-14）。

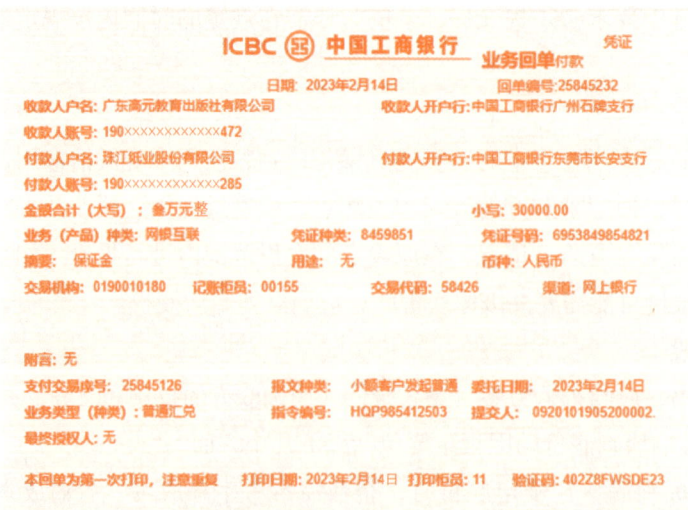

图3-14 保证金支付凭证

认知识别 投标保证金是指投标人按照招标文件的要求向招标人出具的,以一定金额表示的投标责任担保。依据《中华人民共和国政府采购法实施条例》的规定,招标文件要求投标人提交投标保证金的,投标保证金不得超过采购项目预算金额的2%。这一规定同样适用于竞争性谈判等其他采购方式。

保证金的作用主要是约束投标行为,防止投标方在投标有效期内随意撤回投标文件,或在中标后拒绝签订合同,保证招投标过程的严肃性和公正性;同时也是对招标方利益一种保障,在投标方违约时招标方有权扣留投标保证金作为补偿,以弥补由此造成的损失。

采购人或采购代理机构应当自中标通知书发出之日起5个工作日内退还未中标供应商的投标保证金。如果供应商在提交响应文件截止时间后撤回响应文件,或者在响应文件中提供虚假材料,或者成交后不与采购人签订合同(除因不可抗力或谈判文件认可的情形以外),或者与其他供应商或采购代理机构恶意串通,其保证金将不予退还。例如,投标保证金与履约保证金的金额相当,也可在签订合同时将投标保证金转为履约保证金,在履行完合同时给予退还。

保证金的缴纳方式应当以支票、汇票、本票或者金融机构、担保机构出具的保函等非现金形式提交。

风险控制 如果保证金的金额错误或提交逾期,将导致企业丧失此次投标资格,评审时会被废标处理。投标方在投标过程中出现违约或违规行为,保证金将不会给予退回。此外投标保证金在中标后如转为履约保证金,如果无法保障合同的正常履行将导致保证金无法退回并且还要承担违约责任。因此,供应商缴纳保证金时应严格按照招标文件要求的金额、形式和时间来提交保证金,并确保在投标过程中不存在违约、违规行为。

三、制作并提交响应文件

【场景3-22】2023年2月14日,珠江纸业股份有限公司各部门依据竞争性谈判文件中的响应文件目录与格式制作响应文件,按要求签章后进行密封,并在规定的时间、地点向采购方代理机构提交响应文件(见图3-15)。

响应文件

(不准提前启封)

采购编号:HXXT2023-A049
项目名称:胶版纸采购
供应商地址:广东省东莞广麻大道258号
供应商名称(盖公章):珠江纸业股份有限公司
法定代表人或
授权代理人签字: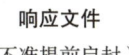
2023年2月13日

> **响应文件目录**
> （1）谈判承诺书；
> （2）报价一览表；
> （3）法定代表人授权委托书、法定代表人或其授权代表身份证件复印件；
> （4）技术条款偏离表；
> （5）供应商资格证明文件（需包含近三个月依法缴纳税金和社会保障资金的证明材料、体现健全的财务制度的证明材料）；
> （6）证明竞标货物合格的证明文件；
> （7）三年内在经营活动中没有重大违法记录的声明；
> ……

图 3-15 响应文件（节选）

注：请扫码获取完整内容。

认知识别 响应文件的基本内容包括：封面和目录、价格文件、商务技术文件（谈判书、保证金缴纳证明、供货清单、响应或偏离情况说明、资格证明文件等）。

响应文件应当严格按照竞争性谈判文件的要求进行制作。制作前应当认真研读谈判文件所有的事项、格式、条款和服务要求等。所有响应文件必须按照目录顺序装订成册，装订时应当采用包边封装方式，避免使用活页夹、订书钉等可能导致文件散落或脱页的方式。

风险控制 在制定价格策略时容易因为市场调研不充分、成本估算错误或策略僵化，导致企业制定的价格缺乏竞争力，导致价格过高或过低，从而错失市场机会或遭受损失。企业可应用大数据工具，进行整个市场的需求变化及行业成本结构分析，为制定价格策略提供准确依据。

企业在制作或提交响应文件时容易出现的风险包括，管理不善导致敏感信息泄露给竞争对手；响应文件内容不完整、格式错误或存在误导性、虚假性信息；提交时间延误，导致失去竞标资格。企业应建立严格的文件报送和传递制度，对敏感信息进行加密处理，确保信息安全。同时实施多轮审核机制，确保响应文件内容完整、格式正确、信息准确无误。同时规划好编制和提交时间，预留足够的缓冲期以应对突发情况。

四、谈判与二次报价

【场景3-23】 接到谈判通知后，珠江纸业股份有限公司现场参与了竞争性谈判。在谈判过程中就能为客户提供的产品、服务、价格以及合同条款等进行交流协商，并依据谈判小组的要求在规定时间内提交了第二轮报价。为尽力争取到该笔订单，珠江纸业股份有限公司结合对竞争对手的价格预测和对客户需求的判断，将价格下调到5,544.52元/吨，递交了二次报价（见图3-16）。

报价一览表

采购代理编号：HXXT2023-A049　　　　项目名称：胶版纸采购

报价	其他内容
小写金额：¥1,666,904.00 大写金额：人民币壹佰陆拾陆万陆仟玖佰零肆元整 （大写金额与小写金额不一致时，以大写金额为准）	本次报价为不含税价格

备注：本表须按包填写，一个"包号"一份。如不分包，即一个整包。

供应商名称（盖单位公章）：珠江纸业股份有限公司

法定代表人（单位负责人）或其授权的代理人（签字或印章）：高陶涛

日期：2023年2月13日

分项报价明细表

采购代理编号：HXXT2023-A049　　　　项目名称：胶版纸采购项目

分项项目名称	规格型号 （或项目特征描述）	品牌/产地	数量/单位	金额		备注
				单价（元/吨）	小计（元）	
1　胶版纸	70mm×845mm	广州市	300.64吨	5,544.52	1,666,904.00	
2						
……						
报价（元）					1,666,904.00	

备注：（1）本表应对应"报价表"，按包填写。供应商如果不提供分项报价明细表，其响应无效。

（2）不得填写"免费"或"赠与"，也不得进行"零"报价，否则响应无效。

供应商名称（盖单位公章）：珠江纸业股份有限公司

法定代表人（单位负责人）或其授权的代理人（签字或印章）：高陶涛

日期：2023年2月20日

图3-16　第二轮报价表

分析研判　在竞争性谈判中，采购人一般会从谈判小组提出的成交候选人中，根据符合采购需求、质量和服务相等且报价最低的原则确定成交供应商，即中标方。

珠江纸业股份有限公司的胶版纸的纤维长度、白度、紧度、平滑度以及抗水性能等质量参数均处于行业高端水平，直销业务的售后服务也是同行业中较好的，因此价格成为能否中标的重要因素。

在谈判过程中，谈判代表应当采用合理的报价策略，初次报价应具有一定的吸引力，但也要留有余地，以便在后续谈判中有足够的降价空间；根据谈判进展情况，适时提出多轮报价，每轮报价都要有充分的理由支持，并展示降价的诚意；在谈判过程中，根据采购方的反馈和谈判进展，灵活调整报价策略，包括价格、支付方式等。

在谈判前，珠江纸业股份有限公司的营销部利用大数据工具获取了竞争对手以往的中标价格，并预测了其此次竞标的底价，在第二轮报价中，销售代表报出了比竞争对手略低的价格而成为排名第1的中标候选人。

风险控制 供应商企业在谈判过程中可能因谈判技巧不足，无法灵活调整谈判策略而失去机会。谈判代表应灵活运用谈判技巧，通过提问的方式引导对方深入阐述其观点和立场原因，理解对方的需求和期望，从而灵活调整策略，谈判时应保持冷静和耐心，不被对方的语言或情绪影响。

五、中标与签订合同

（一）中标候选人公示

【场景3-24】 在谈判结束后，珠江纸业股份有限公司成为第一候选供应商，广东高元教育出版社有限公司对中标候选进行了为期三天的公示（见图3-17）。

中标候选人公示

项目名称：胶版纸采购
采购人：广东高元教育出版社有限公司
采购代理机构：广州鑫天招标代理咨询有限公司
该项目已于2023年2月18日上午10：00在广州市天河区广州大道中1268号大院内17栋开标、谈判。经过谈判小组按最低评标价法评议，推荐中标候选人公示如下：
中标候选单位：
第1名：珠江纸业股份有限公司
第2名：广东绿意纸业有限公司
第3名：上海碧波造纸集团
公示3天，公示期满对以上中标候选人若无异议，采购人和采购代理机构将确定以上中标候选人中的第一名为该项目最终中标人。
特此公告！

采购代理机构：广州鑫天招标代理咨询有限公司
采购人：广东高元教育出版社有限公司
法人代表签名：李光义
日期：2023年2月20日

图3-17 中标候选人公示

认知识别 依据法律规定，采购人应当自收到评审报告之日起3日内公示中标候选人，公示

期不得少于3天。竞标人或者其他利害关系人有异议的，应当在中标公示期间提出。

分析研判 公示期满后，因公示期内无异议，珠江纸业有限公司成为最终中标方，即可进入销售合同的草拟、审批和合同签署环节。

风险控制 在中标候选人公示期内，中标候选人可能会因为在竞标过程中存在违法违规行为被投诉，经查实，将会被取消中标候选人资格。

违法违规行为包括但不限于违反了招标文件或相关法规的规定，在投标文件中提供虚假信息、贿赂招标人或评审委员会成员等；存在串通投标行为；被其他投标人有理由投诉，并经过招标人查实存在弄虚作假、串通投标、行贿等违法行为等。

因此在参与竞标的过程中，企业应当严格遵守招标文件或相关法规的规定，在保障自身利益的同时，监督其他参与方的行为，共同维护风清气正的营商环境。

（二）合同拟定、审核与签署

【场景3-25】 公示期结束，广东高元教育出版社发送中标通知书（见图3-18）告知珠江纸业股份有限公司中标。

中标通知书

采购代理编号：HXXT2023-A049

珠江纸业股份有限公司：

广东高元教育出版社有限公司胶版纸采购项目，评标工作已经结束，经评标委员会认真评定、采购人确认贵单位为该项目的成交单位，成交情况如下。

采购	项目名称	广东高元教育出版社有限公司胶版纸采购项目	采购方式	竞争性磋商
成交单位	成交费金额	人民币壹佰陆拾陆万陆仟玖佰零肆元整	（小写）	¥1,666,904.00
	联系人	高陶涛	电话	185××××0167
	地址	广东省东莞广麻大道258号		
采购单位	联系人	杨宏辉	电话	185××××4603
	地址	广州市越秀区环市西路472号12楼		

请贵单位收到本通知后3日内，速与采购人联系，签订合同。
特此通知！

采购单位（签章）　　　　　　采购代理公司（签章）
2023年2月25日　　　　　　　2023年2月25日

图3-18 中标通知书

收到中标通知书后，珠江纸业股份有限公司依据谈判协商结果，竞争性谈判文件要求及响应文件草拟合同条款，经与广东高元教育出版社对合同重要条款进行审核确认后，双方正式签订合同（见图3-19）。

销售合同						
购买方（甲方）：广东高元教育出版社有限公司			合同编号：HT20230226033			
销售方（乙方）：珠江纸业股份有限公司			签订地点：东莞市			
			签订时间：2023年2月26日			
经双方友好协商，就甲方向乙方采购胶版纸事项达成如下协议。						
序号	商品名称	规格型号	品牌	不含税单价（元/吨）	数量（吨）	不含税金额（元）
1	胶版纸	70mm×845mm	—	5,444.52	300.64	1,666,904.00
不含税金额合计						1,666,904.00
价税合计人民币	壹佰捌拾捌万叁仟陆佰零壹元伍角贰分					¥1,883,601.52

一、产品质量。规格：70mm×845mm，等级：A等，白度：87%，透明度：90，克重：70克/张，且能满足正常的销售需要。

……

图 3-19 正式销售合同（节选）

注：请扫码获取完整内容。

分析研判 当合同正式签订后，珠江纸业股份有限公司需要立即依据合同的要求登记销售订单，仓储部门和采购部门确认库存量，生产部门依据库存和订单准备排产。之后的流程和风险与经销客户的销售过程管理相同，此处不再赘述。

风险控制 合同的拟定应当充分体现竞争谈判双方的协商结果和响应文件中承诺的内容，在订立时应采用标准合同文本，使用书面合同，并聘请法律顾问审核合同条款。

在进行合同审核时，生产、采购、营销和财务各部门都需要对合同进行审核，避免出现重大错漏，产生法律风险。

任务小结

直销客户在选择供应商时，更多的是考虑性价比，因此客户采购时可能会采用竞争性谈判的形式从多个客户间选取物美价优的供应商。企业为了中标，需要经过谈判信息的获取、谈判价格的制定和中标后的合同签订等流程来完成同直销客户的销售业务，并且在整个谈判过程中建立信息收集机制、加强响应文件审核等规避在竞争性谈判中常见的风险。

任务发布

除了参与竞争性谈判之外，企业还会通过哪些方式来获取销售订单？不同的订单获取方式，其价格策略又应如何确定？

任务4　应收账款管理

【教学重点】逾期账款的催收。
【教学难点】坏账的核销处理。

任务导入

销售后收回货款对维持资金的流动性至关重要,是营销考核的关键。信用销售虽然能提高销量和提升竞争力,但有可能带来资金困难和坏账损失等财务风险。企业应强化应收账款管理,定期对账并催收逾期账款,减少坏账损失,加速度资金回收。

任务实施

一、定期对账

企业应建立与客户的定期对账和提醒机制,以保证应收账款金额的准确性,提高应收账款按时回收的可能性。

【场景3-26】2023年1月底,珠江纸业股份有限公司共与21名客户发生了赊销业务,通过公司应收账款明细账系统记录了客户信息及欠款金额。营销部业务员彭星为此向专门负责的客户安徽恒远纸业有限公司发送对账单(见图3-20)并收取了确认回函。

对账单						
客户名称:安徽恒远纸业有限公司			公司名称:珠江纸业股份有限公司			
联系人:张旭			联系人:彭星			
联系电话:0551-65×××62			联系电话:0769-88×××58			
传真:0551-65×××62			传真:0730-86×××53			
联系地址:安徽省合肥市肥东县众牌路668号			联系地址:广东省东莞广麻大道258号			
对账清单						
日期	货物名称	规格型号	数量(吨)	单价(元/吨)	金额(元)	发票号码
2023年1月30日	颜B纸	55mm×787mm	248	5,646.52	1,583,210.24	30191592
……	……	……	……	……	……	……
本月销售金额			11,135,673.52元			
上月欠款金额			0.00			

续表	
本月收款金额	8,812,303.88元
累计欠款金额	2,323,369.64元
人民币大写金额	贰佰叁拾贰万叁仟叁佰陆拾玖元陆角肆分

此对账单核对无误后，请于5日内签字回传，未回传则视为贵公司认可，深表歉意！

客户确认（盖章）：　　　　审核：柳淑婷　　　　确认：顾流羽　　　　制表：廖峰

公司名称：珠江纸业股份有限公司

日期：2023年1月30月

图3-20　珠江纸业股份有限公司客户对账单（节选）

注：请扫码获取完整内容。

认知识别　客户往来对账单是企业之间或者企业与个人之间核对往来账目的表单。往来对账单应当清晰记录双方交易的往来明细，方便及时对账，保证往来账务的准确性，并且可以作为法律文件，证明往来款项的真实性。

在进行应收账款对账时，通常步骤为：①收集与客户交易的相关数据，如销售订单、发票和付款记录等；②通过往来对账、销售订单对账和发票对账等方式与客户核对数据；③发现差异时记录并调查确认；④尽快与客户沟通并处理差异；⑤因记账差错导致对账结果异常时，在调查确认后应当及时调整账簿记录，确保账实相符。

分析研判　公司为确认往来账项信息的正确性、加强应收账款的管理，要求营销部各业务员定期对其负责的客户发送对账单，确认应收往来情况。

2023年1月，公司向安徽恒远纸业有限公司销售纸品价税合计11,135,673.52元，已收款8,812,303.88元，尚被欠款2,323,369.64元。为确认欠款情况，销售员彭星向对方发送了对账单，并核实了欠款金额。

销售人员是应收账款的责任人，有义务确保客户按时付款。财务部每月发送各客户应收账款发生额及余额情况给营销部门，由销售责任人与客户核对。对于双方有异议的地方应及时查明原因并作相应调整。对账过程中需注意与客户的有效沟通，了解付款计划和财务状况，共同解决问题。

数智时代企业可利用财务软件或系统自动化管理账款，跟踪账款情况，发送对账函，提醒付款日期，从而提高收账效率，降低错误风险和逾期风险。

风险控制　对账环节可能存在的风险主要是收付款双方记录金额不一致且未通过对账进行调整，从而导致账实不符。财务部门、销售业务部门与客户单位之间应当保持良好的信息沟通，确保每一笔款项记录准确。

对账周期过长可能导致对账难度增大，当存在对账结果异常时，可能很难查实真实情况。企业应当设定合理的对账周期，确保往来账目清晰准确。

应收账款管理中还有可能存在对账人员失职、未按规定与客户定期对账，甚至出现营销部门虚增业绩、虚构应收账款的情况。对此，公司可通过对应收账款进行函询等监督手段防范此类风险。可通过向客户单位发送往来账项询证函（见图3-21）核实应收账款的真实情况。

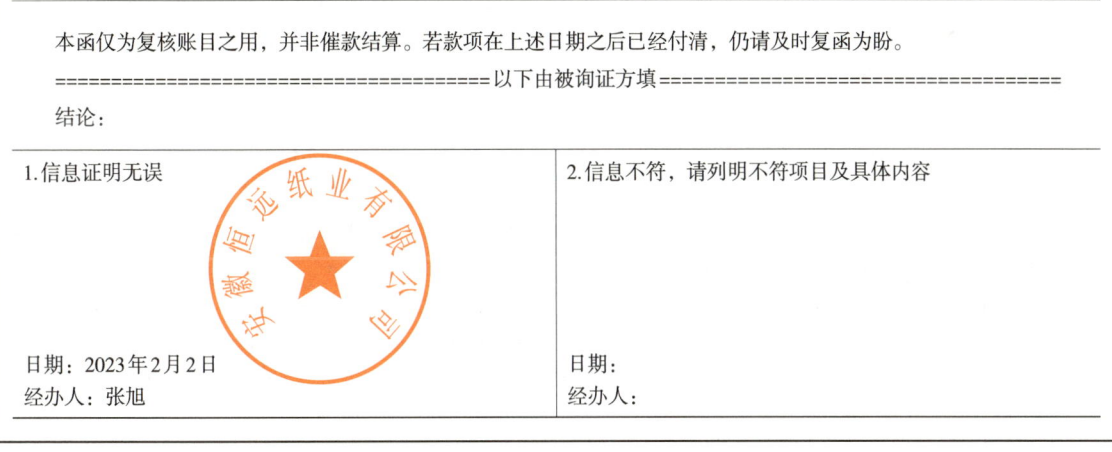

图3-21　珠江纸业股份有限公司往来账项询证函

二、逾期账款催收

对于已逾期的账款，企业应及时采取适当措施进行催收，提高应收账款回收的可能性。

【场景3-27】珠江纸业股份有限公司于2022年12月20日与武汉童灿纸业有限公司进行了交易，并给予客户30天的信用付款期限。销售人员于1月15日向客户武汉童灿纸业有限公司进行了电话和短信付款提示，客户直至1月20日仍未结清款项。2023年1月21日公司正式向武汉童灿纸业有限公司发出催款函（见图3-22）。

催款函

武汉童灿纸业有限公司：

贵公司自2022年12月20日至2023年1月20日止尚欠我公司货款共100,000.00元，根据贵我双方所签署的合同（或约定），贵公司应在2023年1月20日付清该款。现贵公司已逾期仍未支付，影响了我公司的资金周转和生产安排。请贵公司收到此通知书后3天内将上述逾期未付的货款汇付我公司账户（户名：珠江纸业股份有限公司；开户行：中国工商银行股份有限公司长安支行；账号：1901322412455631285）。否则，本公司将采取法律手段或委托相关追收人员上门催收解决，届时可能给贵公司造成不良影响并将有损贵公司诚信形象。

故特此通知。

祝：商祺！

珠江纸业股份有限公司（盖章）

2023年1月21日

图3-22　珠江纸业股份有限公司催款函

1月24日，珠江纸业股份有限公司收到对方提出的延期付款申请（见图3-23），请求将付款期限延长至2023年4月30日。

延期付款申请书

珠江纸业股份有限公司：

我公司是贵公司的长期客户，在此致信是为了向贵公司申请延期支付所欠货款10万元。由于近期出现了一些不可抗力的情况，我公司暂时无法按时支付该欠款。在此向贵公司表示诚挚的歉意，并请贵公司考虑我公司的请求，给予我公司延期付款的机会。

希望贵公司能够将付款期限延长至2023年4月30日，我公司承诺在此期限内按照约定支付货款。这将给予我公司足够的时间来重新排资金和经营策略，以应对目前的困境。

在此，我公司郑重向贵公司保证，我公司将全力以赴履行所承诺的付款义务，并且会尽一切努力确保我公司所经营的业务能够正常运转。相信在不久的将来，我公司能够逐步解决所遇到的困难，并恢复正常的财务状况。

再次向贵公司表示最诚挚的歉意，并衷心希望贵公司能够理解我公司的困难并给予一定的帮助。相信在贵公司的支持下，我公司能够克服困难，重新恢复经营。

最后，请贵公司在收到本信后尽快回复并告知对于我公司请求的意见。我们非常感激您对我公司的理解和支持。

衷心希望与贵公司继续合作。

武汉童灿纸业有限公司

2023年1月24日

图3-23　货款延期付款申请书

珠江纸业股份有限公司的销售人员通过了解，确认客户武汉童灿纸业有限公司存在暂时性财务困难。为维持合作关系，1月26日书面同意其延期付款（见图3-24），约定在2023年4月30日前收回欠款及违约金。

同意客户延迟付款的回复书函

武汉童灿纸业有限公司：

　　感谢您一直以来对我们公司的信任与支持。我们非常重视与您的合作关系，并希望这种关系能够持续稳定地发展。我们收到了您关于延迟付款的请求，并认真考虑了您的情况。在此，我们表示对您当前处境的理解，并愿意在合理范围内为您提供一定的支持。

　　考虑到您所提出的延迟付款请求，我们同意将原定的付款日期延迟至2023年4月30日。请您确保在这个日期之前完成付款，按合同约定支付违约金，以便我们能够继续为您提供优质的服务。

　　请注意，这一决定是基于我们对您的信任和对长期合作关系的重视。然而，我们也希望您能理解，延迟付款可能会对我们的财务计划和运营产生一定的影响。因此，我们希望在未来能够避免类似的情况再次发生。

　　如果您在未来有任何困难或需要进一步的支持，请不犹豫地与我们联系。我们将竭诚为您提供帮助，共同克服困难，实现双赢。再次感谢您对我们公司的信任与支持。我们期待继续与您保持良好的合作关系，共同开创美好的未来。

　　此致

　　敬礼！

珠江纸业股份有限公司
2023年1月26日

图3-24　同意客户延期付款的回函

认知识别1　催收是应收账款管理的重要环节，目的是快速回收逾期款项，减少信用风险和资金占用，稳定现金流。逾期账款催收是企业对未收回的应收账款进行追讨的活动，发送催款函是早期催收手段，旨在提醒逾期。若催款函无效，营销部应考虑上门催收或采取法律手段。

分析研判1　按照销售合同约定，珠江纸业股份有限公司给予客户单位武汉童灿纸业有限公司所欠货款100,000元的信用期限是30天，客户在1月20日仍未支付，已经超过公司的信用期限，进入了逾期催款阶段。珠江纸业股份有限公司销售人员对其发出了催款函，要求客户在3天内付清所欠货款。

认知识别2　对逾期账款的催收可能要经历如下四个阶段（见图3-25）。①逾期提醒阶段。在临近客户信用期前，及时发送催款通知或电话提醒客户支付。②催收跟进阶段。针对逾期客户进行个别催收，沟通记录，分析制定催收方案。③外部催收阶段。当内部催收无法有效收回逾期款项时，可委托专业的催收机构进行外部催收，或者采取诉讼、仲裁等法律手段。④催收结果反馈阶段。定期对逾期账款的催收情况进行汇总分析，并及时向相关部门进行反馈，进行进一步的催收工作。

图 3-25 逾期账款催收的四个阶段

逾期账款催收并非固定四个阶段，原因不同时，催收方式各异。销售人员需明确拖欠原因，制定不同催收策略。善意拖欠如货物问题或临时资金困难，应沟通解决，维护良好关系。恶意拖欠即客户蓄意拖欠，应调查资信，采取强有力追讨措施。无论是善意拖欠还是恶意拖欠，企业都应在拖欠发生的早期给予欠款客户压力，防止善意拖欠转为恶意拖欠。

认知识别3 当出现经济环境发生变化、客户信用状况出现不良迹象等情况时，企业应当及时调整客户信用政策。

1. 信用政策调整的时机

当市场环境发生变化，如经济下行、行业竞争加剧等，企业应收紧信用政策来降低风险。当客户内部财务状况和企业的财务状况发生恶化时，如客户出现财政危机、企业自身资金紧张，需及时调整对客户的信用政策。

2. 信用政策调整措施

引入先进的信用评估模型和技术，提高评估准确性，并且定期和不定期对客户信用状况进行复查和更新。建立健全应收账款管理制度，明确各部门在信用管理的职责和权限，加强对信用管理人员的培训和考核，并优化收款流程，实施差异化信用政策，加强风险预警。

分析研判2 从客户的反映和信用情况来看，武汉童灿纸业有限公司发生了应收账款逾期，反映出客户的支付困难。该信息表明客户的信用风险增加，信用情况下降，珠江纸业股份有限公司应及时重新开展对客户的信用等级评分，更新客户的信用限额和信用期限，并对该客户的信用政策进行调整。

风险控制 逾期账款催收风险在于企业催收手段无法收回客户欠款，导致坏账损失，影响资金周转和生产经营。对此，可采取以下两种方式控制风险。

（1）应收账款保理：企业将未到期应收账款转让给保理商，获取流动资金，加快资金周转。保理具有融资功能，可改善企业财务结构，减轻管理负担，降低坏账损失和经营风险。

（2）建立坏账准备制度：企业预先确定预期信用损失，计入当期损益，并建立坏账准备。当坏账实际发生时，转销坏账准备和相应应收款项，为公司预留资金应对未来坏账损失，保持稳健经营、保障公司资产价值和财务报表的稳定性。

三、坏账核销

对于确实无法收回的应收账款，企业应在履行相应的内部审批程序后，可将其在账面上进行核销。

【场景3-28】 珠江纸业股份有限公司销售会计对应收账款进行账龄分析时，识别出两笔应收账款挂账已达三年，分别是客户单位重庆林乐贸易有限公司、昆明鸿盛贸易有限公司于2019年11

月从公司购进纸品所产生的，金额分别为486,452.37元和475,210.75元。经核实这两家公司在两年前就出现了严重的财务危机，款项一直催收未果，经评估其已不具备还款能力。

廖峰向总经办提出了核销坏账的建议，总经办召开会议审议这一事项，最后形成了会议决议（见图3-26），同意财务部的建议，将重庆林乐贸易有限公司、昆明鸿盛贸易有限公司所欠长达三年的两笔应收账款予以核销。

总经理办公会议纪要
（2023年第12次）

珠江纸业股份有限公司　　　　　　　　　　　签发人：王旗

时　　　间：2023年2月20日

参会人员：覃乐凡、胡洋、王骏、钟淮敏、王旗、柳林川

会议主持：王旗

议　　　题：关于核销坏账的提议

会议主要内容：

鉴于重庆林乐贸易有限公司和昆明鸿盛贸易有限公司所欠我公司货款已达三年，且两公司现已陷入财务困难中，预计应收账款金额无法收回，因此通过全额核销坏账的提议。

重庆林乐贸易有限公司应收账款余额为486,452.37元，2023年2月作为坏账全额核销。昆明鸿盛贸易有限公司应收账款余额为475,210.75元，2023年2月作为坏账全额核销。

报：总经理办公会成员

存：综合管理部

图3-26　总经理办公会议纪要

认知识别　坏账核销是指企业对于确实无法收回的应收账款，根据会计准则、税法以及企业内控制度有关规定，履行一定的审批程序后，将其从账面上予以注销的行为。这是企业应收账款管理的一种措施，旨在真实反映企业的财务状况，避免企业虚增利润和资产。

依据国家税务局发布的《企业资产损失所得税税前扣除管理办法》（2011年第25号）相关条文规定，企业应收及预付款项坏账损失应依据以下相关证据材料确认。

（1）相关事项合同、协议或说明；

（2）属于债务人破产清算的，应有人民法院的破产、清算公告；

（3）属于诉讼案件的，应出具人民法院的判决书或裁决书或仲裁机构的仲裁书，或者被法院裁定终（中）止执行的法律文书；

（4）属于债务人停止营业的，应有工商部门注销、吊销营业执照证明；

（5）属于债务人死亡、失踪的，应有公安机关等有关部门对债务人个人的死亡、失踪证明；

（6）属于债务重组的，应有债务重组协议及其债务人重组收益纳税情况说明；

（7）属于自然灾害、战争等不可抗力而无法收回的，应有债务人受灾情况说明以及放弃债权申明。

企业逾期三年以上的应收账款的应收款项在会计上已作为损失处理的，可以作为坏账损失，

但应说明情况，并出具专项报告。

　　企业逾期一年以上，单笔数额不超过五万或者不超过企业年度收入总额万分之一的应收款项，会计上已经作为损失处理的，可以作为坏账损失，但应说明情况，并出具专项报告。

分析研判　重庆林乐贸易有限公司、昆明鸿盛贸易有限公司所欠的这两笔应收账款已超过三年仍未收回，且通过调查已认定无力偿还，符合坏账损失确认条件，可由财务部门向公司管理层提出建议，予以核销。

风险控制　坏账核销环节存在的风险主要有：①销售人员只注重销售业绩，应收账款回收责任心不强，跟踪管理不到位，催收不力，人为增大坏账损失；②放弃或者忽略对已核销应收款项的追偿权，或者收回的已核销应收款项未上交财务，形成账外小金库或流入个人腰包；③应收账款的坏账核销不完整，存在应销未销的情况；④应收账款的坏账核销依据不充分，核销较随意。

　　企业可建立完善的坏账核销决策机制，严格执行核销审批流程；将应收账款回收情况纳入销售人员绩效考核范围，促使销售人员加大应收账款跟踪管理和账款催收力度。

任务小结

　　应收账款管理的目标在于如期收回货款，减少坏账损失，属于客户信用管理体系的一部分，其内容主要涉及与客户定期对账，对逾期账款进行催收以及按程序核销确实无法收回的应收账款。营销人员应加强与逾期客户的沟通，摸清欠款的真正原因，采取不同的催收策略；对应收账款实施管理和建立坏账准备，有助于减少坏账损失对企业生产经营活动及其财务状况、经营成果的影响。

任务发布

　　已经核销的坏账，客户又突然付款了，企业应当如何处理？对企业又有什么影响？

任务5　客户售后管理

【教学重点】客户投诉的处理、客户满意度调查。
【教学难点】客户回访的目标确定和方式选择。

任务导入

　　对于企业而言，履行销售合同，安排生产和发货并不意味着销售环节的结束，只有在提供货物的同时让客户对提供的销售服务满意，才能维持客户忠诚度，增加后续销售机会。为此，销售人员需要维持对客户的售后管理，及时进行客户回访并且积极处理客户投诉。

三、任务实施

一、客户回访

通常企业同客户进行完交易后，会在短期内（通常购买后的几天内到几个月内）对客户进行回访，以此调查从接洽到发货期间，客户使用产品或服务的体验，收集反馈，并解决问题或疑惑。

客户回访后，需要记录回访情况。

【场景3-29】 2023年1月，售后服务部陆莉对刚结束交易的湖南金盛商贸有限公司开启回访，与客户进行了电话沟通并依据客户电话回访意见填写了《客户回访报告表》（见表3-20），呈报主管领导审核。

表3-20　　　　　　　　　　　客户回访报告

回访时间	2023年1月18日	回访人员	陆莉	回访对象	湖南金盛商贸有限公司
回访目的	了解客户满意度，维护客户关系	回访形式	电话回访	回访结果	满意
回访主要内容	产品质量、交付时效、客户服务、合作感受					
客户对产品评价	满意					
客户对产品期望	印刷用纸具有出色的吸墨性能，使印刷图案和文字更加清晰、饱满，为我们的裁剪和后续加工提供了极大便利					
客户对服务评价	满意					
客户对服务期望	每次联系客服，都能得到及时响应，效率很高					
改善客户服务对策	定期对客户服务团队进行产品知识培训，确保每位成员都能准确解答客户问题					
回访中遇到的问题						
备注/说明						
主管领导审核意见	语气和态度决定回访的成败，记得要友善和专业					

认知识别1 企业通过客户回访，可以解决以下问题：①发现潜在问题；②收集市场信息，支持市场策略；③资源再利用，促成订单；④提升客户满意度，针对性改进。

对于不同类型的客户，回访目标应有不同侧重点（见表3-21）。

表3-21　　　　　　　　　　　客户类型及回访目标

客户类型	客户特点	回访目标
经销大客户	市场覆盖广、订单数量大，能帮助企业快速进入新市场； 可节省市场推广、物流配送成本，但销售周期长； 竞争激烈，对手众多； 客户需要企业提供销售团队支援和销售决策建议	巩固长期合作关系； 了解市场情况、竞争对手动态、市场变化趋势； 确定客户满意度

分析研判1 湖南金盛商贸有限公司属于公司的一般经销客户，本次回访对产品质量、交付事项、客户服务、合作感受等内容进行了沟通，在进行客户回访时除了加强与客户的沟通、了解客户的满意度外，也应借此进一步建立稳固的信任关系，以此来拓展更广大的销售市场。客户回访的结果也可以作为对销售人员服务质量和产品质量的考核依据。

认知识别2 企业常用的回访方式有四种，包括电话回访、邮件回访、社交媒体回访和当面拜访不同的形式，各种方式所需付出的成本和时间各不相同（见表3-22）。为此，客户服务人员需要依据客户类型、购买频率和产品特性等因素来酌情决定回访方式、次数和频率。

表3-22　　　　　　　　　　　　　　客户回访方式

回访方式	优点	缺点	适用范围
电话回访	1.直接有效、迅速获得客户反馈 2.可根据客户不同需求提供定制化服务 3.不受地域限制、易于操作	1.如果时间选择不当，可能会打扰客户 2.信息记录困难，需要额外记录否则会遗漏重要信息 3.需要花费人力成本和通信费用	1.适合个人客户或小型企业 2.需要快速响应客户需求的场景
邮件回访	1.通过电邮问卷或调研表可大规模回访 2.发送成本低 3.便于客户操作，信息记录方便	1.回复率低，客户可能忽略回复邮件 2.反馈不及时，无法立即获得客户反馈 3.需要组织人力设计邮件和调研表，并分析数据，会增加人力成本	适合用于大规模收集客户反馈或产品使用情况的场景
社交媒体回访	1.通过微信、微博等平台与客户互动，可迅速获得客户的实时反馈 2.通过社交媒体平台宣传产品或服务，可扩大产品曝光 3.便于及时宣传产品、服务	1.信息管理复杂，需要管理多个社交媒体平台信息 2.反馈质量不一，可能包含大量无效或重复信息 3.需要成立专门的社交媒体管理团队，并且增加了社交平台的营销费用同人力成本	1.适用于年轻客户群体 2.需要通过社交媒体进行品牌宣传的场景
当面拜访	1.通过当面沟通的形式，可以深度了解客户需求和期望 2.面对面沟通更加正式和诚恳，可建立更强的信任关系 3.便于直观展示产品或服务特点	1.成本高昂，可能需要支付交通、住宿和业务招待等费用 2.时间消耗大，需要花费大量时间进行准备和沟通	1.适用于重要客户 2.需要深入了解客户需求的场景

分析研判2 湖南金盛商贸有限公司属于珠江纸业股份有限公司的经销商，经销商本身可为公司带来规模性的订单，保证公司销售的稳定性。作为一般客户说明订单量还有进一步的上升空间，需要通过定期的交流建立更加稳固的信任关系，从而扩大市场份额。由于陆莉需要回访的客户属于经销一般客户，在公司的评级为B级，所以需要公司体现出对客户的重视。回访的目的主要是及时了解服务满意度，不适合用邮件回访和社交媒体回访。剩余方式中性价比最高的就是电话回访。

风险控制 电话回访存在一些潜在的风险，需要服务人员注意。

（1）沟通不畅与误解。由于电话沟通的局限性，有时无法准确传达信息或造成双方误解，可能影响客户的满意度，甚至引发投诉或纠纷。

（2）销售人员沟通技巧和服务水平不稳定，导致电话回访服务质量不高，无法有效提供客户满意方案，造成负面效果。

（3）数据收集与处理的合规性。电话回访中需收集和处理客户的个人信息，如公司或服务人员未能遵守数据保护法规或隐私政策，可能会面临合规性风险。

企业电话回访需准备内容清单，确保回访效果。加强服务人员培训和管理，保障电话网络安全，保护客户信息。遵守数据保护法规和隐私政策，确保合规性。

二、客户满意度调查

除了销售后进行客户回访，企业还可通过问卷调查的形式掌握客户满意度情况，对所有的客户定期开展客户满意度调查。

【场景3-30】2023年3月，营销部开启第一季度客户满意度调查，就公司、产品、服务、价格、交付、售后支持等多个方面情况开展调查。营销部为此使用了调查问卷来辅助收集客户意见（见表3-23）。

表3-23　　　　　　　　　　　　问卷调查

尊敬的_____公司：

您好！

为进一步改进和提高本公司产品的质量和服务工作，以便更好地为您提供服务，期望您能对我们公司的产品和服务提出宝贵的意见和建议。

	项目	评价
产品	产品质量	□满意　□比较满意　☑一般　□不满意　□非常不满意
产品	产品价格	□满意　□比较满意　☑一般　□不满意　□非常不满意
产品	公司的产品是否能满足您的要求	☑满意　□比较满意　□一般　□不满意　□非常不满意
服务	服务人员的工作态度	□满意　□比较满意　☑一般　□不满意　□非常不满意
服务	服务效率	☑满意　□比较满意　□一般　□不满意　□非常不满意
服务	服务人员的技术水平	□满意　□比较满意　☑一般　□不满意　□非常不满意
服务	投诉问题的处理	☑满意　□比较满意　□一般　□不满意　□非常不满意
服务	产品出现故障后的解决	☑满意　□比较满意　□一般　□不满意　□非常不满意
其他	1.您认为我们公司的服务在哪些方面还需要改进	希望继续保持
其他	2.产品有何改进的建议或意见	对于包装用纸，增强纸张的韧性和耐折性，提高包装效果

营销部对于客户满意度调查的结果运用数字化工具对调查问卷的结果进行了收集和整理，并上传到了珠江纸业股份有限公司的系统（见表3-24）。

表3-24　　　　　　　　　　　问卷调查结果登记

序号	产品质量	产品价格	公司的产品是否能满足您的要求	服务人员的工作态度	服务效率	服务人员的技术水平	投诉问题的处理	产品出现故障后的解决	服务改进建议	产品改进建议	客户名称
1	满意	满意	满意	满意	满意	满意	满意	满意	设立专门的客户服务热线或在线客服系统，确保客户可以随时联系公司并快速获得回复	根据不同客户的需求，提供定制化的纸张尺寸和规格	合肥出版印刷物资有限公司
2	满意	满意	满意	满意	满意	满意	满意	满意	设定服务响应时间目标，如24小时内回复所有咨询或投诉	提供多种克重选择，满足不同应用场景的需求	广东高元教育出版社有限公司

续表

序号	产品质量	产品价格	公司的产品是否能满足您的要求	服务人员的工作态度	服务效率	服务人员的技术水平	投诉问题的处理	产品出现故障后的解决	服务改进建议	产品改进建议	客户名称
3	比较满意	满意	满意	满意	满意	满意	满意	满意	根据客户的具体需求,提供定制化的纸张解决方案,包括纸张规格、质量、包装等方面的定制	对于印刷用纸,提高油墨吸收性和色彩还原度	湖南金盛商贸有限公司
4	一般	一般	满意	一般	满意	一般	满意	满意	希望继续保持	对于包装用纸,增强纸张的韧性和耐折性,提高包装效果	常德宇明纸业有限公司
5	满意	满意	满意	满意	满意	满意	满意	满意	无	对于办公用纸,提高纸张的光滑度和书写流畅性	昆山盛宝纸业有限公司
6	满意	满意	满意	满意	满意	满意	一般	满意	设置客户问题优先级,对紧急或重要问题实行优先处理,确保问题得到及时解决	价格可以更优惠	江西永昌贸易有限公司
7	满意	满意	满意	满意	满意	满意	满意	满意	无	优化生产成本,从而降低纸张价格	武汉丰鸣纸业有限公司
8	满意	满意	满意	满意	满意	满意	满意	无		提供不同档次和价格的产品,以满足不同客户的预算需求	江苏二房巷国际贸易有限公司
9	满意	满意	满意	满意	满意	满意	满意	满意	为客户提供个性化的产品推荐和搭配建议,满足其特定应用场景的需求	改进包装方式,确保产品在运输过程中不易受损	湖南省佳园印刷物资总公司
10	满意	满意	满意	一般	满意	满意	满意	无		可以多做点促销活动	四川博越纸业有限公司

认知识别 为了更好的了解客户的态度,满意度调查问卷往往包括如下内容。①调查目的;②产品质量、价格的满意度;③服务态度、技术水平、投诉问题处理、问题解决的满意度;④推荐和反馈建议。

调查问卷发布后,企业可对海量客户反馈意见进行收集和整理,从而有助于数据分析。

分析研判 通过查看具体问卷内容,发现常德宇明纸业有限公司对公司产品功能满意,但不太认可产品的质量和价格;认为服务的反应速度很快但是服务人员的态度不太好、技术水平一般;并且对公司提出了改进纸张韧性和耐折性,美化包装的建议。

风险控制 客户反馈的服务人员态度不好,直接反映了企业在基层业务人员的态度、沟通方式以及员工培训方面存在不足,业务人员直接同客户接触,代表的是企业的形象,如果情况持续下去将会降低客户满意度,甚至导致客户流失。而纸张的韧性、耐性和包装不美观,也反映出企业产品的使用效果和安全性有待加强,不加以控制会增加客户投诉和退货率,损害公司声誉。对此,企业应针对服务质量风险加强培训、建立激励绩效指标和奖惩机制,定期评估与反馈员工的服务状态。针对产品质量风险,在严格把控产品质量的基础上,优化包装设计,把控住产品细节。

三、客户投诉处理

销售每个环节均有可能出现问题,客户投诉可能涉及产品及服务等各个方面,企业需要及时处理客户投诉,包括投诉的登记、分类处理,进行责任认定以及向客户反馈投诉处理结果。

【场景3-31】2023年3月20日,珠江纸业股份有限公司收到了客户单位红星文化发展(上海)有限公司的投诉,营销部对该投诉进行了登记(见表3-25),并根据投诉具体情况进行责任的认定，制作客户投诉责任认定书（见表3-26），最后，向客户发出了投诉处理单（见表3-27）反馈解决方案。

表 3-25　　　　　　　　　　　　　客户投诉登记

编号	时间	客户名称	投诉人	联系电话	货物名称	规格型号	数量（吨）	金额（元）	投诉事由	投诉对象	处理结果	登记时间	登记人	备注
1	2023年3月20日	红星文化发展（上海）股份有限公司	周佩佩	139××××3699	办公用纸	A4	20	133,589.5	产品质量问题	营销部		2023年3月20日	章琳	

表 3-26　　　　　　　　　　　　　客户投诉责任认定书

编号：20231224

客户	红星文化发展（上海）股份有限公司		投诉人	周佩佩	联系电话	139××××3699
产品名称	办公用纸		退货数量	20吨	退货日期	2023年3月20日
责任原因	客户投诉后进行退货处理：在此生产送货期间由于本公司产品色泽不一、耐折度差等质量问题，退货情况不断发生					
质量管理中心	品质确认：红星文化发展（上海）股份有限公司退回的办公用纸确实存在色泽不一、耐折度差的问题					
	负责人	卢思云		日期	2023年3月20日	

注：请扫码获取完整内容。

表 3-27　　　　　　　　　　　　　投诉处理单

填制日期	2023年3月21日	拟单部门及拟单人	营销部-章琳	编号	KS0001
投诉单位	红星文化发展（上海）股份有限公司	投诉人	周佩佩	联系方式	139××××3699
产品名称	办公用纸			生产日期	2023年
生产机台	9#	发货日期	2023年3月2日	使用日期	2023年
产品规格	A4	发货数量	91.37吨	投诉日期	2023年3月20日
投诉事宜					
问题	在此生产送货期间由于公司产品色泽不一、耐折度差等质量问题，发生退货				
……	……	……	……	……	……

注：请扫码获取完整内容。

认知识别1　处理客户投诉应遵循以下原则。

（1）有章可循。设置专门制度和人员处理客户投诉问题。

（2）及时处理。对于客户投诉，各部门应通力合作，争取在最短时间内全面解决问题。

（3）分清责任。问题解决后要厘清责任部门和责任人，作出相对应的处理。

（4）留档分析。记录客户投诉的内容和处理过程、处理结果，吸取教训，总结经验，为以后提供参考。

认知识别2 通常企业接到客户投诉后，需采取以下几个步骤来应对客户反馈的问题（见图3-27）。

图 3-27 客户投诉处理流程

认知识别3 不同性质的客户投诉，企业所需执行的解决措施各有不同。

（1）产品或服务的质量问题。可修复的则提供免费维修，严重问题的则替换新品或全额退换，并给予补偿。企业内部需改进产品质量，避免问题再现。

（2）物流配送问题。企业应追踪物流信息，与物流公司沟通、解决问题，如包裹丢失、损坏则重新发货，配送延迟则催促加速，并给予客户补偿。同时与物流供应商共同优化配送流程。

（3）客服投诉问题。需与客户沟通核查后致歉，并对客服进行培训或调整。

（4）售后问题。应快速响应并改进售后服务流程，确保售后团队专业能力，给予补偿提升客户满意度。

分析研判

1. 客户投诉分类

客户对办公用纸质量不满，原因可能为生产品控问题或原料质量异常。公司需采取措施并安抚客户。产品质量问题需要质量管理中心、生产、采购和财务部门共同进行责任认定和处理。

2. 客户投诉责任认定

珠江纸业股份有限公司对红星文化发展（上海）股份有限公司投诉进行调查，确认投诉属实，因保存不当导致质量问题。相关部门提出整改方案并登记"客户投诉责任认定书"。质量管理中心和生产部为主要责任部门，需确定质量严重程度，查明原因及责任人。

3. 客户投诉处理

处理客户投诉时，应优先考虑客户期望。珠江纸业股份有限公司售出的20吨产品无法使用且无法修理，应及时退货退款。生产、质量管理部门确定责任后，珠江纸业股份有限公司确定解决方案并整改。营销部向客户反馈解决方案，仓储部门准备接收退货，财务部门准备办理退款。

风险控制

1. 客户投诉处理不及时的风险及控制

如果客户投诉管理部门不及时响应，客户投诉得不到妥善的解决，将可能对企业的形象造成影响，进而影响同客户之间的信任关系，从而造成消费者对产品质量存疑，影响企业未来的销售额。并且如果产品质量问题较为严重，违反合同约定，甚至会导致法律诉讼和罚款，增加企业的经济负担。为此，在收到客户的投诉后，客户投诉部门应立即回应，给客户提供明确的时间表以方便解决问题；对内，应当与生产、运营和销售团队合作，分析调查问题并共同商议提供有效的解决方案。另外，企业内部应完善质量监督系统，定期评估和更新质量控制措施。

2. 客户投诉责任认定风险及控制

（1）事实确认风险。客户的投诉也可能存在事实差异，如果企业在初期环节未能准确记录或确认投诉事实，可能导致后续责任认定出现偏差。

（2）责任界定风险。类似产品质量问题牵涉多个部门和主体，判定责任主体是企业还是顾客时，如果缺乏相关证据，那可能导致责任承担不当，引起公司损失或引发顾客不满产生法律纠纷。

（3）内部运营风险。企业在进行内部纠错时，如果将责任归咎于无辜的员工或部门，可能引发内部矛盾和不满情绪，并且无法及时纠正真正的问题或改进服务质量，可能导致类似问题反复出现，影响企业正常运营和发展。

因此，对于投诉真实性的风险，企业需进行客观、公正的调查，摒弃主观偏见。在界定责任时，应保证证据完整真实，并且建立健全投诉受理机制，加强内部合规管理。

3. 客户投诉处理方式不当的风险及控制

如果责任认定书未能准确、全面地反映客户投诉的问题，或者解决方案未能满足顾客的期望，可能会导致顾客对处理结果不满，进一步加剧与企业的矛盾。为此，企业应确保责任认定书的准确性，并尽可能提供符合顾客期望的解决方案。同时，在告知顾客前，应再次核实处理单的内容，确保无误。

另外，对于顾客提出的解决方案超出合理范畴的，会给企业带来经济损失。但直接拒绝又可能破坏同顾客的关系。对此，企业应当积极解释与沟通，并且提出多个替代解决方案。必要时向上级或专家寻求帮助，当确实严重损害到企业利益而仍无法通过私下沟通解决时，应适当寻求法律帮助。

任务小结

企业在完成销售后，为了维护同客户的关系，确保销售过程各环节的客户满意度，应当在销售后短期内及时进行客户回访，长期内持续开展满意度调查。同时，在收到客户的投诉时，积极地应对处理，以此来维系与客户的关系，培养客户忠诚度，从而确保销售的稳定性。

项目总结

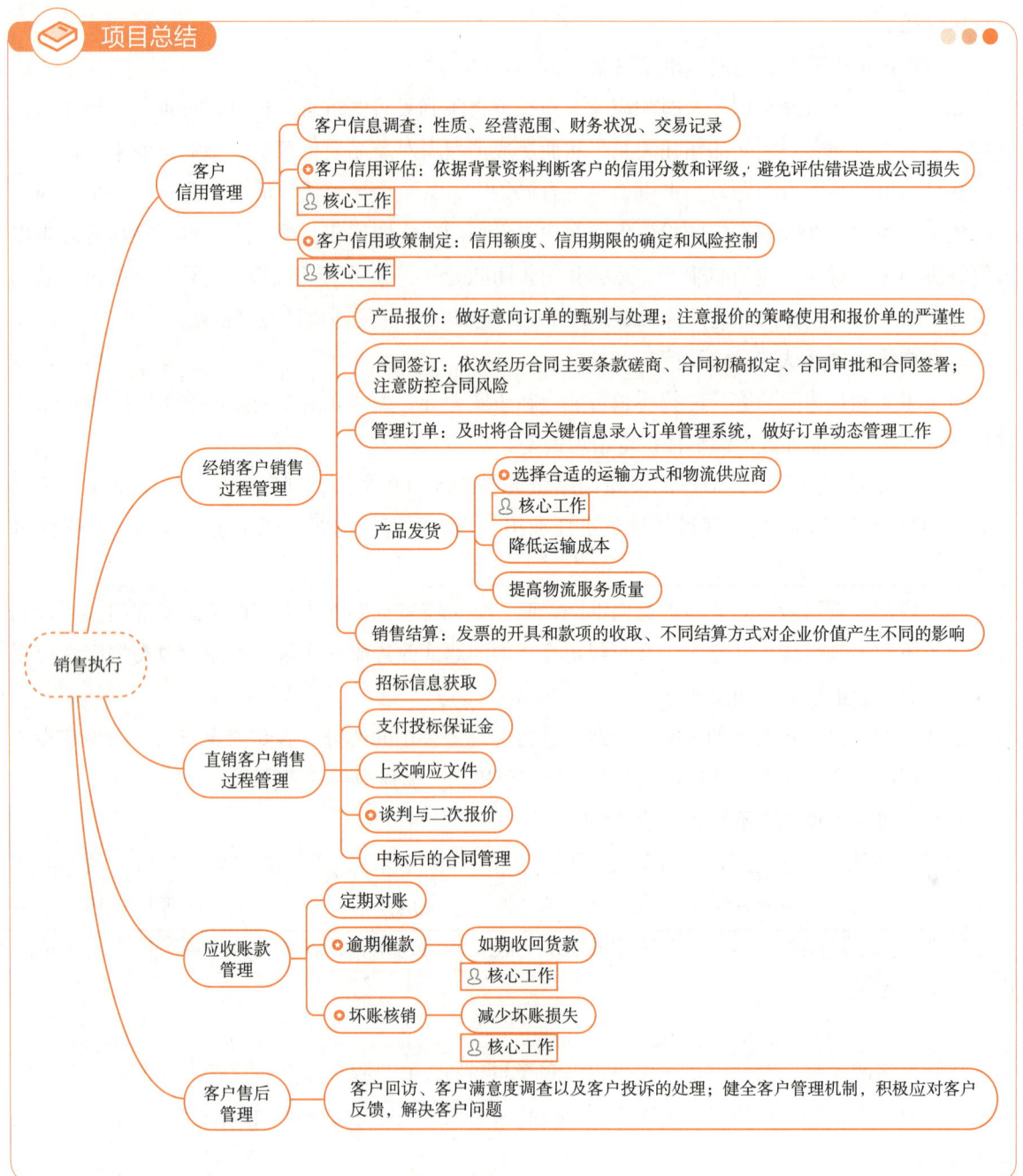

项目 4　销售收入核算

学习目标

知识目标

1. 理解收入会计准则中对收入确认与计量五个步骤的原则性规定；
2. 掌握不同类型销售收入的核算内容和核算方法；
3. 理解应收款项减值的原理，掌握备抵法核算坏账损失的原理与步骤。

技能目标

1. 能够运用收入确认与计量的五步法对各类收入的确认与计量进行正确的判断；
2. 能够运用收入核算知识对销售收入进行全面、完整的核算；
3. 能够运用备抵法进行坏账损失的核算，并能根据核算结果提出减少坏账风险的合理建议。

素质目标

1. 具有审慎仔细的职业态度，能够认真审核收入业务的真实性和完整性；
2. 具有敏锐的职业判断力，能够合理确定各类收入确认与计量的金额和时间；
3. 培养规则意识，认真遵循会计准则。

任务 1　收入确认与计量的步骤

【教学重点】合同中各单项履约义务的识别。
【教学难点】交易价格的确定及分摊。

任务导入

企业销售业务分为一般销售业务和特殊销售业务。销售业务可能发生在某一时点,也可能需要持续一段时间,可能是简单业务,也可能是复杂业务。对于复杂的销售业务,财务部门应根据《企业会计准则第14号——收入》的指导,严格按收入确认与计量的五步法进行分析与判断,以完整、准确、及时核算销售收入。

任务实施

一、收入的五步法分析

以技术转让收入为例,按照收入确认与计量的五个步骤进行分析。

【**场景4-1**】珠江纸业股份有限公司销售会计需要对公司2022年末签订的一份技术转让合同(见图4-1)进行职业判断,该合同涉及一项还是多项履约义务,公司应该于何时、按何种金额、对哪些类别的收入进行确认与计量。

技术转让合同

甲方:珠江纸业股份有限公司　　　　　乙方:常德宇明纸业有限公司
地址:广东省东莞广麻大道258号　　　地址:湖南省津市市金鱼岭办事处文家湾社区襄窑路328号
法定代表人:王旗　　　　　　　　　　法定代表人:周家仁
联系电话:0769-88××××58　　　　联系电话:0736-86××××27

第一条　鉴于甲方拥有淋膜原纸非专利生产技术,并愿意将该技术的使用权转让给乙方,且该转让不具有排他性,双方根据《中华人民共和国民法典》的相关规定,本着平等、自愿、公平、诚实信用的原则,经友好协商,达成如下合同条款。
1.甲方同意将其拥有的淋膜原纸的非专利生产技术使用权转让给乙方,供其在合同约定的期间内使用。
2.技术转让的范围包括但不限于生产技术全套资料、专用设备两台以及相关的技术培训和技术咨询服务。

第二条　技术转让期限
技术转让期限自2023年1月1日起至2032年12月31日止。

第三条　甲方的义务
1.甲方应在本合同生效之日起一个月内向乙方交付淋膜原纸生产技术的全套资料,并提供两台专用生产设备,完成运输、安装及调试工作。
2.甲方应在本合同生效之日起一个月内完成对乙方生产工人的免费技术培训,使其能够独立掌握淋膜原纸生产技术的操作应用。
3.甲方应确保所提供的技术资料和专用设备是合格、完整、有效的,并能够满足乙方的生产需求。
4.在技术转让期前两年,甲方应为乙方提供免费的技术咨询服务,包括在线和电话方式解答技术问题、提供技术改进建议等。

第四条　乙方的义务
乙方应支付给甲方的费用包括固定技术转让费500万元,设备费1,500万元,转让期内按产品年销售收入的1%计算业绩分成费。

> 1.固定技术转让费的支付时间：乙方在甲方按合同约定交付全套生产技术资料并完成对乙方生产工人的技术培训后10天内，向甲方支付固定转让费500万元。
>
> 2.设备费的支付时间：乙方在甲方将设备送达并安装调试完毕后10天内支付设备费1,500万元。
>
> 3.业绩分成收入计算与支付：乙方每年按照淋膜原纸销售收入的1%向甲方支付分成收入，计算基数以乙方经审计后的产品销售收入为准，支付时间为次年1月31日之前。

图 4-1　技术转让合同（节选）

注：请扫码获取完整内容。

认知识别　由合同内容可知，珠江纸业股份有限公司将本公司拥有的非专利技术——淋膜原纸生产工艺的使用权转让给了常德宇明纸业有限公司，该特许权使用转让不具有排他性。转让期间为2023年1月1日至2032年12月31日，珠江纸业股份有限公司应在转让该生产技术全套资料的同时提供专用设备两台（设备费另算），自合同生效之日起一个月内完成对客户单位生产工人的免费技术培训，使其独立掌握该技术的操作应用，同时，在两年内为客户单位提供技术咨询服务（通过在线和电话方式）。合同约定的固定转让费为500万元，同时，转让期内常德宇明纸业有限公司每年还应按淋膜原纸销售收入的1%支付珠江纸业股份有限公司业绩分成费。

收入确认与计量的五个步骤如下。

1. 识别与客户订立的合同

合同，是指双方或多方之间订立有法律约束力的权利义务的协议。合同包括书面合同、口头合同以及其他形式合同。

企业与客户之间的合同同时满足下列五项条件的，企业应当在履行了合同中的履约义务，即在客户取得相关商品控制权时确认收入。

（1）合同各方已批准该合同并承诺将履行各自义务；

（2）合同明确合同各方与所转让商品相关的权利和义务；

（3）合同明确与所转让商品相关的支付条款；

（4）合同具有商业实质，即履行该合同将改变企业未来现金流量的风险、时间分布或金额；

（5）企业因向客户转让商品而有权取得的对价很可能收回。

2. 识别合同中的单项履约义务

履约义务，是指合同中企业向客户转让可明确区分商品的承诺。

企业应当将向客户转让可明确区分商品（或者商品的组合）的承诺或者向客户转让一系列实质相同且转让模式相同的、可明确区分商品的承诺作为单项履约义务。

例如，企业与客户签订合同，向其销售商品并提供安装服务，该安装服务简单，除该企业外其他供应商也可以提供此类安装服务，该合同中销售商品和提供安装服务为两项单项履约义务。若该安装服务复杂且商品需要按客户定制要求修改，则合同中销售商品和提供安装服务合并为单项履约义务。

3. 确定交易价格

交易价格，是指企业因向客户转让商品而预期有权收取的对价金额。企业代第三方收取的款项

（例如增值税）以及企业预期将退还给客户的款项，应当作为负债进行会计处理，不计入交易价格。

在确定交易价格时，需要考虑可变对价、合同中存在的重大融资成分、非现金对价、应付客户对价等因素的影响。

4. 将交易价格分摊至各单项履约义务

合同中包含两项或多项履约义务的，企业应当在合同开始日，按照各单项履约义务所承诺商品的单独售价的相对比例，将交易价格分摊至各单项履约义务。

5. 履行各单项履约义务时确认收入

企业应当在履行了合同中的履约义务，即客户取得相关商品控制权时确认收入。企业将商品的控制权转移给客户，该转移可能在某一时段内（即履行履约义务的过程中）发生，也可能在某一时点（即履约义务完成时）发生。

对于在某一时段内履行的履约义务，如建筑施工、软件开发等，企业应当选取恰当的方法来确定履约进度并据以分期确认收入；对于在某一时点履行的履约义务，如纸品销售等，企业应当在控制权转移时确认收入。

分析研判　该技术转让业务涉及设备销售、技术转让等多项履约义务，合同中的交易价格既包括固定转让费，也包括按销售业绩分成的可变转让费，则这项技术转让业务是一种较为复杂的收入业务，需要按照收入准则中关于收入确认与计量的步骤、原则逐一进行分析，对收入确认的时间、金额作出正确的判断，方能准确反映公司的财务状况和经营成果。

销售会计按照收入确认与计量的五个步骤，对上述技术转让业务逐步进行了分析。

1. 识别合同

从合同内容和形式看，该交易已满足了合同成立的五项条件，公司可在履行了合同中的履约义务时确认收入。

2. 识别合同中的单项履约义务

由合同条款可知，珠江纸业股份有限公司向常德宇明纸业有限公司转让淋膜原纸生产工艺非专利技术使用权，并提供两台生产设备，其中设备属于通用生产设备，除珠江纸业股份有限公司外，其他设备供应商也可以提供此类货物。因此，该合同中转让非专利技术和销售设备为两项单项履约义务，应分别确认收入。合同中涉及的培训和咨询服务是转让非专利技术这一交易的必要履约条件，与技术转让密不可分，属于同一项履约义务。

3. 确定交易价格

合同中涉及三个交易价格，一是固定技术转让费500万元，二是生产设备价款1,500万元，三是转让期内每年按淋膜原纸销售收入的1%计算的业绩分成收入。前两项属于固定对价，第三项属于可变对价。

4. 将交易价格分摊至各单项履约义务

合同涉及技术转让和设备销售两项履约义务，设备销售的交易对价为1,500万元，技术转让的交易对价由固定技术转让费500万元和各年据实计算的业绩分成收入组成，其中业绩分成收入属于可变对价。

5. 履行各单项履约义务时确认收入

对于设备销售履约义务,公司可在设备送达并安装调试完毕后确认设备销售收入;对于技术转让履约义务,公司可在交付全套技术资料并完成对常德宇明纸业有限公司生产工人的技术培训后确认固定技术转让收入。两项履约义务均属于在某一时点履约的义务。同时,转让期内每一年年末,在常德宇明纸业有限公司经审计的淋膜原纸销售收入总额确定后,均可按销售收入总额1%的比例计算确认业绩分成收入。

除了这类复杂销售业务外,公司大部分的纸品销售业务为简单业务,无须完全按照这五个步骤进行销售收入的确认与计量。例如,大部分合同中销售的是单件商品,则不需要将交易价格分摊至各单项履约义务;再如,合同中不包含可变对价、重大融资成分等影响交易价格确定的复杂因素,则合同规定的交易价格即最终交易价格,无须进行复杂的交易价格确定的分析判断;又如,公司的纸品销售业务均属于在某一时点履行的履约义务,履约义务完成时即可确认收入、结转成本,不涉及履约进度的判断、合同履约成本的归集。

风险控制 销售会计要严格遵循收入会计准则的规定对收入进行确认与计量,确保收入的真实性和完整性。如果在尚未履行相应履约义务时确认了收入,则其属于虚增收入,会影响收入的真实性;如果忽略了合同中关于可变对价的条款,没有在每年末追踪被转让方淋膜原纸的销售收入并落实业绩分成收入,则会导致公司利益的流失,影响收入的完整性。

二、各单项履约义务的收入核算

(一)固定转让收入的核算

【**场景4-2**】2023年1月18日,销售会计廖峰向常德宇明纸业有限公司开具了技术转让发票(见图4-2),随即收到了中国工商银行的业务回单(见图4-3)。

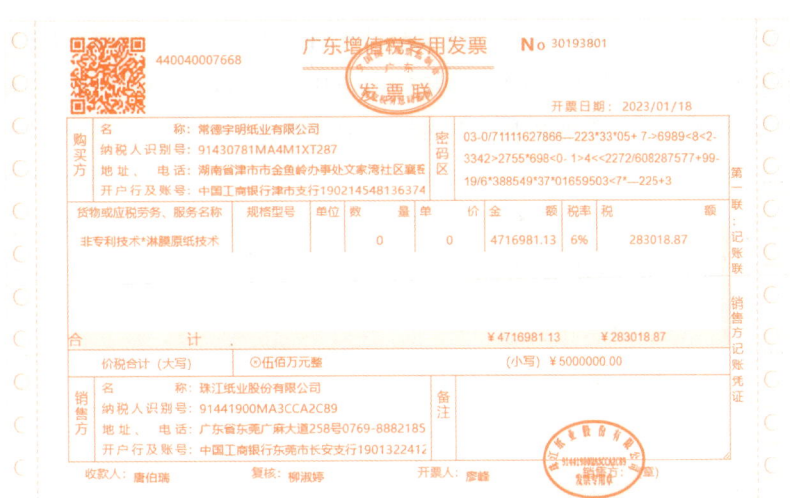

图4-2 珠江纸业股份有限公司技术转让发票

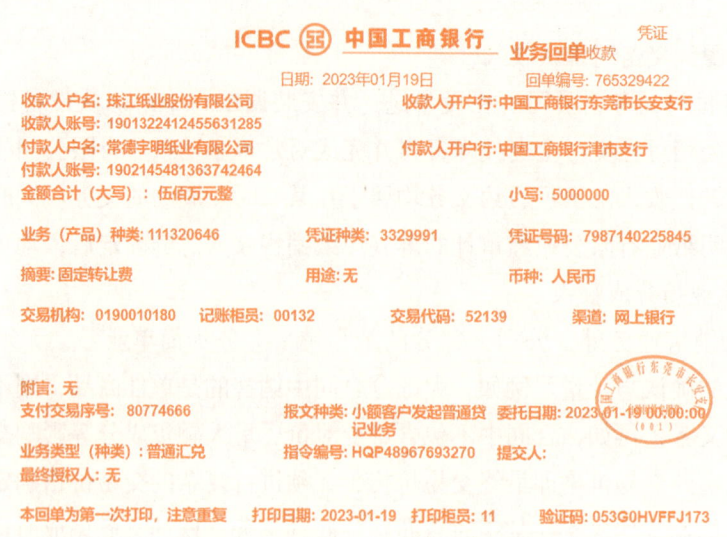

图 4-3 中国工商银行收款业务回单

认知识别1 企业日常经营活动实现的销售收入通过"主营业务收入"和"其他业务收入"核算。其中,主营业务收入是指企业持续的、主要的经营活动所取得的收入。主营业务收入在企业收入中所占的比重较大,它对企业的经济效益有着举足轻重的影响。其他业务收入是指企业在主要经营活动以外从事其他业务活动而取得的收入,它在企业收入中所占的比重较小。

认知识别2 技术转让业务属于销售无形资产,适用增值税率为6%,同样适用6%税率的还有销售现代服务、增值电信业务。适用9%税率有交通运输、邮政、基础电信、建筑、销售不动产、转让土地使用权以及不动产租赁,销售或者进口粮食、食用植物油、自来水、煤气、图书等特殊货物。其余销售货物、劳务、有形动产租赁服务或者进口货物的,除另有规定外,均适用13%的税率。

分析研判 结合技术转让合同资料,销售会计廖峰应在公司交付全套技术资料给宇明纸业并完成对其生产工人的技术培训后,确认固定技术转让费收入4,716,981.13元,增值税销项税额283,018.87元。该业务通过"其他业务收入"核算。编制会计分录如下。

借:银行存款　　　　　　　　　　　　　　　　　　　　　　5,000,000
　　贷:其他业务收入——技术转让合同收入　　　　　　　　4,716,981.13
　　　　应交税费——应交增值税(销项税额)　　　　　　　　283,018.87

(二)设备转让收入的核算

【场景4-3】2023年1月,珠江纸业股份有限公司为履行合同约定的义务,购置了两台专用设备,1月18日设备送达常德宇明纸业有限公司后,珠江纸业股份有限公司向常德宇明纸业有限公司开具了设备销售发票(见图4-4)。同日收到常德宇明纸业有限公司汇入设备款的银行收款回单(见图4-5)。

项目4 销售收入核算

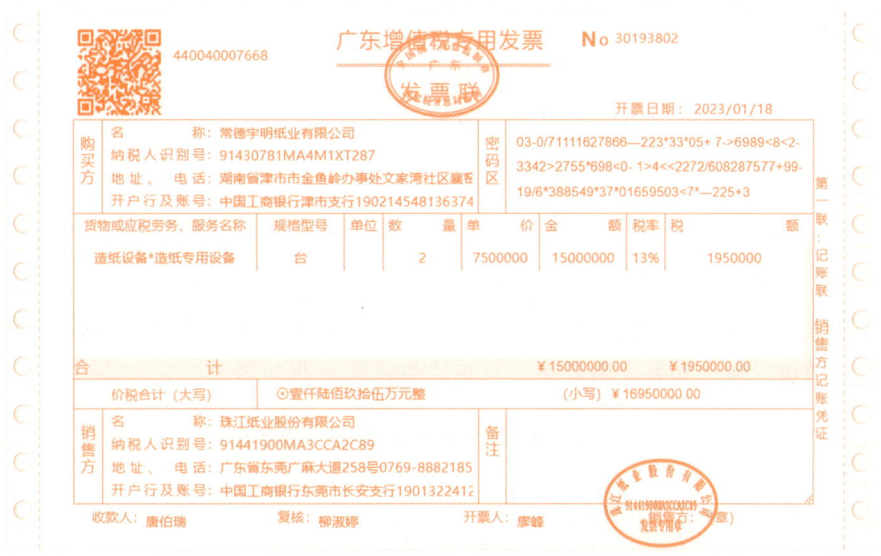

图4-4 珠江纸业股份有限公司设备销售发票

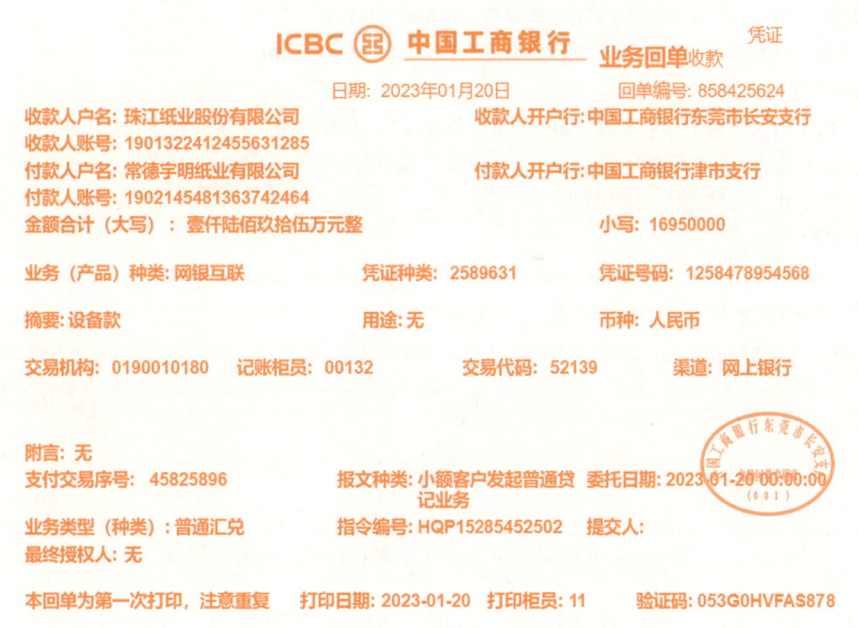

图4-5 中国工商银行收款业务回单

分析研判 结合技术转让合同资料，销售会计廖峰应在公司技术人员对转让的设备安装调试完毕并经常德宇明纸业有限公司验收合格后，确认设备销售收入15,000,000元和增值税销项税额1,950,000元。该业务通过"其他业务收入"核算。编制会计分录如下。

借：银行存款	16,950,000	
贷：其他业务收入——技术转让合同收入		15,000,000
应交税费——应交增值税（销项税额）		1,950,000

（三）可变转让费收入的确认与计量

【场景4-4】 2024年1月25日，珠江纸业股份有限公司收到了常德宇明纸业有限公司传来的函件（见图4-6），表明该公司2023年实现淋膜原纸销售收入10,350,000元，按合同约定，应付给珠江纸业销售业绩分成收入103,500元。1月31日，珠江纸业收到银行转来的收款业务回单，销售会计对其开具了增值税专用发票。销售会计对该业务进行分析处理。

关于2023年度淋膜原纸销售业绩分成结算的函

尊敬的珠江纸业股份有限公司：

　　根据我们双方签订的合同规定，常德宇明纸业有限公司（以下简称"我公司"）需按照每年淋膜原纸销售收入的1%向贵公司支付销售业绩分成。在此，我公司就2023年度淋膜原纸销售业绩分成支付事宜，向贵公司致函说明如下。

　　一、销售业绩情况

　　我公司2023年度淋膜原纸销售收入总额为人民币壹仟零叁拾伍万元整（¥10,350,000）。

　　二、销售业绩分成计算

　　根据合同规定，我公司需向贵公司支付的销售业绩分成金额计算如下：

　　销售收入总额（¥10,350,000）×1%=人民币壹拾万叁仟伍佰元整（¥103,500）。

　　三、支付时间与方式

　　按照合同约定，我公司将于每年12月30日向贵公司支付上一年度的销售业绩分成。由于公司内部结算及支付流程原因，本次支付时间略有延迟，敬请贵公司谅解。我公司将于近期内完成支付手续，将销售业绩分成款项人民币壹拾万叁仟伍佰元整（¥103,500）支付至贵公司指定账户。

　　四、其他事项

　　若贵公司对本函所述内容有任何疑问或需进一步沟通，请随时与我公司联系。我公司将积极配合贵公司完成相关手续，确保销售业绩分成款项及时、准确地支付至贵公司指定账户。

　　再次感谢贵公司对我公司的支持与信任。期待未来双方继续保持良好的合作关系，共同实现互利共赢。

　　此致

　　敬礼！

　　　　　　　　　　　　　　　　　　　　　　　　　　　　　　常德宇明纸业有限公司

　　　　　　　　　　　　　　　　　　　　　　　　　　　　　　日期：2024年1月25日

图4-6　常德宇明纸业关于技术转让收入结算的函件

分析研判　从技术转让合同约定可知，珠江纸业股份有限公司将淋膜原纸生产工艺技术转让给常德宇明纸业有限公司后，除收取固定转让费外，转让期内常德宇明纸业有限公司每年还应按淋膜原纸销售收入的1%支付给珠江纸业股份有限公司销售业绩分成收入。销售会计廖峰根据该函件及销售发票、银行业务回单等资料确认与技术转让相关的可变对价收入。编制会计分录如下。

借：银行存款	103,500	
贷：其他业务收入——技术转让合同收入		97,641.51
应交税费——应交增值税（销项税额）		5,858.49

注：往后各年处理同上。

任务小结

要正确处理好复杂收入业务的确认与计量问题，需要了解收入确认与计量的五个步骤，这五个步骤分别是：识别合同、识别合同中的单项履约义务、确认交易价格、将交易价格分摊至各单项履约义务、履行履约义务后确认收入。

任务发布

生活中常见某些电信运营商开展"充话费送手机"活动，请运用收入确认与计量的五步法对该业务进行分析。

任务2 某一时点履约义务的收入核算

【教学重点】一般销售业务的收入核算。
【教学难点】视同销售业务的识别与处理。

任务导入

企业日常发生的销售业务均属于某一时点履行的履约义务，包括一般商品销售和特殊商品销售业务。特殊商品销售业务具体包括委托代销、视同销售、出口销售、存在可变对价的销售和销售退回等，需要在商品控制权转移时确认收入。

任务实施

一、一般内销业务的收入核算

一般商品销售业务，因合同约定的客户付款方式不一样而分为现销、赊销和预收款销售三种类型，公司需要对这三种不同结算方式的销售业务进行核算。

（一）现销业务的收入核算

【场景4-5】珠江纸业股份有限公司2023年1月4日与常德宇明纸业有限公司签订了颜B纸销售合同，1月6日发货出库（见图4-7）并开具了销售发票（见图4-8），当日收到了银行的收款回单（见图4-9）。销售会计对该业务进行分析处理。

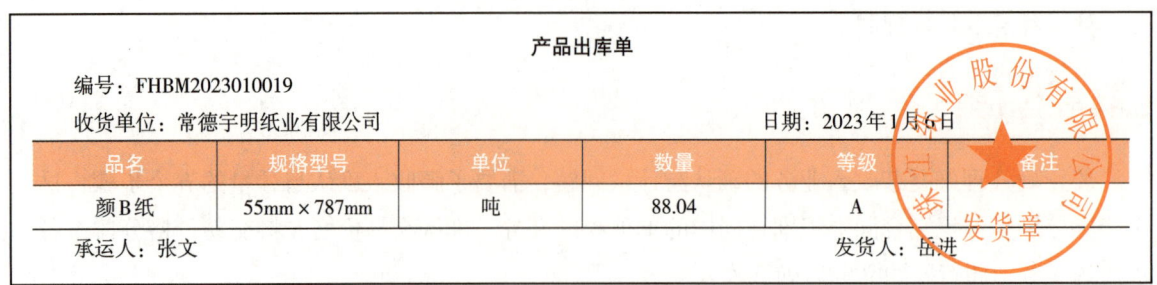

图 4-7　珠江纸业股份有限公司产品出库单

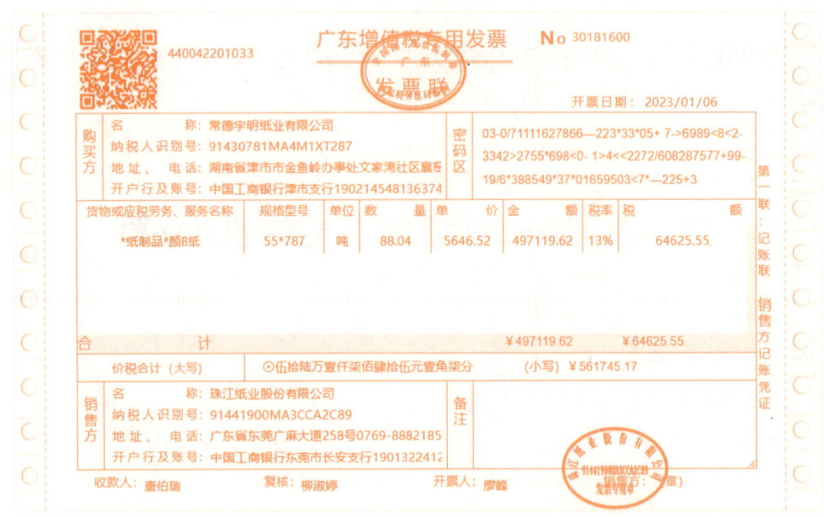

图 4-8　珠江纸业股份有限公司销售发票

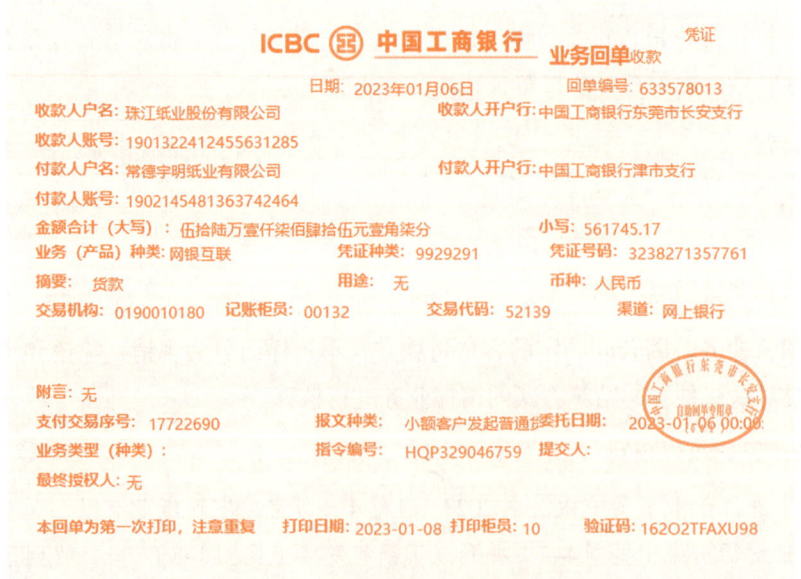

图 4-9　中国工商银行收款业务回单

认知识别 现销是指企业销售商品的同时收到货款,即"交货收款、钱物两清"的销售方式。

商品销售业务一般属于主营业务活动,应通过"主营业务收入"科目来核算,并根据商品的种类进行明细核算;除销售商品这类主营业务活动以外,企业日常还可能会发生销售材料、出租固定资产或无形资产等其他业务活动,这类活动实现的收入可通过"其他业务收入"科目来核算。

分析研判1 现销是一种相对简单和直接的销售方式,现销模式下,可以减少坏账风险和收款成本,提高公司的支付能力。现销收到的货款可迅速用于再投资或偿还债务,还可以提高资金利用率。

销售会计根据银行业务回单记录银行存款增加,根据销售发票金额及税额确认主营业务收入和增值税销项税额。编制会计分录如下。

借:银行存款   561,745.17
　　贷:主营业务收入——颜B纸   497,119.62
　　　　应交税费——应交增值税(销项税额)   64,625.55

分析研判2 对于销售业务的记录,除编制记账凭证记录相应的会计科目和金额以外,销售会计还应从销售订单中抓取每笔销售业务的详细信息登记到销售收入明细账中,包括销售日期、客户名称,商品名称、数量、单价、金额,收款方式与时间以及销售人员信息等。这些信息有助于公司跟踪销售业务的进展,运用大数据进行销售分析,对销售人员开展绩效评价等。

(二)赊销业务的收入核算

【场景4-6】 珠江纸业股份有限公司2023年1月3日与安徽恒远纸业有限公司签订了淋膜原纸销售合同,仓储部门1月6日填制了产品出库单(见图4-10),销售会计于1月20日开具销售发票(见图4-11),2月9日收到了银行收款回单(见图4-12)。销售会计对该业务进行分析处理。

产品出库单

编号:FHBM2023010008
收货单位:安徽恒远纸业有限公司　　　　　　　　　　日期:2023年1月6日

品名	规格型号	单位	数量	等级	备注
淋膜原纸	55mm×940mm	吨	50.23	A	

承运人:张文　　　　　　　　　　　　　　　　　　　发货人:岳进

图4-10　珠江纸业股份有限公司产品出库单

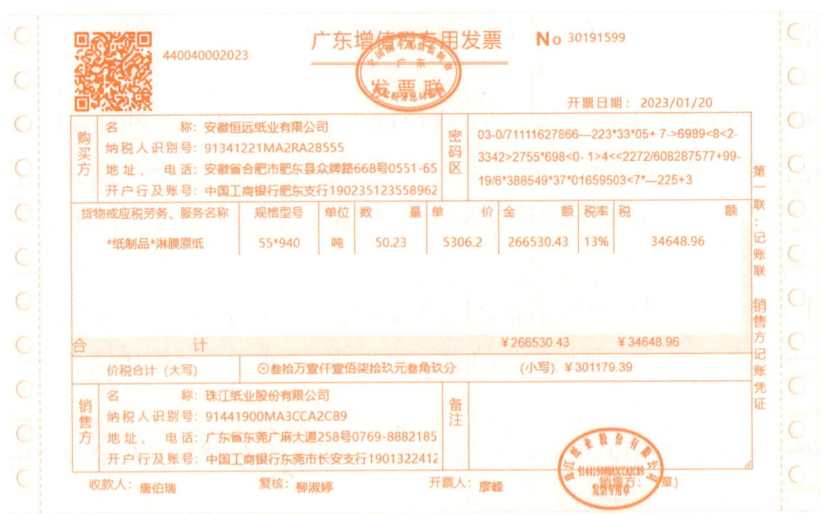

图 4-11 珠江纸业股份有限公司销售发票

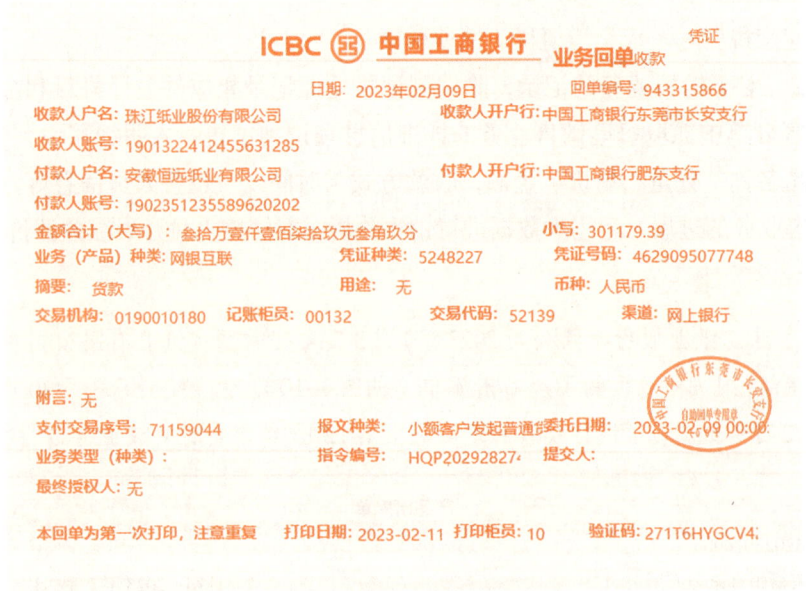

图 4-12 中国工商银行收款业务回单

分析研判 赊销是指企业先交付商品，然后按照约定的时间或条件收取货款的销售方式。

珠江纸业股份有限公司先对客户发货，后收到款项，属于赊销业务。赊销可以吸引一时没有足够现金购买商品的客户，从而扩大销售额。通过赊销，客户能够感受到公司的信任，从而提高客户忠诚度，赊销还可以让公司及时消化库存，避免过多的库存积压。

销售会计于1月20日根据发货单、销售发票确认主营业务收入和增值税销项税额，同时记录客户单位安徽恒远纸业有限公司的应收账款增加；2月9日根据银行业务回单作应收账款收回的账务处理。编制的会计分录如下。

借：应收账款——安徽恒远　　　　　　　　　　　　　　　301,179.39
　　贷：主营业务收入——淋膜原纸　　　　　　　　　　　266,530.43
　　　　应交税费——应交增值税（销项税额）　　　　　　34,648.96
借：银行存款　　　　　　　　　　　　　　　　　　　　　301,179.39
　　贷：应收账款——安徽恒远　　　　　　　　　　　　　301,179.39

风险控制　赊销方式对维持客户忠诚度、扩大产品销量有较大的意义，但这种方式伴随信用风险问题。企业应建立健全客户信用管理系统，加强应收账款回收的管控，减少坏账的发生。

（三）预收款销售业务的收入核算

【场景4-7】 珠江纸业股份有限公司2023年1月5日与湖南福尚数码材料科技有限公司签订了胶版纸销售合同（见图4-13），合同约定买方预付货款金额的20%。公司1月8日收到了客户预付货款银行收款回单（见图4-14），仓储部门随即填制了产品出库单（见图4-15），销售会计于1月10日开具了销售发票（见图4-16）。公司于1月13日收到了客户补付余款的银行收款回单（见图4-17）。销售会计对该业务进行分析处理。

纸品买卖合同

买方：　湖南福尚数码材料科技有限公司　　　　　合同编号：HTBM2023010113
　　　　　　　　　　　　　　　　　　　　　　　　签订时间：2023年1月5日
卖方：　珠江纸业股份有限公司　　　　　　　　　　签订地点：广东省东莞市

经买卖双方共同协商一致，在下列空白处或括号中填入约定的事项，以利双方共同遵守。

一、货物名称、商标、规格、数量、价格、金额

货物名称	规格型号	数量（吨）	不含税单价（元/吨）	不含税金额（元）	税额（元）	含税金额（元）	备注
胶版纸	70mm×845mm	87.5	5,445.2	476,455.00	61,939.15	538,394.15	
		合计		476,455.00	61,939.15	538,394.15	
价税合计人民币（大写）			伍拾叁万捌仟叁佰玖拾肆元壹角伍分				

附：1.产品要求。规格：70mm×845mm，等级：A，白度：87，克重：70g。
　　2.交货方式为买方在卖方仓库自提的，数量以卖方出库码单进行结算；交货方式在买方指定地点交货的，数量以买方签收单为准进行结算。
　　3.卖方根据实际结算的货物名称、规格、数量、价格对买方开具增值税发票。
　　4.买方首付货款金额的20%，剩余货款在卖方送货到买方仓库验收合格后，一次性付清，不拖不欠。具体金额以买方收到货物后，开具的入库单所算出的具体金额为准。
　　……

图4-13　珠江纸业股份有限公司纸品买卖合同（节选）

注：请扫码获取完整内容。

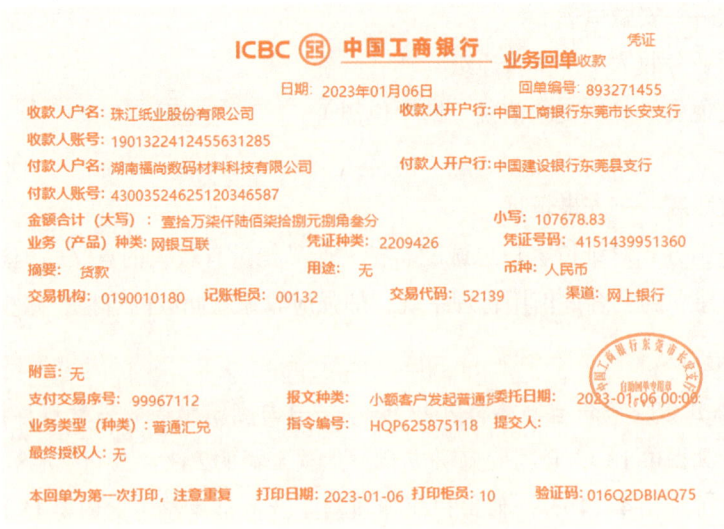

图 4-14　中国工商银行收款业务回单

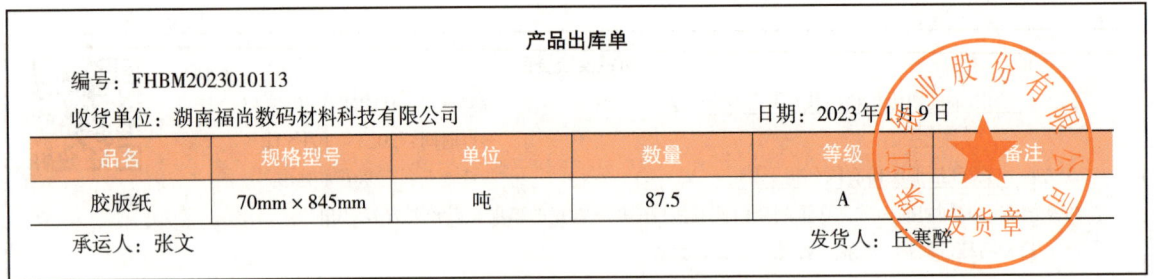

图 4-15　珠江纸业股份有限公司产品出库单

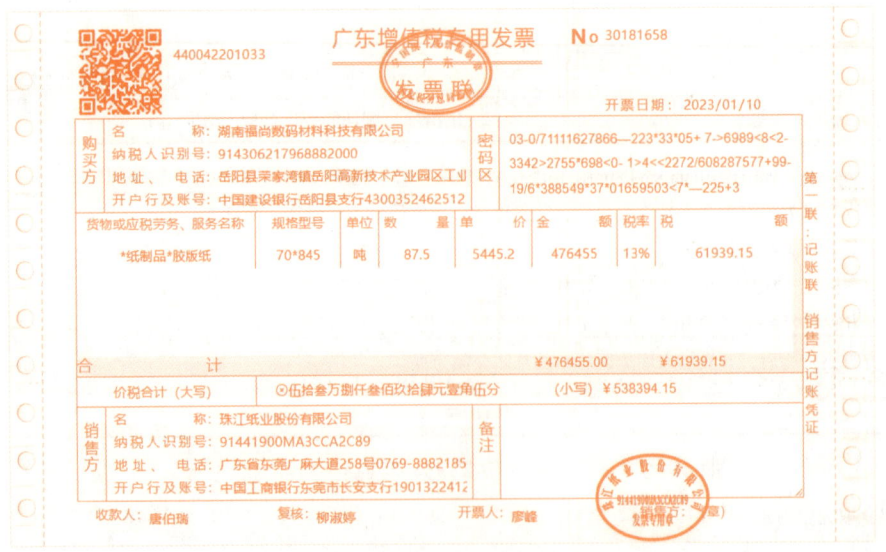

图 4-16　珠江纸业股份有限公司销售发票

图 4-17 中国工商银行收款业务回单

认知识别　预收款销售是指企业预先向购货单位收取部分或全部价款，然后按照合同约定交付商品的销售方式。

预收款销售方式涉及合同负债。合同负债，是指企业已收或应收客户对价而应向客户转让商品的义务。注意：对于尚未向客户履行转让商品的义务而已收或应收客户对价中的增值税部分，因不符合合同负债的定义，不应确认为合同负债。

合同负债会计科目属于负债类科目中的流动负债，偿还或结算期限通常在一年以内，该科目借方表示冲减的金额，贷方表示增加的金额，余额一般在贷方。

合同负债源于2018年1月1日起施行的《企业会计准则第14号——收入》，并取代了新收入准则实施之前大部分预收账款科目的使用。

分析研判　珠江纸业股份有限公司先收取了客户20%的货款再对客户发货，属于预收款业务。

公司预先收取销售款项，使销售现金流入时间提前，有助于提高资金周转率，减少财务风险。同时，客户愿意预先支付货款说明客户对公司的信任和依赖，有助于提高客户的忠诚度和黏性，促进建立长期合作关系。

当企业收到客户预付的款项时，因其尚未履行相应的履约义务，应将该款项确认为负债，按合同约定交付商品后再转为收入。

销售会计1月8日根据银行业务回单记录银行存款增加，并确认为合同负债；1月10日根据出库单和销售发票确认主营业务收入和增值税销项税额，同时冲减原确认的合同负债。差额部分体现为珠江纸业应收而尚未收到的款项，记入"应收账款"。编制的会计分录如下。

借：银行存款　　　　　　　　　　　　　　　　　　　　　　　107,678.83
　　贷：合同负债——福尚数码　　　　　　　　　　　　　　　　107,678.83

借：合同负债——福尚数码	107,678.83	
应收账款——福尚数码	430,715.32	
贷：主营业务收入——胶版纸		476,455.00
应交税费——应交增值税（销项税额）		61,939.15
借：银行存款	430,715.32	
贷：应收账款——福尚数码		430,715.32

二、委托代销业务的收入核算

（一）发出商品

【场景4-8】珠江纸业股份有限公司与湖南金盛商贸有限公司签订合同（见图4-18），以支付手续费的方式委托湖南金盛商贸有限公司销售573.64吨胶版纸，商品出库单（见图4-19）和出库产品成本（见表4-1）。销售会计对该业务进行分析处理。

委托代销合同

甲方（委托方）：　　珠江纸业股份有限公司
乙方（受托方）：　　湖南金盛商贸有限公司

根据《中华人民共和国民法典》及有关法律、法规规定，甲、乙双方本着平等、自愿、公平、互惠互利和诚实守信的原则，就产品代销的有关事宜协商一致订立本合同，以便共同遵守。

一、产品质量

1.乙方保证所提供的产品货真价实，来源合法，无任何法律纠纷和质量问题，如果乙方所提供产品与第三方出现了纠纷，由此引起的一切法律后果均由乙方承担。

2.代销商品明细。

商品名称	规格型号	数量（吨）	不含税单价（元/吨）	不含税金额（元）	税额（元）	含税金额（元）	供货时间
胶版纸	70mm×845mm	573.64	5,445.2	3,123,584.53	406,065.99	3,529,650.52	2023年1月15日
价税合计人民币（大写）	叁佰伍拾贰万玖仟陆佰伍拾元伍角贰分						

二、合同价款及付款方式：

甲方采用支付手续费方式委托乙方代销 胶版纸 。乙方销售代销商品后，甲方按销售金额价税合计的 10% 向乙方结算代销手续费。乙方采用电汇方式向甲方进行付款，款项结算于确认代销清单后3天内支付。

三、其他约定事项

1.甲乙双方均应全面履行本合同约定，一方违约给另一方造成损失的，应当承担赔偿责任。

2.乙方未按照合同约定的期限结算的，应按照中国人民银行有关延期付款的规定，延迟一日，需支付结算货款的万分之五的违约金。

3.代销产品在乙方存放1个月未实现销售，乙方应予退货。乙方在退货前应及时通知甲方。且所退货物包装完整附件齐全，并随货附上退货清单。退货结算以甲方实际收到的退货数量为结算依据。

4.合同解除后，双方应当按照本合同的约定进行对账和结算。

5.本合同一式两份，自双方签字之日起生效。如果出现纠纷，双方均可向有管辖权的人民法院提起诉讼。

甲方（印章）珠江纸业股份有限公司	乙方（印章）湖南金盛商贸有限公司
单位地址：广东省东莞广麻大道258号	单位地址：长沙市开福区芙蓉北路街道办事处福城社区陈家铺57号第10栋西2门面
法定代表人：	法定代表人：
委托代理人：李经	委托代理人：徐韵
开 户 行：中国工商银行股份有限公司长安支行	开 户 行：中国农业银行长沙北辰支行
账　　号：1901322412455631285	账　　号：622700035241568751
签约时间：2023年1月15日	签约时间：2023年1月15日

图 4-18　珠江纸业股份有限公司委托代销合同

产品出库单

编号：FHBM2023010118
发货单位：珠江纸业股份有限公司　　　　　　　　　　　　日期：2023年1月9日

品名	规格型号	单位	数量	等级	备注
胶版纸	70mm×845mm	吨	573.64	A	

承运人：张文　　　　　　　　　　　　　　　　　　　　发货人：丘寒醉

图 4-19　珠江纸业股份有限公司产品出库单

表 4-1　　　　　　　　　　　珠江纸业股份有限公司产品成本分析

合同日期	客户名称	产品名称	规格型号	数量（吨）	不含税销售单价（元/吨）	不含税销售金额（元）	单位成本（元）	销售成本（元）
2023年1月5日	湖南金盛商贸有限公司	胶版纸	70mm×845mm	573.64	5,445.2	3,123,584.53	4,761.15	2,731,186.09

认知识别　委托代销商品业务是指委托其他单位代为销售自己所经营的商品，包括收取手续费方式和视同买断方式。

收取手续费方式是指在委托方和受托方之间签订合同或协议，规定代销品种、价格、手续费标准、供货结算期限等，由受托方按照委托方指定的条件代为销售商品，并就所提供的代销劳务收取手续费，不承担商品所有权上的风险与报酬，本例中的委托代销即属于收取手续费的代销方式。

视同买断方式是指由委托方和受托方签订协议，委托方按协议价收取所代销的货款，受托方自行确定对外销售价格并享有实际售价与协议价之间的差额利润。如果双方协议明确表明，受托方接受代销商品后无论是否售出、是否获利都与委托方无关，那么这种代销与委托方直接销售商品给受托方没有实质的区别。

分析研判1 采用收取手续费的方式代销时，企业在商品发出时并未转移商品的控制权，因此不能确认销售收入和结转销售成本。企业应设置"发出商品"会计科目，核算已出库但未达到收入确认条件的商品的实际成本。

珠江纸业股份有限公司销售会计廖峰根据签订的委托代销合同、商品出库单及商品出库成本数据，记录发出商品增加，库存商品减少。编制的会计分录如下。

借：发出商品——胶版纸　　　　　　　　　　　　　　　2,731,186.09
　　贷：库存商品——胶版纸　　　　　　　　　　　　　2,731,186.09

分析研判2 采用委托代销方式销售商品具有以下优势。

（1）扩大销售：受托方可拥有更广泛的销售网络或更好的市场渠道，并帮助委托方扩大产品销售范围。

（2）降低成本：委托方可以降低自身的销售成本，如销售人员工资、市场推广费用等。

（3）提高效率：利用受托方的销售渠道，委托方可以更快地将产品推向市场，提高销售效率。

风险控制 选择受托方时应考虑受托经销商的实力、信誉等因素。例如受托经销商选择不当，可能会造成商品积压，徒增成本费用支出。

同时，在委托代销合同中应明确规定商品销售价格，禁止私自定价，以免干扰本公司市场价格的稳定性和公正性。

（二）确认收入

【场景4-9】 2023年2月20日，珠江纸业股份有限公司销售会计廖峰收到湖南金盛商贸有限公司根据实际代销情况开具的代销商品清单（见表4-2），遂向其开具了销售发票（见图4-20）。销售会计对该业务进行分析处理。

表4-2　　　　　　　　　　代销商品清单

编制单位：湖南金盛商贸有限公司　　　　日期：2023年2月20日

采购单号	JS2023012512345		供应商编码	
甲方	珠江纸业股份有限公司		乙方	湖南金盛商贸有限公司
联系电话	0769-88×××58		联系电话	0731-85×××74
联系人	彭星		联系人	徐莉
法定代表人	王旗		法定代表人	马红运

序号	商品名称	规格型号	数量（吨）	供货单价（元/吨）	供货金额（元）	收费比例（%）	手续费（元）
1	胶版纸	70mm×845mm	573.64	5,445.2	3,123,584.53	10	312,358.45

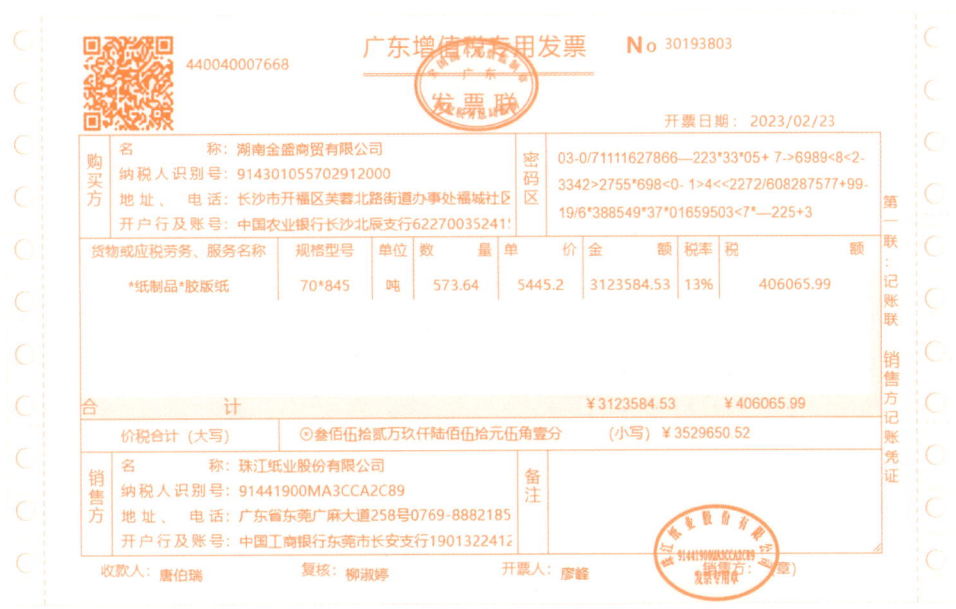

图 4-20　珠江纸业股份有限公司销售发票

认知识别　在收取手续费代销方式下,受托方应按照委托方规定的价格销售商品,不得自行改变售价。受托方定期向委托方开具已销商品代销清单,委托方以代销清单为依据向受托方开具销售发票、确认销售收入,将应支付的手续费确认为销售费用。

代销清单是委托代销业务（或交易）中常用的一个书面资料,主要是指记录受托方在一定会计期间内（通常是一个月）已完成销售委托方交付的商品的数据清单,包括但不限于下列要素：商品名称、商品单价、商品数量、商品金额等信息。

分析研判　支付手续费方式委托代销商品,委托方应在受托方将代销产品全部对外销售并出具代销清单的时候确认销售收入。销售会计廖峰根据代销清单及本公司开出的销售发票确认销售收入并结转销售成本。编制的会计分录如下。

　　借：应收账款——金盛商贸　　　　　　　　　　　　　　　3,529,650.52
　　　　贷：主营业务收入——胶版纸　　　　　　　　　　　　3,123,584.53
　　　　　　应交税费——应交增值税（销项税额）　　　　　　406,065.99
　　借：主营业务成本——胶版纸　　　　　　　　　　　　　　2,731,186.09
　　　　贷：发出商品——胶版纸　　　　　　　　　　　　　　2,731,186.09

（三）结算手续费并收回款项

【场景4-10】 2023年2月23日,珠江纸业股份有限公司收到由湖南金盛商贸有限公司开具的现代服务（代销手续费）发票（见图4-21）,双方确认后,于2月28日收到了中国工商银行的收款业务回单（见图4-22）。费用会计对该业务进行分析处理。

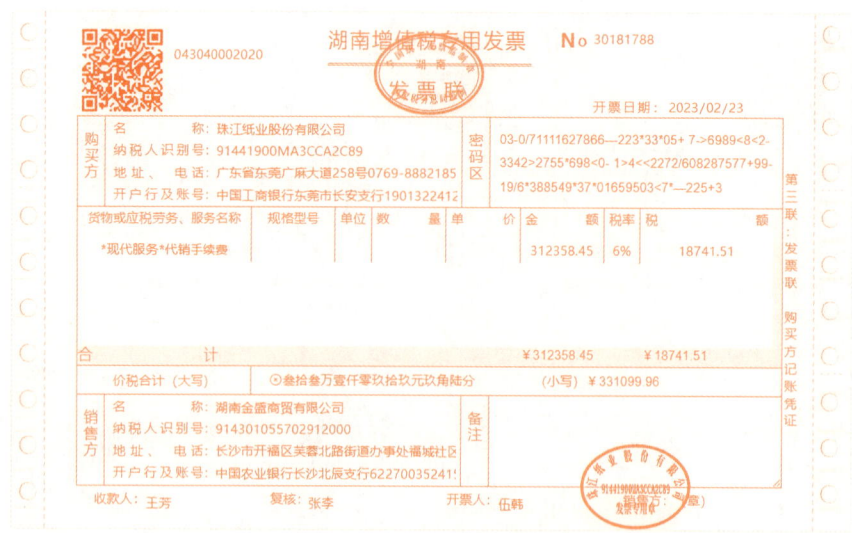

图4-21 湖南金盛商贸有限公司代销手续费发票

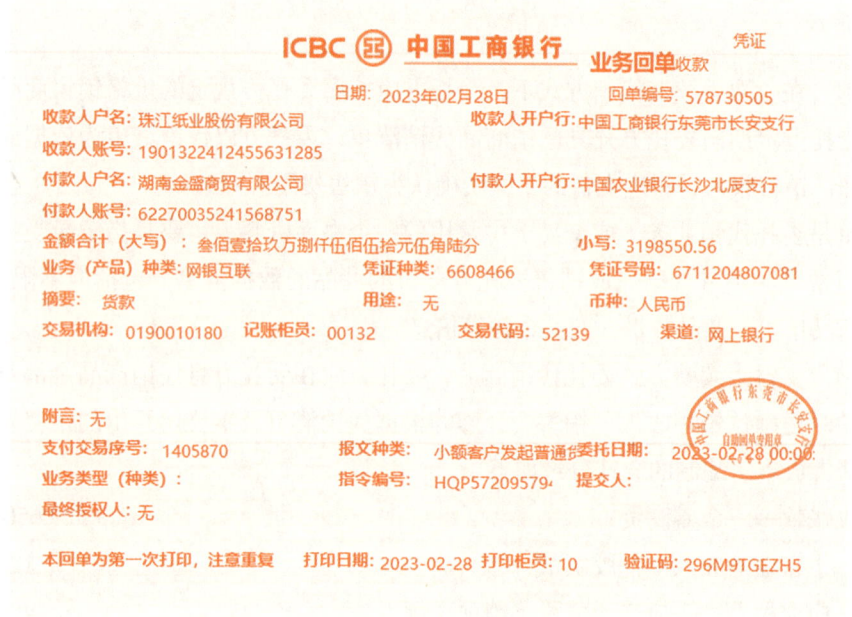

图4-22 中国工商银行收款业务回单

分析研判 珠江纸业股份有限公司应按约定比例与湖南金盛商贸有限公司结算代销手续费，并收回扣除手续费后的应收款项。

2月23日，费用会计马跃根据受托方湖南金盛商贸有限公司开具的手续费发票确认销售费用。会计分录如下：

借：销售费用——代销手续费　　　　　　　　　　　　　　　312,358.45
　　应交税费——应交增值税（进项税额）　　　　　　　　　　18,741.51

　　　　贷：应收账款——金盛商贸　　　　　　　　　　　　　　　331,099.96

2月28日，收到湖南金盛商贸有限公司支付的货款后，根据银行收款回单进行收款的账务处理。会计分录如下。

　　　　借：银行存款　　　　　　　　　　　　　　　　　　　　　3,198,550.56
　　　　贷：应收账款——金盛商贸　　　　　　　　　　　　　　　3,198,550.56

风险控制　以支付手续费的方式委托代销商品时，应当审慎约定手续费比例。公司应认真对比代销手续费和自销商品所必需的销售费用的差额，如约定的代销手续费高于自销所需的销售费用，则可能出现得不偿失的结果。

三、销售退回业务的核算

（一）退货入库

【场景4-11】 珠江纸业股份有限公司销售会计廖峰2023年3月26日收到了20吨A4纸的入库单（见表4-3）以及营销部转来的客户投诉处理单及客户投诉责任认定表（客户投诉场景资料见项目3"销售执行"中的任务5"客户售后管理"场景3-31）。会计对该业务进行分析处理。

表4-3　　　　　　　　　　　客户退货入库单

日期：2023年3月26日　　　　　　编号：HXZY202303024

类别	产品名称	规格	购入数量（吨）	入库数量（吨）	单位成本（元/吨）	实际成本（元）
	办公用纸			20	5,538.97	110,779.40
	合计			20		110,779.40

采购员：卢宛玲　　　　　　　　保管员：张文　　　　　　　　　　　　　　　验收员：赵青

认知识别

1. 销售退回的会计处理

销售退回的会计处理按销售合同中是否附有退货条款、企业是否预估退货金额两种情形分别处理。

（1）对于未附销售退回条款，或者虽附有销售退回条款但企业预估退货可能性不大的销售业务，企业应在商品控制权转移时全额确认收入，发生退货时按实际退货金额冲减退回当期的销售收入、销售成本。属于资产负债表日后事项的，应按资产负债表日后事项相关规定处理。相关内容，请扫码查看知识拓展内容。

【知识拓展】资产负债表日后事项

（2）对于销售合同中附有退货条款的销售业务，《企业会计准则第14号——收入》第五章第三十二条规定："对于附有销售退回条款的销售，企业应当在客户取得相关商品控制权时，按照因向客户转让商品而预期有权收取的对价金额（即，不包含预期因销售退回而退还的金额）确认收入，按照预期因销售退回将退还的金额确认负债；同时，按照预期将退回商品转让时的账面价值,扣除收回该商品预计发生的成本(包括退回商品的价值减损)后的余额,确认为一项资产,按照所转让商品转让时的账面价值,扣除上述资产成本的净额结转成本。每一资产负债表日,企业应当重新估计未来销售退回情况,如有变化,应当作为会计估计变更进行会计处理。"

2. 销售退回的税务处理

《中华人民共和国增值税暂行条例实施细则》第十一条有关销售退回的规定是遵循实际发生原则,没有预估退货这一做法,销售时按开票金额确认应税收入和销项税额,在销售退回实际发生时,冲减退回当期的销项税额;《国家税务总局关于确认企业所得税收入若干问题的通知》第一条有关收入确认条件及销售退回的规定亦是遵循此原则。

3. 销售退回会、税差异处理

由于会计和税务处理的口径不一致,在实务处理中应注意以下3个方面。

(1)销售时会计核算预估了退货,以扣除预估退货的金额确认收入,从而导致会计收入小于增值税及企业所得税计税基础,税务处理上应按发票开具金额确认增值税销项税额,在计算企业所得税时应作纳税调增处理。

(2)货物实际退回时,会计核算时无须再冲减当期收入或销项税额,但税务处理上可开具红字增值税专用发票扣减销售收入和增值税销项税额,在计算企业所得税时可作纳税调减处理。

(3)货物退货期满时,未退货部分在会计核算时应转为收入,而这部分收入在税务处理上无须再缴纳增值税和企业所得税,在计算企业所得税时可作纳税调减处理。

分析研判 从客户投诉处理单记载情况来看,公司本月初销售给红星文化发展(上海)股份有限公司的一批A4纸因为质量问题被退回了20吨,公司已完成客诉责任内部认定流程,同意退货并责成生产部门进行相应整改。退货涉及价税款项从客户所欠货款中抵扣,退回商品已经入库。此业务应按销售退回相关规定进行会计处理。

销售会计应根据退回产品入库单所记载的单位成本,作冲减销售成本的相应账务处理。

借:库存商品——A4纸　　　　　　　　　　　　　　　110,779.40
　　贷:主营业务成本——A4纸　　　　　　　　　　　　110,779.40

风险控制 销售退货对企业生产运营影响较大,一方面,过多的退货会导致库存增加,运营成本上升,收入和利润减少。另一方面,合理的退货政策能够提升客户满意度,维护客户关系,从而带来长期的商业价值。

企业应建立有效的销售退货跟踪管理系统,帮助企业及时处理退货和退款,减少处理时间,提高客户满意度;同时积极分析退货退款的数据,找出问题的根源,从而加以改进和完善。

(二)冲减销售收入

【场景4-12】 珠江纸业股份有限公司销售会计廖峰向客户单位红星文化发展(上海)股份有限公司开具红字增值税专用发票(见图4-23)。销售会计对该业务进行分析处理。

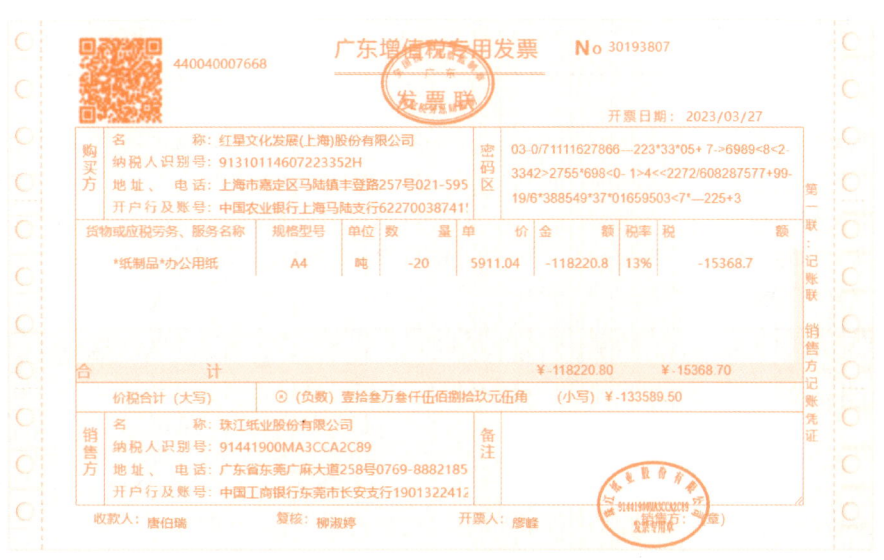

图 4-23　珠江纸业股份有限公司销售发票

认知识别　销货方开具增值税专用发票后发生退货或销售折让时，如销售方专用发票尚未交付购买方，或者购买方未用于申报抵扣并将发票联及抵扣联退回的，销售方可在增值税发票管理系统中填开并上传《开具红字增值税专用发票信息表》，然后凭税务机关系统校验通过的《开具红字增值税专用发票信息表》开具红字专用发票，在增值税发票管理系统中以销项负数开具。增值税红字专用发票存根联、记账联作为销售方扣减当期销项税额的凭证。

若购买方取得专用发票后已用于申报抵扣，或者虽未用于申报抵扣但发票联或抵扣联无法退回的，应由购买方填开《开具红字增值税专用发票信息表》并经税务机关系统校验通过后传递给销货方，才可开具增值税红字专用发票。

分析研判　本次退货是珠江纸业股份有限公司 3 月 7 日销售给红星文化发展（上海）股份有限公司 91.37 吨 A4 纸的售后事件，公司已于当日对该销售业务全额确认了销售收入，现有 20 吨被退回。因购买方红星文化发展（上海）股份有限公司尚未用原发票申请进项税额抵扣，并已退回发票联及抵扣联，该业务不属于资产负债表日后事项，因此销售会计可在退回当期直接开具红字增值税专用发票，注明退回已售 A4 纸 20 吨，金额 118,220.8 元，税额 15,368.7 元，并以负数冲减当期的商品销售收入和对应的增值税销项税额。编制相反的会计分录如下。

借：主营业务收入——A4 纸　　　　　　　　　　　　　　　　　118,220.80
　　应交税费——应交增值税（销项税额）　　　　　　　　　　　15,368.70
　　贷：应收账款——红星文化　　　　　　　　　　　　　　　　133,589.50

四、存在可变对价业务的收入核算

（一）存在现金折扣的收入核算

【场景 4-13】2023 年 1 月 5 日，珠江纸业股份有限公司营销部与直销大客户山东雅优科技有限公司签订的销售合同（见图4-24）中有关于现金折扣政策的条款。销售会计对该业务进行分析处理。

纸品买卖合同

买方：山东雅优科技有限公司　　　　合同编号：HTBM2023010184
　　　　　　　　　　　　　　　　　　签订时间：2023年1月5日
卖方：珠江纸业股份有限公司　　　　　签订地点：广东省东莞市

经买卖双方共同协商一致，在下列空白处或括号中填入约定的事项，以利双方共同遵守。

一、货物名称、商标、规格、数量、价格、金额

货物名称	规格型号	数量（吨）	不含税单价（元/吨）	不含税金额（元）	税额（元）	含税金额（元）
颜B纸	55mm×787mm	276.27	5,646.52	1,559,964.08	202,795.33	1,762,759.41
		合计		1,559,964.08	202,795.33	1,762,759.41
价税合计人民币（大写）		壹佰柒拾陆万贰仟柒佰伍拾玖元肆角壹分				

附：1. 产品要求。规格：55mm×787mm。
　　2. 交货方式为买方在卖方仓库自提的，数量以卖方出库码单进行结算；交货方式在买方指定地点交货的，数量以买方签收单为准进行结算。
　　3. 卖方根据实际结算的货物名称、规格、数量、价格对买方开具增值税发票。
　　4. 现金折扣政策：买方在10天内付款，按2%给予现金折扣；超过10天但在20天内付款，按1%给予现金折扣，超过20天付款，不能给予现金折扣。

二、质量标准：（ A ）
A. 卖方企业最新制定的产品技术标准　　　　B.＿＿＿＿＿＿＿

三、包装标准：（ A ）
A. 卖方企业标准　　　　　　　　　　　　　B.＿＿＿＿＿＿＿

四、交货地点及风险转移：（ C ），卖方在交货地点交货后风险转移至买方
A. 卖方仓库　　　　B. 到站（港）　　　　C. 目的地买方仓库
……

图4-24　珠江纸业股份有限公司纸品买卖合同（节选）

注：请扫码获取完整内容。

认知识别　企业与客户合同中约定的对价金额可能是固定的，也可能因折扣、价格折让、返利、退款、奖励积分、激励措施、业绩奖金、索赔等因素而变化，属于可变对价。按照《企业会计准则第14号——收入》的规定，涉及现金折扣的业务其交易价格属于可变对价。此外，企业有权收取的对价金额，将根据一项或多项或有事项发生而收取不同对价金额的合同，也属于可变对价的情形，例如，存在销售折让的情形。

《企业会计准则第14号——收入》规定，合同中存在可变对价的，企业应当按照期望值或最可能发生金额确定可变对价的最佳估计数。期望值是按照各种可能发生的对价金额及相关概率计算确定的金额；最可能发生金额是一系列可能发生的对价金额中最可能发生的单一金额，即合同最可能产生的单一结果。

思维拓展　观察企业销售业务中，还有哪些属于会计准则规定的可变对价情形？

分析研判　在销售合同中附有现金折扣条件的情况下，应收账款的未来收款金额是不确定的，可能是全部的发票金额，也可能是发票金额扣除现金折扣后的净额，要视客户能否在折扣期限内付款而定，则此时的交易价格属于可变对价。企业应当按照会计准则中关于可变对价的相关规定进行会计处理，合理预计客户享受现金折扣的金额及可能性，据以计算确定销售收入。珠江纸业股份有限公司销售会计廖峰按以下步骤处理。

1. 交易对价最佳估计数的判断

通过了解客户单位山东雅优科技有限公司的财务状况与信用状况，并查询与该客户的历史交易记录后，廖峰判断其很可能会在10天内付款，并享受2%的现金折扣，则此业务交易对价的最佳估计数计算如下：

客户很可能享受的现金折扣=1,762,759.41×2%=35,255.19（元）

交易对价最佳估计数=1,559,964.08-35,255.19=1,524,708.89（元）

注意：此例中，计算现金折扣的基数为包含增值税在内的价税合计数。事实上，公司也可以规定，计算现金折扣时不包含增值税，具体由公司现金折扣政策确定。

2. 对销售业务进行账务处理

公司按照合同金额向客户单位山东雅优科技有限公司开具了增值税专用发票（见图4-25），按交易对价的最佳估计数记入了主营业务收入，并按照应确认的主营业务收入和发票上注明的增值税销项税额合计数计入客户单位的应收账款明细账。会计分录如下。

借：应收账款——山东雅优　　　　　　　　　　　　　1,727,504.22
　　贷：主营业务收入——颜B纸　　　　　　　　　　1,524,708.89
　　　　应交税费——应交增值税（销项税额）　　　　202,795.33

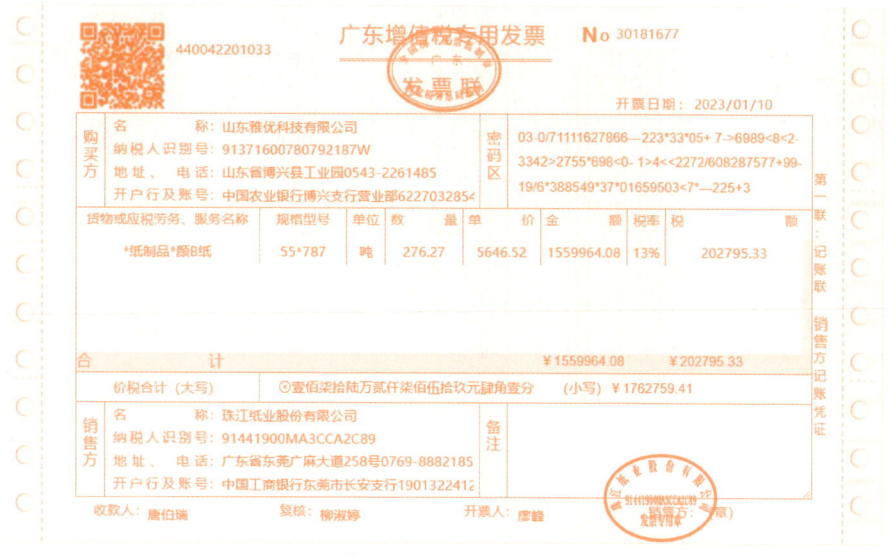

图4-25　珠江纸业股份有限公司销售发票

3. 收款入账

1月14日收到的银行收款通知单显示，客户如数支付了扣除现金折扣后的全部款项。廖峰据此作收款入账的处理。会计分录如下。

借：银行存款　　　　　　　　　　　　　　　　　1,727,504.22
　　贷：应收账款——山东雅优　　　　　　　　　　1,727,504.22

风险控制　现金折扣销售业务风险主要在于现金折扣决策合理性，是否有利于增加企业价值。现金折扣决策主要依据是资金成本率，若现金折扣年化利率低于应收账款资金成本率，则该现金折扣政策是合理的。企业应根据自身资金成本情况适时调整现金折扣政策，如果资金成本高昂，就可在赊销合同中约定现金折扣条款，鼓励客户提前支付货款，降低企业资金成本。

（二）存在销售折让的收入核算

【场景4-14】2023年1月20日，珠江纸业股份有限公司接到客户单位重庆市优优贸易有限公司关于产品质量问题的投诉，经调查处理，同意给予客户一定的补偿，并将投诉处理单（见图4-26）发送给客户。2023年2月4日在与该客户签订本月胶版纸买卖合同时注明了折让33,900元（含税）（见图4-27）。2月13日，珠江纸业股份有限公司的销售会计廖峰对客户开具了胶版纸销售发票（见图4-28），以负数标注了折让金额及相应的税额。销售会计对该业务进行分析处理。

投诉处理单

填制日期	2023年1月20日	拟单人	营销部-章琳	编号	KS0002
投诉单位	重庆市优优贸易有限公司	投诉人	李丽	联系方式	139××××8452
产品名称	胶版纸			生产日期	2023年
生产机台	10#	发货日期	2023年1月11日	使用日期	2023年
产品规格	70mm×845mm	发货数量	305.28吨	投诉日期	2023年1月20日
投诉事宜					
问题	在此生产送货期间，由于纸张出现拉毛、掉毛、掉粉等质量问题产生投诉				
退货明细					
确认损失	销售员已现场确认，赔偿重庆市优优贸易有限公司33,900元				
货款	未结货款5,187,603.96元				
勘察描述					
确认问题	因我司生产的胶版纸产生拉毛、掉毛、掉粉等质量问题				
确认退货	因质量问题被重庆市优优贸易有限公司投诉				
确认损失	赔偿重庆市优优贸易有限公司33,900元				
处理建议	建议在下一批货款中给予33,900元折让				
承办部门	营销部	勘察人	邹婉婷	勘察日期	2023年1月21日
客诉处理意见					
部门、岗位及人员	营销部办事处经理	李炼	意见及日期	同意处理意见	2023年1月21日

图4-26　珠江纸业股份有限公司投诉处理单

纸品买卖合同

买方：重庆市优优贸易有限公司　　　　合同编号：HTBM2023020170
　　　　　　　　　　　　　　　　　　签订时间：2023年2月4日
卖方：珠江纸业股份有限公司　　　　　签订地点：广东省东莞市

经买卖双方共同协商一致，在下列空白处或括号中填入约定的事项，以利双方共同遵守。

一、货物名称、商标、规格、数量、价格、金额

货物名称	规格型号	数量（吨）	不含税单价（元/吨）	不含税金额（元）	税额（元）	含税金额（元）
胶版纸	70mm×845mm	269.56	5,489.57	1,479,768.49	192,369.90	1,672,138.39
销售折让				−30,000	−3,900	−33,900
合计				1,449,768.49	188,469.90	1,638,238.39
价税合计人民币（大写）			壹佰陆拾叁万捌仟贰佰叁拾捌元叁角玖分			

附：1. 产品要求。规格：70mm×845mm，等级：A，白度：87，克重：70g。
　　2. 交货方式为买方在卖方仓库自提的，数量以卖方出库码单进行结算；交货方式在买方指定地点交货的，数量以买方签收单为准进行结算。
　　3. 卖方根据实际结算的货物名称、规格、数量、价格对买方开具增值税发票。

二、质量标准：（ A ）
A. 卖方企业最新制定的产品技术标准　　　B._____

三、包装标准：（ A ）
A. 卖方企业标准　　　　　　　　　　　　B._____

四、交货地点及风险转移：（ C ），卖方在交货地点交货后风险转移至买方
A. 卖方仓库　　　B. 到站（港）　　　C. 目的地买方仓库
……

图 4-27　珠江纸业股份有限公司纸品买卖合同（节选）

注：请扫码获取完整内容。

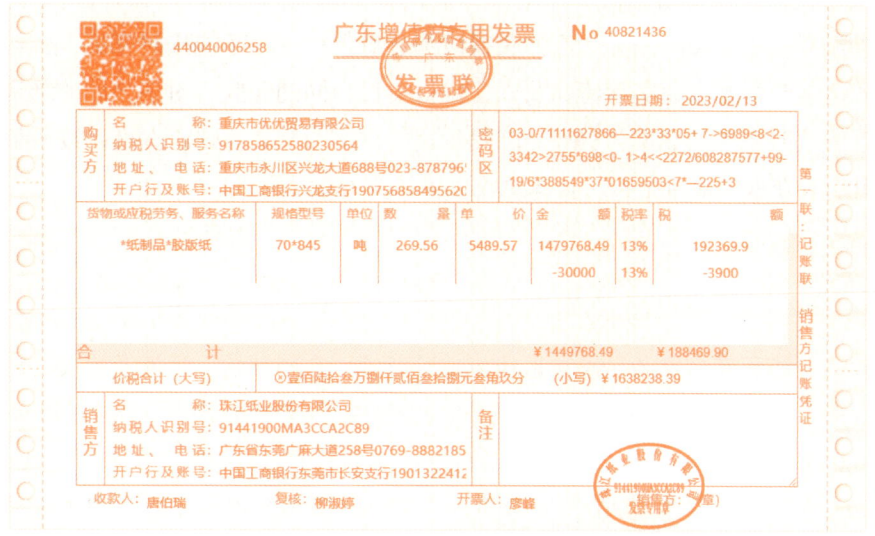

图 4-28　珠江纸业股份有限公司销售发票

认知识别　销售折让，是指企业因售出商品的质量不合格等原因而给予客户的价格减让。销售折让可能发生在企业确认收入之前，也可能发生在企业确认收入之后。

如果销售折让发生在企业确认收入之前，企业应直接从原定的销售价格中扣除给予客户的销售折让作为实际销售价格，并据以确认收入。

如果销售折让发生在企业确认收入之后，企业应按实际给予客户的销售折让，冲减当期销售收入。销售折让属于资产负债表日后事项的，应当按照资产负债表日后事项的相关规定进行会计处理。

与商业折扣的开票类似，交易存在销售折让时，销售方既可以直接按照扣除折扣后的金额开具发票，也可以按正常销售价格填开发票，同时在金额栏内以负数列示折扣金额。

分析研判　珠江纸业股份有限公司本月对重庆市优优贸易有限公司开具的销售发票中出现的负数冲减金额，是上月销售给该客户的产品质量出现问题而给予的销售折让。据此按扣除销售折让后的金额确认本月的销售收入，同时记入客户应收账款明细账。会计分录如下。

借：应收账款——重庆优优　　　　　　　　　　　　　　1,638,238.39
　　贷：主营业务收入——胶版纸　　　　　　　　　　　　1,449,768.49
　　　　应交税费——应交增值税（销项税额）　　　　　　188,469.90

（三）存在索赔、奖励、收入分成等其他可变对价的收入计量

本项目任务1"收入确认与计量的步骤"中的场景4-4，珠江纸业股份有限公司将淋膜原纸生产工艺专利技术转让给常德宇明纸业有限公司后，除收取固定转让费500万元以外，还约定转让期内每年按常德宇明纸业有限公司淋膜原纸销售收入的1%收取业绩分成收入，属于以上所指的可变对价收入。

又如，两家公司签订合同，乙方为甲方建造一栋厂房，合同约定价款为100万元，如果乙方不能在合同签订之日起的120天内竣工，则须支付10万元罚款，且该罚款从合同价款中扣除。则此合同也涉及可变对价，交易价格实际由90万元的固定价格以及10万元的可变对价组成，可变对价涉及两种结果：工程按时完工，乙方获得该部分对价；工程不能按时完工，公司不能获得该部分对价。乙方应当根据企业实际情况及以往执行类似合同的经验，对该合同的结果进行合理预计，若估计工程按时完工的概率为90%，工程延期的概率为10%，则乙方可以按照最可能发生的金额即预计其有权获取的对价金额，合同总收入应该为100万元。

五、出口销售业务的收入核算

（一）出口销售业务分析

出口销售业务流程较为复杂，通常是从与进口商签订合同开始，还涉及报关、海运、保险等事务。出口商通常会委托专业国际货运代理公司办理相关手续，并支付一定的货代费用。

【场景4-15】 2023年3月6日，珠江纸业股份有限公司与CN亚洲贸易有限公司签订了600吨轻涂纸的出口销售合同（见图4-30），随后委托东莞顺运报关行办理出口文书单据、报关等一系列出口事务。该出口业务流程图如图4-29所示。销售会计对该业务进行分析。

图 4–29　出口业务流程

出口销售合同
SALES CONTRACT

卖方:	珠江纸业股份有限公司	合同号S/C NO.:	LWC20230301CNG
The Sellers	GUANGDONG ZHUJIANG PAPER CO., LTD	日期Date::	2023年3月6日
地址:	广东省东莞广麻大道258号		
电话:	0769-88××××58		
传真:	0769-88××××58		
Address:	258 GUANGMA AVENUE,DONGGUANG,GUANGDONG PROVINCE		
买方:	CN亚洲贸易有限公司		
The Buyers	CENTRAL NATIONAL ASIA TRADING LIMITED		
Address:	ROOM 806, 9/F, SUN HUNG KAI CENTRE, 30 HARBOUR ROAD, WANCHAI,TOKYO , JAPAN		
TEL:	00852-××××-1236		
FAX:	00852-××××-1236		

兹经买卖双方同意按下列条款成交

The undersigned Sellers and Buyers have agreed to close the following transactions according to the terms and conditions stipulated bellow:

1. 品名、规格、数量(Commodity, Quantity, Quantity)

品名Commodity	规格Specifications(GSM*MM)	数量Quantity(TON)	单价Unit Price(USD/TON)	金额Amount(USD)
精制轻量涂布纸 Light Weight Coated Paper	70mm×787mm	600	USD 873.58352 /TON FOB DONGGUAN PORT, CHINA	524150.11
合计TOTAL		600		524150.11
SAY US DOLLARS FIVE HUNDRED AND TWENTY-FOUR THOUSAND ONE HUNDRED AND FIFTY POINT ONE ONE.				
备注REMARKS:				
1.数量和总价允许有±10%的浮动。The quantity and amount ±10% more or less are allowed.				
2.上述单价基于的人民币兑美元汇率中间价为6.9400。买方实际付款的单价，应按照出运当日的人民币兑美元汇率中间价计算。The stipulated unit				
price is based on the central parity rate of 6.5316 RMB against USD. The actual execution unit price shall base on the central parity rate at the day of shipment.				

成交价格术语　本合同使用的价格术语来自于国际商会《Incoterms 2010》。

Terms　Terms used in this contract, shall be interpreted in accordance with INCOTERMS 2010 of the International Chamber of Commerce.

2. 包装：按卖方正常生产出口标准包装。

Packing: Export Standards Packing

3. 装运港:　东莞港

Port of loading:　Dongguan Port, China

4. 目的港:　东京港

……

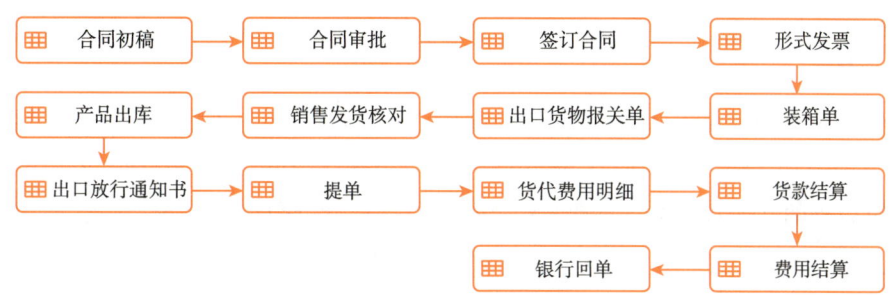

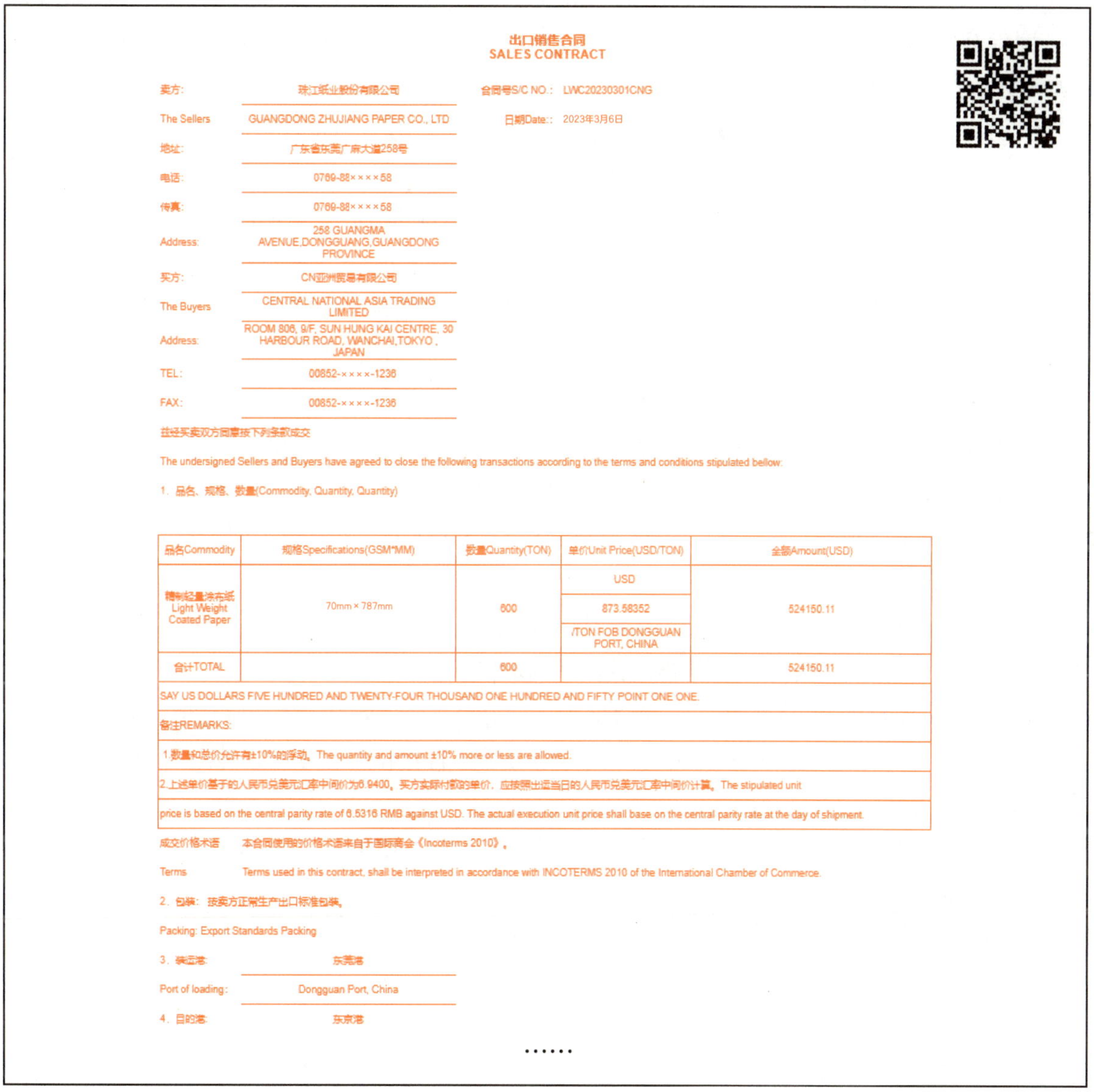

图 4–30　珠江纸业股份有限公司出口销售合同

注：请扫码获取完整内容。

认知识别1

1. 外币业务

在出口销售业务中，双方必须约定结算货币。如果约定按某一外国货币结算，如本合同中以美元结算，则这一业务称为外币业务。外币是指记账本位币以外的其他货币，外币业务是指企业以记账本位币以外的其他货币进行款项收付、往来结算和计价的经济业务。

2. 外汇汇率

外币业务核算跟外汇汇率密切相关。汇率，指两种货币之间兑换的比率，亦可视为用一国货币表示的另一国货币价格。汇率标价方法有直接标价法和间接标价法两种。直接标价法即指以一定单位的外国货币为标准，计算应付出多少单位的本国货币。例如，本合同中的美元汇率6.9400元，表示1美元的价格为6.9400元人民币。目前世界上大多数国家都采用直接标价法，我国也采用直接标价法。

在直接标价法下，外汇汇率上涨，说明外币币值上涨，表示单位外币所能换取的本币增多，本币币值下降；外汇汇率下降，说明外币币值下跌，表示外国单位货币能换取的本币减少，本币币值上升。因此，汇率是国际贸易中最重要的调节杠杆，当外币汇率上升时，能促进本国商品出口，但不利于进口；外币汇率下降时则正好相反，有利于商品进口，但会抑制本国商品出口。

从银行买卖外汇的角度划分，汇率分为买入汇率、卖出汇率和中间汇率，其中买入汇率和卖出汇率分别代表银行向同业或客户买入外汇、卖出外汇时所使用的汇率。中间汇率则是买入价与卖出价的平均数，通常折算时采用此汇率。

认知识别2 在对外贸易中，报价必须明确价格所包含的范围，主要涉及交货地点及运费和保险费的承担方式。常用的价格术语有FOB、CIF、EXW。

FOB（Free on Board）：离岸价，指卖方在装运港将货物装上买方指定的船只，并通知买方，货物装船后风险转移给买方。

CIF（Cost, Insurance, and Freight）：一般称为到岸价，包括成本和出口利润、保险费加运费，卖方需支付将货物运至指定目的港所需的保险费和运费，并办理货运保险。

EXW（Ex Works）：一般称为工厂交货价。它表示卖方交货地点为生产所在地，不负责运输、装载或办理出口手续等。在EXW条件下，买方需要承担将货物从卖方所在地运送到目的地的费用和风险。

此外，现行国际贸易采用的价格条件还包括FCA、CFR、CPT、CIP等多种形式。不同的价格条件意味着销售方承担的不同责任与风险。

分析研判1 交易价格的确定。

本次出口销售业务采用美元结算，单价873.58美元/吨，合同总价524,150.11美元。同时，合同条款还特别注明了单价是基于人民币兑美元汇率中间价6.9400而计算，并约定买方实际付款的单价应按照出运当日的人民币兑美元汇率中间价计算，这是公司为减少汇率变动带来的利润变动风险而采取的策略。

在国际贸易中，由于合同日与结算日之间往往会有较长时间跨度，在这期间汇率变动难以预测，而汇率的变动会影响销售方的实际利润。为减少汇率下降对出口企业目标利润的影响，合同可以约定以某一特定日期的汇率为基础计算单价，如交货日、到港日等。

分析研判2 从合同约定可知，珠江纸业股份有限公司本次出口销售采用FOB成交方式。

国际出口业务常用的成交方式是FOB和CIF。相较CIF而言，很多企业都习惯采用FOB交货方式，理由是FOB条款对卖方来说比较友好。具体表现为：一是操作简单。这种方式下出口企业无须处理租船订舱和货运保险等纷繁复杂的事务，仅需将货物交付到买方指定的船上并完成出口报关手续即可。二是可以避免因国际货币价格或燃油价格的波动而造成的运费不稳定继而使利润变得不可控。如果出口企业对国际运费估算低了，则自己要承担相应的利润损失风险。三是可以规避货运风险。如前所述，FOB方式下出口企业仅需将货物负责到"船舷"，以后货物运输途中的风险则转移给进口商。

风险控制 由于FOB方式是单方面较早期转移了货物控制权，如果进口商只付了少量的定金，则出口商将陷入极为被动的境地，有可能面临"钱货两空"的局面。因此，出口商在采用FOB结算方式时，应从以下几个方面防控风险：一是做好资信调查工作，选择靠谱的客户；二是在合同中约定由发货人委托自己的货代公司，并且在提单中的托运人填写出口企业，避免到港后无单放货的风险；三是审慎选择提单的交付时间和交付方式，避免过早丧失货物控制权；四是适当提高定金的比例；五是购买出口信用保险。

（二）报关出口确认收入

【场景4-16】 珠江纸业股份有限公司根据与CN亚洲贸易有限公司签订的出口销售合同，2023年3月23日报关出口600吨轻涂纸，报关单和出口放行通知单如图4-31、图4-32所示。出口部单证员张军开具了形式发票（见图4-33）、装箱单（见图4-34），取得了货运提单（见图4-35）。销售会计对该业务进行分析处理。

图4-31 中华人民共和国海关出口货物报关单

通关无纸化出口放行通知书

东莞顺运报关有限公司

你公司以通关无纸化方式向海关发送下列电子报关单数据业经海关审核放行,请携带本通知书及相关证单至港区办理装货/提货手续。

东莞海关海关审单中心
2023/12/23

预录入编号:490220210021502857		海关编号:491920231007418028	
出口关别	备案号	出口日期	申报日期
20230323		20230308	
收发货人	运输方式 (2)	运输工具名称及航次号	提运单号
珠江纸业股份有限公司	水路运输	源江9号/1209E	SITGYUHPG03623
消费使用单位 (91441900MA3CCA2C89)	监管方式 (0110)	征免性质	征税比例
珠江纸业股份有限公司	一般贸易		
许可证号	启运国(地区) (QGB)	经停港	境内目的地
	中国		
批准文号	成交方式	保费	杂费
	运费 USD/945/3	CNY/177.7/3	
合同协议号	件数	包装种类	毛重(吨)	净重(千克)
LWC20230301CNG	500	其他包装	600	600
集装箱号	随附单证		生产厂家

项号	商品名称	数量	单位	单价	币值
1	精制轻量涂布纸	600	吨		USD(美元)

兹申明以上通知由我公司根据海关电子回执打印,保证准确无误。

东莞顺运报关有限公司(签印)

图4-32 出口放行通知单

GUANGDONG ZHUJIANG PAPER CO., LTD
DONGGUAN, GUANGDONG, CHIINA

COMMERCIAL INVOICE

ORIGINAL

INVOICE NO.: HDHP202303
DATE: 12/03/2023

TO: CENTRAL NATIONAL ASIA TRADING LIMITED   ROOM 806, 9/F, SUN HUNG KAI

Contract No.: LWC20230301CNG
Contract Date: 6st MAR 2023
Port of Loading: Dongguan Port, China
Port of Destination: Tokyo, Japan

Commodity Description:

Commodity	Specifications(MM×MM)	Quantity(TON)	Unit Price	Amount(USD)
Light Weight Coated Paper	70×787	600	USD873.58352/TON CIF CHENGLINGJI NEWPORT, CHINA	524150.11
TOTAL		600		524150.11

SAY US DOLLARS FIVE HUNDRED AND TWENTY-FOUR THOUSAND ONE HUNDRED AND FIFTY POINT ONE ONE.
BOTH QUANTITY AND AMOUNT 10PCT MORE OR LESS ARE ACCEPTABLE.
MARKS: N/M
WE ARE CERTIFYING THE GOODS TO BE OF CHINA ORIGIN.

Beneficiary: GUANGDONG ZHUJIANG PAPER CO., LTD
Bank name: Bank of China Zuosulu Branch
Swift: PCBCCNBJHUX
Beneficiary a/c no.: 6013752175882680 51

Signature   Zhang Jun

图4-33 形式发票

GUANGDONG ZHUJIANG PAPER CO., LTD

DONGGUAN，GUANGZHOU，CHIINA

ORIGINAL

PACKING LIST

TO: CENTRAL NATIONAL ASIA TRADING LIMITED

Contract No.: LWC20230301CNG

Contract Date: 6st MAR 2023

Port of Loading:Dongguan Port, China

Port of Destination: Tokyo，Japan

Commodity Description:

Light Weight Coated Paper	AS PER BENEFICIARY'S COMMERCIAL

CONTAINER NUMBER	COMMODITY	QUANTITY
		TONS
TGBU2573270	Light Weight Coated Paper	600
Total		600

Signature　Zhang Jun

图 4–34　装箱单

SITC CONTAINER LINES CO.. LTD

r1. ShipperUNIPOWER INTERNATIONALLOGISTICS LTDBLDG NO. 48 2/FXIASHA SOUTH STREET. FUWELFUYONG. BAO' AN DISTRICT. SHENZHEN. CHINATEL: 0755-23225654

2. ConsigneeCENTRAL NATIONAL ASIA TRADING LIMITEDROOM 806, 9/F, SUN HUNG KAI CENTRE, 30 HARBOUR ROAD, WANCHAL, TOKYO JJAPANTEL:00852-2526-1236

3. Notify Partyllt is agreed that no responsibility shall sttach to the Carrier cr hls agent for fallure to notify)CENTRAL NATIONAL ASIA TRADING LIMITEDROOM 806, 9/F, SUN HUNG KAI CENTRE, 30 HARBOUR ROAD, WANCHAL, TOKYO JJAPANTEL:00852-2526-1236

4. "Pre-carriage byDONGGUAN YANG SHAN 2111EApplicablo ony whnDOoCUmONUCombined Transport Bil af lading	5. "Piace of ReceiptTokyo, Japan{Applicatle only whon ihs document is used as sCombined Transport Bil of Lading)
6. VesselVoy No	Port of loadingTokyo, Japan
8. Port of DischargeTOKYO, JAPAN	9. Place of DeliveryTOKYO, JAPAN

Port to Port or Combined TransportBILL OF LADINGRECEIVED for shipment in external apparent good order and condition, unlessotherwise indicated, The total number of packages or units stufed in thecontainer, the description of the goods and the weights shown in this Bil ofLading are furnished by the Merchants and the containers are already sealedby the Merchants, and which the carrier has no reasonable means of checkingand is not a part of this Bill of Lading contract, The carier has issued thenumber of Bills of Lading stated below, all of this tenor and date, one of theoriginal Bills of Lading must be surrendered and endorsed or signed againstthe delivery of the goods or the delivery order and whereupon any otheroriginal Bills of Lading shall be void. NOTE:Notwithstanding anycustoms or privileges to the contrary, theMerchant's attention is drawn to the fact that the Merchant, in accepting thisBill of Lading, expressly agrees to be bound by all the stipulations, exceptions, limitations, liberties, terms and conditions attached hereto or stated herein, whether written, printed, stamped or otherwise incorporated on the frontand' or reverse side hereof as well as the provisions of the Carrier's publishedTariff Rules, Regulations and Schedules, without oxceptlons, as fully as if theywere all signed by such Merchant, and the carrier's undertaking to carry thegoods is made on the basis of the merchant's acceptance and agreements asaforesald. This Bil of Lading is governed by the laws of the People's Republic of China. Any clailms and disputes arising under or in connection with this Bill of Ladingshall be determined by Shanghai Maritime Court or Qingdao Maritime Court atthe oxclusion of the Courts of any other country. The printed terms and conditions appearing on the face and reverse side of

Container No. /Seal No. Marks and Numbers	Number and Kind of packages: description of goods	Gross Weight	Measurement
N/MTGBU2573270/SITF617342	Number and Kind of packages: description of goods70g*787mmLight Weight Coated Paper SHIPPED ON BOARDSHIPPER'S LOAD, COUNT&SEALAbove particulars declared by shipper, Carrier is nat responsible. (see ciause 12)	Kgs600000.00 KGS	

10, Total No. of ContainersOr Packages (in words)	SAY ONE CONTAINER(S) ONLY

11. Freight & ChargesFREIGHT PREPAIDLSS COLLECT	Rate	Unit	Prepaid	Collect
	HAIPHONG AGENT: RM419+420+421, TD BUSINESS CENTER, LOT 20A, LE HONGPHONG STREET, TOKYO, JAPAN TEL:0084-31-3757800*104 FAX:0084-31-3757805/6			

Prepald atDONGGUAN. CHINA	Payable at	Number of Original B(s)L　ONE
LADEN ON BOARD THE VESSELDATE MAR. 24. 2023　BY . DONG GUAN YANG SHAN 2111E		AS AGENT FOR THE CARRIER. SITC CONTAINER LINES CO., LTD

STC STANDARD FORM 2Ht

图 4–35　国际货运提单

认知识别1 出口常用单据有以下4种。

1. 形式发票

国际贸易常用的形式发票，是一种非正式发票，通常用于货物未成交前，由出口商向进口商提供的一种参考性发票，主要用于供买方接受报价时作参考，或签约后向本国贸易管理当局或外汇管理当局申请进口许可证或批汇时使用。形式发票的内容可简可繁，有时与正式发票完全一样，但它与正式发票的性质和作用不同，形式发票不是一种正式单据，既不能用作交易双方的记账依据，也不能用于托收议付，对交易双方更无最终约束力。当正式成交履行合同时仍需按照有关规定内容另开正式发票。

2. 装箱单

装箱单是国际贸易中发票的补充单据，它列明了信用证（或合同）中买卖双方约定的有关包装事宜的细节，便于国外买方在货物到达目的港时供海关检查和核对货物，通常可以将其有关内容加列在商业发票上。

3. 出口放行通知书

海关出具的放行通知书是出口销售过程中的重要文件，它指明货物出口手续已全部办理完成，准许由海关或空关放行出境。对于FOB成交方式来说，出口商的责任已全部履行完毕。货物在出关前先要履行报关手续，准备出口合同、商业发票、装箱单等申报单证。

需注意的是，各国对进口货物的要求各不相同，公司应提前了解并遵守进口国相关规定，以避免麻烦。选择专业可靠的国际货代公司能大大提高通关效率。

4. 提单

提单是承运人和托运人之间的一种运输单据，用于证明海上货物运输合同和货物已经由承运人接收或装船，以及承运人保证据以交付货物的单证。提单具有多种作用。

（1）货物收据。它证明承运人已接管货物和货物已装船。

（2）运输契约证明。提单是承运人和托运人之间的运输合同的凭证。

（3）物权凭证。提单代表货物的所有权，合法持有人有权在目的港以提单相交换来提取货物。

提单的签发和转让对国际贸易和物流至关重要，确保了货物从出发地安全运输到目的地，并且按照约定的条件交付给收货人。

认知识别2 出口销售业务会计核算主要涉及以外币结算的收入的确认、应收账款的计量及外币款项的收回。《企业会计准则第19号——外币折算》对以上业务处理的规范如下。

1. 外币交易发生日的初始确认

（1）初始确认时采用交易发生日的即期汇率或即期汇率的近似汇率（一般按即期汇率）将外币金额折算为记账本位币金额。

（2）同时登记本位币账户和外币账户。

（3）发生单纯的货币兑换交易或涉及货币兑换的交易事项时，按照交易实际采用的汇率（即银行买入价或卖出价）折算。

当汇率变化不大时，为简化核算，企业也可以采用即期汇率的近似汇率进行折算，即当期平均汇率或加权平均汇率等。

2. 货币性项目在资产负债表日及结算日的会计处理

货币性项目是指企业持有的货币和将以固定或可确定金额的货币收取的资产或者偿付的负债，如银行存款、应收账款、应付账款、短期借款等。

资产负债表日或结算货币性项目时，企业应当采用资产负债表日或结算当日即期汇率折算外币货币性项目，因当日即期汇率与初始确认时或者前一资产负债表日即期汇率不同而产生的汇兑差额，计入当期损益。

分析研判 3月23日，珠江纸业股份有限公司销售会计根据以上单据，按照报关出口当日的美元汇率6.9400折算成人民币3,637,601.76元确认销售收入。

借：应收账款——CN亚洲贸易　　　　　　　　　　　　　3,637,601.76
　　贷：主营业务收入——轻涂纸　　　　　　　　　　　　3,637,601.76

同时在备查簿中记录外币债权增加524,150.11美元。

我国对一般出口销售业务实行免征增值税的政策，不开具增值税专用发票。

（三）结算货代费用

【场景4-17】 珠江纸业股份有限公司在与CN亚洲贸易有限公司的出口交易中委托东莞顺运报关行办理出口文书单据、报关等一系列出口事务，根据东莞顺运报关行出具的货代费明细（见表4-4）和货代发票（见图4-36）支付货代费用12,950元。销售会计对该业务进行分析处理。

表4-4　　　　　　　　东莞顺运报关行货代费用明细

箱号：TGBU2573270

发票号码	发票金额（元）	项目	结算价格（元）
—	—	拖车费用	5,800
—	—	报关费用	550
—	—	码头操作费（THC）	2,800
—	—	文件费用（DOC）	200
—	—	铅封费用	150
—	—	舱单录入费	50
—	—	电放费	200
—	—	其他费用	3,200
07672830	12,950.00	合计	12,950

东莞顺运报关行有限公司
2023年3月25日

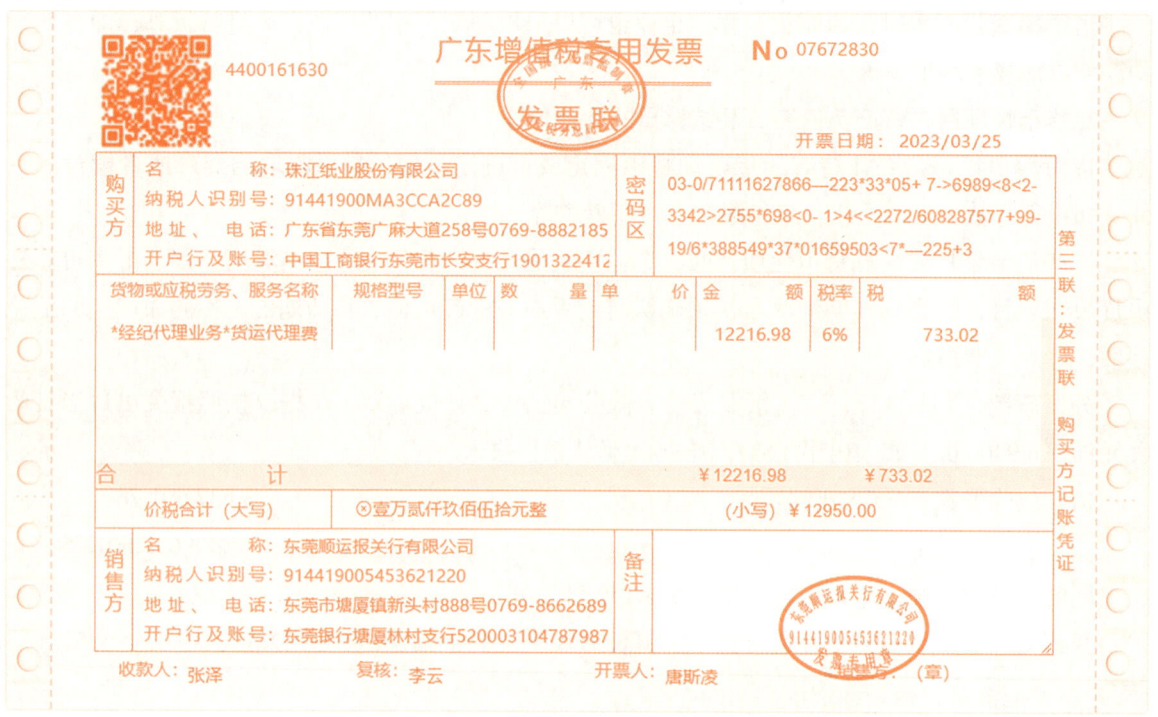

图 4-36　珠江纸业股份有限公司货代发票

认知识别　国际货运代理，简称货代，是指接受进出口货物收货人、发货人的委托，以委托人或自己的名义，为委托人办理国际货物运输及相关业务并收取服务报酬的行业。出口企业通常都会委托专业货代公司为其办理国际货物运输、报关等一系列具体业务，以节约自身的资金成本和时间成本。

对于出口业务较多的企业，应像选择国内物流合作伙伴一样，通过背调、比选等方式，选择最有价值的货代公司，低成本、高效率完成每一笔出口业务。

分析研判　3月30日，珠江纸业股份有限公司出纳唐伯瑞根据东莞顺运报关行开具的货代费用清单、增值税专用发票支付货运代理费12,950元，销售会计根据以上单据确认销售费用。

借：销售费用——出口销售货代费　　　　　　　　　　　　12,216.98
　　应交税费——应交增值税（进项税额）　　　　　　　　　　733.02
　　贷：银行存款　　　　　　　　　　　　　　　　　　　　　　12,950

（四）收款结汇

【场景4-18】 3月28日，珠江纸业股份有限公司外币专户收到金额为524,150.11美元的银行收款回单（见图4-37）。3月30日，将上述美元出售给中国银行后，收到开户行转来的收款回单（见图4-38）。资金会计对该业务进行分析处理。

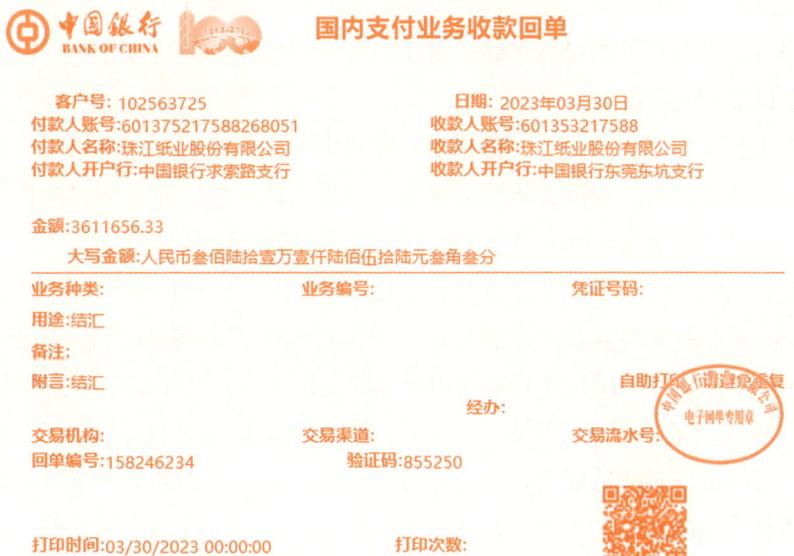

图4-37 中国银行外币专户收款回单

图4-38 中国银行国内支付业务收款回单

分析研判

1. 收回美元货款

资金会计李燕按当日美元汇率中间价6.8749折算为人民币3,603,479.59元记入银行存款账户，同时转销该客户的应收账款余额，与应收账款原入账金额的差额作为汇兑损益计入财务费用。

借：银行存款——美元户　　　　　　　　　　　　　　　　　3,603,479.59
　　　　财务费用　　　　　　　　　　　　　　　　　　　　　　34,122.17
　　　贷：应收账款——CN亚洲贸易　　　　　　　　　　　　 3,637,601.76

同时在备查簿中记录外币债权减少524,150.11美元，外币存款增加524,150.11美元。

2. 售汇

3月30日，外币专户524,150.11美元出售给中国银行获得人民币3,611,656.33元，资金会计据此记录美元存款账户减少，人民币存款账户增加，美元买入汇率与原折算汇率差额形成的汇兑损益记入财务费用。

借：银行存款　　　　　　　　　　　　　　　　　　　　　　3,611,656.33
　　　贷：银行存款——美元户　　　　　　　　　　　　　　　3,603,479.59
　　　　财务费用　　　　　　　　　　　　　　　　　　　　　　8,176.74

风险控制　　出口销售离不开收汇，常见的国际结算方式主要有：信用证L/C（Letter of Credit）、电汇T/T（Telegraphic Transfer）和付款交单D/P（Document against Payment）。采用不同的结算方式会产生不一样的风险，销售、财务部门在合同审核中要特别关注结算方式的约定。

信用证结算方式是指国外进口商通过国外银行向出口商的国内开户行开来信用证后，出口商再按照其条款规定发货并将发票、提单等送交国内开户行，由两国银行间办理审单议付事项。这种结算方式由银行作出有条件的付款承诺，对出口商来说信用保障程度较高，风险仅在于货物不符要求时客户拒付带来的物流损失。

付款交单属于托收方式中的一种，是指出口商将汇票连同货运单据交给银行托收时，指示银行只有在进口商付清货款时，才能交出货运单据的结算方式。进口商必须付清货款才能收货，对出口商来说信用保障程度很高，风险也在于客户弃货带来的物流损失。

电汇T/T则按不同的汇款时间约定分为不同的方式，出口商相应承担不同的信用风险。例如"100% T/T advance"，款到发货甚至款到生产，对出口商而言为零风险；"T/T定金+尾款即期信用证"也有很高的信用保障，出口商只需承担极低的拒付风险；"T/T定金+尾款见提单副本"，这是最常用的付款方式，最通行的比例是"30%T/T定金+70%尾款见提单副本"，对于信用状况较好的老客户，还可以进一步降低定金比例，这种付款方式的安全程度也比较高。如果要防止客户财务状况突然恶化或国际政治经济环境剧变带来的弃货风险，可提高定金比例。同时还要密切关注国际形势，对高风险的国家/地区要严格把握付款方式。

在本合同中约定的是货到付款，采用电汇结算方式。作为出口销售方来说，应收账款的催收难度将远远高于国内客户，公司将承担较大的风险。

六、视同销售业务的收入核算

在某些特定情况下，公司转移商品的控制权时并未获得明确的交易对价，但这些商品实质上给公司带来了经济利益的流入，表现为资产增加或负债减少，符合会计准则中关于收入的定义，这时候需要将其作为视同销售业务进行会计核算。

【场景4-19】 珠江纸业股份有限公司决定将自产的A4办公用纸发放给市场部职工作为奖励。3月11日，行政部执行董事会决议（见图4-39），将2,500件A4纸自仓库领出（见表4-5），3月12日全部发放给职工（见表4-6）。资金会计对该业务进行分析处理。

董事会会议决议

一、会议时间
2023年3月10日。

二、会议地点
珠江纸业股份有限公司会议室。

三、出席人员
本次会议应到董事5人，实际参加会议董事5人，符合公司章程规定。

四、会议主持
董事长王旗。

五、会议主题
关于向股东发放A4纸福利的议案。

六、会议决议内容
经董事会全体董事审议，现作出如下决议。
（1）鉴于市场部五名员工在过去的工作中表现出色，为公司的发展作出了积极贡献，为表彰她们的辛勤工作成果，会议决定向这五名员工发放A4纸作为奖励。
（2）每名员工将获得A4纸10件，具体发放时间、地点及方式由公司行政部门负责安排，并及时通知相关员工。
（3）公司应确保发放的A4纸质量上乘，并妥善安排发放工作，确保奖励的及时、准确发放，以进一步激发员工的工作积极性和创造力。
（4）希望市场部全体员工能够珍惜此次奖励，继续发挥专业优势，为公司的发展贡献更多力量。
特此决议。

出席会议的董事或董事代表签字、盖章（自然人董事签名，法人董事盖章）：
王旗、刘许阳、曹陈丽、高子轩、刘李燕
时间：2023年3月10日

图4-39 珠江纸业股份有限公司董事会会议决议

表4-5　　　　　　　　　　　产品出库登记

部门：纸品仓储事业部　　　　　日期：2023年3月11日　　　　　单据编码：CK-202303311099

日期	批次	产品名称	规格型号	发货单数量（吨）	实际出库数量（吨）	发货人	经手人	品牌或等级	客户名称	记录员
2023年3月11日	2023310	办公用纸	A4	0.16	0.16	冯仁奕	曾菱梦	一等	行政部	邵以琪

表 4-6　　　　　　　　　　办公用纸领用登记

序号	日期	领用品名	规格	领用数量（件）	领用部门	领用人签名	备注
1	2023年3月12日	办公用纸	A4	50	市场部	廖梦非	1件包含8包办公用纸，每包净重80克
2	2023年3月12日	办公用纸	A4	50	市场部	许愿	1件包含8包办公用纸，每包净重80克
3	2023年3月12日	办公用纸	A4	50	市场部	曾铭奕	1件包含8包办公用纸，每包净重80克
4	2023年3月12日	办公用纸	A4	50	市场部	薛凌香	1件包含8包办公用纸，每包净重80克
5	2023年3月12日	办公用纸	A4	50	市场部	姜梨涵	1件包含8包办公用纸，每包净重80克

认知识别　会计上的视同销售具体行为包括：将自产、委托加工或购买的货物作为投资，提供给其他单位或者个体工商户；将自产、委托加工或购买的货物分配给股东或投资者；将自产或委托加工的货物用于集体福利或个人消费。企业发生以上视同销售行为时，应根据公允价值确认销售收入。此外，企业用货物偿还债务或者用货物交换固定资产、无形资产等非货币性资产时，亦作为销售业务处理，根据公允价值确认销售收入。

除了会计上的视同销售行为，在增值税、企业所得税税法中同样有视同销售的相关规定。

《中华人民共和国增值税暂行条例实施细则》第四条规定了八种视同销售行为，除了以上三种会计上的视同销售行为以外，还包括：将货物交付其他单位或者个人代销；销售代销货物；设有两个以上机构并实行统一核算的纳税人，将货物从一个机构移送其他机构用于销售；将自产或者委托加工的货物用于非增值税应税项目；将自产、委托加工或者购进的货物无偿赠送其他单位或者个人。企业发生这些应税行为时，均应计算确认增值税销项税额。

《中华人民共和国企业所得税法实施条例》第二十五条规定：企业发生非货币性资产交换，以及将货物、财产、劳务用于捐赠、偿债、赞助、集资、广告、样品、职工福利或者利润分配等用途的，应当视同销售货物、转让财产或者提供劳务，在申报企业所得税时均需要按公允价值计入应税收入，计算缴纳企业所得税（国务院财政、税务主管部门另有规定的除外）。

以上所得税实施条例中列举的各种视同销售行为，其会计处理不尽相同。其中，将商品用于捐赠、赞助、广告、样品时，因不符合收入的定义，会计上不确认销售收入，而是按商品的账面价值确认为费用或损失。

分析研判　珠江纸业股份有限公司将自己生产的A4纸发放给市场部员工作为奖励，属于支付给职工的薪酬。此业务使公司的负债减少，是另一种经济利益流入，应按办公用纸本月销售价格计算确认主营业务收入，相应成本结转至主营业务成本。同时，月末应根据受益对象对该项职工薪酬支出进行分配。

1. 确认视同销售收入

3月A4纸的销售价格为6,679.48元/吨，销售会计廖峰按照售价和发放数量计算视同销售应确认的收入和相应的增值税销项税额，同时记入应付职工薪酬账户。会计分录如下：

借：应付职工薪酬——职工福利　　　　　　　　　　　　　　　1,068.72
　　贷：主营业务收入——A4纸　　　　　　　　　　　　　　　　945.77
　　　　应交税费——应交增值税（销项税额）　　　　　　　　　122.95

2. 结转视同销售成本

该业务按会计准则规定确认了销售收入后，按照配比原则，应确认相应的销售成本。可待月末统一结转已销商品成本时一并结转。

3. 分配职工薪酬支出

因奖励发放对象为市场部职工，职工薪酬应归属为销售费用。编制会计分录如下。

借：销售费用——其他薪酬支出　　　　　　　　　　　　　　　1,068.72
　　贷：应付职工薪酬——职工福利　　　　　　　　　　　　　　1,068.72

风险控制　视同销售业务核算的主要风险在于未能根据会计准则和税法的要求，按公允价值确认主营业务收入和增值税销项税额，导致利润表中的收入、增值税申报表中的销售额和销项税额以及所得税申报表中的应税收入不完整，导致会计信息不实，还可能带来税务违法风险。财务人员应深入领会和对比税法和会计准则关于视同销售的规定，正确进行各类视同销售业务的税务处理和会计处理。

任务小结

某一时点确认收入的核算主要包括一般商品销售收入的核算和视同销售、销售退回、出口销售等特殊销售业务的核算，账务处理时应注意依据会计准则的规定合理判断收入确认与计量的金额和时点，代销手续费、货运代理费等销售相关费用的确认，同时还应按税收法律法规的要求正确进行税务处理。

任务发布

根据场景4-8~场景4-10相关资料，请思考受托方湖南金盛商贸有限公司该如何对此笔业务进行会计处理？

任务3　某一时段履约义务的收入核算

【教学重点】收入的分期确认。

【教学难点】履约进度的确定。

任务导入

会计准则规定,企业应当在履行了合同中的履约义务时确认收入。珠江纸业股份有限公司业务范围涉及造纸机械设备安装业务,承接该类业务时,履约义务可能需要持续一段时间,因而需要选取恰当的方法来确定履约进度并据以分期确认收入。

任务实施

一、某一时段履约义务的识别

【场景4-20】2023年2月10日,珠江纸业股份有限公司技术中心与广州市晨元纸业有限公司签订如下设备安装服务合同(见图4-40)。销售会计对该业务进行判断分析,属于哪一类履约义务,应如何确认收入。

轻涂纸造纸设备安装服务合同

甲方(委托方):　　　　　　　　　　　乙方(服务提供方):
广州市晨元纸业有限公司　　　　　　　　珠江纸业股份有限公司
地址:广州市天河北路183~187号大都会广场1508　　地址:广东省东莞广麻大道258号
法定代表人:肖洋　　　　　　　　　　　法定代表人:王旗
联系电话:020-38×××51　　　　　　联系电话:0769-88×××58
开户银行名称:中国农业银行长兴路支行　开户银行名称:中国工商银行股份有限公司长安支行
开户银行账号:62270843242165287　　开户银行账号:1901322412455631285

一、服务内容
乙方将为甲方提供轻涂纸造纸设备的安装服务,包括但不限于设备运输、安装、调试、培训等,具体服务内容详见附件一《轻涂纸造纸设备安装服务清单》。

二、合同金额
本合同总金额为人民币壹佰伍拾万元整(¥1,500,000),该价款不含增值税。

三、合同期限
本合同期限自合同签订之日起至5月20日止。

四、付款方式
甲方按照乙方履约进度分期支付服务费用。具体支付比例如下。

序号	进度阶段	支付比例	付款时间
1	预付款	合同总金额的20%	2023年2月15日前
2	设备运输	合同总金额的20%	2023年3月15日前
3	设备安装	合同总金额的30%	2023年4月15日前
4	调试阶段	合同总金额的20%	2023年5月15日前
5	培训与验收	合同总金额的10%	验收合格后7个工作日内

……

图4-40 轻涂纸造纸设备安装服务合同(节选)

注:请扫码获取完整内容。

认知识别 对于在某一时段内履行的履约义务，企业应当在该段时间内按照履约进度确认收入，但是，履约进度不能合理确定的除外。

会计准则规定，企业应当考虑商品的性质，采用产出指标或投入指标确定恰当的履约进度。产出指标包括实际测量的完工进度、评估已实现的结果、时间进度、已完工或交付的产品等。投入指标包括投入的材料数量、花费的人工工时或机器工时、发生的成本和时间进度等。

分析研判 由合同内容可知，公司为广州晨元纸业有限公司提供轻涂纸造纸设备的安装服务，合同总价款150万元（不含增值税），安装期限为100天。公司须负责提供设备，并履行运输、安装、调试、培训等义务，广州晨元纸业有限公司将按照履约进度分五次支付全部价款。

根据《企业会计准则第14号——收入》，企业应当在履行了合同中的履约义务，即客户取得相关商品控制权时确认收入。对于本例中的设备安装服务来说，商品控制权转移给客户的时间为2月10日至5月20日这一期间，属于发生在某一时段的履约义务。公司应当于每个资产负债表日（即每月月末）按履约进度分期确认营业收入，并将已发生的履约成本结转为营业成本。其中，履约进度的确认是关键。

公司销售会计认为可以按照累计实际发生的成本占预计总成本的比例（即成本法）确定履约进度。

二、某一时段履约义务的账务处理

（一）收取工程款

【**场景4-21**】珠江纸业股份有限公司分别于2023年2月15日和3月15日收到银行转来的广州晨元纸业有限公司按合同约定支付工程款的收款业务回单（见图4-41、图4-42）。销售会计对该业务进行分析处理。

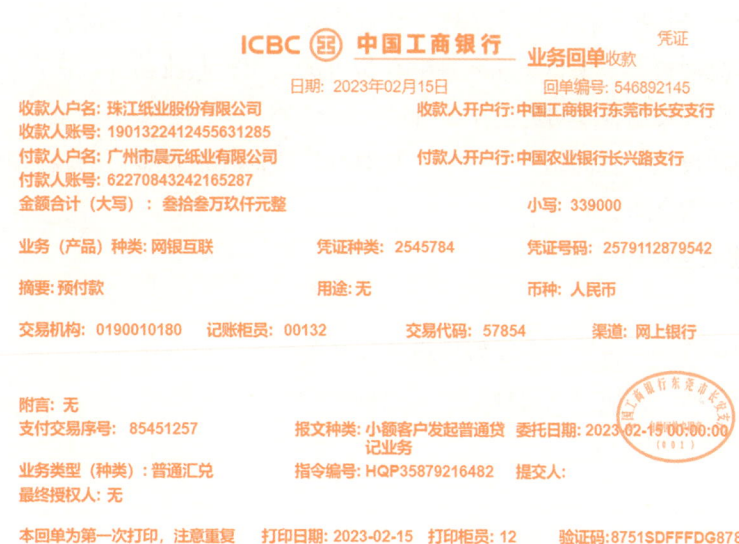

图4-41　中国工商银行2月收款业务回单

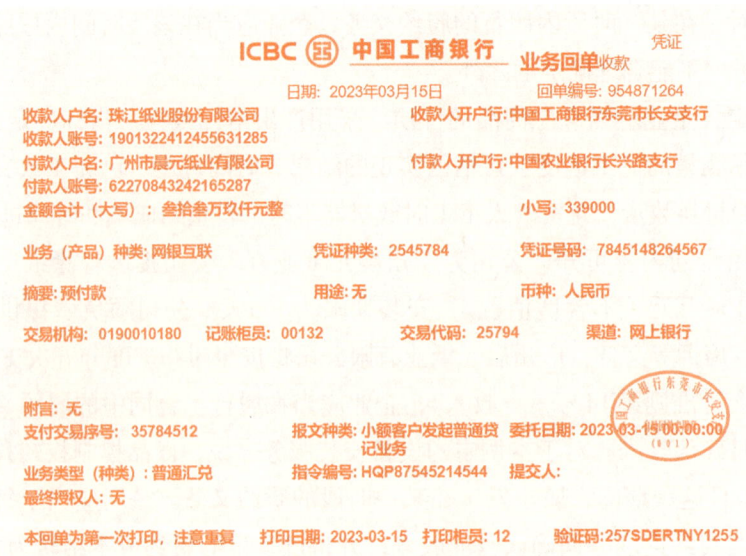

图 4-42 中国工商银行 3 月收款业务回单

认知识别 根据《企业会计准则应用指南》，企业对其已向客户转让商品而有权收取的对价金额应当确认为合同资产或应收账款；对于其已收或应收客户对价而应向客户转让商品的义务，应当按照已收或应收的金额确认合同负债。

由于同一合同下的合同资产和合同负债应当以净额列示，企业也可以设置"合同结算"科目（或其他类似科目），以核算同一合同下属于在某一时段内履行履约义务涉及与客户结算对价的合同资产或合同负债，并在此科目下设置"合同结算——价款结算"科目反映定期与客户进行结算的金额；设置"合同结算——收入结转"科目反映按履约进度结转的收入金额。资产负债表日，"合同结算"科目的期末余额在借方的，根据其流动性，在资产负债表中分别列示为"合同资产"或"其他非流动资产"项目；期末余额在贷方的，根据其流动性，在资产负债表中分别列示为"合同负债"或"其他非流动负债"项目。

分析研判 公司设置"合同结算"科目，核算与广州晨元纸业签订的轻涂纸造纸设备安装合同所涉及的合同资产或合同负债。

1. 2 月 15 日收取合同预付款

借：银行存款　　　　　　　　　　　　　　　　　　　　　　　339,000
　　贷：合同结算——价款结算（轻涂设备安装）　　　　　　　300,000
　　　　应交税费——应交增值税（销项税额）　　　　　　　　 39,000

2. 3 月 15 日收取合同预付款

借：银行存款　　　　　　　　　　　　　　　　　　　　　　　339,000
　　贷：合同结算——价款结算（轻涂设备安装）　　　　　　　300,000
　　　　应交税费——应交增值税（销项税额）　　　　　　　　 39,000

（二）归集合同履约成本

【场景4-22】 珠江纸业股份有限公司为履行与广州晨元纸业有限公司签订的轻涂纸造纸设备安装合同，于2023年2月20日购入了设备并交付广州晨元纸业有限公司待安装（见图4-43、图4-44），支付了设备运输费（见图4-45、图4-46），2月25日支付了勘察设计费（见图4-47、图4-48），3月末支付了安装人员工资（见图4-49）。销售会计对该业务进行分析处理。

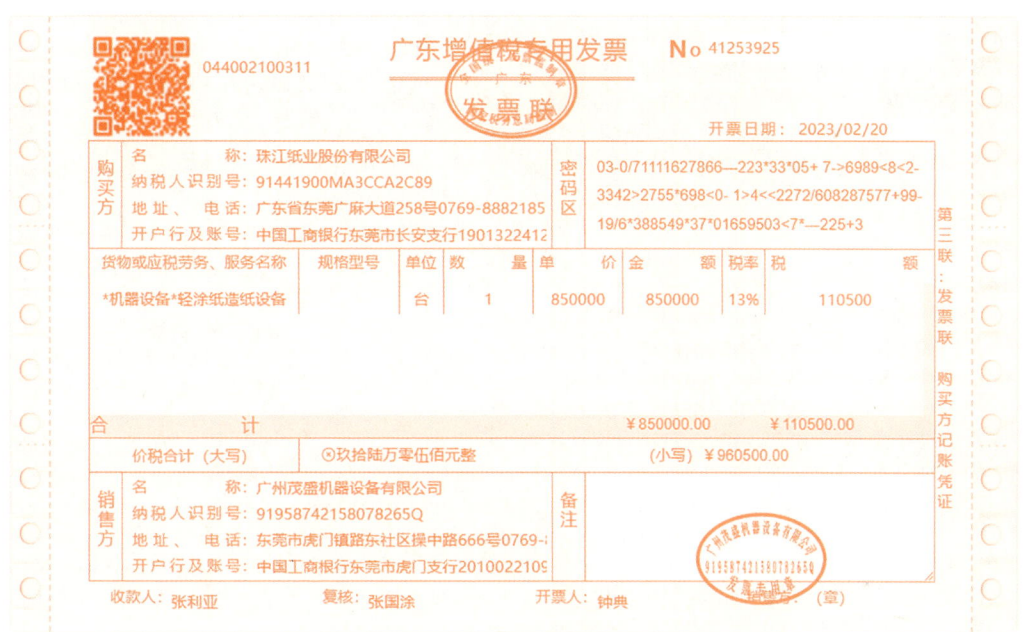

图4-43 设备发票

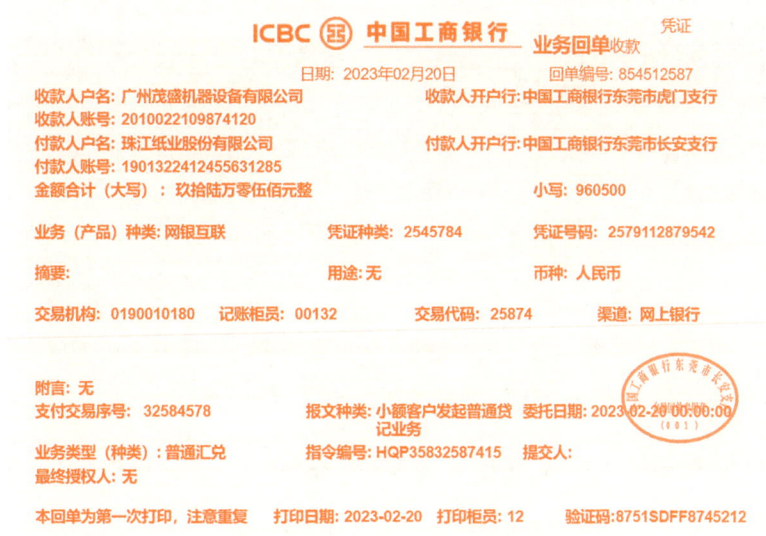

图4-44 设备款银行付款回单

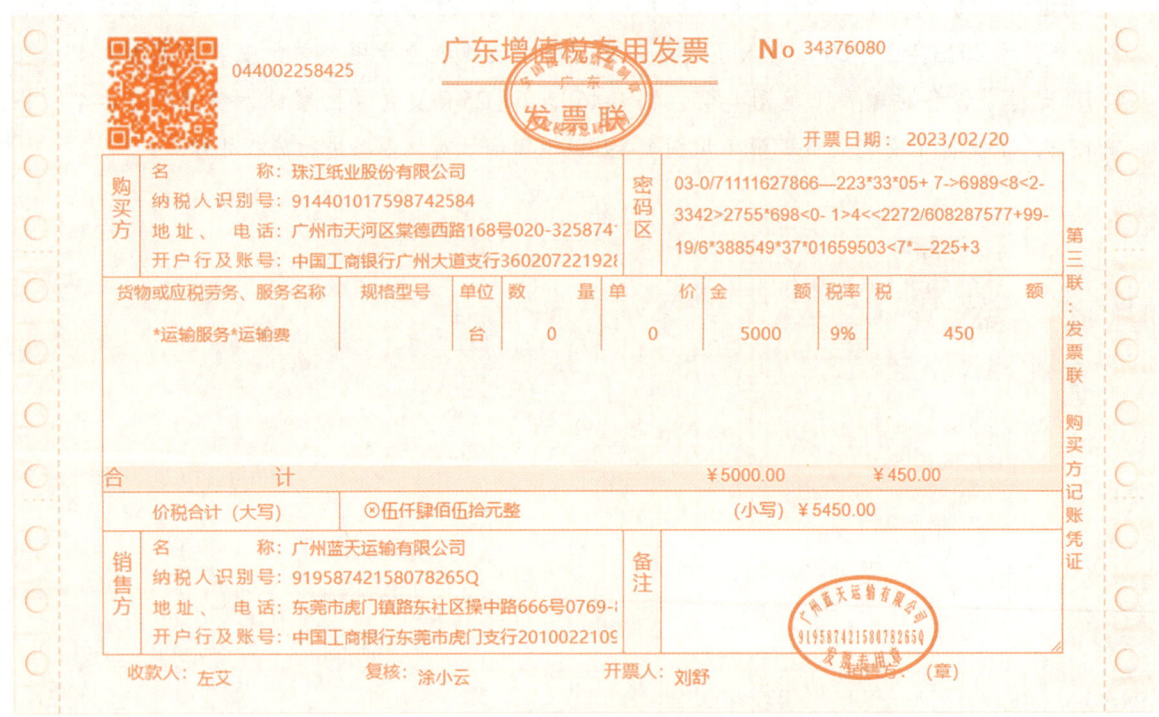

图 4-45 运输费发票

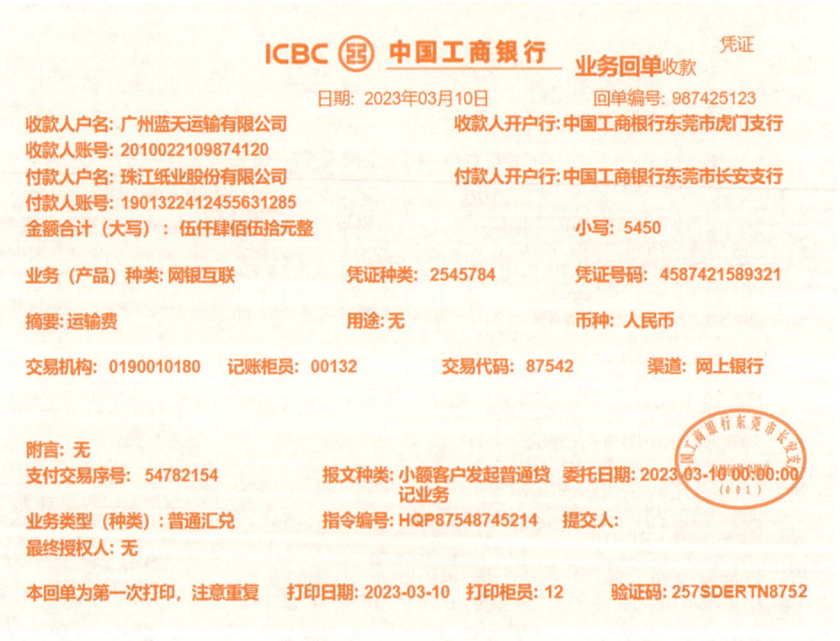

图 4-46 运输费银行付款回单

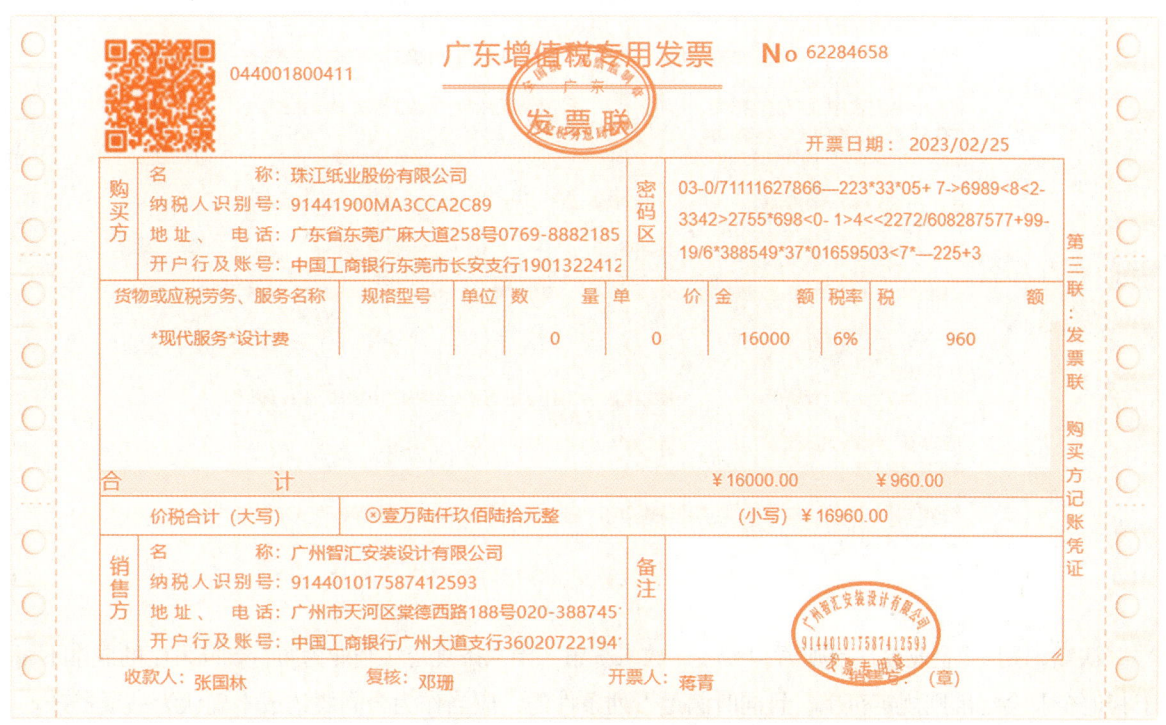

图 4-47 勘察设计费发票

图 4-48 勘察设计费银行付款回单

```
                    ICBC 中国工商银行    业务回单 收款  凭证
                              日期：2023年03月30日        回单编号：587412569
          收款人户名：广州智汇安装设计有限公司      收款人开户行：中国工商银行广州大道支行
          收款人账号：3602072219412587225
          付款人户名：珠江纸业股份有限公司        付款人开户行：中国工商银行东莞市长安支行
          付款人账号：1901322412455631285
          金额合计（大写）：陆万壹仟陆佰元整           小写：61600

          业务（产品）种类：网银互联    凭证种类：2578412    凭证号码：5487412563214
          摘要：人工费               用途：无             币种：人民币

          交易机构：0190010180  记账柜员：00132    交易代码：87542    渠道：网上银行

          附言：无
          支付交易序号：85412547      报文种类：小额客户发起普通贷   委托日期：2023-03-30 00:00:00
                                        记业务
          业务类型（种类）：普通汇兑   指令编号：HQP87985214784    提交人：
          最终授权人：无

          本回单为第一次打印，注意重复    打印日期：2023-03-30  打印柜员：12   验证码：257SDER985214
```

图 4-49　安装费支出银行付款回单

认知识别　《企业会计准则第14号——收入》第二十六条规定，企业为履行合同发生的成本不属于其他企业会计准则规定范围，且同时满足下列条件的，应当作为合同履约成本确认为一项资产。

（1）该成本与一份当前或预期取得的合同直接相关，包括直接人工、直接材料、制造费用（或类似费用）、明确由客户承担的成本以及仅因该合同而发生的其他成本。

（2）该成本增加了企业未来用于履约义务的资源。

（3）该成本预期能够收回。

企业在确认收入的同时，应当对履行合同可能会发生各种成本进行分析，属于合同履约成本的，应通过"合同履约成本"科目归集，并按规定进行后续结转处理。

分析研判　公司销售会计分析，以上支出均与轻涂纸设备安装工程直接相关，增加了公司未来用于履行履约义务的资源，该成本预期能够收回，应归集计入"合同履约成本"科目，编制会计分录如下。

1. 2月20日购买设备并运往甲方待安装时

借：合同履约成本　　　　　　　　　　　　　　　　　　　　　　850,000
　　应交税费——应交增值税（进项税额）　　　　　　　　　　　110,500
　　贷：银行存款　　　　　　　　　　　　　　　　　　　　　　960,500

2. 2月20日支付运输费用时

借：合同履约成本　　　　　　　　　　　　　　　　　　　　　　　5,000
　　应交税费——应交增值税（进项税额）　　　　　　　　　　　　　450
　　贷：银行存款　　　　　　　　　　　　　　　　　　　　　　　5,450

3. 2月25日支付勘察设计费时

借：合同履约成本　　　　　　　　　　　　　　　　　　　16,000
　　　应交税费——应交增值税（进项税额）　　　　　　　 1,440
　　贷：银行存款　　　　　　　　　　　　　　　　　　　　17,440

4. 3月末支付设备安装人员薪酬支出时

借：合同履约成本　　　　　　　　　　　　　　　　　　　61,600
　　贷：银行存款　　　　　　　　　　　　　　　　　　　　61,600

公司4月和5月还分别发生合同履约成本84,000元和20,000元，此处不再详述。

（三）按履约进度确认合同收入，结转合同成本

【场景4-23】 珠江纸业股份有限公司销售会计于月末按照履约进度对上述轻涂纸造纸设备安装业务确认合同收入，结转合同成本，编制收入计算，如表4-7所示。

表4-7　　　　　　　　　　　　轻涂纸安装合同收入计算

资产负债表日	实际发生合同成本（元）	预计还将发生成本（元）	履约进度（%）	应确认合同收入（元）	应确认合同成本（元）
2023年2月28日	21,000	167,600	11.13	72,375.40	21,000
2023年3月31日	61,600	106,000	43.80	212,301.17	61,600
2023年4月30日	84,000	20,000	89.40	296,394.49	86,000
2023年5月31日	20,000	0	100	68,928.94	20,000
合计	188,600	—	100	650,000.00	188,600

注：此表中，计算履约进度时所使用的合同总收入与合同总成本数据不包括待安装设备购置成本850,000元。

认知识别1　在资产负债表日，应按如下方法计算确认当期的营业收入和营业成本：

当期营业收入＝预计合同总收入 × 履约进度 – 以前会计期间累计已确认的营业收入

当期营业成本＝预计合同总成本 × 履约进度 – 以前会计期间累计已确认的营业成本

当履约进度不能合理确定时，企业已经发生的成本预计能够得到补偿的，应当按照已经发生的成本金额确认收入，直到履约进度能够合理确定为止。

认知识别2　当企业已发生的成本与履约进度不成比例时，企业在采用成本法确定履约进度时需要进行适当调整。例如在施工中尚未安装、使用或耗用的商品或材料成本等，当企业在合同开始日就预期将能够满足有关条件时，在采用成本法确定履约进度时，应将这部分成本剔除在预计总成本和已发生成本之外单独处理。

分析研判　公司于2月13日支付了购买设备款项850,000元，其成本相对于预计总成本而言是重大的，本合同履约过程中的已发生成本和履约进度不成比例，因此需要对履约进度计算作出调整，将设备的采购成本排除在已发生成本和预计总成本之外。公司应在晨元纸业公司取得该设备控制权时，按照设备采购成本的金额确认转让设备产生的收入。

根据设备安装项目预算表中的数据计算合同履约进度，并根据履约进度计算各月末应确认的

合同收入和合同成本。

2月末履约进度 =21,000÷188,600×100%=11.13%

2月应确认合同收入 =（1,500,000–850,000）×11.13%=72,375.40（元）

2月应结转合同成本 =21,000÷188,600×188,600=21,000（元）

3月末履约进度 =（21,000+61,600）÷188,600×100%=43.80%

3月末应确认合同收入 =（1,500,000–850,000）×43.80%–72,375.40=212,301.17（元）

3月应结转合同成本 =（21,000+61,600）÷188,600×188,600–21,000=61,600（元）

4月、5月计算以此类推。

编制会计分录如下。

1. 2月20日设备交付晨元纸业时单独确认设备转让收入

借：合同结算——收入结转（轻涂设备安装）	960,500
贷：主营业务收入——轻涂设备安装	850,000
应交税费——应交增值税（销项税额）	110,500

2. 2月末按履约进度确认合同收入

借：合同结算——收入结转（轻涂设备安装）	81,784.20
贷：主营业务收入——轻涂设备安装	72,375.40
应交税费——应交增值税（销项税额）	9,408.80

3. 2月末按履约进度结转合同成本（设备成本一并结转）

借：主营业务成本——轻涂设备安装	871,000
贷：合同履约成本——轻涂设备安装	871,000

4. 3月末按履约进度确认合同收入

借：合同结算——收入结转（轻涂设备安装）	239,900.32
贷：主营业务收入——轻涂设备安装	212,301.17
应交税费——应交增值税（销项税额）	27,599.15

5. 3月末按履约进度结转合同成本

借：主营业务成本	61,600
贷：合同履约成本	61,600

风险控制　工程安装收入核算过程中的主要风险在于与安装服务相关的税务处理不合规，或者不适当的开具发票给企业带来损失。

《中华人民共和国增值税暂行条例》规定，纳税人发生应税销售行为，其纳税义务发生时间为收讫销售款项或者取得销售款项凭据的当天；先开具发票的，为开具发票的当天。对于本例中的设备安装服务，公司应于每次收讫工程款时开具增值税专用发票、进行增值税申报。

此外，若会计人员未能按照履约进度确认收入和结转成本，或者履约进度的确定不合理，将导致财务状况、经营成果信息失真。对于履约期限跨越不同纳税年度的工程项目来说，还会影响所得税申报的准确性。

任务小结

工程安装收入一般属于某一时段履约义务,财务人员应能正确识别该类业务,并按收入会计准则的规定正确进行预付工程款提取、合同履约成本归集等会计业务处理,并按履约进度进行确认合同收入、结转成本,确保会计和税务处理合规。

任务发布

某健身房在促销活动中推出两种不同的健身会员卡,一种是年卡,用户在激活会员卡之日起一年内可无限次到该健身房从事健身运动,售价3,880元;另一种是次卡,用户在激活会员卡之日起一年内可到该健身房进行50次健身运动,售价3,000元。

请思考:健身房应如何确认与计量这两种不同的销售收入?

任务4　坏账计提与核销核算

【教学重点】期末坏账准备的计提。
【教学难点】预期坏账损失的估计。

任务导入

企业销售中形成的各项应收款项,可能由于债务人拒付、破产、死亡等信用缺失原因导致部分或全部无法收回,这类无法收回的应收款项通常称为坏账,企业因此而遭受的损失为坏账损失,又叫应收款项减值损失。公司应按照会计准则的要求对销售过程中产生的应收账款进行坏账计提与核销的核算。

应收款项减值有两种核算方法:直接转销法和备抵法。由于备抵法更符合权责发生制和谨慎性原则,企业会计准则规定,应收款项减值核算应采用备抵法。小企业会计准则规定,应收款项减值可采用直接转销法。

采用直接转销法时,日常核算时不对可能发生的坏账损失进行预计,而是在实际发生坏账时,将其损失直接计入当期损益(营业外支出)。

备抵法是指在坏账损失实际发生前,依据权责发生制原则,按期确定预期信用损失,计入当期损益(信用减值损失),同时建立坏账准备;待坏账损失实际发生时,再转销坏账准备和相应的应收款项。

 任务实施

一、核销坏账

【场景4-24】 珠江纸业股份有限公司应收账款明细账中应收客户单位重庆林乐贸易有限公司、昆明鸿盛贸易有限公司的两笔账款因无法收回，销售会计向公司管理层提出将其作为坏账核销，总经办会议审议通过（见图4-50）。总账会计对该业务进行分析处理。

总经理办公会议纪要
（2023年第12次）

珠江纸业股份有限公司　　　　　　　　　　签发人：王旗

时　　间：2023年2月20日

参会人员：覃乐凡、胡洋、王骏、钟淮敏、王旗、柳林川

会议主持：王旗

议　　题：关于核销坏账的提议

会议主要内容：

鉴于重庆林乐贸易有限公司和昆明鸿盛贸易有限公司所欠我公司货款已达三年，且两公司现已陷入财务困难中，预计应收账款金额无法收回，因此通过全额核销坏账的提议。

重庆林乐贸易有限公司应收账款余额为486,452.37元，2023年2月作为坏账全额核销。昆明鸿盛贸易有限公司应收账款余额为475,210.75元，2023年2月作为坏账全额核销。

报：总经理办公会成员

存：综合管理部

图4-50　总经理办公会议纪要

认知识别　采用备抵法核算应收款项减值，企业设置"坏账准备"账户和"信用减值损失"账户。

"坏账准备"账户属于资产类账户，是"应收票据""应收账款""预付账款""其他应收款"等账户的备抵账户。该账户借方登记实际发生的坏账损失金额和冲减的坏账准备金额；贷方登记当期计提（或补提）的坏账准备、收回已转销的应收账款而恢复的坏账准备；期末贷方余额应等于预计应收款项减值的金额，使应收款项扣除坏账准备以后的账面价值与预计未来可收回金额一致。

"信用减值损失"账户，核算企业因各项金融工具信用减值所形成的预期信用损失。该账户属于损益类账户，借方登记当期计提的减值准备金额；贷方登记当期冲减的减值准备金额；期末余额结转入本年利润，结转后无余额。

分析研判　根据企业会计准则规定，公司应采用备抵法核算坏账损失。公司应将重庆林乐贸易有限公司、昆明鸿盛贸易有限公司的两笔应收账款从账面上注销，同时冲减已计提的坏账准备。

公司总账会计唐雪根据总经办会议纪要编制了坏账核销表（见表4-8），进行核销坏账的会计业务处理。会计分录如下。

借：坏账准备　　　　　　　　　　　　　　　　　　　　　961,663.12
　　贷：应收账款——重庆林乐　　　　　　　　　　　　　　486,452.37
　　　　应收账款——昆明鸿盛　　　　　　　　　　　　　　475,210.75

表 4-8　　　　　　　　　　　　　　坏账核销

编制单位：珠江纸业股份有限公司

序号	往来单位	账面余额（元）	发生日期	账龄	核销金额（元）	核销理由
1	重庆林乐贸易有限公司	486,452.37	2019年11月15日	3年以上	486,452.37	预计难以收回
2	昆明鸿盛贸易有限公司	475,210.75	2019年11月28日	3年以上	475,210.75	预计难以收回
	合计				961,663.12	—

制表人：许阳　　　　　　　　审核人：胡洋　　　　　　　　日期：2023年2月20日

风险控制　坏账核销工作中存在的主要风险：一是不恰当地放弃对已核销应收款项的追偿权，或者收回的已核销应收款项未经会计处理，形成账外小金库或个人贪污；二是应收账款的坏账核销不完整，存在应销未销的情况或者应收账款的坏账核销依据不充分，核销较随意，造成企业资产损失。企业应建立完善的坏账核销决策机制和核销审批流程，以规避该风险。

二、计提坏账准备

【场景4-25】珠江纸业股份有限公司2023年2月末应收账款明细情况如表4-9所示，总账会计进行期末计提坏账准备的会计处理。

表 4-9　　　　　　　　　　2023年2月客户应收账款明细

日期	客户名称	上月应收账款余额（元）	本月销售额（元）	本月回款金额（元）	余额方向	本月应收账款余额（元）
2023年2月28日	合肥出版印刷物资有限公司	0.00	2,423,721.86	0.00	借	2,423,721.86
2023年2月28日	广东高元教育出版社有限公司	0.00	4,662,370.45	0.00	借	4,662,370.45
2023年2月28日	湖南省佳园印刷物资总公司	2,596,705.82	441,426.52	2,596,705.82	借	441,426.52
2023年2月28日	福建出版物资有限责任公司	1,568,457.40	2,943,287.39	1,568,457.40	借	2,943,287.39
2023年2月28日	山东出版印刷物资有限公司	5,440,178.23	3,715,547.33	4,240,178.23	借	3,715,547.33
2023年2月28日	甘肃出版传媒股份有限公司	0.00	4,024,171.23	0.00	借	4,024,171.23
2023年2月28日	中国青少年出版总社有限公司	8,916,347.12	9,054,149.45	8,916,347.12	借	9,054,149.45
2023年2月28日	广西方乐贸易有限公司	684,118.78	15,029,366.01	14,086,817.32	借	1,580,000.00
2023年2月28日	四川林原商贸有限公司	0.00	2,936,506.45	0.00	借	2,936,506.45
2023年2月28日	广州市晨元纸业有限公司	21,360,687.25	10,281,677.36	22,496,002.59	借	7,303,846.60
2023年2月28日	天津申益印刷物资有限公司	5,206,486.79	12,501,327.19	5,206,486.79	借	12,501,327.19

续表

日期	客户名称	上月应收账款余额（元）	本月销售额（元）	本月回款金额（元）	余额方向	本月应收账款余额（元）
2023年2月28日	河南省益元印务有限公司	22,471,237.14	13,517,087.97	29,788,325.11	借	3,200,000.00
2023年2月28日	北京兴业华泰纸张销售有限公司	17,782,488.46	16,034,914.56	31,567,403.02	借	2,250,000.00
2023年2月28日	厦门国发股份有限公司	9,992,436.91	8,176,901.30	13,512,093.02	借	4,657,245.19
2023年2月28日	陕西合芸纸业有限公司	0.00	7,176,915.32	0.00	借	7,176,915.32
2023年2月28日	昆山永安纸业有限公司	3,787,925.62	5,782,433.84	6,188,452.48	借	3,363,883.26
2023年2月28日	佛山市福生纸塑胶粘制品有限公司	3,568,753.48	3,309,182.85	3,568,753.48	借	3,309,182.85
2023年2月28日	山东雅优科技有限公司	0.00	3,468,779.07	0.00	借	3,468,779.07
2023年2月28日	永州明丰纸业有限责任公司	0.00	9,434,590.74	0.00	借	9,434,590.74
2023年2月28日	深圳市隆远纸业有限公司	0.00	9,166,505.75	0.00	借	9,166,505.75
2023年2月28日	岳阳纸业股份有限公司	0.00	7,223,650.62	0.00	借	7,223,650.62
2023年2月28日	岳阳新元纸业有限公司	0.00	4,933,360.52	0.00	借	4,933,360.52
2023年2月28日	温州市功立贸易有限公司	0.00	10,176,518.97	0.00	借	10,176,518.97
2023年2月28日	临沂友灵木业有限公司	1,227,715.56	1,931,160.11	1,968,602.95	借	1,190,272.72
2023年2月28日	重庆市优优贸易有限公司	0.00	5,338,414.95	0.00	借	5,338,414.95
2023年2月28日	武汉童灿纸业有限公司	100,000.00	0.00	0.00	借	100,000.00
	合计	104,703,538.56	173,683,967.81	145,704,625.33	借	126,575,674.43

认知识别1 坏账准备计提金额可按以下公式计算：

当期应计提的坏账准备=当期按应收款项预计的坏账损失金额-（或+）"坏账准备"科目的贷方（或借方）余额

若计算结果为负数，说明当期预计的坏账损失金额小于此前"坏账准备"账户已有贷方余额，即应收款项的可收回金额高于应收款项当前账面价值，此时则相应冲减多计提的坏账准备，恢复应收款项的账面价值。

计提坏账准备时，预计应收款项未来坏账损失金额是关键。

认知识别2 新金融工具准则采用预期信用损失率预估应收款项坏账损失，实际执行采用迁徙率模型，依据历史期间（一般为3~5年）实际损失率，对本期应收款项未来损失可能性进行判断，并计提相应坏账准备，简言之就是依据历史期间各账龄段延续至下期的比率，累计确定各账龄段最终将计入迁徙至损失阶段的比率。更多关于预期信用损失的预计方法，请扫码查看知识拓展内容。

【知识拓展】应收款项减值的预期信用损失法

分析研判 公司总账会计应在2月28日根据应收账款余额情况，采用合理的方法预测应收账款可能发生的坏账损失金额，结合"坏账准备"账户原有余额情况，计算确定本期应计提的坏账准备金额。

公司2月末应收账款余额为126,575,674.43万元，总账会计唐雪根据应收账款坏账损失的历史数据和风险预估模型，预测应收账款未来很可能发生的坏账损失为1,265,756.74元，则"坏账准备"账户应保持1,265,756.74元贷方余额。2月初"坏账准备"账户贷方余额为787,713元，2月因核销两笔坏账冲减了坏账准备961,663.12元，"坏账准备"出现借方余额173,950.12元。

可据此计算公司2023年2月应计提的坏账准备：

2月应计提坏账准备=1,265,756.74-（787,713-961,663.12）=1,439,706.86（元）

计提坏账准备后，该账户在2月末的账面余额为1,265,756.74元，与预测的坏账损失一致。

公司总账会计唐雪根据预估的应收账款坏账损失和"坏账准备"账户余额情况，编制了应收账款坏账计提表（见表4-10），据此计提坏账准备。会计分录如下。

　　借：信用减值损失　　　　　　　　　　　　　　　1,439,706.86
　　　　贷：坏账准备　　　　　　　　　　　　　　　　　　1,439,706.86

表4-10　　　　　　　　　　2月坏账计提

编制单位：珠江纸业股份有限公司　　　　　　　　　　　　　　　　　金额单位：元

应收账款账面余额（A）	预期信用损失率（B）	预期信用损失额 C=A*B	坏账准备月初余额（D）	本期核销的坏账（E）	本期收回的已核销坏账（F）	应计提的坏账准备 G=C-D+E-F
126,575,674.43	1%	1,265,756.74	787,713	961,663.12	0	1,439,706.86

制表人：马跃　　　　　　　审核人：胡洋　　　　　　　日期：2023年2月28日

风险控制　采用备抵法核算坏账损失，符合权责发生制和会计谨慎性要求，在资产负债表中按减除坏账准备后的余额列示应收款项净额，使外部利益相关者能了解企业应收款项预期可收回的金额和真实的财务状况；在利润表中列示预计信用减值损失，有利于落实企业经营管理者的责任，有助于外部利益相关者如实评价企业的经营业绩。

采用备抵法核算信用减值损失需要对预计损失进行复杂的评估和判断，对财务人员的职业判断提出了更高要求，信用减值损失金额的预估不准确不客观的话，可能会影响报表使用者对企业财务状况和经营成果的判断。

财务人员应明确坏账准备计提目的和计提依据，严格按照企业会计准则和公司内部财务制度要求并综合考虑公司历史数据、行业经验和风险评估等因素，合理估计预期坏账损失并计提坏账准备。

三、收回已核销的坏账

【场景4-26】 珠江纸业股份有限公司2023年3月末收到银行转来的收款回单（见图4-51），资金会计对此业务进行分析处理。

认知识别　重庆林乐贸易有限公司2019年11月从公司购进纸品，产生了应收账款486,452.37元，因欠款时间已达三年以上且多次催收无果，公司上月已完成内部审批程序，对该笔应收款项作为坏账核销。公司近期并未与其发生其他交易，本次汇来100,000元款项，应是在公司多项催款措施下，客户单位准备分期偿还所欠债务。

分析研判　已作为坏账核销的应收账款又收回时，会计处理上应先恢复原转销时冲减的坏账准备和应收账款，再进行收款入账的处理。

公司总账会计唐雪根据银行收款回单进行了坏账转回和收款入账的会计处理。会计分录如下。

ICBC 中国工商银行 业务回单 收款 凭证

日期：2023年03月31日　回单编号：858745255

收款人户名：珠江纸业股份有限公司　收款人开户行：中国工商银行东莞市长安支行

收款人账号：1901322412455631285

付款人户名：重庆林乐贸易有限公司　付款人开户行：中国工商银行沙坪坝三峡广场支行

付款人账号：1901322424585525820

金额合计（大写）：壹拾万元整　小写：100000

业务（产品）种类：网银互联　凭证种类：7945669　凭证号码：204197050750

摘要：货款　用途：无　币种：人民币

交易机构：0190010180　记账柜员：158　交易代码：52139　渠道：网上银行

附言：无

支付交易序号：41563470　报文种类：小额客户发起普通贷记业务　委托日期：2023-03-31 00:00:00

业务类型（种类）：普通汇兑　指令编号：HQP06170721098　提交人：无

最终授权人：

本回单为第一次打印，注意重复　打印日期：2023-03-31　打印柜员：　验证码：658E1WMFWH6

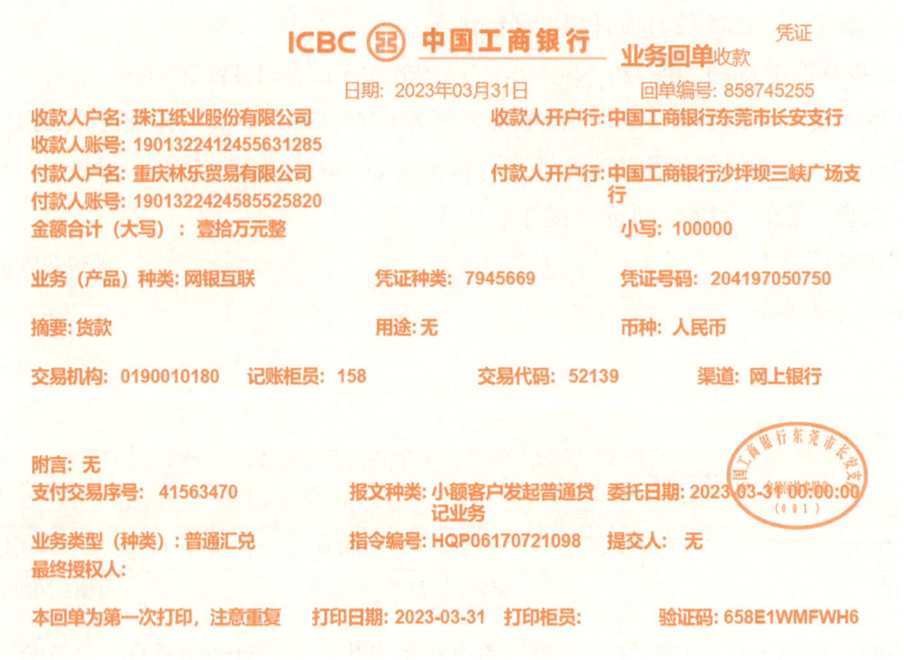

图 4-51　中国工商银行收款业务回单

借：应收账款——重庆林乐　100,000

　　贷：坏账准备　100,000

借：银行存款　100,000

　　贷：应收账款——重庆林乐　100,000

风险控制　对于已作为坏账核销的应收账款，公司不应忽略其追索权，过早放弃公司的利益。一旦追偿回来，应及时进行账务处理，避免形成账外小金库或个人贪污、挪用。

任务小结

会计准则要求企业采用备抵法核算坏账损失，在此方法下，坏账的核算主要涉及核销坏账，期末计提坏账准备以及对已核销的坏账日后又收回的账务处理。财务人员应按照新金融工具准则的要求合理预估应收账款坏账损失，并按期计提坏账准备，如实反映企业的财务状况和经营成果。

任务发布

假定除场景4-26事项外，公司3月末发生其他坏账有关事项，3月末预测应收账款未来可能发生的坏账损失为1,174,855元。请据此计算公司2023年3月末应计提的坏账准备。

项目 4 销售收入核算

项目总结

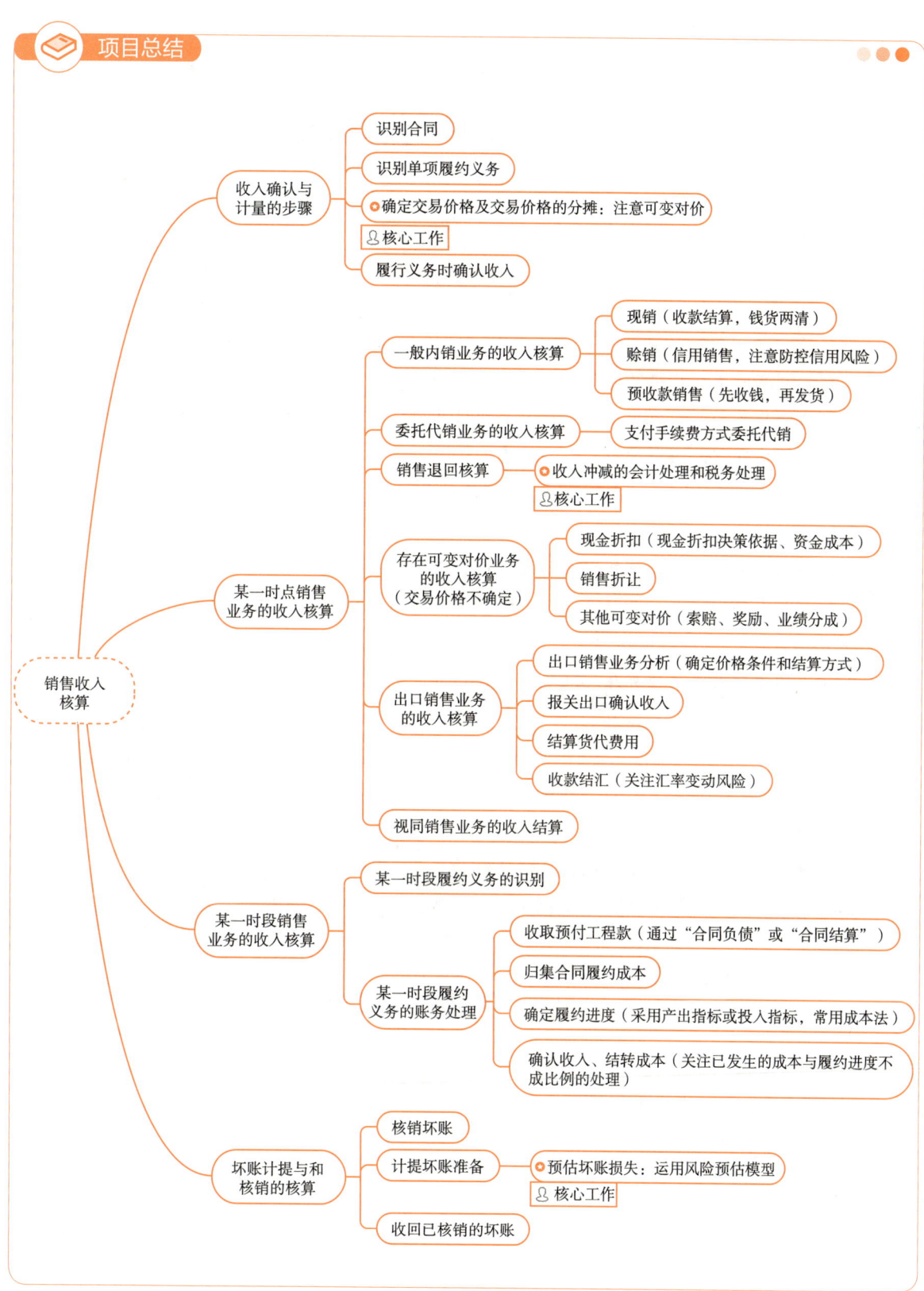

项目 5　销售利润核算

学习目标

知识目标

1. 理解利润的不同层级及计算口径；
2. 了解销售成本、销售费用、销售税金的核算内容和核算方法；
3. 了解销售利润的形成过程及影响因素。

技能目标

1. 能够运用会计核算相关知识正确进行销售成本、销售费用、销售税金的核算；
2. 能够识别销售成本、销售费用和销售税金核算业务流程节点的风险因素，并能采取适当的方法加以控制；
3. 能够运用经营成果核算原理准确计算销售利润。

素质目标

1. 具有审慎仔细的职业态度，能够认真审核销售成本、销售费用和销售税金业务的真实性和完整性；
2. 增强社会责任意识，依法纳税，诚信经营；
3. 具有成本费用管控意识，关心企业经营成果。

任务1　销售成本核算

【教学重点】主营业务成本核算。
【教学难点】其他业务成本核算。

任务导入

企业通过销售商品实现了销售收入，根据配比原则，为取得收入而直接发生的成本应作为销售成本结转。企业需要准确核算销售成本，以反映企业的销售成果。

企业向客户销售产品、提供劳务所实现的销售额，已确认为销售收入。在生产产品或提供劳务过程中，企业投入了材料、人工、固定资产等必要的成本。按照收入与成本配比的原则，这些附着在产品或服务上的直接成本，应随着销售收入的实现而相应转化为销售成本。因此，企业在确认销售收入的期间，应同时将可归属于已销售商品、已提供劳务的成本确认为销售成本。

销售成本核算是企业销售核算中的重要环节，通过正确、及时计算和结转销售成本，可以准确反映企业的盈利能力。

销售成本分为主营业务成本和其他业务成本。企业应分别设置"主营业务成本"和"其他业务成本"科目来核算销售成本，并根据所销售商品、服务的种类进行明细核算。

任务实施

一、主营业务成本核算

【场景5-1】珠江纸业股份有限公司销售会计2023年1月末汇总计算本月销售成本（见表5-1），现需要结转本月已销产品成本。

表 5-1　　　　　　　　　　　　销售成本计算

1月		期初数量（吨）	期初金额（元）	入库数量（吨）	入库金额（元）	销售数量（吨）	单位销售成本（元）	销售成本总额（元）
印刷用纸	颜B纸	8,667.2	43,535,346.78	11,603	57,733,136.73	8,198.99	4,995.93	40,961,580.11
	轻型纸	2,958.17	15,656,252.04	3,835	20,629,186.5	2,754.98	5,341.46	14,715,615.47
	颜A纸	5,179.62	25,947,045	6,456	32,912,698.63	4,601.00	5,058.58	23,274,526.58
	轻涂纸	8,936.92	45,178,168.67	11,564	58,861,486.37	8,184.94	5,074.88	41,537,588.31
	胶版纸	23,570.41	110,510,334	30,770	148,212,275.05	21,070.33	4,761.15	100,319,001.68
	热敏原纸	732.36	3,553,483.29	859	4,246,267.92	843.00	4,901.31	4,131,804.33
包装用纸	牛皮纸	9,704.72	42,825,481.12	12,313	56,133,922.61	8,456.02	4,494.53	38,005,835.57
	淋膜原纸	1,889.81	8,395,670.21	1,733	7,870,225.73	1,690.96	4,489.86	7,592,173.67
办公用纸	办公用纸	2,563.93	14,124,163.57	2,592	14,466,426.77	2,591.96	5,545.19	14,372,910.67
合计		64,203.14	309,725,944.68	81,725	401,065,626.31	58,392.18	—	284,911,036.39

认知识别　已销商品的销售成本就是该商品的生产成本。每一批商品在完工入库时，都有准确的单位成本和总成本。但是，由于每批次完工入库商品的单位成本可能不一样，发出商品的成

本需要经过计算才能确认。

分析研判 存货发出的计价方法有加权平均法、先进先出法、个别计价法等。公司选择全月一次加权平均法计算发出商品成本。在该方法下：

某产品单位销售成本=（期初金额+本期入库金额）÷（期初数量+本期入库数量）

某产品销售成本总额=本月销售数量×单位销售成本

销售成本计算的基础数据主要来自仓储部门提供的本月产品收、发、存情况。以珠江纸业股份有限公司1月颜B纸的销售成本计算为例，根据表中数据计算如下：

单位销售成本=（43,535,346.78+57,733,136.73）÷（8,667.2+11,603）=4,995.93（元/吨）

本月销售成本总额=8,198.99×4,995.93=40,961,580.11（元）

纸品销售是公司的主营业务，销售会计应将每种产品本月销售成本由"库存商品"账户结转至"主营业务成本"账户，以正确计算本月销售利润。

销售会计廖峰根据3月销售成本计算表结转本月销售成本。会计分录如下。

借：主营业务成本——颜B纸	40,961,580.11
主营业务成本——轻型纸	14,715,615.47
主营业务成本——颜A纸	23,274,526.58
主营业务成本——轻涂纸	41,537,588.31
主营业务成本——胶版纸	100,319,001.68
主营业务成本——热敏原纸	4,131,804.33
主营业务成本——牛皮包装纸	38,005,835.57
主营业务成本——淋膜原纸	7,592,173.67
主营业务成本——办公用纸	14,372,910.67
贷：库存商品——颜B纸	40,961,580.11
库存商品——轻型纸	14,715,615.47
库存商品——颜A纸	23,274,526.58
库存商品——轻涂纸	41,537,588.31
库存商品——胶版纸	100,319,001.68
库存商品——热敏原纸	4,131,804.33
库存商品——牛皮包装纸	38,005,835.57
库存商品——淋膜原纸	7,592,173.67
库存商品——办公用纸	14,372,910.67

二、其他业务成本核算

【场景5-2】 珠江纸业股份有限公司销售会计廖峰根据收到的材料出库通知单（见图5-1）及原材料销售合同，向临沂友灵木业有限公司开具了销售32吨化苇浆的增值税发票（见图5-2）。

图 5-1　产品出库单

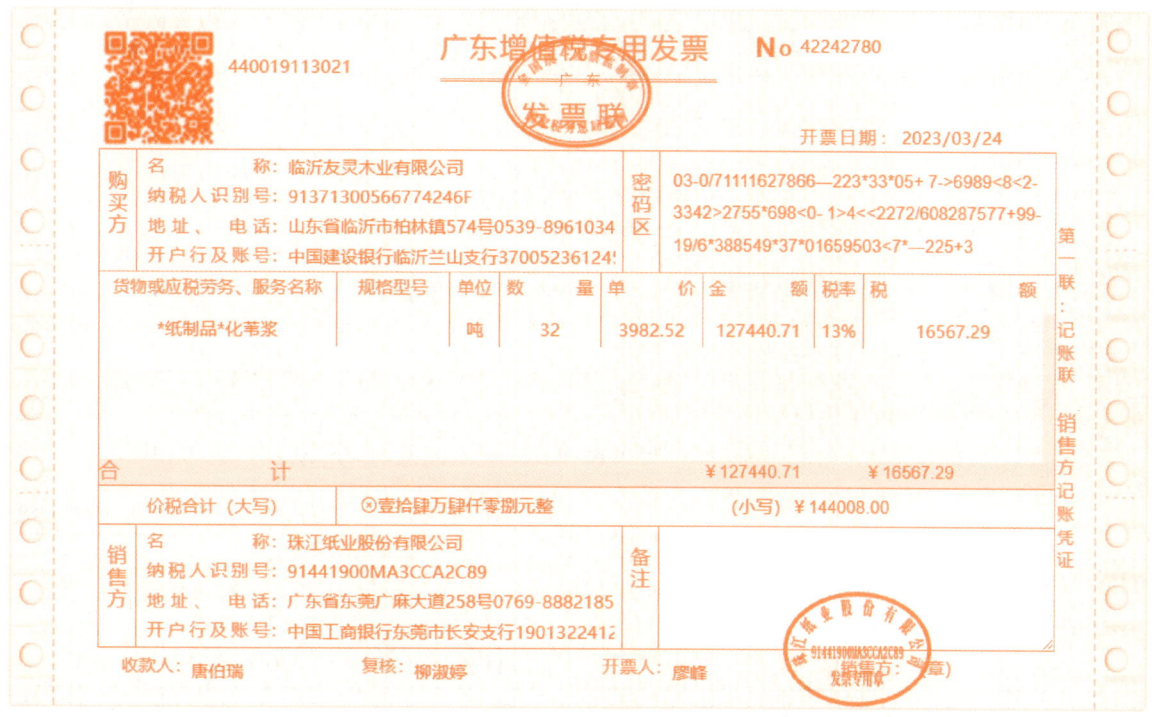

图 5-2　增值税专票

认知识别　企业日常除销售商品、提供服务等主营业务活动以外，也可能发生销售材料、出租固定资产或无形资产等其他业务活动，这类活动实现的收入设置"其他业务收入"科目来核算。根据配比原则，为取得这类收入而发生的直接成本支出应在收入确认同期结转为"其他业务成本"。

主营业务收入与其他业务收入，在利润表中都在"营业收入"项目列报，相对应地，主营业务成本和其他业务成本，在利润表中也都在"营业成本"项目列报。主营业务和其他业务的划分是相对的，两者之间没有绝对的界限。

分析研判　化苇浆是珠江纸业股份有限公司纸品生产的主要原料，通过"原材料"科目核算，其主要功能是用来生产产品而不是用于销售。公司销售生产用的原材料，不是企业经常性发生的主营业务活动，可通过"其他业务收入"科目核算，其收入确认、成本结转原则、步骤和方法，同销售商品等主营业务一样。销售会计在确认上述销售收入后，应计算化苇浆的出库成本并将其结转为其他业务成本。

根据本月领用原材料的成本资料计算编制本月所售化苇浆的出库成本核算表（见表5-2），计算并结转其他业务成本。编制会计分录如下。

  借：其他业务成本——销售原材料   119,780.58
    贷：原材料——化苇浆   119,780.58

表5-2   材料出库成本核算

序号	出库日期	材料名称	销售数量（吨）	发出单价（元/吨）	销售成本（元）
1	2023年3月24日	化苇浆	32	3,743.14	119,780.58

【场景5-3】 珠江纸业股份有限公司2023年1月18日收到差旅费报销单（见图5-3）。

珠江纸业股份有限公司
差旅费报销单

报销单号：FYBX-CL-000000000002025

部门：技术中心 出差人：汪洋 申请人级别：副经理 申请日期：2023年1月18日
出差人数：1 随行人员：无
发票张数：2 附件张数：3

出差申请信息							
申请出差时间	出差起点	出差终点	出差类型	出差天数	出差事由	交通工具类型	是否住宿用餐	申请单号
1月10日	东莞	常德	公务	7	技术培训	高铁	是	SQ-CL-000000000001989

支出信息					
总金额（元）	其中：交通费（元）	餐补津贴（元）	住宿费（元）	市内交通费备注（元）	备注
2,625.5	416	420	1,680	109.5	

借支冲销信息				
是否为借支	借支单号	借支金额	本次冲销金额	剩余未还款金额
否	无	0	0	0

收款人信息			
付款类型（对公/对私）	收款人	收款账号	收款人开户行
对私	汪洋	621700303778675371406	中国建设银行股份有限公司东莞市清溪支行

日期	部门	意见	岗位	人员	备注
2023年1月20日	技术中心	同意	副经理	孙远帆	部门经理
2023年1月20日	技术中心	同意	经理	何瑞康	总工程师
2023年1月20日	财务部	同意	费用会计	马跃	费用会计

日期	部门	意见	岗位	人员	备注
2023年1月21日	财务部	同意	经理	胡洋	财务经理
2023年1月21日	总经办	同意	副总经理	易子文	分管副总
2023年1月21日	财务部	同意	出纳	唐伯瑞	出纳

图 5-3　差旅费报销单

分析研判　这是公司技术人员赴常德宇明纸业有限公司开展技术培训，是与该公司签订的技术转让合同中的履约义务的一部分（见项目4任务1场景4-1），该费用的产生与非专利技术转让直接相关，根据配比原则，收到的技术转让费确认为其他业务收入的同时，应确认为与技术转让收入相关的其他业务成本。会计分录如下。

借：其他业务成本——技术转让合同成本　　　　　　　　　2,625.50
　　贷：银行存款　　　　　　　　　　　　　　　　　　　　2,625.50

任务小结

销售成本是为了取得销售收入而直接发生的成本，企业通过制定销售预算，合理规划和控制销售成本，可以更好地实现销售利润目标。

任务 2　销售费用核算

【教学重点】销售费用的正确归集。
【教学难点】销售费用的分析管控。

任务导入

企业实现销售收入过程中，还会发生除销售成本以外的日常各种费用。其中，销售活动产生的费用属于销售费用，企业需要正确核算销售费用，以正确核算企业的经营成果，评价销售部门的绩效。

任务实施

一、销售费用确认

【场景5-4】珠江纸业股份有限公司2023年1月6日收到营销部王婉婧提交的付款申请单（见

图5-4），并一张房屋租赁费发票（见图5-5）。费用会计对此业务进行分析处理。

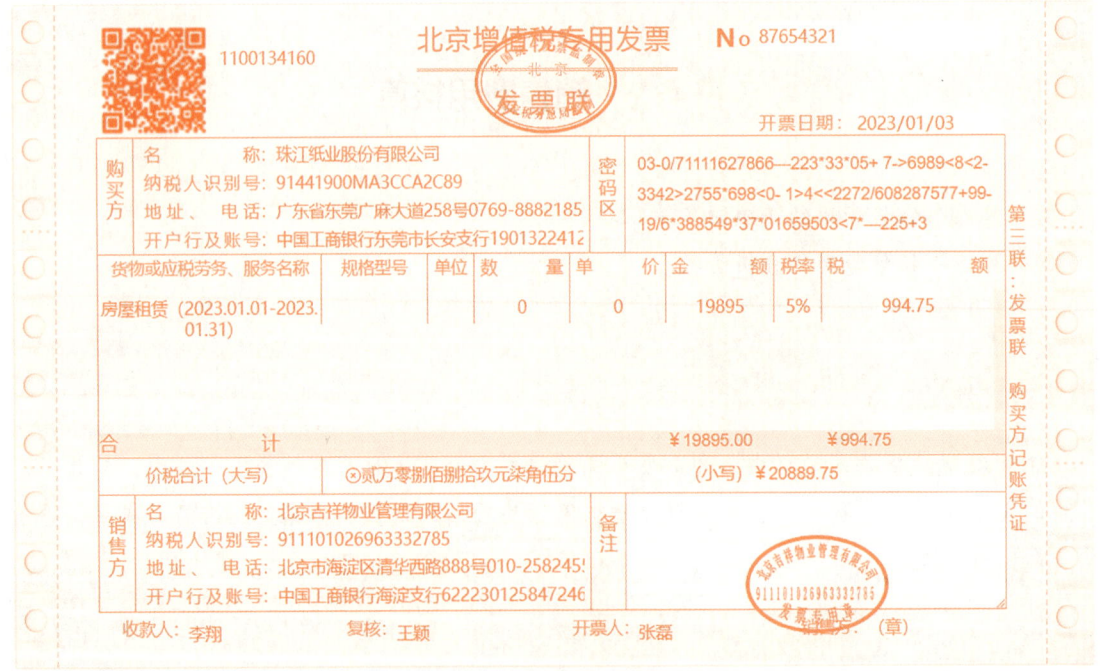

图 5-4　珠江纸业股份有限公司付款申请单

图 5-5　房屋租赁费发票

认知识别1　房租费等日常费用的发生与产品生产没有必然联系，不应记入产品的生产成本，而是在发生时直接记入当期损益，属于期间费用的范畴。

期间费用是企业为组织和管理生产经营活动而发生的，主要包括销售费用、管理费用和财务费用，其中与销售活动密切相关的是销售费用，如本例中专设销售机构的房租费。

销售费用是指企业销售商品或材料、提供劳务的过程中发生的各种费用，包括在销售过程中发生的保险费、包装费、展览费和广告费、商品维修费、预计产品质量保证损失、运输费、装卸费等以及为销售本企业商品而专设的销售机构（含销售网点、售后服务网点等）的职工薪酬、业务费、折旧费等经营费用。企业专设销售机构相关的固定资产修理费用等后续支出也属于销售费用。

总之，销售费用是服务于销售活动而发生的费用，其发生额的多少是评价销售活动绩效的重要内容，理想的状态是以最小的销售费用投入取得最多的销售收入产出。

认知识别2 销售费用作为占比最高的期间费用，直接影响销售活动的绩效，对其进行合理管控是企业降本控费、提高经济效益的重要手段。企业应在内部控制制度中特别设定销售费用审批制度和销售费用绩效评价制度。销售费用的核算流程如下。

（1）经办人员在费用发生后发起费用报销申请；

（2）费用发生部门负责人对报销事项予以确认；

（3）费用会计对报销单据进行审核，包括报销是否符合公司制度，费用是否超预算或超标准，票据是否真实有效等；

（4）相关审批人员按照费用性质及金额大小，在审批权限内逐级审批；

（5）主管会计对费用进行复核，确保费用的合理性和合规性；

（6）出纳对审批无误的费用单据进行付款；

（7）费用会计根据出纳付款的结果，对报销单据进行记账，确认销售费用；

（8）涉及增值税进项税额的，税务会计或系统统计税务数据，用于纳税申报。

在大数据、信息化时代，这些流程都可以通过人工智能自动化流程技术（RPA）实现。

分析研判 公司主要采用行业通行的直销和经销相结合的销售模式，销售区域划分为华北区、华东区、华中区、华南区、西北区和西南区共六个大区，共设22个办事处。这些专设销售机构所发生的房租、水电、办公、差旅、物业供暖、业务招待等日常费用和人员薪酬支出，加上各地销售所发生的运输费用，构成了公司最主要的销售费用。公司自有仓库和外租仓库每年要发生为数不少的仓储费和装卸费，也属于销售费用。

费用会计马跃对营销部王婉婧提交的付款申请单及其他原始单据进行审核，确认这是营销部北京办事处提交的2023年1月房租费付款申请，公司应付北京吉祥物业管理有限公司2023年1月北京办事处房租20,889.75元（含增值税），已取得增值税专用发票。相关审批人员根据公司报销制度对报销事项予以审批、会计主管复核后，由出纳唐伯瑞于1月7日支付了该笔款项，费用会计马跃据以确认销售费用。会计分录如下。

借：销售费用——房租费　　　　　　　　　　　　　　　19,895.00
　　应交税费——应交增值税（进项税额）　　　　　　　　994.75
　　贷：银行存款　　　　　　　　　　　　　　　　　　　　20,889.75

风险控制　销售费用的主要风险在于虚报冒领造成的费用不实、决策不当造成的费用不合理以及未申报进项税抵扣造成的税务负担增加。可从以下方面进行风险控制。

（1）严格按照费用报销审批制度办理，在制度中明确规定费用报销标准、报销单据要求等，并强化审核审批责任，确保费用的真实性。

（2）在对各期销售费用明细项目进行比重分析、趋势分析基础上，着重控制大额费用、重点费用和频发费用，必要时发挥集采优势。例如运输费、装卸费，可通过招标、比选等选择性价比高的物流合作伙伴，加强对物流供应商的考评，降低物流成本支出。再如差旅费中的机票费、酒店住宿费，可通过招标谈判等方法选择长期合作的航空公司、连锁酒店，将费用降到最低。

（3）要求经办人员在费用发生后取得合理的增值税抵扣凭证，财务部门适时申报抵扣。

二、销售费用结转

【场景5-5】 珠江纸业股份有限公司2023年1月销售费用汇总情况如表5-3所示，费用会计应进行费用结转。

表 5-3　销售费用明细汇总　　　　　　　　　　　　　　　　　　　　　单位：元

费用明细	各办事处合计	营销总部	合计
运输费	12,382,822.20	0.00	12,382,822.20
办公费	71,177.87	26,130.00	97,307.87
邮寄印刷费	76,930.44	3,607.67	80,538.11
通信及通信器材费	60,900.00	5,900.00	66,800.00
房租费	261,493.00	0.00	261,493.00
业务招待费	204,668.55	31,713.33	236,381.88
交通及养路费	130,348.45	582.06	130,930.51
差旅费	90,853.69	1,635.40	92,489.09
水电费	4,762.63	904.74	5,667.37
物业费	78,385.09	20,556.90	98,941.99
其他	259,242.31	30,156.29	289,398.60
工资	2,720,344.61	815,809.73	3,536,154.34
社保及公积金	428,725.15	107,580.87	536,306.02
福利、职工教育经费及工会经费	97,465.80	15,250.00	112,715.80
折旧费	0.00	88,089.54	88,089.54
摊销费	0.00	3,441.34	3,441.34
仓储费	0.00	153,160.85	153,160.85
装卸费	0.00	1,162,964.15	1,162,964.15
合计	16,868,119.79	2,467,482.87	19,335,602.66

分析研判　公司2023年1月共发生销售费用19,335,602.66元，月末按各费用明细项目逐一结转至本年利润，会计分录如下。

借：本年利润 19,335,602.66
　　贷：销售费用——运输费 12,382,822.20
　　　　销售费用——办公费 97,307.87
　　　　销售费用——邮寄印刷费 80,538.11
　　　　销售费用——通信及通信器材费 66,800.00
　　　　销售费用——房租费 261,493.00
　　　　销售费用——业务招待费 236,381.88
　　　　销售费用——交通及养路费 130,930.51
　　　　销售费用——差旅费 92,489.09
　　　　销售费用——水电费 5,667.37
　　　　销售费用——物业费 98,941.99
　　　　销售费用——工资 3,536,154.34
　　　　销售费用——社保及公积金 536,306.02
　　　　销售费用——福利、职工教育经费及工会经费 112,715.80
　　　　销售费用——折旧费 88,089.54
　　　　销售费用——仓储费 153,160.85
　　　　销售费用——装卸费 1,162,964.15
　　　　销售费用——其他 289,398.60
　　　　销售费用——摊销费 3,441.34

任务小结

销售费用是销售活动中产生的必要支出，企业应合理有效地控制销售费用，完成销售绩效考核目标。

任务发布

根据表5-3所列示的珠江纸业股份有限公司2023年1月的销售费用明细，试分析费用结构比例，提出费用控制的合理化建议。

任务3　销售税费核算

【教学重点】应交增值税的核算。
【教学难点】应交增值税明细专栏的使用。

> **任务导入**
>
> 在实现销售收入的过程中会产生相关的税费,主要包括以商品流转额为计税依据计征的增值税,以及以增值税为计税依据计征的城市维护建设税和教育费附加,企业需要正确计算和缴纳相关税费。

企业在生产经营活动过程中,依法应缴纳的税费有增值税、消费税、企业所得税、资源税、土地增值税、城市维护建设税、房产税、土地使用税、车船税、教育费附加、矿产资源补偿费等税费,以及由企业代收代缴的个人所得税等。企业应该设立"应交税费"会计科目,反映各种税费的缴纳情况,并按照应交税费具体项目进行明细核算。对于应记入当期损益的税费,应设置"税金及附加"和"所得税费用"两个损益类会计科目进行归集。

本任务仅介绍销售过程中产生的主要税费的核算,包括增值税、城市维护建设税和教育费附加。

任务实施

一、增值税应纳税额的核算

【**场景5-6**】根据珠江纸业股份有限公司2022年12月增值税销项税额汇总表(见表5-4)和申报抵扣进项税情况汇总表(见表5-5),税务会计陈子轩须计算公司2022年12月增值税应纳税额。

表 5-4　　　　　　　　　　增值税销项税额汇总

纳税人登记号:91441900MA3CCA2C89　　企业名称:珠江纸业股份有限公司
所属日期:12月第1期　　　　　　　　　制表日期:2023年1月5日　　　　　金额单位:元

序号	项目名称	合计	13%	9%	6%	5%	3%	其他
1	销项正废发票	100,000	100,000	0	0	0	0	0
2	销项正数金额	391,837,561	391,837,561	0	0	0	0	0
3	销项负废金额	0	0	0	0	0	0	0
4	销项负数金额	0	0	0	0	0	0	0
5	实际销售金额	391,737,561	391,737,561	0	0	0	0	0
6	销项正废税额	13,000	13,000	0	0	0	0	0
7	销项正数税额	50,938,882.93	50,938,882.93	0	0	0	0	0
8	销项负废税额	0	0	0	0	0	0	0
9	销项负数税额	0	0	0	0	0	0	0
10	实际销项税额	50,925,882.93	50,925,882.93	0	0	0	0	0

表 5-5　　　　　　　　　　　　　　增值税进项税额汇总

所属月份：2022年12月　　　　　　纳税人名称：珠江纸业股份有限公司
纳税人识别号：91441900MA3CCA2C89

进项抵扣类型	份数（个）	金额（元）	税额（元）
本期认证相符的增值税专用发票（第2行）	198	137,409,482.94	17,863,232.78
海关进口增值税缴款书（第5行）	152	103,659,785.37	13,475,772.1
农产品收购发票或者销售发票（第6行）	0	0	0
代扣代缴税收缴款凭证（第7行）	0	0	0
加计扣除农产品进项税额（第8a行）	0	0	0
外贸企业进项税额抵扣证明（第11行）	0	0	0
本期认证相符的解除异常凭证（23a）	0	0	0

认知识别　珠江纸业股份有限公司为一般纳税人，销售项目的增值税税率为13%，2022年12月实际销售金额为391,737,561元，实际销项税额为50,925,882.93元，当期认证相符的增值税专用发票的进项税额为17,863,232.78元，海关进口增值税的进项税额为13,475,772.1元，即可抵扣的增值税进项税额为31,339,004.88元。若要正确计算公司2022年12月的增值税应纳税额，必须先了解增值税的原理和计税方法。

1. 增值税概念

增值税是以商品（含应税劳务）在流转过程中产生的增值额作为计税依据而征收的一种流转税，也是企业在销售过程中产生的最主要的税费之一。增值税属于价外税，税负最终由消费者负担。

2. 增值税计税方法

根据《中华人民共和国增值税暂行条例》规定，增值税纳税人按其经营规模大小及会计核算健全与否划分为小规模纳税人和一般纳税人。对小规模纳税人实行简易计税方法，对一般纳税人实行凭票扣税的计税方法（也称一般计税方法）。

（1）简易计税方法，是指按照销售额与征收率的乘积计算应纳税额，不得抵扣进项税额；

（2）一般计税方法，即实行税款抵扣制度，以当期销售所产生的销项税额对购进项目所支付的税款（即进项税额）进行抵扣，以其差额作为当期的应纳税额。

3. 应交增值税明细专栏设置

因一般纳税人增值税业务处理涉及情形较为复杂，为正确反映一般纳税人应纳税额的计算、缴纳过程，需要在"应交增值税"明细科目下设置"进项税额""已交税金""转出未交增值税""销项税额""进项税额转出""转出多交增值税"等三级明细专栏进行核算（见表5-6）。

表 5-6　　　　　　　　应交税费——应交增值税的明细科目设置

借方				贷方				借/贷	余额
进项税额	已交税金	转出未交增值税	合计	销项税额	进项税额转出	转出多交增值税	合计		

（1）"进项税额"专栏，记录一般纳税人购进货物、加工修理修配劳务、服务、无形资产或不动产而支付或负担的、准予从当期销项税额中抵扣的增值税税额；

（2）"已交税金"专栏，记录一般纳税人当月已交纳的应交增值税税额；

（3）"转出未交增值税"和"转出多交增值税"专栏，分别记录一般纳税人月度终了转出当月应交未交或多交的增值税税额；

（4）"销项税额"专栏，记录一般纳税人销售货物、加工修理修配劳务、服务、无形资产或不动产而应收取的增值税税额；

（5）"进项税额转出"专栏，记录一般纳税人购进货物、加工修理修配劳务、服务、无形资产或不动产等发生非正常损失以及其他原因而不应从销项税额中抵扣，按规定转出的进项税额。

分析研判　公司属于制造业大型企业，是增值税一般纳税人，其增值税应纳税额采用一般计税方法计算。税务会计陈子轩核算公司的进项税额、销项税额，每月末在此基础上计算并结转增值税应纳税额。

一般计税方法的计算步骤如下。

（1）汇总并计算当期购进项目所支付或负担的准予抵扣的进项税额，若上期有尚未抵扣完的进项税额，当期继续抵扣。

（2）汇总并计算当期销项税额。计算公式：当期销项税额=当期销售额×适用税率。

"销售额"是指纳税人向购买方收取的全部价款和价外费用，由于增值税是价外税，销售额不包括收取的增值税销项税额。

（3）计算当期应纳税额。计算公式为：

当期应纳税额=当期销项税额－当期进项税额

2022年12月应缴纳的增值税计算如下：

12月应纳增值税额=50,925,882.93－（17,863,232.78+13,475,772.1）

=19,586,878.05（元）

期末计算出当期应纳税额后，应通过"应交税费——应交增值税"三级明细专栏中的"转出未交增值税"以及"应交税费——未交增值税"二级明细账户，对未缴增值税进行结转。会计分录如下：

　　借：应交税费——应交增值税（转出未交增值税）　　　　　　　19,586,878.05
　　　　贷：应交税费——未交增值税　　　　　　　　　　　　　　19,586,878.05

结转后，"应交税费——应交增值税"二级账户余额清零，为下一个纳税周期计算增值税应纳税额提供便利。

增值税一般纳税人在应纳税额的计算中,还应考虑因优惠政策而产生的税款减免以及出口退税等影响。关于出口退税的详细计算及业务处理,请扫码查看知识拓展内容。

【知识拓展】
增值税"免、抵、退"实务

风险控制 销售会计开具发票时应当根据计量单、出库单、货款结算单、销售通知单等相关单据,并经相关岗位审核,不得开具虚假发票、提前开具发票。

税务会计应区分一般计税项目和简易计税项目、免税项目的进项税额,以免多抵扣进项税额,带来税务违法风险;同时,税务会计还应及时了解和掌握最新的税收政策,合理利用国家给予的税收优惠政策,降低税费成本,提高经济效益。

二、城市维护建设税、教育费附加应纳税额的核算

【场景5-7】珠江纸业股份有限公司税务会计陈子轩根据公司2022年12月增值税应纳税额计算确认该月应缴纳的城市维护建设税、教育费附加和地方教育附加,编制城市维护建设税、教育费附加计提表如下(见表5-7)。

表5-7　　　　　　　　　城建税、教育费附加计提表

编制单位:珠江纸业股份有限公司　　　　　　　　　　　　　　　　　　　　金额单位:元

税款所属期间	计税依据(实际缴纳的增值税、消费税)	城市维护建设税	教育费附加	地方教育附加	附加税合计
2022年12月	19,586,878.05	7%	3%	2%	2,350,425.36
		1,371,081.46	587,606.34	391,737.56	

制表人:陈子轩　　　　　　　审核人:胡洋　　　　　　　日期:2023年1月5日

认知识别 城市维护建设税,简称城建税,是以纳税人实际缴纳的增值税、消费税税额为计税依据,依法计征的一种行为税。

教育费附加和地方教育附加是对缴纳增值税、消费税的单位和个人征收的一种附加费,由税务机关负责征收,同级教育部门统筹安排,同级财政部门监督管理,专门用于发展地方教育事业。

由以上可知,城建税、教育费附加和地方教育附加虽然跟销售额没有直接的关联,但它们都是以纳税人实际缴纳的增值税、消费税税额为依据计征,并与增值税和消费税同时缴纳,因而属于销售过程中产生的附加税费。

分析研判 城建税的税率、教育费附加和地方教育附加的费率因纳税人所在地不同而不同,计算公式:

应纳税(费)额=(应交增值税+应交消费税)×适用税率

公司所在地适用的城市维护建设税税率为7%(城市市区),教育费附加征收率为3%,地方教育附加征收率为2%。公司2022年12月的应纳增值税额为19,586,878.05元,据此计算公司2022

年应缴纳的城建税、教育费附加和地方教育附加。

税务会计陈子轩计算2022年12月应缴纳的城建税、教育费附加和地方教育附加如下：

12月应纳城市维护建设税=19,586,878.05×7%=1,371,081.46（元）

12月应纳教育费附加=19,586,878.05×3%=587,606.34（元）

12月应纳地方教育附加=19,586,878.05×2%=391,737.56（元）

根据计算结果，确认本月应交的城建税与教育费附加。会计分录如下。

借：税金及附加　　　　　　　　　　　　　　　　　2,350,425.36
　　贷：应交税费——应交城市维护建设税　　　　　　1,371,081.46
　　　　　　　　——应交教育费附加　　　　　　　　　587,606.34
　　　　　　　　——应交地方教育附加　　　　　　　　391,737.56

风险控制　当期应缴的城建设税、教育费附加和地方教育附加是依据当期实际缴纳的增值税和消费税计算得出，因此，如果当主税发生减免时，附加税也相应发生减免，销售会计应确保增值税应纳税额的计算结果准确，并及时掌握相关税收优惠政策，合法、合理有效地控制公司的税费成本。

三、缴纳各项税费的核算

【场景5-8】 珠江纸业股份有限公司税务会计陈子轩收到了出纳唐伯瑞传递过来的2022年12月的税收完税证明（见图5-6）。税务会计据此进行分析处理。

图5-6　税收完税证明

认知识别　完税证明是税务机关开出的，证明纳税人已交纳税费的完税凭证，用于证明已完成纳税义务。企业作为生产经营主体，应依法履行纳税义务，按时缴纳各项税费。

分析研判 完税证明上显示公司2023年1月10日缴纳2022年12月增值税19,586,878.05元，城市维护建设税1,371,081.46元，教育费附加587,606.34元，地方教育附加391,737.56元。

根据公司2022年12月的税收完税证明，作出缴纳上月增值税、城建税、教育费附加和地方教育附加的账务处理。

借：应交税费——未交增值税　　　　　　　　　　　　19,586,878.05
　　　　　　——应交城市维护建设税　　　　　　　　　1,371,081.46
　　　　　　——应交教育费附加　　　　　　　　　　　　587,606.34
　　　　　　——应交地方教育附加　　　　　　　　　　　391,737.56
　　贷：银行存款　　　　　　　　　　　　　　　　　21,937,303.41

本例中，公司是缴纳上月应缴未缴的增值税，因此借记"应交税费——未交增值税"科目，贷记"银行存款"科目。如果是本期缴纳本期增值税，则应借记"应交税费——应交增值税（已交税金）"科目，贷记"银行存款"科目。

风险控制 企业如果未能根据纳税义务发生的时间、纳税期限、纳税地点及时、如实地申报和缴纳税款，则会产生税收滞纳金等额外支出负担，还可能需要支付罚款、被税务机关纳入重点户进行管控。

任务小结

增值税以企业在销售过程中实现的增值额为依据计算，作为价外税，不影响当期损益；城建税、教育费附加和地方教育附加等附加税以企业实际缴纳的增值税为依据计算，其结果记入当期损益。在销售税费核算过程中，一是要准确计算和缴纳各项税费，规避税收风险；二是要做好税费成本的管控，合理节税，为企业增加价值。

任务发布

在互联网上搜寻并下载空白增值税纳税申报表（主表），根据场景5-6所提供的数据试填列增值税纳税申报表主表，思考增值税应纳税额计算的内在逻辑。

任务4　销售利润核算

【教学重点】不同口径的利润计算。

【教学难点】销售利润的分析。

任务导入

利润有不同的统计口径，其中与销售绩效密切相关的是销售利润。影响销售利润的因素有销售收入、销售成本、销售费用和销售税金。财务部门需要在前期准确核算销售收入、销售成本、销售费用、销售税金的基础上正确核算销售利润，以如实反映企业的经营成果，评价销售绩效。

一个企业的利润，可以划分为不同的层级，如销售毛利、销售利润、营业利润、利润总额以及净利润，其中，与销售部门工作绩效关联最大的是销售毛利和销售利润。

营业利润及利润总额、净利润都是反映企业生产经营成果的重要利润指标，但营业利润涉及的范围更广，既包括销售活动所创造的利润，也包括投资等其他经营活动形成的利润，以及其他非经常性活动形成的损益。利润总额是在营业利润基础上，加上或减去直接计入当期损益的利得和损失后计算所得。利润总额扣除所得税费用后，即为企业实现的净利润。

任务实施

【**场景5-9**】珠江纸业股份有限公司营销部2023年初制订销售利润预算表（见表5-8），确定了各季度利润目标。则2023年每月末，财务部门需计算公司各月份实现的销售利润及累计销售利润，对比分析销售利润目标执行情况。

表 5-8　　　　　　　　　　　销售利润预算　　　　　　　　　　　　单位：元

时间	预计销售收入	预计销售成本	预计销售费用	预计税金及附加	预计销售利润
第一季度	967,276,482.03	833,685,962.54	53,730,688.85	4,836,382.41	75,023,448.23
第二季度	1,391,569,206.87	1,181,087,958.07	68,427,381.37	6,957,846.03	135,096,021.40
第三季度	1,425,117,657.47	1,222,210,686.49	70,439,753.20	7,125,588.29	125,341,629.49
第四季度	1,716,305,296.50	1,472,387,653.34	82,834,761.66	8,581,526.48	152,501,355.02
合计	5,500,268,642.87	4,709,372,260.44	275,432,585.08	27,501,343.21	487,962,454.14

认知识别1　本表所指的销售利润，是用产品销售收入扣除产品销售成本和销售税费后的余额，它是在生产过程中新创造产品价值的一部分。具体又可分为销售毛利和销售利润两个层次：

销售毛利＝销售收入－销售成本

销售利润＝销售收入－销售成本－销售费用－销售税金及附加

认知识别2　销售利润的计算结转通过"本年利润"账户进行。

本年利润是一个汇总类账户，属于所有者权益类账户。其贷方归集企业当期所实现的各项收入，包括主营业务收入、其他业务收入、投资收益、其他收入、营业外收入等；借方归集企业当期所发生的各项费用与支出，包括主营业务成本、其他业务成本、税金及附加、销售费用、管理费用、财务费用、投资收益（净损失）、营业外支出、所得税等。该账户的余额代表企业在某一时期内经营活动所实现的盈利或亏损。

分析研判　销售利润的预算完成情况是营销部重要考核指标。年度考核数据由季度、月度数据累计而来，所以在每季度末、每月末正确核算当期所实现的销售利润是销售绩效考核的重要基础工作，也是正确列报企业经营成果的重要步骤。下面以2023年1月为例展示销售利润的计算过程。

为正确核算珠江纸业股份有限公司2023年1月实现的销售利润，总账会计需要将本月实现的全部销售收入结转至"本年利润"账户贷方，将1月发生的销售成本、销售费用、销售税金结转至"本年利润"账户借方，通过"本年利润"账户借、贷方发生额的对比，得出销售利润或亏损数据。

根据账簿系统数据显示，公司2023年1月实现产品销售收入324,723,033.19元，结转产品销售成本284,911,036.39元，发生销售费用19,335,602.66元，产生税金及附加763,468.74元。可据此计算销售利润如下：

1月销售毛利=324,723,033.19−284,911,036.39=39,811,996.80（元）

1月销售利润=39,811,996.80−19,335,602.66−763,468.74=19,712,925.40（元）

根据1月上述销售收入、销售成本、销售费用和销售税金发生情况，可结转销售利润如下。

借：主营业务收入　　　　　　　　　　　　　　324,723,033.19
　　贷：本年利润　　　　　　　　　　　　　　　　324,723,033.19
借：本年利润　　　　　　　　　　　　　　　　305,010,107.79
　　贷：主营业务成本　　　　　　　　　　　　　　284,911,036.39
　　　　销售费用　　　　　　　　　　　　　　　　19,335,602.66
　　　　税金及附加　　　　　　　　　　　　　　　　 763,468.74

珠江纸业股份有限公司2023年2月末、3月末计算结转销售利润以此类推。从账簿系统记录看，公司2023年第一季度累计实现销售收入977,298,462.61元，发生销售成本851,759,092.54元，销售费用52,596,541.23元，税金及附加5,863,790.76元，第一季度完成销售利润67,079,038.08元。

风险控制　从表5-8可以看出，珠江纸业股份有限公司2023年第一季度预计要实现销售利润7,502.34万元，然而公司第一季度实际仅完成6,707.9万元，离目标利润差距较大，营销部门应高度重视，认真分析原因，积极施策，按计划推进目标利润的完成。

任务小结

销售利润是销售绩效考核的重要指标。销售会计要正确区分不同的利润指标口径，正确核算本期实现的销售利润，与期初制订的利润预算目标对比，如实评价销售目标完成情况。

项目总结

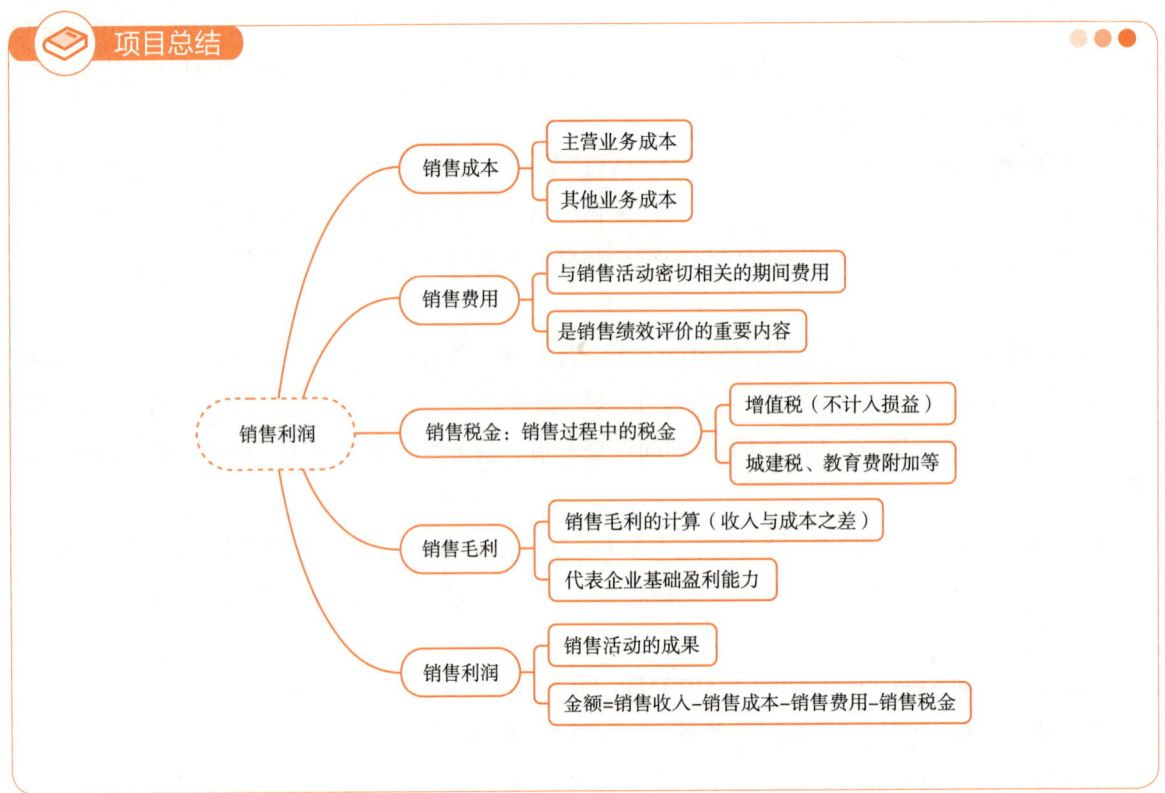

项目 6　销售分析与绩效评价

学习目标

知识目标

1. 熟悉销售分析的内容和方法，了解财务层面和业务层面的不同分析要点；
2. 熟悉评价指标体系、评价标准等绩效评价的要素内容和绩效评价的实施程序；
3. 理解销售分析的作用及其与绩效评价的关系。

技能目标

1. 能够运用定性、定量分析方法对销售核算的结果进行全方位的销售分析；
2. 能够根据销售分析结果识别销售活动存在的风险因素，并为防范和化解风险提供合理化建议；
3. 能够运用绩效评价的内容和程序对销售活动开展绩效评价，并能将绩效评价结果应用于对销售活动的改进和提高。

素质目标

1. 具有数据思维，能够在经营活动分析中用数据说话；
2. 具有系统性思维和全局观，能够洞见数据背后的经营逻辑；
3. 培养实事求是、不偏不倚的职业态度，能客观公正地从事绩效评价工作。

任务 1　销售财务分析

【教学重点】利润分析，回款分析。
【教学难点】收入、成本、费用综合分析。

📥 任务导入

定期进行财务分析是珠江纸业股份有限公司财务部的工作职责之一。2023年4月，该公司财务部对2023年第一季度销售情况展开分析，分析结果向营销部门公开，以期优化营销活动。

利润创造和价值创造是企业的财务目标，利润创造是经营成果的直接体现，价值创造则是企业长期发展的核心和关键。

销售是最直接的创造利润的经营活动。销售利润是指销售收入减去销售成本和销售费用的差额。销售分析通常从利润分析入手。利润分析通过对比（产品）毛利率和区域利润贡献完成情况来发现差异，寻找差异原因，为未来的销售经营决策提供支持，从而更好地助力财务目标的实现。

销售分析可从利润、收入、成本费用、回款情况方面展开，适用的方法有很多，常用的有绝对分析法、相对分析法和因素分析法。

📋 任务实施

一、利润分析

【**场景6-1**】珠江纸业股份有限公司2023年第一季度销售利润数据如表6-1所示，计算差异并展开分析。

表6-1　　2023年第一季度珠江纸业股份有限公司利润数据

项目	本期销售利润	目标销售利润	上年同期销售利润	与目标利润差异	与上年同期差异
金额（元）	79,407,360.57	86,969,710.28	99,200,680.74	↓ –7,562,349.71	↓ –19,793,320.17

注：此数据为区域数据，不包含出口和营销总公司相关数据。

认知识别　绝对分析法是指通过销售指标绝对数值的对比确定数量差异的一种方法。可进行以下三个维度的比较分析。

（1）与计划对比，可以找出实际与计划的差异，说明计划完成的情况，为进一步分析指明方向。

（2）与前期数据对比，如与上月、上季、上年同期数据对比，可反映销售活动的发展动态，考察销售活动的变化情况。

（3）与先进指标对比，可以找出与先进水平的差距，有利于吸收和推广先进经验，挖掘潜力，提高工作效率和利润水平。

运用绝对分析法要注意指标的可比性，指标的含义、计算方法、采用的计价标准、统计时间均应保持一致。

分析研判 1 表 6-1 运用绝对分析法分析利润的变化情况，其中：

与目标利润差异 = 本期实现销售利润 − 目标利润
= 79,407,360.57 − 86,969,710.28
= −7,562,349.71（元）

与上年同期差异 = 本期实现销售利润 − 上年同期销售利润
= 79,407,360.57 − 99,200,680.74
= −19,793,320.17（元）

由分析可知，无论是与目标利润比较，还是与上年同期数据比较，珠江纸业股份有限公司 2023 年第一季度利润完成情况均不理想，出现了负偏离。

分析研判 2 在计算对比不同区域的销售利润时，需要考虑不同指标的口径问题。营销总公司发生的费用虽也计入销售费用，但不纳入区域销售利润考核。表 6-1 中的销售利润均已扣除计入营销总公司的销售费用。

（一）利润指标预算完成情况分析

【场景 6-2】根据珠江纸业股份有限公司各销售区域 2023 年第一季度实现的销售利润与目标利润数据，计算并分析各区域目标利润完成率及差异情况，如表 6-2、图 6-1 所示。

表 6-2　　珠江纸业股份有限公司 2023 年第一季度区域销售利润对比

序号	区域	销售利润（元）	目标利润（元）	差异对比（元）	目标利润完成率（%）
1	华北区	17,141,125.79	17,904,658.59	−763,532.8	95.74
2	华东区	22,131,701.45	27,161,372.07	−5,029,670.62	81.48
3	华中区	20,678,641.25	20,956,506.51	−277,865.26	98.67
4	华南区	10,761,677.48	11,815,778.93	−1,054,101.45	91.08
5	西北区	3,528,625.26	3,696,135.32	−167,510.06	95.47
6	西南区	5,165,589.34	5,435,258.86	−269,669.53	95.04
	合计	79,407,360.57	86,969,710.28	−7,562,349.71	91.30

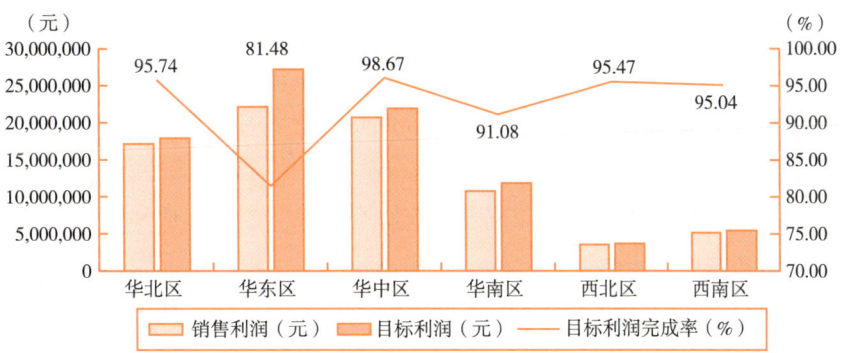

图 6-1　2023 年第一季度的区域目标利润完成率

分析研判 如图6-1所示,六个销售区域均未完成季度目标利润,受此影响,2023年第一季度珠江纸业股份有限公司全区域仅完成目标利润的91.30%。可以从预算制订得不科学不合理、采购端或者客户端市场变化、内部管理的问题等方面分析未完成目标的原因。

(二)利润指标同比增长情况分析

【场景6-3】 根据珠江纸业股份有限公司各销售区域2023年第一季度实现的销售利润与上年同期销售利润数据,计算并分析销售利润总额和各区域销售利润同比增长率,如表6-3所示。

表6-3　　　　2023年第一季度的区域实际销售利润与上年同期对比

序号	区域	本季度销售利润(元)	上年同期利润(元)	差异对比(元)	同比增长率(%)
1	华北区	17,141,125.79	21,483,504.35	−4,342,378.56	−20.21
2	华东区	22,131,701.45	27,881,661.07	−5,749,959.62	−20.62
3	华中区	20,678,641.25	25,485,466.37	−4,806,825.12	−18.86
4	华南区	10,761,677.48	13,358,492.65	−2,596,815.17	−19.44
5	西北区	3,528,625.26	4,350,440.35	−821,815.09	−18.89
6	西南区	5,165,589.34	6,641,115.95	−1,475,526.61	−22.22
	合计	79,407,360.57	99,200,680.74	−19,793,320.17	−19.95

为了更直观地反映各区销售利润增长情况,制作区域销售利润同比增长对比图,如图6-2所示。

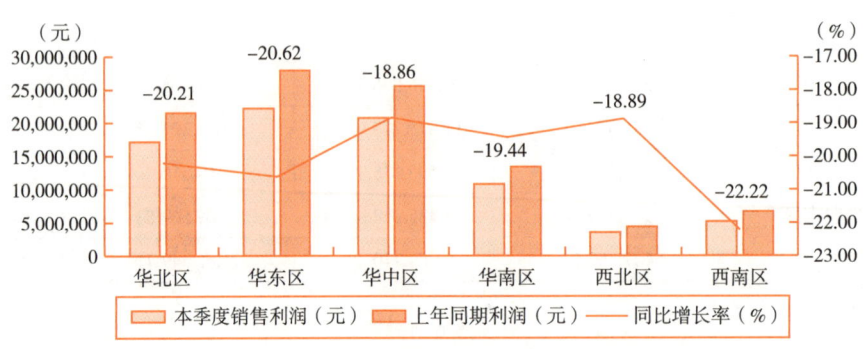

图6-2　2023年第一季度的区域利润同比增长率

认知识别 相对分析法是通过计算、对比销售指标的比率确定相对差异的一种分析方法。依据不同的分析目的,可计算出不同的比率进行对比分析,主要有以下3种。

(1)相关比率分析。相关比率分析即将两个性质不同而又相关的指标的值进行比较,求出比率,根据销售活动的客观联系进行研究分析。例如将纯利润与企业全部投资进行对比,求出投资收益率;将销售费用与销售收入进行对比,求出销售费用率等。然后利用这些经济指标进行对比分析。

（2）构成比率分析。构成比率分析即计算某项指标占总体的比重，分析其构成比率的变化，掌握该销售指标的变化情况。例如将某种产品的销售额与企业总销售额进行对比，求出构成比率，然后将各期构成比率与其他产品相应的构成比率进行对比，发现变化情况和趋势。

（3）动态比率分析。动态比率分析即将某项销售指标不同时期的数值进行比较，求出比率，以观察动态变化过程和变化的速度。依据采用的基期数值，计算出的动态比率有两种：定基动态比率和环比动态比率，定基动态比率是指将某一时期作为基期数值计算的动态比率，其计算公式为：

$$定基动态比率 = \frac{比较期数值}{基期数值}$$

$$环比动态比率 = \frac{比较期数值}{前期数值}$$

分析研判 表6-3运用了相对分析法中的动态比率分析计算利润的增长率情况，其中：

$$华北区本期利润同比增长率 = \frac{本季度销售利润 - 上年同期利润}{上年同期利润}$$

增长率分析要考虑结合行业特征。纸品销售呈现出很强的季节性特点，在计算增长率时，我们选取了同处在淡季的上年第一季度销售利润计算同比增长率，而不是选取上年第四季度的销售利润计算环比增长率，因为第四季度为纸品销售的旺季。

如图6-2所示，对比上年同期，各区销售利润无一例外地出现负增长，最大降幅为西南区的22.22%。受此影响，公司2023年一季度完成的销售利润总额较上年同期下降了19.95%。

二、收入分析

【场景6-4】 珠江纸业股份有限公司2023年第一季度销售收入数据如表6-4所示，计算差异开展分析。

表6-4　　　　　　2023年第一季度珠江纸业股份有限公司销售收入数据

项目	本期销售收入	预算收入	上年同期销售收入	与预算的差异	与上年同期的差异
金额（元）	973,660,860.85	967,276,482.03	974,341,159.76	↑ 6,384,378.82	↓ -680,298.91

注：表格数据不包含出口销售数据。

认知识别 与预算对比的差异 = 本期实现销售收入 - 预算收入

与上年同期对比的差异 = 本期实现销售收入 - 上年同期销售收入

（一）收入指标预算完成情况分析

【场景6-5】 根据珠江纸业股份有限公司2023年第一季度各区域实际销售收入与预算收入数据计算并分析区域销售收入预算完成情况，结果如表6-5、图6-3所示。

表 6-5　珠江纸业股份有限公司 2023 年第一季度各区域销售收入预算完成情况对比

序号	区域	实际收入（元）	预算收入（元）	完成率（%）
1	华北区	208,678,814.69	201,971,218.12	103.32
2	华东区	287,734,659.18	285,848,061.20	100.66
3	华中区	235,829,036.16	228,187,520.39	103.35
4	华南区	129,392,781.52	142,029,068.23	91.10
5	西北区	42,921,490.04	42,606,611.13	100.74
6	西南区	69,104,079.26	66,634,002.96	103.71
	合计	973,660,860.85	967,276,482.03	100.66

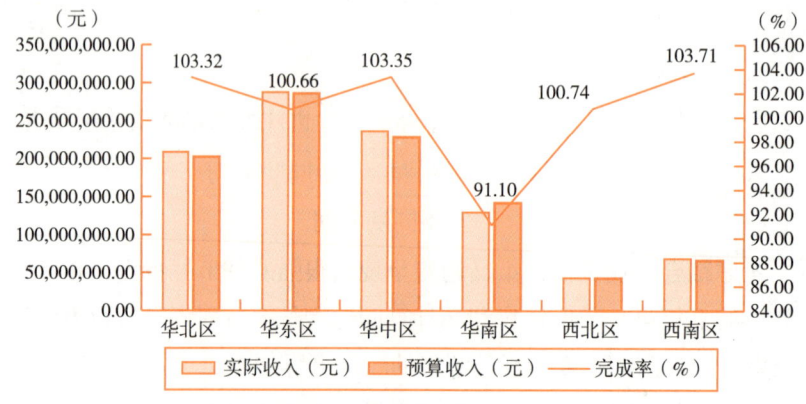

图 6-3　区域实际销售收入与预算销售收入对比

分析研判　图 6-3 表明珠江纸业股份有限公司完成了 2023 年第一季度的整体预算销售收入的 100.66%，说明收入预算指标制定相对科学，销售表现良好。

六个销售区域中，除华南区以外，五个销售区域均已完成区域销售收入指标，完成最好的为西南区的 103.71%。

六个销售区域预算收入完成比例最低的为华南区的 91.10%，需要从区域预算指标制定不合理、区域市场竞争加剧导致的市场份额丧失等方面深入分析原因。

（二）收入指标同比增长情况分析

【**场景 6-6**】根据珠江纸业股份有限公司 2023 年第一季度区域实际销售收入与上年同期销售收入数据，计算并分析区域销售收入同比增长率，如表 6-6、图 6-4 所示。

表 6-6　珠江纸业股份有限公司 2023 年第一季度各区域销售收入增长情况对比

序号	区域	2023 年第一季度实际收入（元）	2022 年第一季度实际收入（元）	增长量（元）	增长率（%）
1	华北区	208,678,814.69	209,074,892.41	−396,077.72	↓ −0.19
2	华东区	287,734,659.18	288,136,707.91	−402,048.73	↓ −0.14
3	华中区	235,829,036.16	235,800,457.33	28,578.83	↑ 0.01

续表

序号	区域	2023年第一季度实际收入（元）	2022年第一季度实际收入（元）	增长量（元）	增长率（%）
4	华南区	129,392,781.52	129,225,212.48	167,569.04	↑ 0.13
5	西北区	42,921,490.04	42,916,743.58	4,746.46	↑ 0.01
6	西南区	69,104,079.26	69,187,146.05	−83,066.79	↓ −0.12
	合计	973,660,860.85	974,341,159.76	−680,298.91	↓ −0.07

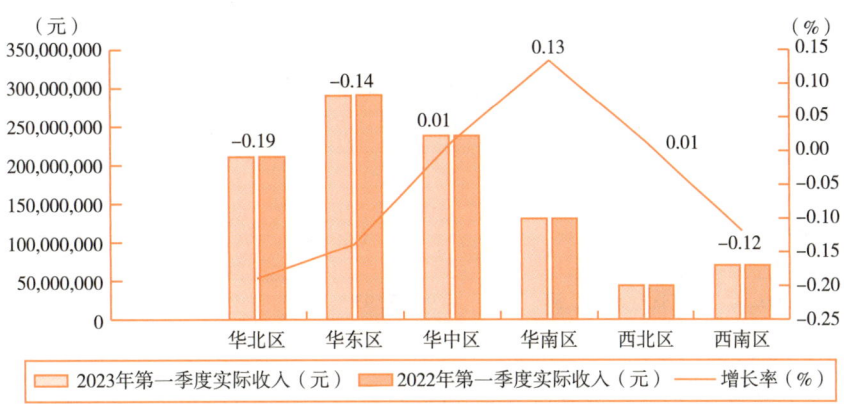

图6-4　区域市场实际收入与上年同期增长对比

分析研判　从表6-6、图6-4可知，2023年第一季度珠江纸业股份有限公司累计实现销售收入973,660,860.85元，比上年同期实现销售收入974,341,159.76下降0.07%，除华中区、华南区、西北区较去年同期略有上涨外，其他三个区出现了不同程度的同比下降。

思维拓展　销售收入下降可能由哪些因素导致？运用大数据工具搜索纸品行业的相关数据，判断珠江纸业股份有限公司收入变化是否契合行业大环境。

三、各区域销售结构分析

【**场景6-7**】根据珠江纸业股份有限公司2023年第一季度各区域实际销售收入、销售利润数据，计算并分析各区域销售结构，如表6-7所示。

表6-7　珠江纸业股份有限公司2023年第一季度各区域销售结构分析

序号	区域	实际销售收入（元）	销售收入占比（%）	实际销售利润（元）	销售利润占比（%）
1	华北区	208,678,814.69	21.43	17,141,125.79	21.59
2	华东区	287,734,659.18	29.55	22,131,701.45	27.87
3	华中区	235,829,036.16	24.22	20,678,641.25	26.04
4	华南区	129,392,781.52	13.29	10,761,677.48	13.55
5	西北区	42,921,490.04	4.41	3,528,625.26	4.44
6	西南区	69,104,079.26	7.10	5,165,589.34	6.51
	合计	973,660,860.85	100.00	79,407,360.57	100.00

分析研判 从表6-7看，无论是销售收入还是销售利润，华东区对公司的贡献是最大的。2023年第一季度实现的销售收入占当期各区域实现销售收入合计数的29.55%，实现的销售利润占当期各区域实现销售利润合计数的27.87%。而西北区份额最小，分别为4.41%和4.44%。各大区域中华北区、华中区、华南区、西北区的销售利润占比高于销售收入占比，可进一步分析是销售毛利高于其他区域还是销售费用控制得较好。

四、成本费用分析

（一）成本分析

【场景6-8】 珠江纸业股份有限公司2023年第一季度成本数据如表6-8所示，据此计算差异，并展开分析。

表6-8　　　　2023年第一季度珠江纸业股份有限公司成本数据

项目	本期销售成本	销售成本预算	上年同期销售成本	与预算的差异	与上年同期的差异
金额（元）	848,714,092.54	833,685,962.54	829,585,593.55	↑15,028,130.00	↑19,128,498.99

注：此表不包含出口数据。

【场景6-9】 收集珠江纸业股份有限公司2023年第一季度各区域销售成本数据，并计算收入成本率，如表6-9所示。

表6-9　　　　珠江纸业股份有限公司收入成本率数据对比

序号	区域	实际成本（元）	预算成本（元）	上年同期成本（元）	实际收入成本率（%）	预算收入成本率（%）	上年同期收入成本率（%）
1	华北区	182,279,611.85	174,751,508.07	178,020,421.61	87.35	86.52	85.15
2	华东区	250,670,983.62	243,907,224.87	245,340,208.79	87.12	85.33	85.15
……	……	……	……	……	……	……	……

注：请扫码获取完整内容。

分析研判 珠江纸业股份有限公司按不同产品实行不同的全国统一指导价格。针对不同的区域而言，无论是实际收入成本率，还是预算收入成本率、上年同期收入成本率，都是接近的。

（二）费用分析

1. 费用总体情况分析

【场景6-10】 珠江纸业股份有限公司2023年第一季度销售费用数据如表6-10所示，据此计算差异，并展开分析。

表6-10　　　　2023年第一季度珠江纸业股份有限公司区域费用数据

项目	本期销售费用	预算销售费用	上年同期销售费用	与预算的差异	与上年同期的差异
金额（元）	45,539,407.74	46,620,809.21	45,554,885.47	↓-1,081,401.47	↓-15,477.73

【场景6-11】 根据不同区域的销售费用数据,计算各区域的收入费用率(见表6-11),进行横向对比,发现差距。

表6-11　　　　　2023年第一季度珠江纸业股份有限公司收入费用率

序号	区域	实际费用(元)	预算费用(元)	上年同期费用(元)	实际收入费用率(%)	预算收入费用率(%)	上年同期收入费用率(%)
1	华北区	9,258,077.05	9,315,051.46	9,570,966.45	4.44	4.61	4.58
2	华东区	14,931,974.11	14,779,464.26	14,914,838.05	5.19	5.17	5.18
3	华中区	9,815,022.01	10,434,626.55	9,684,787.81	4.16	4.57	4.11
……	……	……	……	……	……	……	……

注:请扫码获取完整内容。

分析研判　在进行收入费用率分析时,要确保收入和费用核算的及时性。从表6-11可以看出,不同区域的收入费用率差异很大,反映了不同区域在落实降费(本)增效和费用管控方面措施的有效性,华中区是公司的标杆区域,可以在全公司介绍推广好的管理经验。

2. 费用结构分析

【场景6-12】 为进一步了解珠江纸业股份有限公司和各区域的费用结构,编制各区域销售费用明细表,列示费用绝对金额和收入费用占比以及同期增长比,如表6-12所示。

表6-12　　　　　　　　珠江纸业股份有限公司区域费用分析

费用项目	华北区	华东区	华中区	华南区	西南区	西北区	总公司	合计
运输费(元)	7,032,334.53	11,134,763.18	7,723,691.05	4,326,509.01	2,675,892.03	1,317,962.04	0	34,211,151.84
占比(%)	75.96	74.57	78.69	74.22	72.62	65.25	0	65.04
预算完成率(%)	102.33	104.00	95.00	95.00	105.00	96.44	0	100.10
同比增长率(%)	-4.45	1.01	2.04	2.04	3.09	-1.96	0	0.23
仓储费(元)	0	0	0	0	0	0	433,763.02	433,763.02
占比(%)	0	0	0	0	0	0	6.15	0.82
预算完成率(%)	0	0	0	0	0	0	98.85	98.85
同比增长率(%)	0	0	0	0	0	0	-6.13	-6.13
装卸费(元)	0	0	0	0	0	0	3,204,080.51	3,204,080.51
占比(%)	0	0	0	0	0	0	45.40	6.09
预算完成率(%)	0	0	0	0	0	0	100.02	100.02
同比增长率(%)	0	0	0	0	0	0	0.06	0.06

续表

费用项目	华北区	华东区	华中区	华南区	西南区	西北区	总公司	合计
……	……	……	……	……	……	……	……	……
物业费（元）	55,642.20	81,703.35	66,331.28	41,030.70	18,091.99	12,064.22	29,670.69	304,534.43
占比（％）	0.60	0.55	0.68	0.70	0.49	0.60	0.42	0.58
预算完成率（％）	96.00	103.00	102.00	95.00	95.00	99.00	99.19	99.31
同比增长率（％）	2.04	1.01	−1.96	5.26	1.01	−2.91	15.51	2.17
……	……	……	……	……	……	……	……	……
预算完成率（％）	—	—	—	—	—	—	—	97.89
同比增长率（％）	—	—	—	—	—	—	—	0.09

注：请扫码获取完整内容。

分析研判 从表6-12可以看出，运输费、装卸费和仓储费占据珠江纸业股份有限公司销售费用总额的70%以上，是公司需要重点关注的费用项目。然而运输费、装卸费和仓储费的管控和公司物流的组织方式以及单位里程的运输成本、物流供应商的选择有很大关系。珠江纸业股份有限公司应合理统筹安排运输方式，并公开招标选择高性价比的物流供应商，以有效控制运输成本。

公司2023年第一季度各项费用整体较2022年同期增长了0.09%，其中物业费较去年同期增长了2.17%，其中华南区和西北区物业费分别增长5.26%和−2.91%。

公司2023年第一季度各项费用整体预算完成率为97.89%，预算完成率最高的是运输费，完成了季度预算额的100.10%，主要原因是第一季度的天气影响，增加了运输成本。

3. 收入、成本、费用综合分析

【场景6-13】计算分析珠江纸业股份有限公司各区域2023年第一季度收入、成本、费用对目标利润的影响（见表6-13）。

表6-13　　2023年第一季度各区域收入、成本、费用、利润预算对比

单位：元

序号	区域	实际收入较预算	实际成本较预算	实际费用较预算	实际利润较预算
1	华北区	6,707,596.57	7,528,103.78	−56,974.41	−763,532.80
2	华东区	1,886,597.98	6,763,758.75	152,509.85	−5,029,670.62
3	华中区	7,641,515.77	8,538,985.57	−619,604.54	−277,865.26
……	……	……	……	……	……
	合计	6,384,378.82	15,028,130.00	−1,081,401.47	−7,562,349.71

注：请扫码获取完整内容。

分析研判 从表6-13可以看出，珠江纸业股份有限公司各区域在2023年第一季度区域利润合计较预算目标利润少完成7,562,349.71元，其中区域收入合计较预算多完成6,384,378.82元，区域成

本较预算多完成15,028,130元，费用较预算减少1,081,401.47元，其中综合影响最大的区域是华东区。

【场景6-14】计算分析珠江纸业股份有限公司各区域2023年度第一季度收入、成本、费用较上年同期对比的影响（见表6-14）。

表6-14　　2023年第一季度各区域收入、成本、费用、利润上年同期对比　　单位：元

序号	区域	实际收入较上年同期	实际成本较上年同期	实际费用较上年同期	利润较上年同期
1	华北区	−396,077.72	4,259,190.24	−312,889.4	−4,342,378.56
2	华东区	−402,048.73	5,330,774.83	17,136.06	−5,749,959.62
3	华中区	28,578.83	4,705,169.75	130,234.2	−4,806,825.12
……	……	……	……	……	……
	合计	−680,298.91	19,128,498.99	−15,477.73	−19,793,320.17

注：请扫码获取完整内容。

分析研判　从表6-14可以看出，珠江纸业股份有限公司各区域在2023年第一季度区域利润合计较上年同期减少19,793,320.17元，其中区域收入合计较上年同期减少680,298.91元，区域实际成本较上年同期增加19,128,498.99元，费用较上年同期减少15,477.73元，其中对变动影响最大的区域为华东区。

风险管控　对于未能完成销售利润目标的区域要加强客户关系管理和新客户开发，落实降费增效的措施，引导营销人员关注销售利润率的变化，强化对营销部的考核。

五、回款分析

销售回款是企业现金流的主要来源之一，为了更好地提高资金利用效率、加强对资金充足性和流动性的管控，从而支持日常运营，营销部需要定期对赊销的应收款项进行分析，督促销售人员积极完成销售款项的及时回收。

【场景6-15】2023年3月珠江纸业股份有限公司营销部从系统导出第一季度销售回款数据表（见表6-15），对公司的销售回款情况进行分析与评估。

表6-15　　第一季度销售回款数据

项目	华北区	华东区	华中区	华南区	西北区	西南区	合计
合同金额（元）	235,807,060.65	325,473,384.43	266,505,021.45	146,260,510.59	48,509,717.88	78,092,192.76	1,100,647,887.76
商业折扣（元）	640,255.14	—	—	—	—	—	640,255.14
现金折扣（元）	—	53,278.91	18,210.56	46,667.47	—	—	118,156.94
销售折让（元）	—	—	—	—	—	33,900.00	33,900.00
销售退回（元）	—	133,589.50	—	—	—	—	133,589.50
销售净额（元）	235,807,060.65	325,286,516.02	266,486,810.89	146,213,843.12	48,509,717.88	78,092,192.76	1,100,396,141.32
当期回款金额（元）	211,375,794.23	399,691,170.85	261,251,357.59	148,702,596.60	47,284,559.47	87,397,694.72	1,155,703,173.46
合同总数（个）	157	308	177	103	58	82	885
逾期合同数（个）	4	—	3	6	—	2	15

续表

项目	华北区	华东区	华中区	华南区	西北区	西南区	合计
逾期占比（%）	2.55	—	1.69	5.83	—	2.44	1.69
期初应收账款（元）	24,915,282.66	52,887,744.18	24,604,977.36	27,704,843.52	789,560.23	12,284,209.01	143,186,616.96
期末应收账款（元）	25,149,330.41	25,973,356.43	31,899,045.72	24,184,305.06	9,902,144.76	2,910,669.44	120,018,851.82

认知识别 销售回款分析是企业对其销售款项的收回情况进行监控、分析和评估的过程。通过销售回款分析可以了解企业的现金流收回状况、销售策略效果以及客户信用状况等。

评价销售回款情况的主要指标如下。

1. 销售回款率

销售回款率=（销售回款金额÷销售收入净额）×100%

该指标反映了企业销售款项的回收效率，该比率指数越高，说明企业收回的销售款项越高，应收款项管理越强。

2. 合同逾期占比

合同逾期占比=（合同逾期数÷合同总数）×100%

该指标衡量客户的付款逾期数量，如果该指标较高，说明企业应关注客户的付款信用风险，并且加强催款管理。

3. 应收账款周转率

应收账款周转率=销售收入净额÷平均应收账款余额

其中，平均应收账款余额=（期初应收账款余额+期末应收账款余额）÷2

该指标反映了企业应收账款的收回速度和效率。需注意的是，计算应收账款周转指标时所说的"应收账款"既包括"应收账款"科目的金额，又包括"应收票据"等赊销科目。

4. 应收款项周转天数

应收款项周转期=（应收账款平均余额×分析期天数）÷销售总收入

分析研判1 依据销售回款率的公式，第一季度各区域销售回款情况如表6-16所示。

表6-16　　　　　　　　　　　第一季度各区域销售回款率

项目	华北区	华东区	华中区	华南区	西北区	西南区
销售回款率（%）	89.64	122.87	98.04	101.70	97.47	111.92

通常情况下，一个企业销售回款率达到95%以上，说明企业的销售收款策略优秀，企业的资金周转比较通畅。结合表6-16数据来看，珠江纸业股份有限公司在华北区的回款率仅为89.64%，其原因需要营销部调查。

另外，华东区、华南区和西南区销售回款率超过了100%。虽然回款率越高越好，但当超过100%时，说明可能存在如下情形，需要单独分析：①存在预收款项。三个销售区域在进行纸品销售时存在收取客户预付款或定金的现象，导致实际收款额大于企业确认的销售收入。②存在销售退回差异。公司可能发生了销售退回，但由于销售退回的会计处理和实际退款业务之间存在时间差，导致回收款项超过销售收入。

风险控制1　如果超出销售收入的回款主要来源于预收款项，企业需要确保款项能够转化为实际的销售收入，否则将导致收入分析和预测不准确，影响资金不合理提前分配，忽略了预销的生产。

如果超出销售收入的回款是企业过分宽松的折扣和退款政策造成的，将会降低企业的利润率，企业在制定折扣和退款政策时要充分考虑客户的信用等级，制定制度化的流程。

分析研判2　从合同逾期占比来看，各销售区域合同逾期占比情况如表6-17所示。

表6-17　各销售区域合同逾期占比

项目	华北区	华东区	华中区	华南区	西北区	西南区
逾期占比（%）	2.55	0	1.69	5.83	0	2.44

结合表6-17中数据可以发现，华东区和西北区客户不存在拖欠现象，而华南区的逾期占比最高，达到了5.83%。整体而言，珠江纸业股份有限公司的客户信誉表现较好。

分析研判3　依据应收账款的周转率和周转天数计算公式，珠江纸业股份有限公司各销售区域应收款项周转指标如表6-18所示。

表6-18　应收账款周转指标

项目	华北区	华东区	华中区	华南区	西北区	西南区
应收账款期初余额（元）	24,915,282.66	52,887,744.18	24,604,977.36	27,704,843.52	789,560.23	12,284,209.01
应收账款期末余额（元）	25,149,330.41	25,973,356.43	31,899,045.72	24,184,305.06	9,902,144.76	2,910,669.44
平均应收账款余额（元）	25,032,306.54	39,430,550.31	28,252,011.54	25,944,574.29	5,345,852.50	7,597,439.23
应收账款周转率（次）	8.34	7.30	8.35	4.99	8.03	9.10
应收账款周转天数（天）	43.76	50.00	43.71	73.15	45.45	40.11

纸品制造的应收账款回收天数并没有具体标准值，但采用大数据工具收集国家统计局历年发布的统计数据来看，2023年第一季度规模以上企业（特指主营业务收入在2,000万元及以上的工业企业）制造业应收账款平均回收期为60.6天。公司在分析造纸和纸制品行业时可参考此标准。

从计算结果看，珠江纸业股份有限公司各销售区的应收账款收款天数大部分控制在50天以内，其中最好的是西南区，销售40.11天内即可收回款项。应收账款周转率方面，制造业的标准值通常在3~6次。从指标来看，珠江纸业股份有限公司各地区的应收账款周转率均超过了3次，特别是西南区的周转次数达到了9.10次，在各区中表现最佳。

风险控制2　应收款项无法及时收回将会导致资金周转困难，将影响企业的日常运营和业务发展。同时催收和追讨应收款项，需投入时间和资源来催收逾期款项，将增加企业的成本和劳动力负担。但过度从紧的应收账款政策，又会影响客户关系，从而导致销售整体下降，引起库存积压。

因此，企业应动态调整信用政策，优化财务流程，加强内部风险控制，建立完善的财务管理制度，明确销售、仓储和财务等各部门的协同工作，尽早完成应收账款的回收，明确赊销业务的授权，同时一企一策，适时弹性调整应收账款信用政策。

📋 任务小结

在进行销售财务分析时，要从企业和销售业务的财务目标出发，坚持目标导向，围绕收入、成本、费用和利润等财务指标，运用绝对分析法、相对分析法、因素分析法等展开分析。综合分析各项相关的经济指标和影响因素，找出问题的关键，以全面、发展的观点来评价各项销售活动。

任务2　销售业务分析

【教学重点】销售分析基本方法的应用。
【教学难点】产品分析。

📥 任务导入

营销部门是推进销售战略和实践销售策略的具体部门，开展销售业务分析就是要对过去一段时间的销售活动进行分析、反思、调整。

销售业务分析可从渠道类型、产品类型（如全部产品、特定产品线等）以及客户类型（如新客户、老客户、潜在客户等）、时间跨度（如季度、年度等）、地域范围（如全国、特定区域等）等方面展开。确定适当的分析范围有助于提高分析工作的针对性和有效性。

销售业务分析涉及多种方法，包括但不限于以下几种。

（1）趋势分析：通过对比历史销售数据，识别销售趋势和周期性变化；

（2）对比分析：将实际销售数据与预算、目标或竞争对手进行比较，评估销售绩效；

（3）相关性分析：分析不同变量之间的关联程度，如销售额与广告投放量、促销活动次数等的关系；

（4）客户分析：对客户群体进行细分，了解不同客户群体的需求和购买行为；

（5）市场分析：分析市场环境、竞争对手策略、市场需求等因素对销售的影响。

在选择分析方法时，应根据分析目的和范围灵活选择，并确保所选方法能够有效地解决问题。

📋 任务实施

一、渠道分析

产品渠道分析的主要任务涉及多个方面，旨在帮助企业更好地理解和优化产品在不同渠道中的表现，识别优质渠道，调整和优化渠道策略，从而提升销售效率和市场份额。

【**场景6-16**】珠江纸业股份有限公司纸品销售有直销和经销两个渠道。该公司收集了2023年第一季度纸品销售各渠道的信息，并与历史渠道销售数据进行了对比，以评估渠道的分布比例、对比渠道效率，如表6-19所示。

表6-19　　　珠江纸业股份有限公司2023年第一季度渠道销售数据对比

序号	渠道类型	客户数量（个）	2023年第一季度实际		
			渠道销售额（元）	渠道成本（元）	渠道毛利率（%）
1	直销大客户	13	152,963,907.30	133,203,383.35	12.92
2	直销一般客户	11	166,906,978.30	145,792,754.74	12.65
3	直销新客户	8	13,165,631.36	11,481,213.63	12.79
	直销小计	32	333,036,516.96	290,477,351.72	12.78
4	经销大客户	12	343,601,592.60	299,793,412.62	12.75
5	经销一般客户	2	241,023,161.10	209,678,303.39	13.00
6	经销新客户	3	55,999,590.19	48,765,024.81	12.92
	经销小计	17	640,624,343.89	558,236,740.82	12.86
	合计	49	973,660,860.85	848,714,092.54	12.83
序号	渠道类型	客户数量（个）	2023年预计		
			渠道销售额（元）	渠道成本（元）	渠道毛利率（%）
1	直销大客户	13	144,711,734.24	122,815,795.73	15.13
2	直销一般客户	11	170,708,763.00	149,032,717.13	12.70
3	直销新客户	8	13,451,766.84	11,728,797.23	12.81
	直销小计	32	328,872,264.08	283,577,310.09	13.77
4	经销大客户	12	343,011,884.80	295,659,613.10	13.80
5	经销一般客户	2	240,311,279.50	206,687,454.60	13.99
6	经销新客户	3	55,081,053.65	47,761,584.75	13.29
	经销小计	17	638,404,217.95	550,108,652.45	13.83
	合计	49	967,276,482.03	833,685,962.54	13.81

分析研判　从表6-19可以看出，珠江纸业股份有限公司共有49个客户，其中直销客户和经销客户各有32家和17家。直销大类在2023年第一季度的实际毛利率为12.78%，经销大类该季度的实际毛利率为12.86%，分别较预算的渠道毛利率低0.99%和0.97%。

珠江纸业股份有限公司的销售渠道目前仅有直销和经销两种渠道模式，不利于对于扩大市场份额。可以适度增加补充电子商务等渠道模式。

思维拓展　在作渠道决策时，除了参考渠道毛利率外，还应结合什么因素加以选择？

风险控制　渠道选择受到市场、环境、产品、企业自身、中间商和经济效益等因素影响。

随着纸品市场的不断拓展和销售渠道的多样化，纸品销售企业面对可能增加的渠道风险，既要考虑如何与合作的经销商伙伴建立长期稳定的合作关系，也要考虑渠道串货、价格混乱以及渠道冲突的风险。

企业可以在产品知识、销售技巧和市场营销策略等方面，为合作伙伴提供专业的培训和支持，以确保合作伙伴能够有效地推广和销售公司的产品。

二、产品分析

（一）销售收入预算完成情况分析

【场景6-17】根据珠江纸业股份有限公司2023年第一季度各产品实际完成的销售收入和第一季度预算收入数据，计算分析各产品的预算收入完成情况如表6-20、图6-5所示。

表6-20　　　　珠江纸业股份有限公司2023年第一季度纸品销售数据

序号	产品	第一季度实际完成合计（元）	第一季度预算合计（元）	完成率（%）
1	颜B纸	137,134,021.35	136,272,508.44	100.63
2	轻型纸	49,315,211.43	51,628,396.47	95.52
3	颜A纸	78,460,029.14	77,366,420.20	101.41
4	轻涂纸	139,433,285.13	140,457,891.07	99.27
5	胶版纸	352,114,181.43	348,951,147.66	100.91
6	热敏原纸	13,546,500.26	14,577,114.60	92.93
7	牛皮包装纸	133,109,097.04	130,289,839.25	102.16
8	淋膜原纸	26,503,194.97	25,340,849.03	104.59
9	办公用纸	44,045,340.10	42,392,315.71	103.90
	合计	973,660,860.85	967,276,482.03	100.66

注：此表不包含出口数据。

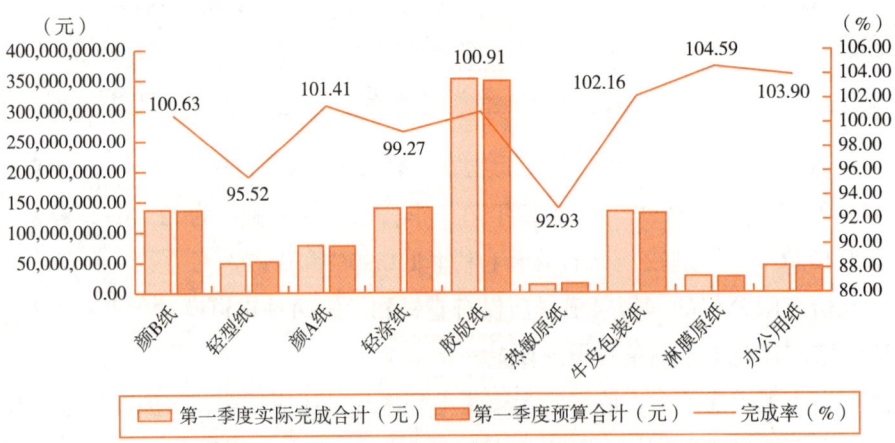

图6-5　产品实际销售收入预算完成对比

分析研判　从表6-20和图6-5可以看出,珠江纸业股份有限公司2023年第一季度共完成预算收入的100.66%,各纸品类别除轻型纸、轻涂纸、热敏原纸外均已完成预算目标。

(二)销售收入同比增减情况分析

【**场景6-18**】根据珠江纸业股份有限公司2023年第一季度各产品实际完成的销售收入和上年同期销售收入数据,计算产品销售收入同比增长情况,如表6-21、图6-6所示。

表 6-21　　　　珠江纸业股份有限公司 2023 年第一季度销售收入同比增长

序号	产品	2023年第一季度实际销售收入(元)	2022年第一季度实际销售收入(元)	增长变化(元)	增长率(%)
1	颜B纸	137,134,021.35	133,567,634.66	3,566,386.69	2.67
2	轻型纸	49,315,211.43	50,608,237.19	−1,293,025.76	−2.55
3	颜A纸	78,460,029.14	75,402,117.12	3,057,912.02	4.06
4	轻涂纸	139,433,285.13	145,480,385.60	−6,047,100.47	−4.16
5	胶版纸	352,114,181.43	349,685,746.19	2,428,435.24	0.69
6	热敏原纸	13,546,500.26	14,446,971.94	−900,471.68	−6.23
7	牛皮包装纸	133,109,097.04	134,639,604.12	−1,530,507.08	−1.14
8	淋膜原纸	26,503,194.97	26,032,946.42	470,248.55	1.81
9	办公用纸	44,045,340.10	44,477,516.52	−432,176.42	−0.97
	合计	973,660,860.85	974,341,159.76	−680,298.91	−0.07

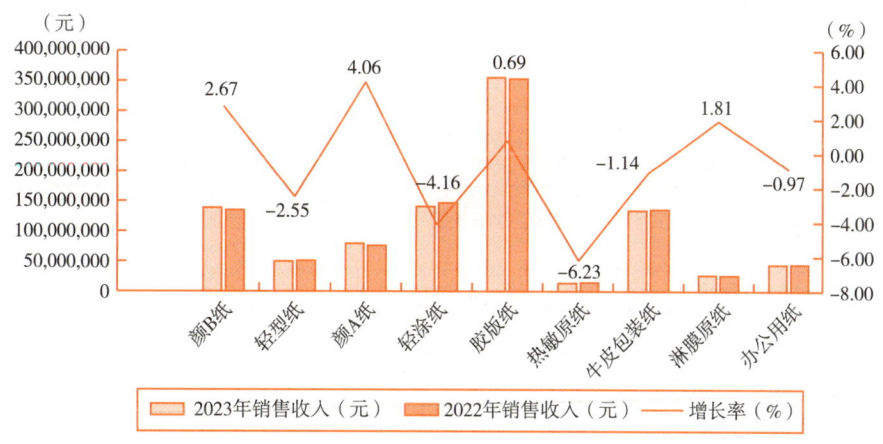

图 6-6　产品实际销售收入与上年同期对比增长

分析研判1　从表6-21和图6-5可以看出,珠江纸业股份有限公司在2023年第一季度各产品中颜B纸、颜A纸、胶版纸、淋膜原纸较去年同期实现了销售收入的正增长,其余产品未能实现正增长。

【**场景6-19**】根据珠江纸业股份有限公司2023年第一季度各产品与上年同期销售收入同比增长情况，运用因素分析法分析平均价格变动和销量变动两因素对销售收入同比增长率的影响，如表6-22所示。

分析研判2 从表6-22中可以看出，销量虽然较去年同期增加5,823.70吨，但由于平均价格的下降，导致各产品在2023年第一季度实现的销售收入较去年同期减少680,298.91元，其中各产品本期实现销售增量如若维持去年同期均价将使销售收入较去年同期增加33,811,819.83元，而平均价格的下跌导致各产品本季度实现的销售收入较去年同期减少34,492,118.74元，两相对比，使本期各产品累计实现销售收入较去年同期减少680,298.91元。

表6-22 珠江纸业股份有限公司2023年第一季度销售收入同比因素分析

序号	产品	收入增长（元）	实际销量（吨）	上年同期销量（吨）	销量同比变化（吨）	其中：销量变动影响（元）	价格变动影响（元）
1	颜B纸	3,566,386.69	24,146.98	23,128.96	1,018.02	5,878,973.88	−2,312,587.19
2	轻型纸	−1,293,025.76	7,469	8,151.15	−682.15	−4,235,278.35	2,942,252.59
3	颜A纸	3,057,912.02	13,545.95	12,904.33	641.62	3,749,088.32	−691,176.30
……	……	……	……	……	……	……	……
	合计	−680,298.91	173,642.75	167,819.05	5,823.70	33,811,819.83	−34,492,118.74

注：请扫码获取完整内容。

（三）产品销售收入结构分析

【**场景6-20**】根据珠江纸业股份有限公司2023年第一季度各产品实际销售收入数据，计算并分析各产品销售结构，如表6-23所示。

表6-23 珠江纸业股份有限公司2023年第一季度各产品销售结构分析

序号	产品名称	销售收入（元）	占比（％）
……	……	……	……
5	胶版纸	352,114,181.43	36.16
6	热敏原纸	13,546,500.26	1.39
7	牛皮包装纸	133,109,097.04	13.67
8	淋膜原纸	26,503,194.97	2.72
9	办公用纸	44,045,340.10	4.52
	合计	973,660,860.85	100.00

注：此处数据不包含出口销售数据。请扫码获取完整内容。

分析研判 从表6-23中可以看出，胶版纸在所有所售产品中占据超35%的份额，原因是胶版纸主要用于教科书和教辅材料的印刷，春季开学教材和教辅材料刊印较多导致胶版纸的出货量增长。热敏原纸和淋膜原纸的销售收入占比没有明显突破，分别占销售收入总额的1.39%和2.72%，说明高端印刷用纸市场需求量依然较少。

（四）产品毛利（率）分析

为分析各产品对利润完成情况的影响，销售会计收集相关数据计算各产品大类的毛利（率），并对比上年同期综合利润率，计算并判断单品毛利率和销售结构变化对综合毛利率影响。

【**场景6-21**】计算2023年第一季度各产品单品毛利率和销售结构，并对比去年同期数据（见表6-24），分析销售结构与单品毛利率对综合毛利率的影响程度。

表6-24　珠江纸业股份有限公司2023年第一季度产品综合毛利率与上年同期对比变化

单位：%

序号	产品大类	2023年第一季度单品毛利率	2023年第一季度销售结构	2022年第一季度单品毛利率	2022年第一季度销售结构	单品毛利率变化对综合毛利率影响	销售结构对综合毛利率影响
……	……	……	……	……	……	……	……
5	胶版纸	13.04	36.16	15.31	35.89	−0.82	0.04
6	热敏原纸	12.76	1.39	14.25	1.48	−0.02	−0.01
7	牛皮包装纸	15.36	13.67	16.82	13.82	−0.20	−0.03
8	淋膜原纸	15.30	2.72	16.13	2.67	0.01	0.01
9	办公用纸	5.89	4.52	6.22	4.56	−0.01	0.00
	合计	12.83	100	14.86	100	−2.03	0.00

注：请扫码获取完整内容。

认知识别　产品毛利率=（销售收入−销售成本）/销售收入×100%

综合毛利率=∑某期间某（类）产品的毛利率×（该期间该（类）产品的销售收入/该期间所有产品的销售收入）

综合毛利=销售收入合计×综合毛利率

分析研判　从表6-24可以看出，在珠江纸业股份有限公司的所有产品中，2023年第一季度所售纸品类别毛利率最高的为牛皮包装纸15.36%，最低的是办公用纸5.89%。当期销售收入占比最高的为胶版纸36.16%，占比最低的是热敏原纸，为1.39%，各单品毛利率和销售产品结构共同作用于毛利率指标，2023年第一季度所售纸品综合毛利率为12.83%。

公司2023年第一季度综合毛利率较上年同期降低2.03个百分点，主要影响因素是产品单品毛利率下降，如胶版纸的单品毛利率下降影响了0.82个百分点，牛皮包装纸的单品毛利率下降影响了0.2个百分点。各产品销售结构变化对综合毛利率的影响互相抵消，综合影响为零。

风险控制　要提高销售利润，在控制销售费用的前提下，可以通过提高综合毛利率和增加销售收入实现，而综合毛利率受单品（或类别）毛利率的影响和产品销售结构的影响。在销量未能达标的区域中，可能有客户流失（投标未能中标）、客户维护不到位以及新客户开发不力等诸多因素的影响，需要引起营销部门的高度重视。

在进行市场拓展过程中，应遵守相关法律和商业伦理道德，避免出现透露和扩散竞争对手商业秘密、恶性竞争等情形。

三、客户分析

【场景6-22】 根据珠江纸业股份有限公司销售收入明细账中2023年第一季度对各客户实现的销售收入数据，计算并分析客户销售收入结构，如表6-25所示。

表6-25　　珠江纸业股份有限公司2023年度第一季度销售收入客户结构分析

序号	客户名称	销售收入合计（元）	占比（%）	累计占比（%）
1	河南省益元印务有限公司	52,948,918.98	5.42	5.42
2	北京兴业华泰纸张销售有限公司	48,602,813.82	4.97	10.39
……				

注：请扫码获取完整内容。

分析研判　对上述数据进行分段加工，获知与客户交易值的分布情况（见表6-26）。

表6-26　　　　　　　　　　客户销售收入分组统计

序号	销售收入分段	客户数（个）	金额合计（元）	分段收入占比（%）
1	≤2,000万元	25	250,932,502.47	25.77
2	2,000万元~5,000万元	22	669,779,439.40	68.79
3	>5,000万元	1	52,948,918.98	5.44
合计		48	973,660,860.85	100.00

珠江纸业股份有限公司本季度确认实现收入共涉及48个客户（不包含出口业务），累计确认销售973,660,860.85元，季度销售收入在5,000万元以上的有1家大客户，确认收入占本季度累计实现销售收入的5.44%。

风险控制　从本季度收入客户结构来看，销售收入相对比较分散，但对个别重点客户的依赖程度较高，应及时关注大客户和重点客户的财务状况，避免因采用不合适的信用政策导致的坏账风险。

四、市场占有率分析

企业如需了解自身在行业中的竞争力，判断销售表现，并帮助决策者改进营销系统，就需要对市场占有率进行分析。

【场景6-23】 珠江纸业股份有限公司运用Python的pandas、tushare等模块获取了所有纸业上市公司和珠江纸业股份有限公司的近三年销售情况，生成了2021年到2023年第一季度的市场占有率折线图（见图6-7）。

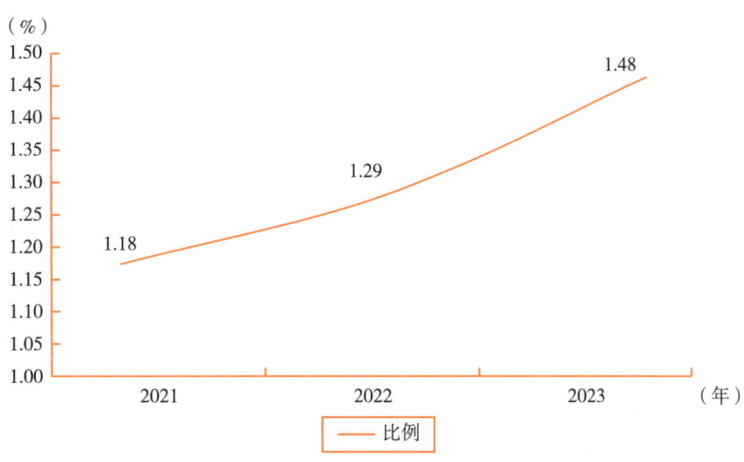

图 6-7 珠江纸业股份有限公司销售收入市场占有率折线

认知识别1 市场占有率是衡量一家企业在特定市场中所占份额的指标，表示企业销售额占行业总销售额的比例，结果通常用百分比表示。其计算公式为：

市场占有率=企业的销售额÷市场总销售额×100%

通过分析市场占有率，企业可以了解在市场中的竞争地位，高占有率说明企业行业地位较高，具有更高的消费号召力；企业也可以明确市场目标地位，并制订相应的发展计划，相应调整、完善其自身的市场策略。

认知识别2 影响市场占有率的因素主要包括以下内容：①产品质量，质量是影响企业某类产品市场占有率的关键因素之一，属于企业核心竞争力。②价格竞争，价格是决定顾客购买决策的重要因素，合理的价格策略可以吸引更多的顾客，提高企业市场占有率。③销售渠道建设，建立高效的销售渠道网络，能够更好地将企业产品向市场推广；④售后服务，良好的售后服务能提高顾客的满意度和忠诚度，从而促进销售的扩张。

分析研判 从图6-7情况来看，2021年珠江纸业股份有限公司在整个纸品行业市场中的占有率为1.18%左右，从2021年开始，市场占有率呈逐渐上升趋势，到2023年第一季度占有率上升到了1.48%以上，增长了近0.3个百分点。

结合中国造纸协会《中国造纸工业2022年度报告》数据，2022年排名前5名企业市场占有率分别为12.81%、6.71%、5.32%、4.95%、4.04%。可见纸制品制造业属于完全竞争性市场，行业内无占据绝对市场控制地位的寡头企业，各公司的市场占有率分布十分均衡。

珠江纸业股份有限公司的市场占有率快速上升的原因如下：①各地造纸厂减少。根据《中华人民共和国国民经济和社会发展第十四个五年规划和2035年远景目标纲要》，要加快化工、造纸等重点行业企业改造升级，完善绿色制造体系，政府责令各地污染型造纸厂关停或转型。②珠江纸业股份有限公司调整了自身的产品策略，加强了纸品研发和定制化策略，同时积极拓展了上下游销售渠道，实现了市场份额的提升和销售收入的增长。

风险控制　珠江纸业股份有限公司使用销售收入计算市场占有率时，容易出现以下问题。

（1）非财务信息的忽视。市场占有率不仅由销售收入决定，还受客户满意度、品牌知名度和产品质量等非财务信息的影响，在评估企业在市场中的竞争力时，仅考虑销售收入无法体现企业的实际状况。

（2）市场变化的敏感性不足。销售收入比例法计算结果是一个相对静态的指标，反映了过去一段时间内企业的销售情况。由于市场是不断变化的，客户的需求、竞争对手的策略等因素都可能影响市场占有率。

（3）非上市公司的数据缺失。珠江纸业股份有限公司在进行市场占有率计算时，主要收集上市公司的数据，可能导致市场份额的估计发生错误偏差，数据不足以代表整个行业，忽略了中小企业的影响。

由于上述问题的存在，可能导致企业在制定销售策略时出现失误，误判自身在行业中的竞争地位，也可能因忽视非财务信息和市场变化导致企业错失市场机会，长期竞争力下降。

基于以上原因，企业在分析自身市场占有率时，应结合市场份额（销售量占比）、客户数量和销售渠道覆盖率等非财务信息指标共同评估，以便全面地评估企业的市场竞争力。同时，企业可通过行业协会、市场调研机构等渠道获取更多元的数据，提高数据的全面性和准确性，减少数据局限性对营销策略的制约。

任务小结

在进行销售业务分析时，要从实际出发，实事求是地进行分析，分别从渠道和产品、客户、市场占有率等多个角度展开立体、多层次的分析，要透过现象看本质，保证销售业务决策正确、执行高效。

任务发布

根据2023年第一季度各客户单位销售收入占比及排名前十客户合计销售收入占比情况，进一步分析评价珠江纸业股份有限公司的重点客户依赖程度、可能存在的风险及相应的防控措施。

任务3　销售绩效评价

【教学重点】各绩效评价指标的计算与评价等级的确定。

【教学难点】绩效评价结果的应用。

项目 6 销售分析与绩效评价

任务导入

为评估销售部门是否实现2022年度绩效目标，总经理办公室依据珠江纸业股份有限公司的销售部门及人员管理办法，对公司营销部、营销管理人员及一般销售人员进行2022年度绩效考核。

绩效评价是指运用一定的评价方法、量化指标及评价标准。对销售部门及其人员预定绩效目标的实现进行周期性综合性评价，一般是通过设置绩效考核指标实现。绩效评价的结果与销售人员的报酬及职务晋升挂钩，有助于激发销售部门及人员的工作热情，提高工作效率，通过不断改善销售业绩来提升企业的整体效益。

绩效考核工作主要包含打分与评级两大环节。若下级评分情况直接关联并影响上级评分，那么评分工作应从基层开始，逐步向上推进。第一步，从员工个人层面着手，展现其职业态度与工作业绩。第二步，对部门管理人员进行评分，以评估管理人员是否具备领导部门迈向成功的能力、能否为组织的持续发展提供坚实基础。第三步，对部门整体的工作表现进行打分，以反映整体状况。但鉴于部门评价等级可能会对一般员工的考核等级产生直接影响，因此评级工作则需采取自上而下的顺序进行。

任务实施

为评价销售绩效情况，公司下发绩效考核通知，明确考核的时间、范围、内容及具体办法。在进行绩效评价时，应按照公司绩效考评制度中的要求计算各考核指标，按照计分规则进行总分的计算，以此确定最终的评价等级。

一、营销部绩效考核

【场景6-24】2023年1月19日，公司负责人王旗签发了绩效考核通知，明确了2022年度营销部门绩效考核的相关要求，要求营销部及相关人员根据《珠江纸业股份有限公司营销部门绩效考核管理办法》（见场景2-13中图2-1）进行绩效考核。

2023年1月，经财务部及营销部对2022年度各绩效考核指标数据进行汇报（见表6-27），总经办对营销部2022年年度销售业绩进行考核并评审（见表6-28）。

表 6-27　　　　　　　　　　　销售部门考核数据

序号	项目	计算规则	计算依据		实现情况	指标说明
财务类指标							
1	发展能力保持	营业收入增长率：（本期营业收入−同比上期营业收入）÷上期营业收入	上期营业收入（元）	考核本期营业收入（元）	营业收入增长率（％）	营业收入选择周期紧密匹配考核周期
			5,513,388,590.4	5,856,586,773.85	6.22	

续表

序号	项目	计算规则	计算依据		实现情况	指标说明
			预算类指标			
2	销售费用控制	销售费用节约率=（销售费用预算数−销售费用实际支出数）÷销售费用预算数×100%	考核本期预算金额（元）	考核本期销售费用实际支出金额（元）	销售费用节约率（%）	≥0则完成预算要求；<0则超出预算要求
			284,589,750.00	283,273,498.09	0.46	
			业绩目标达成类			
3	销售额目标达成	销售额目标达成率=实际完成销售额÷计划销售额×100%	2022年年度计划销售目标（元）	2022年年度实际销售达成金额（元）	销售额目标达成率（%）	数据来源于年度销售计划预测表
			5,789,058,019.92	5,856,586,773.85	101.17	
			客情维护类			
……	……	……	……		……	……

注：请扫码获取完整内容。

表6-28　　　　　珠江纸业股份有限公司营销部门绩效考核评分

考核期间：2022年

序号	项目	评分规则	指标达成情况（%）	参考标准分值（分）	实际得分（分）
1	发展能力保持	营业收入增长率：（本期营业收入−同比上期营业收入）÷上期营业收入。基础分值10分，考核周期内每增长1%加0.5分，每负增长1%扣0.5分，扣分不设上限。比率不足1%的部分不计分。项目最高得分20分	6.22	10	13
2	销售费用控制	销售费用节约率=（销售费用预算数−销售费用实际支出数）÷销售费用预算数×100%。节约率为0%时计15分，每节约1%加1分，每超支1%扣1分，扣分不设上限。比率不足1%的部分不计分。项目最高得分25分	0.46	15	15
……	……	……	……	……	……
6	销售回款管理	销售回款率=当期销售回款金额÷当期销售收入净额×100%。回款率≥100%时计20分，每低于1%，扣2分，扣分不设下限。	100	20	20
……	……	……	……	……	……
		合计		100	111

注：请扫码获取完整内容。

分析研判 营销部在各项关键指标上均展现出较好的成果，发展能力保持情况、销售额目标达成情况以及客情维护与发展方面更是超越了标准。从各项指标的实现情况来看，在客户投诉处理和合同逾期管理方面存在一些微小的不足，但尚未达到扣分的标准，表明这些问题处于合理的范围内。尽管如此，公司在这两方面仍存在进一步提升的空间，以求做到完美。营销部最终获得111分的总分，获得A级"优秀"的评级，说明营销部在2022年成功完成当年的销售目标，其优良的业绩和实力得到了充分展现。

风险控制 在数据收集环节，务必严谨细致，确保数据的准确性，以防止因抄送错误或计算失误导致的考评结果失真。任何微小的数据偏差都可能影响绩效考核的客观性和公正性，从而削弱其应有的激励和导向作用。因此，必须以高度的责任感和精确性对待数据收集工作，确保绩效考核能够准确反映部门的实际表现，为组织的发展提供有力支持。

二、营销部门管理人员绩效考核

【**场景6-25**】2023年1月，公司负责人王旗对营销总监柳林川、市场部经理廖梦非进行面谈后予以评分，各营销经理、区域主管、办事处经理及各中层管理人员由其上级领导进行绩效面谈后予以评分，由人力资源部进行复评，总经办对考核结果进行汇总。下面以对营销总监柳林川的评价为例（见表6-29）。

表6-29　　　　珠江纸业股份有限公司营销部管理人员绩效考核评分

考核期间：2022年

被考核人姓名：柳林川　　　　被考核人职务：营销总监　　　　绩效等级：A

个人评分项目				
考核项目	考核指标	分值（分）	考核指标	得分（分）
工作业绩	部门考核综合得分	40	部门考核综合得分=部门考核得分×40%	44.4
工作能力	决策能力	10	善于确定决策时机，得10分	10
			能够确定决策时机，得5分	
			不能确定决策时机，得0分	
……	……	……	……	……
最终得分		100.9分	对应评级	A

制表人：尤一辰

注：请扫码获取完整内容。

分析研判 以对营销总监柳林川的绩效考核为例，结合部门考核综合评分，营销总监柳林川的最终评分对应评级为A级，总体而言是一名合格且优秀的管理人员，今后可以在提高工作效率等方面多下功夫，以便更好地推动团队绩效提升。

风险控制 在对营销部管理人员进行绩效考核时，应采用多维度的评估体系，但由于存在工作态度、管理能力等多个主观性指标，可能导致主观评分出现偏差，应尽量确保考核标准明确、具体，避免模糊不清的描述，从而减少主观判断的空间。同时通过引入多个评审者参与评分，可以分散个人偏见，使评分结果更趋近于公正。

思维拓展 珠江纸业有限公司对营销部管理人员制定的绩效考评制度可以如何改进？

三、营销部门一般销售人员绩效考核

【场景6-26】根据公司绩效考核制度，各销售单位的销售人员由其直管领导进行面谈后根据实际情况进行评分，并由人力资源部进行复评。下面以对西南区综合业务岗员工蔡兰紫的评价为例（见表6-30）。

表6-30　　珠江纸业股份有限公司营销部一般销售人员绩效考核评分

被考核人姓名：蔡兰紫　　　被考核人职务：西南区–综合业务岗　　　考核期间：2022年　绩效等级：A

序号	项目	评分规则	得分（分）
1	销售目标完成情况	完成90%及以上的销售目标，计20分，在90%的基础上，每低于1%，扣2分，每高于1%，加2分。项目最高得分40分，不设扣分上限。 注：比率不足1%的部分不计分	26
2	考勤	（1）考核期间内员工出勤率达到100%，得满分10分，迟到一次扣1分（3次及以内），请假超2次以上，每次扣1分（5次及以内）； （2）考核期累计迟到3次以上者，或请假5次以上者，该项得分为0分	10
……	……	……	……
		得分	109

评分人：四川省（川、蜀）办事处经理　王云
注：请扫码获取完整内容。

分析研判 西南区综合业务岗员工蔡兰紫绩效评价得分为109分，根据强制分布法，由于营销部在绩效考核中获得A级评级，而蔡兰紫在营销部一般销售人员的考核成绩中排名处于前20%，因此蔡兰紫的个人绩效等级可评为A级。

风险控制 考评过程应确保透明度，使部门员工能够清晰地了解整个评价过程及其结果。同时，应允许部门对考核结果提出异议，并设立公正、透明的复议机制，以消除员工可能产生的强烈不满，从而保障后续工作的顺利进行。

四、绩效评价结果的反馈及运用

绩效评价完成后，上级领导应及时向被评价者提供反馈与指导，确定奖惩措施。

【场景6-27】考核结束后，四川省（川、蜀）办事处经理王云对其办事处员工蔡兰紫进行绩效面谈，并填写"销售人员考核面谈表"（见表6-31），对此次蔡兰紫的绩效评价作出反馈，确保评价结果的及时传递，以实现绩效评价明确工作表现、提供反馈与指导、激励员工、促进组织发展等目的。

表 6-31　　　　　　　　　　　　　　　销售人员考核面谈

被考核人姓名：蔡兰紫　　　　　被考核人部门：营销部　　　　　被考核人岗位：西南区-综合业务岗
考核得分：109 分　　　　　　　　　　　　　　　　　　　　　　　　　　　　　　　　绩效等级：A

面谈项目	面谈情况
一、主要工作的完成情况及综合表现	主要负责四川省（川、蜀）销售相关工作。协助区域主管超额完成任务
二、主要工作贡献及工作优点	积极参加公司会议，执行公司销售政策，认真执行公司销售政策，培养自身执行力，认真提升自身销售能力
三、存在的不足之处	数据上报存在不及时状况
四、努力方向及改进措施	增强销售技能技巧，学习产品知识，遵守公司制度规定，认真推进公司销售业绩达成

面谈人签字：王云　　　　　　面谈时间：2023 年 1 月 22 日　　　　　被考核人签字确认：蔡兰紫

认知识别　　绩效面谈是管理过程中的重要环节，旨在通过管理者与员工之间进行一对一、面对面的绩效沟通后，明确员工在当前考核周期内的绩效表现。这种反馈不仅使员工能够全面了解自己在工作中的亮点与不足，还能促使他们在下一个考核周期中针对不足之处作出改进，从而进一步提升个人的绩效表现，达到优化整体工作效果的目的。

通过面谈应当达到以下目的：①对被考评者的表现达成双方一致的看法；②使被考评者认识到自己的成就和优点；③指出被考评者有待改进的方面；④制订绩效改进计划；⑤协商下一个绩效管理周期的目标与绩效标准。

分析研判1　　绩效考评结果是员工职级调整、岗位变动、薪酬调整、奖金发放、劳动合同续签、优秀员工评比等内容的重要依据，因此，应根据绩效考核制度，对绩效考评结果加以运用。

根据绩效考核制度，评级为B级及以上的员工可以参与公司奖金发放计划，而获C级及以下的员工则没有额外的绩效奖励，仅按照员工排名将基本薪酬按比例发放。营销部部门评级为A级，因此有90%的员工可以参与奖金发放计划。虽然没有惩罚措施，但对于评分较低的员工，仍需要了解情况、分析原因，采用开展培训等相应的措施以帮助其改进。

分析研判2　　绩效评价完成后，上级领导应及时向被评价者提供反馈，确保评价结果的及时传递，将结果在薪酬管理、岗位调动等方面加以运用，达到激励员工、促进组织发展等目的。

以西南区四川省（川、蜀）办事处员工蔡兰紫为例，其上级领导王云对蔡兰紫就绩效评价结果进行面谈反馈，肯定其在过去一年中的工作表现，并根据评价结果，指出员工应注意数据上报的及时性，同时鼓励员工增强销售技能技巧，学习产品知识，认真推进公司销售业绩达成。此举不仅提升了销售人员的自信心和工作动力，还使他们更加明确自己的发展方向和提升空间。

风险控制　　对考核分数低的员工，公司应审慎负责，深入调查绩效不佳的原因，提供针对性的改进建议，助其成长并增强员工对公司的认同。处理时，要确保公正、透明和及时沟通，避免误解和恐慌。可组织会议或一对一沟通，解释考核结果并听取员工反馈。同时，设立申诉机制，保障员工权益，确保考核流程公正透明。

任务小结

绩效评价是公司进行绩效管理的关键。其中数据的收集需精准，避免误差，主观评价应明确标准，确保公正，优秀员工应获肯定，绩效不佳者需深入分析并提供改进建议。完善的评价体系能准确评估员工表现，优化资源配置，提升团队效能，实现公司战略目标，是公司发展的重要保障，确保公平公正，促进员工成长。

任务发布

珠江纸业股份有限公司在对除营销部门外的其他部门进行绩效评价时，可以选取哪些关键绩效指标？

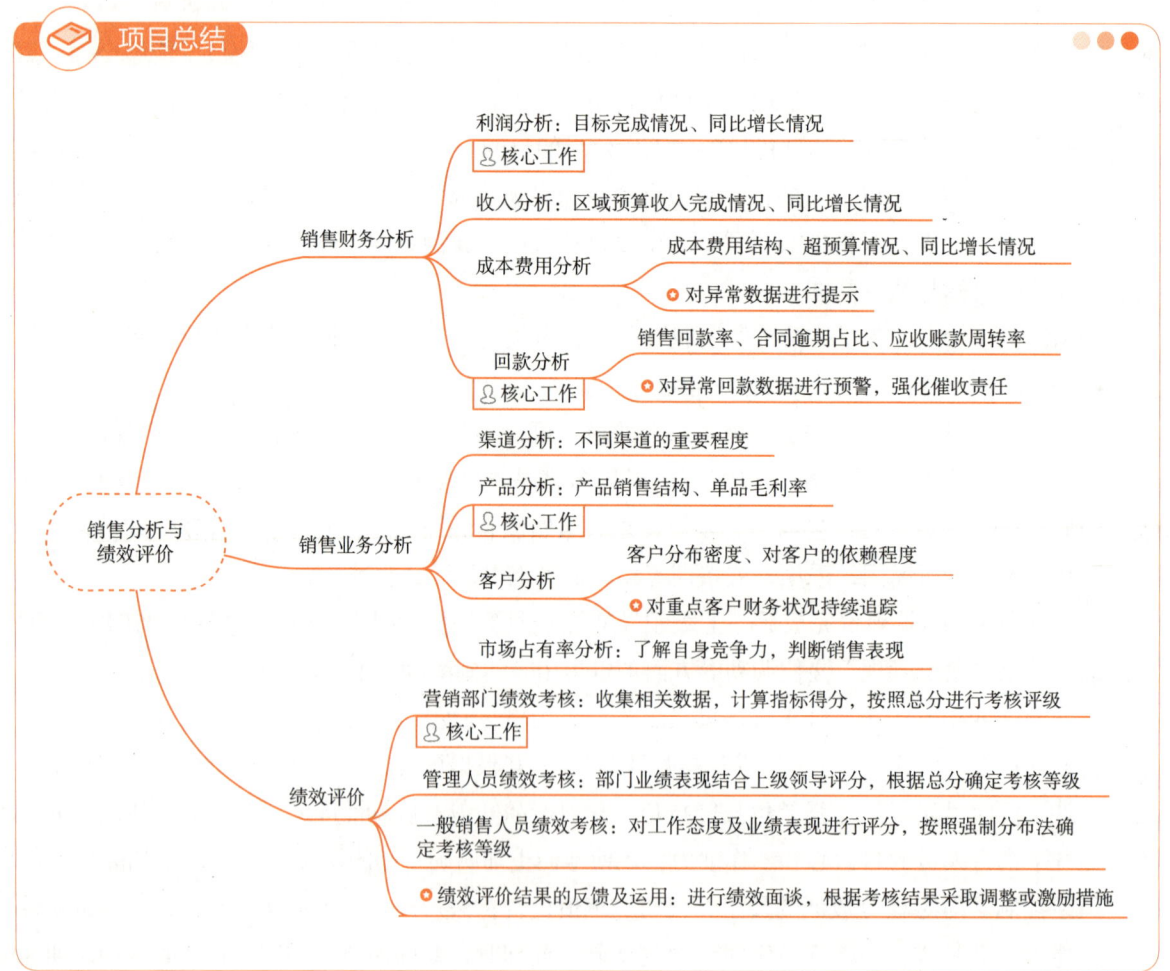